人間の内なる時計

DIE INNERE UHR DES MENSCHEN

体内時計を発見した男
ユルゲン・アショフの生涯

サージ・ダーン 著

本間研一 訳

北海道大学出版会

Serge Daan

Die innere Uhr des Menschen

ⓒ Dr. Ludwig Reichert Verlag Wiesbaden
ISBN: 978-3-95490-310-8

人間の内なる時計

体内時計を発見した男 ユルゲン・アショフの生涯

サージ・ダーン 著
本間研一 訳

本書は Dr. Ludwig Reichert Verlag 及び Serge Daan 氏の遺族との契約にもとづき、出版権は（一社）北海道大学出版会、複製権、上映権、譲渡権、公衆送信権（送信可能可権を含む）は（一財）アショフ・ホンマ記念財団が保有します。

本書の無断複写は著作権法上で例外を除き禁じられています。複写される場合は、その都度事前に、（一財）アショフ・ホンマ記念財団（電話 011-520-2345、e-mail: nasa.ahmf@gmail.com）の許可を得てください。

目　次

序 …………………………………………………………………………………… 6

1章　系譜 ― 啓蒙と医学の150年（1740-1913） ………………………… 10
　ヘニングス家の系譜 …………………………………………………………… 10
　母クララ・ディートリックス ………………………………………………… 16
　ビーレフェルドのアショフ家 ………………………………………………… 18
　枢密院顧問ルードウィヒ・アショフ教授 …………………………………… 20

2章　フライブルグの幼少期、ボンの学生時代（1913-1939） ………… 26
　学部は何と言うだろうか ……………………………………………………… 26
　大戦 ……………………………………………………………………………… 27
　学校と教育 ……………………………………………………………………… 30
　エッシェンホフの動向 ………………………………………………………… 32
　有名な父親 ……………………………………………………………………… 34
　高等学校時代 …………………………………………………………………… 37
　前臨床医学 ……………………………………………………………………… 39
　学生団体アレマニア …………………………………………………………… 41
　父、息子そして国家社会主義 ………………………………………………… 45
　国防軍の二等兵 ………………………………………………………………… 50
　博士号研究：再びフライブルグ ……………………………………………… 51

3章　氷水の中の手 ― 戦時の研究と愛（1939-1945） ………………… 54
　ゲッチンゲン …………………………………………………………………… 54
　ポーランド出征 ………………………………………………………………… 57
　氷水の中の手 …………………………………………………………………… 61
　ヒルデ・ユング ………………………………………………………………… 64
　政治 ……………………………………………………………………………… 74
　教授資格試験 …………………………………………………………………… 78
　ブラネンブルグ・アム・イン ………………………………………………… 81

4章　代理人 ― ゲッチンゲン、ヴィルツブルグ、ハイデルベルグ（1945-1958） …… 85
　解放 ……………………………………………………………………………… 85
　ゲッチンゲン大学新聞 ………………………………………………………… 88
　脱ナチ化 ………………………………………………………………………… 92
　ヴィルツブルグ：代理主任 …………………………………………………… 93
　ヘルマン・ライン ……………………………………………………………… 98

研究への復帰 103
　　ハイデルベルグの代理人 106
　　アショフ家 108
　　自立への道 111

5章　生物時計 — 前史（〜1960） 115
　　葉の運動 115
　　動物実験：活動と休息 121
　　生きている時計 122
　　リズム研究の萌芽 124
　　生物時計 126
　　コールド・スプリング・ハーバー 128

6章　エーリング・アンデックス — 科学の砦（1960-1971） 131
　　そしてまた総てが全く変わってしまった 131
　　エーリングの伯爵 133
　　彼の体内時計 138
　　おもしろい研究 144
　　学識 150
　　会議と旅行 152
　　客のもてなし 156

7章　地下壕実験室（1964-1989） 162
　　計画と建築 162
　　実験 164
　　内的脱同調 170
　　アショフとヴェーファー 172
　　他の人々 177

8章　超有名人（1971-1981） 184
　　立ち机の研究 184
　　非重要人物（VUP）のための歓迎会 188
　　リズムと温熱収支 193
　　医学と生活のリズム 200
　　所長 204
　　マックス・プランク革命 214
　　招待、表彰 218
　　友人 219

再びリーダーとして：リングベルグとハンドブック……225
　　定年退職……234

9章　2人の法王 ― 友情と競争（1958-1996）……237
　　コリン・ステフェンソン・ピッテンドリック……237
　　友情と競争……241
　　書簡と書籍……243
　　遍歴の遊牧民……257
　　受賞候補指名と受賞……260
　　コリンの晩年……262

10章　帰郷 ― フライブルグの引退生活（1981-1997）……266
　　なおも進む研究……266
　　行動科学研究所の終焉……269
　　日本との関係……273
　　ヒルデの死……280

11章　ノートバイラの墓標（1997-1998）……287
　　悲嘆と悔恨……287
　　葬送の行進……291
　　遺産と評価……292

補足……294
　　ユルゲン・アショフの栄誉……294
　　アショフ・ホンマ賞（受賞者一覧）……294
　　アショフ・ルーラー（受賞者一覧）……295
　　SRBR学術集会におけるピッテンドリック・アショフ講演……295
　　謝辞……296
　　注釈……297

引用文献……300
訳者注……322
訳者あとがき……325
ドイツ全図……326

序

　「ネーレは、世界的に有名なのよ」、11歳のネーレ・アショフ（Nele Aschoff）は笑いながらそう言った。私達がぶらぶらと歩きながら、イエナの解剖学塔（Anatomieturm）を通りすぎた時のことである。「どうして？」と私が訊ねると、ネーレは言った。「だって、有名なおじいちゃんがいたんだもん」。するとアンナ（Anna）が「違うでしょう。有名なのはあなたではなくて、あなたのおじいちゃんですよ。そして曾おじいちゃんも」と妹を論した。2012年7月のことである。話題になったその人は約100年前に生まれた。この本は、20世紀で最も魅力的な科学者の1人である人物の物語である。

　魅力的なのは、ユルゲン・アショフ（Jürgen Aschoff）の人となりである。彼は人間の内なる時計（体内時計）を発見したことにより、世界的に有名になった。彼は、研究所の地下に実験用居室を作り、その中で被験者をただ1人、外界の時刻情報総てを遮断して数週間隔離した。被験者はほとんど無償のボランティアで、長い予約リストが作られた。アショフの研究は25年間続いた。

　バイエルン州の小さな村、エーリング・アンデックスの研究所は生物リズム研究のメッカとなった。身体計測値が1日のなかで変動することを不思議に思った研究者は、早晩この研究所を訪れた。そこには、開かれた雰囲気、おおらかさ、多様な好奇心が支配していた。セミナーやワークショップに参加した訪問者は、大いに刺激され啓発された。気分転換の山歩き、ムールバイエルの早朝又は夜間の水泳、ピルゼン湖でのスケート、そこでユルゲン・アショフはアコーディオンを弾いた。多くの訪問者が逗留し、世界中の学者がこの小さな村で出会った。常連は非凡なイギリス系アメリカ人の生物学者、コリン・ピッテンドリック（Colin Pittendrigh）である。アショフは、彼と親密な友人関係を半生の長きに渡って築きあげ、また競争相手とした。2人は共同して現在の時間生物学の基礎を築いた。彼らは共に天賦の才をもつ教育者であり、年ごとに盛んになっていく学術集会で、学問の行くべき道を照らす灯台の役割を果した。彼らは伝説上の巨人に似て、我々はその肩に乗る小人で、そこから遠くを眺めることができた。

　時間生物学はアショフとピッテンドリックの時代から大きな広がりを見せている。生物時計は地球上の総ての生物の遺伝子に書き込まれていて、自転する惑星で絶えることなく繰り返される昼夜変化に生物の行動と生理を適応させる明確な特性をもつ。ピッテンドリックは夢想的な生物学者で、科学に理論的基盤を置いて問題に取り組んだ。アショフは医師であったが、周期性に関する膨大な知識を生物学から学び、そこから一般法則を導き出す学者であった。生物リズムの知識を人（ヒト）に応用し、地下壕実験室で人の体内時計を発見した。以来、その研究の方向性は世界的に認知された。

　ユルゲンの父親でフライブルグ出身の病理学者、ルードウィヒ（Ludwig）と同じく、ユ

ルゲン・アショフは何度もノーベル賞候補者に推薦された。たとえこの栄誉が彼らに与えられなかったとしても、この2人が20世紀のドイツ科学界において傑出した人物であったことは間違いない。しかし、老アショフの影は若きアショフに覆いかぶさっていた。彼はコリン・ピッテンドリックだけでなく、父親ルードウィヒとも戦わなければならなかった。7歳のとき、ユルゲンは次の詩を書いている（32頁参照）。

僕のお父さんは大学の教授、
知っておいた方がいい
それはどんなにすごい事か
だから、僕も超有名人になるんだ［6］

ルードウィヒは常に彼の手本であった。死の床にあって、ユルゲン・アショフは思った。私は生涯に於いて「父よりはるかに少ないことしか出来なかった」。2人の人生は激動の世紀に展開された。父と子はどの様にして科学的目標を達成したのか、またそれだけでなく、どの様にして歴史的事件や社会変動を克服したのか。彼らへの追悼文は残されているが［7，8］、これらの問いに答える伝記はない。父は息子の手本であった。だからルードウィヒを語らなくては、ユルゲン・アショフの伝記を書くことはできない。

　ユルゲンと妻のヒルデ（Hilde）は6人の子供とともに、バイエルンの村、エーリング「城」に住んだ。数え切れない科学者だけでなく、両親や子供達の多くの友人が「城」の台所に集った。彼らは気前よくもてなされた。活発な議論もあればお祭り騒ぎもあった。当時「お爺（der Alte）」と呼ばれていたユルゲン・アショフは、アコーディオンを弾いて、子供達に地下倉庫のワインを取りに行かせた。活気に満ちた大騒ぎの中で、ヒルデ、通称「お婆（die Alte）」は豊かな人間味と溢れ出る知性で、いつも重要な役割を果した。彼女は大きな「拡大家族」の中心であった。私はその家族の一員であったことを誇りに思う。

　両親の死後、子供たちはアショフの科学遺産を私に託した。2000年、私はユルゲン・アショフの人生について簡単な総説を書いた［8］。後に、スザンネ・ウェドリッヒ（Susanne Wedlich）から、この遺産を使って伝記を書いてはどうかと相談を受けた。これ以外にも、一族の歴史、写真類、往復書簡、旅行日記など多くの物が残されていた。ユルゲン・アショフは、自分に起きた事を長々と書くのが好きだった。散文、エッセイ、詩、書簡、そしてしばしば素描画を描いた。晩年、彼はこれら貴重な記念品を整理し、コピーして子供たち一人一人に配った。この膨大な量の遺品は、彼の伝記を書くという夢を実現させた。残されたアショフ家の4人の子供が私を信頼し、これら遺品の総てを自由に使わせてくれた。その事に心から感謝している。これらを用いて、彼らの父親の姿を映し出すことにする。本書はユルゲン・アショフの人生と科学者としての活動の重要な側面を記述している。そ

こには、生物学的時間の研究という新しい学問領域の成立過程も触れられているが、その基本概念の重要な部分をアショフが確立した事や、この学問の発展にアショフの人柄が果たした役割が記されている。彼は何者であり、何を発見し、何が彼を動かし、何を愛し、どんな過ちを犯し、どの様にして怒涛のような社会政治的変動の世紀を生きてきたのか、何がネーレと19人の孫の祖父を世界的に有名にしたのか。

ユルゲン・アショフの系譜

Christoff Bernhard
Aschoff, Apotheker
Bielefeld 1674–1739

Friedrich Moritz
Aschoff, Pfaffer
Weeze 1709–1788
∞
Anna Elisabeth May
1715–1788

Ludwig Philipp
Aschoff, Apotheker
Bielefeld 1758–1827
∞
Charlotte Catharina
Lindemann
1767–1837

Ernst Friedrich
Aschoff, Apotheker
Herford 1792–1863

Adolph Ludwig
Aschoff, Apotheker
Bielefeld 1807–1861
∞
Berta Friederike
Adelheid Auguste
Tiemann
1813–?

Friedrich Heinrich Ludwig
Aschoff, Arzt
Berlin 1838–1912
∞
Wilhelmine Blanka
Heinze
Berlin 1843–1930

Ludwig Karl Albert
Aschoff, Pathologe
Freiburg 1866–1942

Jürgen Walter Ludwig
Aschoff, Physiologe
Freiburg 1913–1998

∞

Anna Marie Clara
Dieterichs
Freiburg 1876–1950

Georg Heinrich Wilhelm
Dieterichs, Finanzrat
Göttingen 1826–1903
∞
Anna Maria Adelheid
von Hennings
Göttingen 1843–1925

Wilhelm August
von Hennings, Militär
Osnabrück 1796–1871
∞
Henriette Juliane
Mathilde Pelizäus
Hildesheim 1817–1857

Margarethe Eleonore
von Krabbe
Kopenhagen 1761–1847

August Adolph
von Hennings, Diplomat
Plön 1746–1826
∞
Sophie Christina Louise
von Hennings
1742–1817

Martin Nicolaus
Hennings
Pinneberg 1707–1770
∞
Anna Christine
Schneider
1711–1795

Johann Albert
Reimarus, Arzt
Hamburg 1729–1814

Hermann Samuel
Reimarus, Philosoph
Hamburg 1694–1768

1章　系譜 ― 啓蒙と医学の 150 年（1740-1913）

　1つの人生がゆりかごから始まる。しかし生まれるかなり前から、赤子の将来を決める出来事と環境がある。私達がある人物を理解しようとするとき、その人物の系譜は役に立つと思われる。その際、単に両親や祖父母との遺伝的血縁関係だけが重要なのでなく、実際血縁はその人物を決める主たる要因ではなく、生育環境が大きな問題となる。双子の研究から、素質上の多くの特徴の中で遺伝的特性に起因する率は 40% であることが知られている［9］。残りの3分1は、発達期における社会的文化的条件に関係し、残りは偶然の結果である。

　この点からも、両親は子供に対して二重の特徴付けを行っている。1つは DNA 上の遺伝子によって、もう1つは家族の中で受け継がれる文化を介して。文化について言えば、一方は物事の理解のための教えと学び、積極的な教育であり、他方は家族の強い影響力や雰囲気による多くの繊細な刷り込みである。両親の振る舞い、または兄弟姉妹や叔父叔母の行動を見て、子供が興味を示し、能力が刺激される。家族の中に綿々と続く決まり事が引き継がれる時、一族の類似性が遺伝に由来するのか文化の継承かの議論は、多くの場合意味を失う。16 世紀から 18 世紀のバッハ一族に見られた音楽的才能の爆発的な高揚は、疑いも無く遺伝学的素質に基づくものであろう。しかし、その素質はまた途切れることなく一族の文化と結びつき、個々の音楽家を刺激して、その能力を開花させた。ある人物の人生の根源を理解しようとするとき、系譜は有効である。

ヘニングス家の系譜

　ユルゲン・アショフの祖先は、ドイツ知識人がもつ多様な特徴を示した。彼の両親であるクララ・ディートリックス（Clara Dieterichs）とルードウィヒ・アショフは共に、数世代続いた教養ある学術的ブルジア階級の末裔である。

　母親の系譜で鍵となる人物はアウグスト・アドルフ・フリードリッヒ・フォン・ヘニングス（August Adolph Friedrich von Hennings）(1746-1826) で、クララの曾祖父にあたる。アウグストはデンマーク・ホルシュタインの政治家で、当時公爵領であったホルシュタインとシュレスビッヒで啓蒙主義運動に参加していた［10］。彼の人生は、ハンス・ウィルヘルム・リッシュル（Hans Wilhelm Ritschl）［11］によって書かれた伝記によって知ることができるが、著者はアウグストの玄孫であり、ユルゲン・アショフの従兄でもある。アウグストは教皇特使団の長官として、デンマーク国王の代理人だけでなく、ノルウェー国王とシュレスビッヒとホルシュタイン公爵の代理人も務めた。彼は、精神障害を患うクリスチャン 7 世（Christian VII）を、ベルリン／ポツダムにあるプロイセンのフレデリック 2 世の城で、またドレスデンにあるザクセン城で補佐した。後に彼はクリスチャンの息

図1-1 アウグスト・フォン・ヘニングス

子によって国王摂政に、また後の後継者であるホルシュタインのフレデリック6世（Frederik VI.）によってプレーンの地方長官に、そしてその後伯爵領ランツナウの行政官に任命された。フォン・ヘニングスの活動は、政治家や行政官としてだけではなく、著述家としての仕事など、多岐にわたった。彼は、「時代の守護神」や「悩める人類の年代記」など多くの雑誌を刊行した。彼はこれらの雑誌の中で、時代の近代化を確信して述べた。彼は総ての階級に自由と平等を与えるブルジャ憲法の制定を主張し、農奴制の廃止を訴え、貴族階級の権利の制限を要求した。彼はフランスで宗教改革と教会の活性化に熱中した。アウグストの孫で、歴史家であったウィルヘルム・ワッテンバッハ（Wilhelm Wattenbach）は、「時代の守護神」を「19世紀の初頭まで維持されていた自由な思想表明の最後の砦」[12]と呼んだ。しかし、ゲーテなど自由主義的な考えをもつ同時代の仲間の何人かは、フォン・ヘニングスの見解を嘲笑っていた。フォン・ヘニングスは、デンマークの皇太子で後の王フリードリッヒ6世（Friedrich VI）などからは高く評価され、貴族の一員、男爵に叙された。

　ハンブルグの医師であり動植物の研究者でもあったヨハン・アルベルト・ハインリッヒ・レイマルス（Johann Albert Heinrich Reimarus）(1729-1814)はフォン・ヘニングスの知的サークルに属し、アウグストの妹のソフィア・フォン・ヘニングス（Sophia von Hennings）を妻にしていた。レイマルスはゲッチンゲン、ライデンそしてロンドンで学び、チャールス・ダーヴィン（Charles Dawin）の祖父であるエラスムス・ダーヴィン（Erasmus Dawin）と共にエディンバラで医科学会を創設した。彼は、ベンジャミン・フランクリン（Benjamin

Franklin）の避雷針を最初にヨーロッパ大陸に持ち込んだ人として知られ、またエドワード・ジェンナー（Edward Jenner）の種痘をハンブルグで初めて行なった人物でもある。レイマルスは啓蒙思想を父親のヘルマン・サミュエル・レイマルス（Hermann Samuel Reimarus）から引き継いだ。彼の息子のように、哲学者であり科学者である人物がドイツ、イギリス、オランダで養成された。彼は自然主義的宗教感を持っており、神の啓示や奇蹟に繋がる一切の思想を拒否した。ハンブルグにある彼の家は、同様の見解をもつ人々の文化的拠点であった。レイマルスの息子の嫁として、ヘニングスの愛する妹ソフィアはこの宗教活動に積極的に参加した。彼女は「女博士」と呼ばれ、「お茶室」というサロンを主宰し、文学と哲学の語らいで午後を過ごした。レイマルスは1765年、愛国者団体の創設メンバーに加わり、その立場から1847年以来「愛国者団体の家」として現在も会合を開いている。ドイツで教育が如何に重要かが認識された時代であった。ディートリックス家の系譜に、フォン・ヘニングスとレイマルスの家系が輝かしい未来の始まりをもたらした。

アウグスト・フォン・ヘニングスには、デンマークの海運組合長の娘である妻のエレオノーレ・マーガレッテ・フォン・クラーベ（Eleonore Margarethe von Krabbe）(1761-1847)との間に8人の子供がいた。4番目の息子ウィルヘルム・アウグスト・フォン・ヘニングス（Wilhelm August von Hennings）(1796-1871)はクララ・ディートリックスの祖父である。彼は父親に比べあまり知られていない。リッシュによると[11]、ウィルヘルムは父親のお気に入りの息子であった。「彼は父親の天才的な素質を受け継いだ。しかし、後年父親による厳格な宗教と義務的教育で、抑制的な人物となった」。ウィルヘルムは子供の時「ラ・マルセーユ」をピアノで弾き、ドン・ファンのアリアを素晴らしい声で歌った。

ウィルヘルムの最初の妻ルイーゼ・ドメイエル（Luise Domeier）は、1835年の早い時期に亡くなった。3年後、ウィルヘルムは2番目の妻と結婚した。彼女はヒルデスハイムのペリザウス（Pelizäus）家の出身で、ヘンリーテ・ユリアーネ・マチルデ（Henriette Juliane Mathilde）といった。彼女は19歳でウィルヘルムの2人の息子にとって愛すべきそして献身的な継母となった。後に、彼女自身は3人の娘を得た。2番目の娘アンナ（Anna）(1843-1925)は、後年自身の思い出話を書き綴っている[13]。それは、祖父のアウグスト・フォン・ヘニングスから孫のユルゲン・アショフに至る5世代にわたる記録である。アンナは両親を愛と敬意をもって記述した。

ウィルヘルムは軍人生活を選んだ。彼は1813年に16歳で早々に大学での勉学を放棄し、ラウエンブルグ[1]の軍団に入隊し、ナポレオンに対するドイツ解放戦争に加わった。後に国王領であるハノーバーの軍隊に入り、1815年には19歳で少尉となって、ブリュッヘルやウェリントン（注1）によるパリ進撃に参加した。引き続き、彼は「緑の狙撃兵」（注2）の大尉としてゴスラーに駐屯した。また、1848年から1850年の第1次シュレスビッチ・ホルシュタイン戦争に従軍した。1848年の騒乱では、両公爵領がデンマークから

独立しようとしたが失敗した。ウィルヘルムの軍団はミンデンに移動し、その後オスナブリュックに歩兵部隊として配置された。そして 3 年後の 1853 年、連隊司令官として再びアインベックに移った。彼は中将の位まで上り詰めた。彼の娘が次のように書いている。「小さな軍隊で、戦闘のない平和な任務だったので、ほっとする毎日でした。自由にできる時間が沢山あり、父は充分すぎるほど宗教的務めを果たすことができました」([13], 8 頁)。彼は才能ある画家でもあった。イエナにあるアンドレアス・アショフ（Andreas Aschoff）の家には、ウィルヘルムが書いた様々な浪漫主義的絵画が架かっている。また色々ある絵の中でも、彼が 1796 年に建てたプレーン城やハルツのエーリッヒ城の絵は特筆に値する。ユリアーネは卓越した技でピアノを弾いた。彼女は、毎日決まった時間に音楽に没頭し、その習慣は生涯続いた。彼女の娘ラウト（Laut）にとって音楽は生活の中の大きな喜びであった。ウィルヘルムは彼女のピアノを聞くのが好きで、彼自身もしばしばピアノを弾いた。彼はかなり高齢になるまで数学と天文学に取り組んでいて、また英語、フランス語、イタリア語を流暢に話し、音楽と文学を愛した。シラー（Schiller）は彼のお気に入りの詞人であった。1871 年、オスナブリュックで死の床にあった時も、彼は娘が朗読する「ドン・カルロス」に聞き入っていた。

アンナ・マリア・アデルハイド・フォン・ヘニングス（Anna Maria Adelheid von Hennings）は、すでに述べたようにウィルヘルムとユリアーネの 2 番目の娘で、ユルゲン・アショフの祖母にあたる。彼女は、1843 年 4 月、ゴスラーで生まれた。ユリアーネは、1857 年ゲッチンゲンの病院で乳房手術を受けた後に死亡した。アンナは母親をとても好きで、彼女のために「その年の秋まで深い悲しみに明けくれた」([13], 63 頁)。その後、14 歳のとき彼女はヒルデスハイムに連れて行かれ、母の弟であるクレメンス・ペリザウス（Clemens Pelizäus）叔父の元で下宿住まいをすることになった。クレメンスは上級裁判所の秘書官で、ウィルヘルム・ペリザウス（Wilhelm Pelizäus）の父親であった。ウィルヘルム・ペリザウスは長年エジプトで商人および領事として過ごし、生涯アラビア美術品の収集とエジプト考古学の研究に力を注いだ。彼は収集品を故郷の町に寄贈し、それらは現在ヒルデスハイムにあるペリザウス・ローマ博物館の基礎となった。1921 年、ゲッチンゲン大学は彼に名誉学位の称号を贈った。ペリザウス家はカトリックであった。クレメンスの娘、ユリアーネとさらに 10 人の娘は皆福音派の男性と結婚した。アンナはヒルデスハイムにある修道院の礼拝堂で説教を受けた（そこの修道院長は、厳格であったがアンナにはお気に入りのメレ・クララ（Mère Clara）であった）。「私が信仰告白することにより…心に深く素晴らしい感動がわき上り、葛藤はあったが、すべてのカトリック的韻律が、明瞭で清らかなルーテル派に完全にとって代わられたと確信した」([13], 73 頁)。

アンナは誰にでも愛される、利発なかわいらしい娘となった。1858 年のある日、彼女は王国の首都であるハノーバーの伯母エミー・ヴェルムス（Emy Wermuth）のもとにいた姉

図1-2　プレーン城の風景（ウィルヘルム・フォン・ヘニングスの油絵より）

妹を訪ねた。そのとき世界が開けた。彼女は芸術作品、絵画や彫刻に魅了され、劇場やオペラ、タンホイザーやマリア・スチュアート、そして鑑賞したほとんどすべてのものに深く感動した。彼女は盲目のハノーバー王ゲオルグ5世（Georg V）に心酔していた。その彼女を驚かせることがすぐ近くで起きた。警察長官であった伯父のヴェルムスが2人の娘を連れて行った駅に、王が丁度到着したところであった。後にアンナは彼を個人的に知るところとなった。エミー伯母の甥である銀行家のゲオルグ・ハインリッヒ・ウィルヘルム・ディートリックス（Georg Heinrich Wilhelm Dieterichs）氏を直近の演奏会に招待した。「その深くて大きな黒い瞳を初めて見たとき、その後の私の全人生が光と至福に満たされるだろうと感じた」（[13]，78頁）。当然のことながら、願いが果たされるまで、彼女は更に5年ほど待たねばならなかった。

ゲオルグはハーメルン出身で、祖父のドメイル（Domeier）は長い間そこの市長を務めていた。彼の父親のレオポルド（Leopold）はゲッチンゲンで学び、ゴスラーで裁判官になり、ワーテルローの戦に中隊長として参加した。ナポレオンとの戦争の後、彼はアンナの父の最初の妻の姉妹であり、エミー伯母の姉妹でもあるエヴェリーネ（Eveline）と結婚した。ゲオルグは知的好奇心の旺盛な学生で、ツェルの高校を1番で卒業し、大学受験資格（注3）を得た。彼はゲッチンゲンとボンの大学を出て、ツェルで裁判官に就任し、その後ハノーバーの普通郵便本局の管理職員となった。アンナとゲオルグは1864年11月1日にハルツのエーリッヒ城で結婚式を挙げた。当時そこにはウィリヘルム・フォン・ヘニング

図 1-3　アンナとゲオルグ・ディートリックス、1880 年頃

ス将軍が 3 番目の妻と暮らしていた。多くの友人が結婚式に参列し、予期せぬことに彼女の叔父でハンブルグの市長、フリードリッヒ・シーヴェキング（Friedrich Sieveking）博士も参加した。披露宴が終わって、新婚の 2 人が客に送られて会場を去ろうとしたとき、1 人の騎馬兵が国王の親書を携えて会場に到着した。国王は新婚の夫婦に祝辞を述べるとともに、新郎を昇給させ加俸の措置を執った。

　1 年後の 1865 年末、ゲオルグ・ディートリックスは国王に呼ばれ、財務大臣に就くよう要請された。国王領のハノーバーは 1814 年のウィーン会議の際に設置され、同じ国王領である英国とともに元々 1 人の王により統治された。この連合は 1837 年にヴィクトリア（Victoria）が英国女王となったとき終わりを遂げ、ハノーバーは男子の後継者、エルンスト・アウグスト（Ernst August）が継承した。1851 年、その息子で皇太子であった盲目のゲオルグ 5 世が跡を継いだ。王は 7 人の所轄大臣に補佐された。法務、文化、国防、財務、内務、外務そして宮廷大臣である。また、ゲオルグ 5 世のもとでは、ほぼ 3 年ごとに新大臣が任命された。財務大臣としてのディートリックスの仕事は短期間で終わった。翌 1866 年には、すでに「ドイツ戦争」が始まっていた。プロイセンの国王ウィルヘルム 1 世（Wilhelm I）は、丞相グラフ・オットー・フォン・ビスマルク（Graf Otto von Bismarck）に補佐されて、オーストリアを首魁としハノーバーも加盟していたドイツ連合に武力で立ち向かった。ハノーバーの軍隊は 1866 年 6 月 27 日のランゲンザツツァでの戦闘で勝利を収めたが、その後数に勝るプロイセン軍団に降伏せざるを得なかった。ハノーバーは、フランクフルト、ヘッセン、シュレスビッヒ・ホルシュタインと同様、併呑され、プロイセン王国の 1 属州に格下げされた。盲目の王はウィーンに追放となり、後にパリに移された。

ディートリックス大臣は時期を見計らって国庫の大部分を密かに英国に移していた。彼はウィーンに滞在していた国王を訪れ、更なる指示を仰いだ。王は亡命の身であった彼を枢密顧問官に任命し、プロイセン政府にディートリックスの年金を要求した。年金は確かに支給された。1867年の復活祭の時、ディートリックス家は高価な屋敷の賃貸を解約しなければならなかった。彼らは「何時か再びそこに住むことを期待した。私達が頼りにしたのは、デビッド・コペンフィールドのミコウバース・ライトモチーフ (Micawbers Leitmotive) 氏であった」([13], 245 頁)。国王に忠誠を誓ったゲオルグは、最初恨みのあるプロイセンに職位を求めようとはしなかった。しかし1868年、彼はついにベルリンに行き、地方長官の職を得て、最初は伯爵領ゴヤ・アン・デル・ヴェーゼに赴任し、田舎での5年間の幸せな年月の後にゲッチンゲンに移動となった。ドイツ・フランス戦争が終わって、ホヤで初めて2人の娘を得た。1867年にエヴェリーネを、1871年にエミー (Emy) を。ゲッチンゲンでは、1876年1月4日に3番目の娘、クララ・マリエ・ディートリックス (Clara Marie Dieterichs) が生まれた。彼女はユルゲン・アショフの母であるが、それは後の話である。

3人の娘は、自分達を大変可愛がってくれた両親とともに、幸福で心温まる家庭で育った。両親は、最初彼らを取り巻くゲッチンゲンの社会に失望を感じた。「私が望んでいたのは…」、アンナは書いている、「気楽で知的な交流でした。そしてそれによって自分を成長させ、向上させることができることを期待していました。古風な枢密院的家族は過度に堅苦しく、まったくうぬぼれていると言わざるをえませんでした」([13], 291 頁)。しかし、次第に興味深い人たち、例えば数学の教授エルンスト・シェリング (Ernst Schering)、教会歴史家フィリップ・マイヤー (Philipp Meyer) やその家族と知り合いになった。また、アンナの従弟で有名なベルリンの歴史家であるウィルヘルム・ワッテンバッハとは親密な交友関係が得られた。ご主人が王国領ハノーバーの最後の政府に努めた大臣の息子で、ご夫人がアンナの姪の1人であるバクマイスター (Bacmeister) の家族は、知的な友人サークルを豊かにした。アンナとゲオルグはゲッチンゲンに住み着いた。彼らは調和のとれた夫婦で、高齢になるまで信頼し合った。1903年5月23日、ゲオルグは、おそらく若い頃に発生し、それまで悪性化することのなかった喉頭腫瘍で亡くなった。5月27日、彼の親愛なる国王の誕生日に、ゲオルグは埋葬された。

母クララ・ディートリックス

クララはかわいらしい、活発でお茶目な少女であった。母アンナの記述からは彼女についてわずかなことしか判らない。彼女は破目をはずすことができ、しつけがあまり厳しくない家庭に育った。ある時、お昼ご飯で皆が大声をあげて大騒ぎになったとき、アンナは子供たちに、どこの家でも子供たちは何か尋ねられた時だけ話すものですと言って聞かせた。すると、クレーヒェン (クララの愛称) は父親に腕を回しながら言った「そう。で

もお父様は違うよね」（[13], 307頁）。両親は子供たちのことをとても気にかけていて、娘らとは温かい信頼関係があった。アンナはしばしば学校の宿題を手伝った。彼女は、よく学校のために喜劇を書いた。毎年夏に家族は長い休暇旅行でスイスに行くことが多かった。そうでないときは、近場のハルツかチューリンゲンに出かけた。休暇は音楽で満たされた。最年長の娘エヴァは祖父のウィリアムに似て、多彩で驚くべき才能を示した。彼女は、さらに芸術の世界に触れ、その才能を伸ばすためにベルリンのワッテンバッハのもとに送られ、そこで1年間過ごした（[13], 311頁）。オットー・リッシュル（Otto Rischl）が彼女に求婚するまでにそれほど時間はかからなかった。彼はゲッチンゲンの神学者で、結婚後すぐに同じ神学校の定員外教授としてキールに呼ばれた。後に彼はボンで職を得た。そこで夫婦は次々と4人の息子を授かった。それ以来、アンナは、最初リッシュルのことを過激な神学を信奉する「確信的な非寛容主義者」と見なして、お付き合いは容易ではないと感じていたが、しばらくして彼とは完全に折り合いをつけた。「オットーはルーテル派に見えました。外見もずんぐりしていて、額が広く、伏し目なのに、鋭い眼差しをしていました」。アンナ自身、「宗教上の生活は無害な正統派であった」（[13], 316頁）。彼女は娘婿の神の言葉の事細かな詮索よりも、娘の文芸人としての才能を気に入っていた。対照的な2つの家族には温かくかつ開かれた雰囲気が生まれ、その中で3人の姉妹は育った。3人は皆両親の慈愛に満ちた養育を受けた。青春期に精神を患ったエミーは長い間未婚で、ゲッチンゲンで母親と共に過ごし、1925年に亡くなった。

クララは縁起の良い日曜生まれの子であった。「明るい5月の朝のように、彼女の幼年時代とそれに続く短い少女時代は濁りなく、素晴らしい」。娘達は、少女らしく女教師や他の人々に夢中になったことを、何度も途切れた日記に書き綴った。父親も彼女らをほとんど盲目的に愛した（[13], 322頁）。母アンナは、クララが3人の娘の中で教育に最も苦労したと述べている。「彼女は時代を先取りしていました。なぜなら当時、子供の時代は無かったからです。思う存分生きるということ、自由で自立した成長は次の世代で初めて現われたことです」（[13], 323頁）。クララのこだわりの無い, 闊達で意気揚々とした積極的な性格から多くの友人にめぐまれ、愛された。彼女は誰よりも、家に居るのと同じくらい、学校で過ごした。学校を卒業してから、15歳の年にカッセルの近くのフォーフで下宿生活をするようになった。ある女教師の指導のもとで、15人の少女が、裁縫やパンの焼き方、音楽や客のもてなし方、プラムの瓶詰の作り方、子牛の心臓の詰め込みなどの家事に必要なことをすべて習った[14]。丁度18歳になった1894年、クララはルードウィヒ・アショフに出会った。彼も彼女しか目に留まらなかった。この話をさらに進める前に、ルードウィヒの家族背景について語ることにしよう。

ビーレフェルドのアショフ家

　ルードウィヒ・アショフの祖先の歴史は薬剤師としての職業と密接に係わっている。それは、ウェストファーレンの町、ビーレフェルドでの何世代にもわたるアショフ家の生業であった。アショフの名前の由来はおそらく「エッシェンホフ（注4）」に由来すると思われる。1212年に書かれたオスナブリュックの司教の記録に最も古い記述があり、ビーレフェルドの西南にあるレーダ村の近くに2軒の農家があり、大アショフと小アショフと呼ばれていた［15］。アショフ一族の中で、ビーレフェルドに定住し、伝統的な薬局を開いたクリストフ・ベルンハルト・アショフ（Christoph Bernhard Aschoff）（1674年生）を一族の創始者と見なすことができる。アショフ薬局は町の中心、ニーダー通3番にあり、昔の礼拝堂の跡地に建てられたらしい。クリストフ・ベルンハルトには、薬局を継いだハインリッヒ・アドルフ・アショフ（Heinrich Adolph Aschoff）（1770年没）とヴェーゼで福音派の牧師になったフリードリッヒ・モリッツ・アショフ（Friedrich Moritz Aschoff）（1758-1827年）の2人の息子があった。フリードリッヒにはまた2人の息子がいた。長男はアルブレヒト・アショフ（Albrecht Aschoff）（1829年没）といい、リースの市長になった。次男のルードウィヒ・フィリップ・アショフ（Ludwig Philipp Aschoff）（1758-1827年）は1775年から1780年まで従兄弟のハインリッヒ・アドルフのところで薬剤師の専門的業務を学んでいた。ハインリッヒ・アドルフはビーレフェルドにある薬局を同名の父親から引き継いだ［16］。

　ルードウィヒ・フィリップ・アショフはアウグスト・フォン・ヘニングスと同時代に生きたユルゲン・アショフの高祖父で、アショフ家の系譜における重要人物である。彼は家業をさらに発展させ、拡張した。17世紀から18世紀にかけて、薬剤師は医学的効果があると認められていた天然の草木、キノコ、鉱物を集め、そこから薬効のある成分を調合していた。薬剤師は収集物を整理分類し、後に動植物界を体系的に記載する資料として役立てた。ルードウィヒ・フィリップ・アショフの時代に専門分野が変わった。彼は科学を志向し、例えば薬物収集に化学分析を加えた。

　ルードウィヒ・フィリップは修業を終えてから、1791年ビーレフェルドにあるアショフ家の薬局を購入するまで、イェファーとハレで薬剤師として務めた。彼は一族なかで科学に熱中した最初の人物である。ルードウィヒは医学に強い興味を抱いてさらに教育を受け、1811年に医学士補となった。1820年、彼はその地方の多くの薬剤師とともに、「ウェストファーレン薬剤師連盟」を設立した。当初、アショフとミンデン出身の同僚バイセンヒルツ（Beissenhirtz）は、この会を学術書の読書グループと考えていた［17］。ルドルフ・ブランデス（Rudolf Brandes）博士の刺激的な影響によって、この連盟はすぐ「北ドイツ薬剤師連盟」に拡大した（1821）。ブランデス博士が上級指導者になり、クラブの運営は彼と

4人の創設メンバーで行なわれた。その中にはルードウィヒ・フィリップ・アショフも含まれていた [18]。このクラブが設立されて間もない1822年、ヨハン・ウォルフガング・フォン・ゲーテ（Johann Wolfgang von Goethe）がクラブの名誉会員の最初の1人に迎えられた。ルードウィヒ・アショフは、指導者の1人として、彼に証明書を交付した [19]。アショフ自身はレーゲンスブルグの植物学会の名誉会員に推薦された。連盟はすぐに活発な活動を始め、1821年の末にはすでに228名の会員を有していた。定期的な大会が行われ、図書館が作られた。連盟は学術雑誌「薬学」を発刊し、それは現在に至るまで続き、これまで349巻を出版して、ドイツにおける薬学の先導的科学雑誌となった。ドイツが統一された直後の1872年、連盟は1850年に設立された南ドイツの類似の団体と合併し、ドイツ薬剤師連盟となった。

ルードウィヒ・フィリップ・アショフの息子の1人エルンスト・フリードリッヒ（Ernst Friedrich）(1792-1863) も似たような経歴をたどった。彼は15歳のとき、父親について薬学を学んだ。4～5年の修業のあと、彼はゲッチンゲンとベルリンで勉学に励み、1815年に第1級薬剤師の資格を得た。引き続き彼はヘルフォードの義兄の薬局で働き、1823年にそこを譲り受けた。すでに1821年に、彼は父親と同様、薬剤師連盟の指導者の1人になっていた。エルンスト・フリードリッヒは自分の職業の科学的側面に大変興味を持っていた。彼は論文を定期的に「薬学」に発表していた。そのテーマは多岐にわたり、例えば「エナメルを塗った鉄製薬品」について、薬剤師における植物研究の意義について、銅を含んだ鉛白について [20]、動物組織に対する青酸の効果、リンネ（Linnaeus）の生涯 [21] など多数ある。1829年、彼は極めて詳細な論文「調剤の効能、留意点、欠陥…」を書いた。それは広く読まれ、版を重ねて刊行された [22]。エルンスト・フリードリッヒはこの論文により科学者と見なされ、1828年、マールブルグ大学から博士号を授与された。バーデン、パリ、エムデン、ラインバイエルン、リスボンそしてペータースブルグの様々な学術団体は彼を名誉会員にした。彼が属する薬剤師連盟は1859年、彼を名誉会長に選んだ [23]。

エルンスト・フリードリッヒは、学術的地位には就かなかったものの、すでに19世紀の初頭にアショフ家がもつ科学に対する強い関心を明確に示していた。彼の15歳年下の弟アドルフ・ルードウィヒ（Adolph Ludwig）(1807-1861) も同様に薬学に専念し、すでに1831年には他界した父親のビーレフェルドの薬局を引き継ぎ、最初の4年間は母キャサリーナ（Catharina）の代理人として尽力した。また同時に薬剤師連盟に加入し、そこでの熱心な活動によって幹部会の一員となり、次いで補佐として、さらに1842年からは指導者の1人に任命された。彼は連盟のために、ビーレフェルドの家の庭に薬草と調剤の集合施設を造った [24]。また兄と同じように「薬学」のありとあらゆる分野について、とりわけ化学分析について発表した。彼は植物の青酸合成について、吉草剤（鎮静薬）について、ヒ素について、硫酸による中毒についてなど多数の論文を書いた。

アドルフ・ルードウィヒは喘息にひどく悩まされ、晩年は重篤な状態であった。彼は1861年53歳で亡くなったが、追うかのように妻のベルタ・フリードリケ・アデルハイド・アウグステ・ティーマン（Berta Friederike Adelheid Auguste Tiemann）が他界した。この夫婦には6人の子供がいた。長男のルードウィヒ・アルブレヒト（Ludwig Albrecht）は1835年生まれで、薬剤師となり、父の職業を継いだ。しかし彼は健康上の理由から長くは務めることができず、すぐに薬局を売りに出した。その後アショフ家の者がビーレフェルドに戻ることは2度となかったが、その薬局は100年以上にもわたってアショフ薬局としてその地方では知られていた。1885年、終にその扉は閉じられた。1891年にこの薬局を買い取ったアウグスト・エトカー（August Oetker）博士が、まさにその場所で、ベーキングパウダーの調合を改良し、ビーレフェルドの工業化の成功の基礎を作った。

アドルフ・ルードウィヒの2番目の息子フリードリッヒ・ハインリッヒ・ルードウィヒ・アショフ（Friedrich Heinrich Ludwig Aschoff）はルイス（Louis）と呼ばれ、1838年3月26日ビーレフェルドに生まれた。彼は医学を学び、1862年ベルリン-クロイツベルグの医師としてベレ-アリアンス広場（1946年、メーリング広場）に腰を据え、1865年、ブランカ・ハインゼ（Blanka Heinze）と結婚した。彼らはユルゲン・アショフの祖父母にあたる。この夫婦には3人の子供がいた。ルードウィヒ、アルベルト（Albert）、マリー（Marie）である。ルイスは枢密院の衛生顧問で、顧客の多いベルリンの医師として活躍したが、その後息子のアルベルト（1869）も同じ道を歩んだ。マリー（1871）は、バイルブルグで区の裁判官をしていたウォルター・ローマン（Walter Lohmann）と結婚した。長男のルードウィヒはユルゲン・アショフの父である。ルイスは1912年まで生きていた。

枢密院顧問ルードウィヒ・アショフ教授

一族のなかで世界的に有名になった人物が、ルイスとブランカ・アショフの長男であるルードウィヒ・カール・アルベルト・アショフ（Ludwig Karl Albert Aschoff）（ベルリン1886年11月1日生—フライブルク1942年6月24日没）である。彼については多くの記載があるが [25]、伝記はない。彼の手になる論文や教科書は400を超える。また、世界中の友人や同僚にあてた手紙が千通残されている。彼が家族に出した一連の手紙が長女のアニー・ホルヒ（Anni Horch）によって刊行されている [26]。ルードウィヒの学術的展開を簡単にまとめてみよう。

ルードウィヒと弟のアルベルトはともに、1875年ベルリン-クロイツベルグに新しく開設された高等学校を卒業した。妹のマリー（ミーゼ）は、その時代の女性の大半がそうであったように、高等教育を受けることは断念せざるを得なかった。2人の兄弟は父親から医学に対する情熱を受け継いだ。ルードウィヒは大学受験資格を得た後、1885年4月家を出て、ボン大学で医学を学んだ。そこで彼は「アレマニア」（注5）という学生組織の熱心

図1-4　ルードウィヒ（ルイス）・アショフ博士　ベルリン

な会員となった。

　彼は1887年の秋に基礎医学試験に合格し、次いで臨床医学を学ぶべくストラースブルグに行った。ストラースブルグは、1870-1871のドイツ・フランス戦争後ドイツの管理下にあり、当時アルザス・ロートリンゲン行政区にあった。そこに新設されたウィルヘルム皇帝大学では、もっぱらドイツ人の教授が教鞭をとっていた。ルードウィヒはレックリングハウゼン（F.D. von Recklinghausen）教授のもとで臨床医学を学んだ。教授はドイツ病理学の指導者で、ドイツ病理学会（1884）を創設し、後に学会の名誉会長となった。ルードウィヒは、レックリングハウゼンによって刺激された病理学的解剖学に対する情熱を失うことは決してなかった。彼は引き続きボンに戻って、1889年リベルト（Ribbert）教授のもとで学士号を取得した［27］。1890年、大学受験資格を得てから5年を経ずして、彼は医師国家試験に合格した。ベルリンのロベルト・コッホ研究所で細菌学を学び、ヴィツブルグのケリカー（Kölliker）のもとで短期間組織学の指導を受けた後、彼は再びストラースブルクに戻り、そこで助手の身分を得た。その後、ゲッチンゲン大学の病理学研究所でヨハネス・オルト（Johannes Orth）教授の助手として10年間務めた。

　ルードウィヒは、1894年1月ゲッチンゲンで行われた予備役将校の舞踏会でクララ・ディートリックスと知り合った。彼女は当時18歳であった。彼らはお互いに一目ぼれした。しかしアショフは、自分は秋まで学位論文のための研究に没頭するつもりだと、彼女とディートリックス家に伝えた。身を固める前にまず教授資格試験（注6）を受けなければならない。実際、1894年の夏にはまず教授資格試験と無給大学講師への昇任試験があ

図1-5 枢密院衛生顧問官ルイス・アショフと家族。撮影はおそらく1898年、ベルリン、ベレーアリアンスの自宅。左から右へ、1）アンナ・マリエ・クララ・アショフ、ディートリックス家出身（2の娘、1876年1月4日ゲッチンゲン生まれ、1950年3月22日フライブルグで逝去）、2）ルードウィヒ・カール・アルベルト・アショフ、病理学教授、フライブルグ（6の息子、1866年1月10日、ベルリン生まれ、1942年6月24日、フライブルグで逝去）、3）（着席）ヘドウィク・ルイス・アショフ、カール家出身（4の娘、1877年1月14日生まれ、1929年11月7日逝去）、4）フェルディナンド・カール・アルベルト・アショフ、ベルリン衛生局顧問官（2の兄弟、1869年7月31日生まれ、1945年11月25日逝去）、5）ヴィルヘルミーネ・ブランカ・アショフ、ハインツ家出身（6の娘、1843年7月25日ベルリン生まれ、1930年4月3日ヴァイルブルグで逝去）、6）（着席）フリードリッヒ・ハインリッヒ・ルードウィヒ（ルイス）アショフ、枢密医院衛生局顧問官（1838年3月26日ビーレフェルド生まれ、1912年8月11日フライエンバルデで逝去）、7）マリー（ミーゼ）・ローマン、アショフ家出身（2、4の姉妹、8の夫人。1871年3月6日ベルリン生まれ、1940年代にヴァイルブルグで逝去）、8）ワルター・ローマン、ヴァイルブルグ区裁判判事官（1861年5月22日生まれ、1947年2月15日逝去）

り、それに合格すると一般解剖学と病理解剖学の教員資格（注7）が得られた。引き続き、ディートリックス家がアルゴイで夏季休暇を取っている間に、両家の親の深い理解によって婚約が調った。1年後の1895年9月23日に2人は結婚式を挙げた。ゲッチンゲンで、3人の娘が相次いで生まれた。アンナ（Anna）（1896年8月10日生、アニーと呼ばれる）、ヘドウィク（Hedwig）（1989年3月7日生まれ、ヘタと呼ばれる）そしてエヴェリーネ（Eveline）（1900年4月26日生、エヴァと呼ばれる）。続いてもう1人が生まれるが、それは後に述べる。

　ルードウィヒは異常と思えるほど仕事に打ち込む人物で、朝食前に大学の仕事に取り掛

図 1-6　エッシェンホフ 1910 年頃

かった。彼は学術的仕事を喜びであると同時に責務と感じていた。彼の義務感は国家と国民にも向けられ、愛国心に強く裏付けられた政治的信念を生み出した。ゲッチンゲンでの 10 年間は、彼はなにはともあれ病理学の広い領域に精通し、さらに発展させることに没頭した。彼は、父親の勧めと経済的な支援を得て、1901-1902 年にかけ 2 ～ 3 カ月英国とパリに滞在した。英国では、当時エドワード・ジェンナー研究所と呼ばれ、その後リスター予防医学研究所と命名されたロンドンの研究所とリバプール熱帯医学校で仕事をした。パリではパスツール研究所のメチニコフ（Metschnikov）教授の下で研究した。彼は大変生産的で、相当な数の学術論文を発表した。

　クララは、彼の仕事が何故そんなに多いのか簡単には理解できなかった。「夕方から真夜中まで没頭している … もし私が仕事に一度でもその様に打ち込むことがあったら、多くの個別の仕事の代わりに、少なくともまともな本を書くだろう」[28]。しかし、彼女はそれに甘んじた。彼女の母親がクララの思い出として書いている。「彼女は自分の領分では控えめでした」（[13], 357 頁）。この時もまたそうであった。1902 年、ルードウィヒの上司のオルトが病理学の創始者として著名なルドルフ・ウィルヒョウ（Rudolph Virchow）の後任としてベルリンに職を得た。ルードウィヒはオルトの助手としてベルリンに同行する事を余儀なくされていたが、最後の段階でルードウッヒ自身が職を得た。彼はマールブルグ大学で病理学・解剖学の主任教授となった。家族は 3 年間ラーン川沿いの絵のように

美しいヘッセンの小さな町に住んだ。クララの幼馴染のカミラ・コッホ（Camilla Koch）が家に来て、3人の娘の教育を手伝った。彼女はアショフ家と何時も共にあって、家庭生活で重要な役割を演じた。

　共同研究あるいは研究指導を受けるために、アショフの研究室に来た多くの日本人医師で最初の人物が大きな功績をあげた。田原淳（注8）は心筋の収縮に関する研究に専念した。彼はそこで心臓の周期的な筋活動の中枢を発見し、1906年彼の著書「哺乳動物の心臓における刺激伝導系」[29]に記載した。同じ年に、田原とアショフの共著になる2冊目の本が出版された[30]。それ以来、筋活動の神経中枢はアショフ・田原結節と呼ばれるようになった。この発見により、2人の学者はすぐに名声を得た。田原は1906年に日本に帰り、まだ学位は取っていなかったが、帰国直後に福岡医科大学の助教授になり、2年後には東京帝国大学に教職を得た。アショフは英国医学会の招待で、新しい発見の講演をするためトロントに行った。1906年、初めてアメリカへ旅行した。その時、彼は最初の名誉学位（LLD hc）を授与された。同じ年に、彼はフライブルグ大学で一般病理学および特殊病理学の重要な主任教授職を得、そこで1906年から1936年までの30年間務めた。

　アショフ一家は最初フライブルグのチィボリー通11番に住んだ。しかし、新しい身分に伴う昇給や、彼の教科書「病理学的解剖学」[31]の売上と組織標本の売却（[32], 391頁）で、すぐに自宅を新築することが出来た。それは壮大な4階建ての邸宅で、フライブルグ郊外の高級住宅街ヘルデルン-ヤコビー通29番に建てられた。その家は、アショフ一族の発祥の地であるビーレフェルド近郊の館にちなんで、トネリコ邸と呼ばれた。1910年、家族はそこに転居した。

　その間、ルードウッヒにとってフライブルグでの大きな喜びは、3人姉妹を得てからかなり経って、1907年6月14日に息子が生まれたことである。これで系譜を維持することができ、アショフの名前を次の世代に引き継ぐことができた。この赤ん坊はフォルカー・ゲオルグ・ルードウィヒ（Volker Georg Ludwig）と命名された。「彼は何よりもドイツ人でなければなりません。それでフォルカーと名付けました」、クララの母親はその思い出を書いている（[13]^2, 362頁）。子供の教育に関して、両親の考えはしばしば異なった。ルードウィヒはその事について懐古的に書いている。「我々の結婚への適応はそれほど順調ではなかった。加えて、我々は2人とも自立的な性格の持ち主だった」、そして（教育方針については）我々2人は一致をみなかった。クララはどちらかと言えばのんびりと好きなようにさせる、徐々に天分の才を伸ばしていくのが好みだったが、私は初めから体系的な厳しい教育、功名心を利用する教育を信じていた。2人の影響が良い結果につながるように願っていた。アニーは幼い頃から毎日のように父親の折檻を受けて、不適切な夜の時間に駄々をこねるように泣きじゃくっていた（[32], 391頁）。この様な相容れない教育環境にあって、厳格なプロイセン流の父親と慈愛に満ち快活な母親のもとで、アショフ家の

子供たちは育った。それは、ウィルヘルムやアンナ・ヘニングスに代表される素描画や音楽の才能に恵まれた母方の人間愛と創造性、そして父方の学術とプロイセン風の責任感や愛国心という両家の伝統が見事に融合したものであった。その両方の家系から、散文と詩に自分を表現する明瞭な才能の学術的伝統が生まれた。

2章　フライブルグの幼少期、ボンの学生時代（1913-1939）

学部は何と言うだろうか

「まったく学部は何というだろうか」、また妊娠したとクララが彼に伝えた時、ルードウィヒはそう反応せざるを得なかった。時は1912年、まだ平穏であった。フォルカーが生まれたことで、家族構成は完璧だと見なされていた。しかし、フォルカーが生まれて6年経って、5番目の子供ができたのだ。期待されていたわけでもなく、おそらく望まれてもいなかったのだろう。少なくとも母親は1912年5月22日付の詩に、「家のご主人様に」と訴えざるを得なかった。

  あなたは遅れてきたお客に会いもしないで
  荒々しく家から追い出しますか？
  あたなの大きな広い屋敷に
  小さな魂の居場所はもうないのですか？　（[32]，376頁）

しかし、学部も家の主人も妥協した。ユルゲン・ウォルター・ルードウィヒ・アショフ（Jürgen Walter Ludwig Aschoff）は1913年1月25日、フライブルグのフラウエン医院で生まれた。本当のところ、両親はフォルカーの遊び友達になるもう1人の息子を授かって喜んだ。「3,330 g、太っていて丸い、どっしりとした頬、やや先のまるい鼻と繊細な泣き声…黒っぽい長い髪、目の色はまだ判らない」、その日の夜相変わらず厳格な父親はベルリンに報告した[26]。赤ん坊はユルゲンと名付けられたが、その名は当時、現代風ドイツ版のゲオルグであった。母方の祖父の名はゲオルグで、彼やアンナ・ディートリックスに強く慕われていたハノーバーの最後の王も、盲目のゲオルグと言われていた。おそらくこの名前は聖ゲオルグに因んだものであろう。丁度1907年、イギリスで将軍ベーデン・パウエル（Baden-Powell）卿によってボーイスカウトが創設され、その活動は守護聖人の聖ゲオルグと共にたちまち全世界に広まった。ルードウィヒはそれに熱中し、後に2人の息子をボーイスカウトに入隊させた。ちなみにユルゲンの生活日誌には、彼がいかにして子供達をその気にさせたか書いている。「そして、ゲオルグの名前を思いおこさせるユルゲンの名は、美しい人類愛、強力な自己意識、騎士道精神、そして深く根をおろした人類への、また父や母への誠実さを、お前に引き継がせることになるだろう」[33]。

子供の数が4人でも5人でも、一家の日々の生活のあわただしさは少しも変わらなかった。1カ月後、ルードウィヒは北ドイツロイド汽船会社の皇帝ウィルヘルム2世号の船内にいた。彼にとっては2度目のアメリカ旅行で、今回はニューヨークとバッファローへの

旅であった。嵐の中の航海に続いて、講演、病院訪問、招待、華やかな晩さん会、表彰式など嵐のような日々であった。エッシェンホフの自宅に居ても生活は変化に富んでいた。日々繰り返される営みは、ピアノの時間、踊りの時間、体操の時間そしてもちろん学校、シュバルツバルト（黒い森）へのハイキング、ティティ湖や野山の探検、フライブルグの友人訪問などなど。大きな家には家族だけでなく、クララの幼友達であるカミラ・コッホが住んでいて、彼女は多くの仕事、とりわけ5人の子供の教育を手伝った。加えていつも女中1人と女料理人のヨゼフィーネ（Josephine）が居た。彼女らは最上階の4階に住んでいた。

夕方にはよくお客が来た。水曜日の午後はいつも、ルードウィヒの学生達がコーヒーか食事にやってきた。その上謝肉祭だけでなく、有名な祭りがあった。長男のフォルカーが後に語ったところによれば、エッシェンホフには何でもあった（[34], 37頁）。定期的に客が訪ねてきた。例えば、勉学のためにフライブルグに引っ越した同僚の子供や他の町に住む親せきなどである。彼らは名刺を納戸に残しておく。それは今も続く習慣である。ミュンヘンのトーマス・マン（Thomas Mann）の家では、ホールに剥製の熊が置いてあって、前足で器をもち、その中に小さな名刺が重ねて置いてあった[35]。エッシェンホフでは、1学期に1度か2度、たまった名刺の持ち主は皆夕食に招かれた。加えて、研究所の助手やそれ以外お客も呼ばれた。しばしばお客は披露をさせられた。ホールには少し高くなった場所、演壇がそのため意図的に作られていた。その脇にはいつでも持ち出すことができる長いテーブルあり、また踊るための場所がつくられていた。真夜中に、全員が突然ルードウィヒによって追い出される。それで、お客達は祭りの絶頂が記憶に残る。「夕べが最高潮を迎えた時、引き上げるべきだ」。次の世代に伝える考えであった。

クララは家の生き生きとした社交生活を、毎週ゲッチンゲンの親愛なる家族、母のアンナと姉のエミーにあてた長い手紙のなかで詳細に綴っている[32]。そこから、1歳の幼いユルゲンが言葉では表せないほど変わっていたことがわかる、「彼が片膝と片脚をついてまるで稲妻のように部屋中を滑走したときには…」。母親は彼がどうしようもない頑固者になるのではないかと心配し、「ぴしゃりとたたく教育的なお仕置き」をしますよと子供に言った[36]。「このわんぱく小僧は信じられないほど向う見ずで、生意気で…そんな子供はどこにもいません。彼はどんな所にもよじ登り、なんでも自分のものにしてしまう。どこにいても安心できない！ 彼は恐がることを知らない！」[37]。

大戦

1914年8月1日、世界大戦が突然、予期もせず勃発したとき、ユルゲンは1歳半であった。この大事件は良く知られている。ハプスブルグ家の双頭王国の皇太子であるフランツ・フェルディナンド大公と彼の妻が、サラエボの公道で撃たれて暗殺されてから1カ

後のことである。5カ月の間に、オーストリア-ハンガリー帝国はドイツ（同盟国）の支援を得て、セルビアに宣戦布告した。ロシア、フランス、英国（連合国）はセルビアを支援した。8月1日、ウィルヘルムⅡ世は、彼の従兄に当るロシア皇帝に宣戦布告した。後に、多くの国が同盟国か連合国に加わり、世界の大部分が戦争に巻き込まれた。

　大戦はエッシェンホフの家庭生活にも影響を与えた。8月2日、ドイツにもフランスと同じく動員令が出された。家族の多くのメンバーが応召しなければならなかった。父ルードウィヒは、1914年から1918年まで、野戦衛生司令官のもと、軍医大佐の身分で軍病理学者として戦場任務に就いた。その後、西部戦線の後方にあったメッツの野戦病院で、次いでブルガリアとルーマニアの戦線で、そして再びソンムやマリヌ、カンブレでの戦闘に従軍したが、その間中断もあった。1915年～16年にかけて、彼は学長代理に選ばれ、大学のすべての責任を負わされた[3]。そのため、彼は再び前線に行くことは無かった。母クララと娘のアニーは開戦直後、フライブルグの職業高等学校を急きょ改装して造られた野戦病院に応召した（［32］, 84頁）。1914年8月2日、フランスが軍事動員をした3週間後、クララは、すでに61名の負傷したフランス人が病院の中にいたと書いている［38］。ルードウィヒはフライブルの野戦病院で多くの時間を過ごした。大学の講義は減り、学生は授業料「学費」を直接教授に支払っていたので、彼の収入は相応に減少した。

　当初、戦争は短期間で終わると予想されていた。1890年ドイツがビスマルクによって統合され帝国となって以来、工業と経済は急速に発展した。この10年間、軍備の近代化が図られた。ドイツ人は、直ぐに勝利してフランスに進軍した軍団を歓呼で迎えることを予想した。多くの人と同様、ルードウィヒも戦争が正当かどうかの疑問は持たなかった。彼には、戦時も、そして戦時だからこそ国民と国家に奉仕する義務感が重要であった。

　1914年、エッシェンホフのクリスマス・プレゼントは2人の幼い子供、フォルカーとユルゲンにのみ、小さなものが贈られた［39］。野戦病院ではクリスマス祭が開かれ、それにはフランス兵も加わった。彼らはクリスマス・プレゼントに参加したが、それはルードウィヒのたっての願いであった［40］。医学部で彼は、戦場にいる総ての教員、助手、作業員にクリスマスの包みが渡るように手配した。クララが包を包装し、ルードウィヒがそれに一文を書いた。遠くからは常に戦争の雷鳴が聞こえていたが、皆それに慣れてしまっていた。しばしば、町にも砲弾が落ちた。フライブルグは前線からさほど遠く離れていなかったが、国境は維持されていた。この大戦を通じて、前線は常にドイツ国外にあった。

　一族や知人の大きな集団では、時に誰かがフランスあるいはベルギーの前線で戦死した。アショフ家にとって最悪だったのは、2人の甥、ルードウィヒの妹ミーゼの長男、ウォルター・ローマン（Walter Lohmann）と終戦の年にクララの姉エヴァの長男ディートリッヒ・リッシュル（Dietrich Ritschl）が戦死したことである。2つの前線が崩壊し壊滅したとき、最初家庭の日常生活は概ね阻害されることはなかった。市民生活の日常は、後の第

２次世界大戦の時に比べて、損なわれることは少なかった。セバスチャン・ハフナー（Sebastian Haffner）は次のように述べている。彼が８歳のとき、1914年の８月の初めの家族休暇が駄目になったことが、戦争が彼個人になした最もひどい事であった [41]。しかし、英国海軍による港の閉鎖により、ゆっくりとかつはっきりと食糧供給が少なくなっていった。クララは母親に、政治的状況よりも重要な家庭問題についてよく報告していた。戦争で起きたことの衝撃や勝利の喜びをもまた、ユルゲンのために日記にのみ書き残した [33]。クララは、小さなユルゲンが20個の卵が入った小箱をもらったとき、エシェンホフで飼っていた鶏を殺すのを止めて良かったと心から思った。

軍病理学者としてのルードウィヒの地位は幅広く、戦争病理学的収集の機会をもたらした。軍隊の野戦衛生司令官は、このような収集は戦力を維持するうえで非常に有益であると考えていた。ルードウィヒの副官であり、カミラスの兄弟でもある軍医大尉ウォルター・コッホ（Walter Koch）がベルリンの収集物管理者となる条件で、ルードウィヒの収集物をベルリンのウィルヘルム皇帝アカデミーに引き渡した。条件は受け入れられ（[28], 398頁）、コッホはベルリンで戦争病理学に関する講師になった（[28], 402頁）。

約束された最終的勝利は幻だったことが次第に明らかになってきた。戦争は４年間続いて８百万人の命を犠牲にし、ハプスブルグ家の皇位継承は２度と実現することはなかった。1917年、ロシアで起きた革命がツアー帝国を終焉に導き、戦争は同盟国の負けとなった。アメリカ合衆国が連合国側に加わった為である。英国は、この新しい同盟者とともに膠着した塹壕戦に決定的な転機をもたらした。1918年の夏、ドイツ参謀本部は、最終勝利は不可能なことを明らかにした。そして突然、ロシアに続く兵士と労働者の革命が自身の国を襲った。貴族階級は総じて強制的に権力を放棄させられた。ウィルヘルムⅡ世はアメリカ大統領ウッドロウ・ウイルソン（Woodrow Wilson）と参謀本部の圧力に屈して退位し、1918年11月９日、オランダに亡命した。２日後、北フランスのコンピェニューの森にある列車の中で（注９）、連合国側の４カ国が新しい政府と停戦条約を結んだ。

退位のことも、革命や停戦のこともクララの手紙に書かれていない。政治はむしろルードウィヒの関心事であった。コンピェニューのすぐ後、彼は政治に興味をもっている病理学研究所の学者グループを招いて、新しい国家自由政党の考えを表明した [42]。彼の考えはおそらく1918年12月に設立されたドイツ国民党（DVP）と軌を一にするものであった。しかし、ルードウィヒ自身は政治に関与しなかった。1919年１月、国民議会の選挙が行われた。ドイツは共和国となり、フリードリッヒ・エーベルト（Friedrich Ebert）を帝国大統領とする社会民主主義的政府が初めて統治することになった。敗戦と1919年７月のベルサイユ条約はドイツの地位を大きく低下させた。ルードウィヒは1914年ドイツ側に責任があるとされどの事からも距離を置いた。しかし、彼はベルサイユ条約の条項の厳しさに対しどれほど怒ったことか。彼は病理学研究所に条約の文章を張り出し、外国から客

が来るたびにそれを読むように言った。

　戦争が終わった時、ユルゲンは6歳であった。彼にとって戦争は日常生活であった。彼が10歳になったとき、教会の授業で来たるべき年について思いを書くように言われた。彼は以下の回答を提出した。

　新しい年に期待することは、1．国民と国家のために？　フランス人がさらにルール地方に進出し、フライブルグに来ること、2．教会と学校？　学校が毎週お泊まり会をすること、教会は鐘を取り外すこと、3．家庭と家？　家庭は家族のために多くのことをすること、4．私自身？　学校でいい子になること[33]。副牧師は回答用紙の下にこう書いた。「こんな悲観的な子供がいるだろうか！」

学校と教育

　しかし、ユルゲンは戦争時代を何事もなく過した。1920年、「2人の若者はかわいらしく、健康そうだ。なんとか大丈夫」とある[43]。「ユルゲンの頬は型通り太っていて丸い」[44]。1920年の8月、ルードウィヒは2人の息子をシュバルツバルトのティティ湖からメンツェンシュバントまでの3時間はかかる20kmの山歩きに連れて行った。少年たちは生き生きと戻って来た。「Jは好男子だ。自尊心が強い」[44]。彼はクリスマスでアショフ家からチェロを、祖母アンナ・ディートリックスの姉妹である伯母のベッター（Betta）からジャックナイフをもらった[45]。そのうちに、学校が始まった。

　長女のアニー以外、ルードウィヒとクララの子供たちはギムナジウム（注10）に通った。アニーは子供の頃、ドイツ語を話したり、読んだり、書いたりすることが出来なかった。今では失読症と診断されるだろう。正書法は後に彼女から創造力を引き出した（[13]，358頁）。いずれにせよ、当時は女性が高等学校に通うことは希であった。アニーは民間の女子校に通い、その後クロイツナッハの下宿に送られて、そこで女性として役に立つことを習得した。開戦当時彼女は18歳で、母親のクララと伴に直ぐにフライブルクの野戦病院に応召し、負傷者の介護にあたった。戦争の後半には、彼女はセダンの野戦病院で看護師の手伝いをした。アニーは共同作業でいつも才能を発揮し、他人を助けることに大きな喜びを感じていた。彼女は、最終的に看護師の職についた。

　2番目の娘であるヘタは、フライブルグの高等学校で最初の女子学生となった。ただし、当時は正式の尋常高等学校ではなく、高等専門学校であった。彼女は、賢い、自信に溢れた生徒で、1917年に難なく大学受験資格を得た。引き続き、彼女は家族のなかで大学に行った最初の女性として、少なくとも数学期にわたって国家経済学を勉強した。彼女は強い性格の持ち主であったが、病弱だった。父親は彼女を、アニーとは反対に生活上手な女性労働者と見ていた（[32]，407頁）。

　エヴァは同様に高等専門学校に通い、1919年大学受験資格を得た。祖母によれば（[13]，

図2-1　ユルゲン、クララ、ルードウィヒとフォルカー・アショフ、1921年頃。

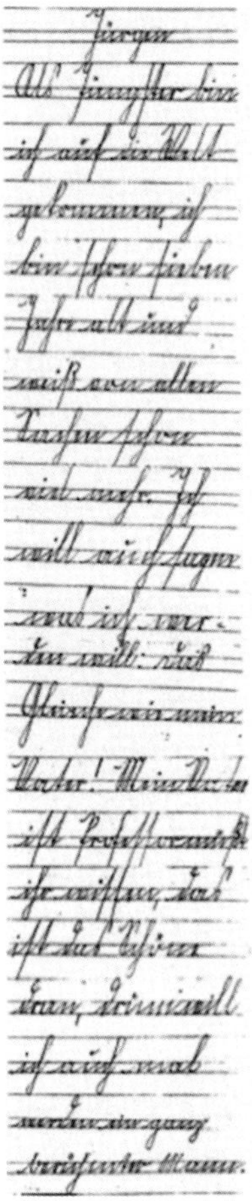

図2-2　正書法／詩、
ユルゲン・アショフ
（1920年7歳の時）

361頁）彼女は姉妹のなかでは最も気性が強く、目標を持っており、ゆるがない人であった。彼女とユルゲンは母親の音楽的才能を引き継ぎ、エヴァはバイオリンを簡単に習得した。フォルカーは数年間家庭教師についた後、尋常高等学校のフリードリッヒ・ギムナジウムに通った。勤勉な父親にとって、彼には功名心が欠けていると思われていた。「彼は世界を満ち足りた側から見ている」。ルードウィヒは戦争時代を振り返ってそう記載している（［32］，397頁）。フォルカー自身は後に次のように書いている。父は毎日食事の時に学校はどうだねと尋ねる。子供はそんな話は全然聞きたくなかった。「父は、3人の娘の後に生まれた息子に大きな期待をかけていた。そして私は何時も父を失望させるだけだった … 私は父を失望させたこと、その為完全に引き込んでしまったことを何時も感じていた（［34］，40頁）。おそらくフォルカーは5人の子供のなかで最も頻繁に父親の強い指導を受けたのだろう。彼自身子供の頃寝小便をしたこと、またしばしばズボンに尿をもらしたことを書いている。ルードウィヒはある日彼を「気が狂ったように殴った。しかし、誰

も助けてくれなかった」（[34]，11頁）。

「肉体的鍛練」が小さなユルゲンにも与えられたかどうかは不明である。ルードウィヒは、彼が1番若いが兄よりも強い素材であることを知っていた（[28]，397頁）。そして、おそらく彼の場合「折檻」は必要ないと考えていた。ユルゲンは将来自分が何になるか知っていた。当時学校では、書法はジュッターリーン体（注11）が主流だったが、彼が小学校の時（1920年）、正書法が生まれた（図2-2）：

　ユルゲン
　　1番年下で、僕はこの世に生まれた
　　だけどもう7歳だ
　　そしてもう色々な事から沢山学んだ
　　僕が将来何になるかを言おう
　　お父さんのようになる
　　僕のお父さんは大学の教授、
　　知っておいた方がいい
　　それはどんなにすごい事か
　　だから、僕も超有名人になるんだ [6]

ユルゲンは1916年から1920年まで家庭教師につき、1922年の4月までは引き続き小学校に通った。1922年からは、兄と同じフライブルグの尋常高等学校フリードリッヒ・ギムナジウムに行った。

エッシェンホフの動向

　エッシェンホフでは、約20年の間に事態が次第に変化していった。ヘタは1920年のイースターに、病理学教室でルードウィヒの最初の助手をしていたジークフリート・グレフ（Siegfried Gräff）（ジギ）博士と結婚した。彼女は戦争中に彼と頻繁に、そして長い間付き合っていた。最初、グレフはエッシェンホフの3階に住んでいたが、1923年日本に渡った。ジギは東京の北、日本の西海岸にある新潟医科大学で職に就いた。2年後家族とともに帰郷し、その後病理学者としてハイデルベルグに、次いでハンブルグに腰を据えた。

　1920年、エヴァも婚約した。しかし予定された結婚式の前日、彼女は婚約を解消した。彼女は、婚約者の花嫁に対する思いは、愛ではなく同情であったことに気付いた。両親は怒ったが、理解した。彼女にとってより重要だったのは姉の健康で、隣人の噂は気にしなかった。愛なくして「あなたを結婚させるわけにはいかないし、させてはならない」とクララは母親に打ち明けた [44]。エヴァはシュットガルトのヴュルテンベルグ国立美術工

芸学校に入学した。そこで、書籍・書道美術家であるエルンスト・シュナイドラー（F.E. Ernst Schneidler）の指導を受けた。1924年の夏、彼女はエッシェンホフに戻って来た。エヴァはフライブルグの製本専門家のところで見習いとなった。彼女は様々な場所、ハンブルグ、ライプツィヒ、英国、ミュンヘン、そして再びシュツットガルトで職を得て［46］、1928年、エッシェンホフの地下室に彼女自身の店「手芸装丁工房」を開いた。この時から生涯（1969年）、結婚しないままエシェンホフで生活した。彼女は一族の芸術的才能をはるかに凌ぎ、職業として成功させ、賢く、従姉妹や甥姪の皆にとても愛された［47, 48］。晩年になって、手芸装丁の他に、手書きの文字と組み合わせた素晴らしく美しい色とりどりの抽象的水彩画を描いた。

その間、アニーは戦時中に習った仕事をさらに続けた。1919年、彼女はベルリンで看護師試験に合格し、1920年にフランクフルトで乳児養育の訓練を受けた。その後、彼女はシュバルツバルトのトリベルグで養育看護師として働いた。そこで彼女はやもめの牧師、フリッツ・ホルヒ（Fritz Horch）と知り合い、1929年結婚した。彼女の両親は義理の息子を気にいった。

フォルカーはギムナジウムを修了して、1925年3月18歳で大学受験資格を得た。ルードウィヒの不興を買ったが、当時彼は物理学以外にはほとんど興味を示さず、他の教科は次の学年に進むために、いつもおおむね良好との評価を受けていた［28, 413頁］。彼は最初父親と同じボンの大学に進んだが、その後電気工学を学ぶためにダンチッヒの技術高等専門学校を選んだ。ルードウィヒは、しばしば思い出したかのようにフォルカーに腹を立て、「学費の無駄使いだ」と書いた（［28］, 424頁, 433頁）。しかし、フォルカーは技術高等専門学校の学士号を取った後、放送技術において輝く経歴を修め、最後はアーヘン技術大学の学長になった。

20年代の初め、ドイツ経済はベルサイユ条約の実施によって低迷していた。終戦直後、まず不足していたパンや肉はすぐに欠乏した。ゲッチンゲンにいたクララの母や姉妹にとって状況は悪くなるばかりで、ルードウィヒは彼らの援助を始めた。通貨は驚くほどの速さで価値を失っていった。直接の原因は株式市場での投機で、帝国マルクの価値のさらなる下落をまねいた。その結果生じたのは、進行する価値の低下をくい止めるための賃金の上昇と、対価なしに増え続ける通貨の圧力であった。1923年、百万マルクの郵便切手が発行された。ルードウィヒには、公務員としての給与が14日ごとに支払われた。重要なのは、賃金を出来るだけはやく支払うことであった。なぜなら、1日の終わりには通貨の価値が下がってしまうので、1個のパンを買うためのお金が1度ならず不足した（［28］, 411頁；1924）。ドイツは不安定な状況にあった。多少とも貯金のあった人は皆、それが短期間の間に無価値になったことを知った。1923年11月20日、通貨を安定させる目的で、グスタフ・ストレーゼマン（Gustav Stresemann）が新しいレンテン・マルクを導入した。

続いて、アショフ家のように自宅を所有している者は、基本財産の一部を国へ抵当に出すことと部屋を他人に貸し出すことが強制された。エッシェンホフの上の階に借家人が入って来た（[28], 412 頁）。その後 1925 年には、ゲッチンゲンに住んでいた最愛の祖母、アンナ・ディートリクスが亡くなり、クララの姉のエミーがアショフ家の近くで暮すためにフライブルグに引っ越してきた。またこの 20 年代に、3 人の子供が家を離れた。エッシェンホフはその後もなお多くの訪問客が訪れ、ホテルの様な状態で、クララの仕事はわずかだが増えることがしばしばあった [49]。

有名な父親

戦後、ルードウィヒ・アショフの名前は世界中に広まった。すでに世界大戦の最中にも、他の大学から魅力的な誘いがあった。ヴィルツブルグとウイーンの話に彼はあまり関心を示さなかったが、その後、1917 年 7 月ベルリンから招聘があった。ベルリンでの地位は、ルードウィヒの以前の指導者であるヨハネス・オルトの後任であった。長いこと話し合い、詳細に検討し、また経済的なことも考え、ルードウィヒはこれも断った（[28], 400 頁）。

1923 年、外国から多くの招待を受けた。ルードウィヒは最初躊躇した。学識者の協定「パリ決議」という国際集会とは言えないドイツ科学者との会があった。すでに 1920 年に、ルードウィヒは日本医学会にこの決議にはっきりと反対すると伝えていた。そうでなければ、日本人を研究所に受け入れることはできなかったからだ（[28], 411 頁；1924）。彼は最終的に、他の国の場合は、接触を回避しないと決めた。1923 年、彼はロシアを訪問し、モスクワとペテルスブルグを訪ね、帰りにヘルシンキとストックホルムに寄った。

1924 年、大きな講演旅行を米国と日本で行った。130 日間で 70 回の講演である。次女のヘタが新潟で最初の子供を妊娠していたので、クララもこの機会に彼らを訪問することに決めた。ルードウィヒが連合国を横断している間に、クララはまずリガ-モスクワ間の汽車を予約し、さらに日本に向かうシベリア鉄道に乗るつもりであった。彼女は出発の直前になって、ロシア市民戦争後の依然として続いていた動乱のため乗り継ぎは確実ではないとの理由で、時期を待つように言われた。そこで、彼女はマルセーユから出発する日本の客船を予約した。最初計画していたリガ-モスクワの汽車は、実際爆破されてしまった [50]。初孫であるハンス・グレフ（Hans Gräff）は 7 月 9 日新潟で生まれた。ルードウィヒが米国から新潟に着いたのは 7 月 21 日で、クララは 1 日遅れて着いた。彼らは赤ん坊に会えたが、子供は 1 週間後心臓疾患のため死亡し、遺灰は日本海に散布された。

ルードウィヒは日本で熱狂的に迎えられた。彼は日本病理学会から名誉会長の称号を与えられた。日本の天皇は彼に壺を下賜した（図 10-6）。至る所で、歓迎と表彰があった。彼の旅行はさらに朝鮮、中国、香港と続き、帰りはクララとともに船でシンガポール、マラッカ、コロンボ、そしてポートサイドを回った。ルードウィヒは、その他にも北京、ジャ

図2-3　ルードウィヒ・アショフ　1920年頃

ワそしてインドに招待されたが断った。ルードウィヒは冬季学期の講義に間に合うようにフライブルグに戻らねばならなかった。エッシェンホフではアニーが留守番をしていた。

　翌年も、絶えまなく新規の招待と旅行があり、またしばしば名誉学位（マールブルグ 1927、ハイデルベルグ 1928 年、アムステルダムとウプサラ 1923 年、デブレツェン 1933 年、ブタペスト 1935 年）、また多くの医学会の名誉会員授与のために出かけた。特に日本では、ルードウィヒは尊敬された。多くの日本人が彼の指導で研究をするためにフライブルグに来た。ある後年のリストによれば、日本における病理学の主任教授 26 名のうち、23 人がアショフの弟子だった。京都からそれほど遠くない奈良の大安寺には、ルードウィヒの肖像画が今日まで保存され、敬われている[4]。

　科学における国際的な名声はノーベル賞への推薦によっても示される。1917 年から 1936 年にかけてほとんど毎年、計 10 回にわたりルードウィヒは科学者として推薦された。また、1917 年から 1936 年まで彼の推薦で 2 名の科学者が賞を得た。1 人は 1924 年のアイントーベン（W. Einthoven）であり、1 人は 1933 年のモルガン（T.H. Morgan）である。彼自身は 1917 年と 1934 年に、主として網状内皮系の仕事によって新たに推薦された。網状内皮系とはルードウィヒ・アショフによって唱えられ定義された概念で、網状内皮系細胞が免疫細胞として大きな役割を果していることが明らかにされた [51]。

　有名な父親は成長期のユルゲンにとって何よりの手本であった。彼は子供たちに向上心と身体的また精神的活力を積極的に鼓舞した。56 歳のとき、体育館で行われたフライブル

グ体操連盟主催の模範演技で、平行棒の技を見せた［52］。彼はスキーを好み、子供たちを連れてハイキングに行った。彼は国民と国家のために戦うことは義務であり、崇高な道徳的価値がある事を子供たちに自覚させようとした。彼はキリスト教信者であったが、教会の役割はエシェンホフでは大きくなかった。ルードウィヒのキリスト教信仰は明らかに寛容の精神から来るもので、後に義理の息子となった牧師フリッツ・ホルヒの「然し主はまた、他人の考えを理解しようとする」という解釈を気に入っていた（［28］, 426 頁）。

　ルードウィヒは確固たる政治的信念を持っていて、それについて話したり、毎年提出される年報に書き綴った。彼は、ベルサイユで決められたドイツに対する経済制裁、1923 年来の通貨価値の下落、そしてワイマール共和国の弱い政治的指導力について、非常に腹を立てていた。彼は、強力なブルジア的自由主義政党が社会主義と幅広く連携して政府を作る事、それによって左翼同様右翼に対する国民の急進的な支持を阻止する事を期待していた（［28］, 406 頁；1919）。戦前のドイツは帝国ではあったが、多くの点で例えばバーデン大公国、バイエルン王国、リッペ公国など独立した王国の集合体であった。1918 年の革命で多くの公国は消滅したが、王国は残った。ワイマール共和国になって、その国々の人民はさらに独立性をもち、帝国の統率力は弱くなった。1932 年になっても、ユルゲンは 2 つの国籍持っていた。1 つは彼が生まれたバーデン共和国、もう 1 つは父親が生まれたプロイセン共和国である。ルードウィヒは、国の文化的独自性を保ったうえで、ドイツのさらなる統一を主張した（［28］, 428 頁；1929）。この考えは、第 2 次世界大戦後定着した連邦共和国の基本理念である連合国家の「文化至上主義」として再び出現した。

　1933 年、ルードウィヒは回想的に書いている、「私は国家社会主義を運動として基礎づけたナウマンの熱狂的支持者だったが、彼がその思想に基づく政党を立ち上げた時、彼から離れた」（［28］, 438 頁）。フリードリッヒ・ナウマン（Friedrich Naumann）(1860-1919) は、牧師であり自由主義的な政治家で、1896 年まぎれもない民主主義政党として国家社会主義クラブを設立した。彼の支持者には、社会学者のマックス・ウェーバーや後に西ドイツの連邦大統領となったテオドール・ホイス（Theodor Heuss）等の人々がいた。彼の名前は今日も自由のためのフリードリッヒ・ナウマン基金として残っている。ナウマンの国家社会主義の考え方はヒットラーのそれとは完全に異なるもので、ヒットラーはその言葉を横領して、それに異なる内容を与えた。1930 年 9 月 14 日の連邦選挙で、国家社会主義ドイツ労働者党（NSDAP）は初めて勝利を治め、ルードウィヒに大きな衝撃を与えた。「残念なことに、その反資本主義的プログラムは消えてしまい、粗野な手法の反セム族主義が強くなった。しかし、そのことは充分予見することができた」（［28］, 432 頁；1930）。

　ルードウィヒの価値観には、国家の概念、ドイツ主義、責務、名誉、鍛錬、復古主義が大きな役割を占めていた。彼は、自分の考えを子供達の前では述べなかった。成長した生徒として、有名な父親を手本としていたユルゲンには、これらの価値が内在していた。

高等学校時代

　1922 年 5 月、ユルゲンは尋常高等学校フリードリッヒ・ギムナジウムに入学した。彼は最年少の生徒の 1 人であった。最初の頃、彼はまだ子供そのもので、いつもおもちゃの村を作り、誕生日やクリスマスの贈り物には決まって「村の物」を欲しがった。その村には鉄道が敷かれ、高校全期間を通して拡張された。ユルゲンが 10 歳の時、ボーイスカウトに入ることを許された。その年のクリスマスに初めて緑のボーイスカウトシャツをもらった。彼はそれを着て出かけるのが好きで、その他スポーツとしての遠出が好きであった。いつもシュバルツバルトで、夏は山歩き、冬はスキーや靴滑走をしていた。シュバルツバルトの南にあるザンクト・ブラシーンで、祖母アンナ・ディートリクスの遠い親戚のアドルフ・バクマイスター（Adolf Bacmeister）博士は呼吸器科の主任医師をしていた。彼はメンツェンシュヴァンド村に別荘をもっていて、アショフ家の人達はいつもそこに招かれ、彼のもてなしを楽しんだ。ユルゲンもそこを大変気に入っていて、スポーツに熱中した。彼の息子、ハンス・ゲオルグ・バクマイスター（Hans Georg Bacmeister）はユルゲンより 1 歳年上で、エッシェンホフに何年も住んでいて、2 人は一緒に学校に通った。彼らは良い友達となった。クララは、HGB と呼ばれた彼が大きな才能に恵まれていることを知り、ユルゲンの精神的な支えになっていると見ていた［53］。

　ユルゲンは全く円満で快活な人物であった。彼は音楽家で、研究所ではコーラスでもソロでも歌った。1922 年のクリスマスの時彼は 9 歳であったが、エッシェンホフの広間で、ヘタのピアノ伴奏に合せて中世ラテン語の詩を朗読した。彼はチェロを習った。1928 年、ルードウィヒは、子供たちのなかでもユルゲンとヘタは抜群の音楽的才能があると書いている。ユルゲンは、チェロを弾くのを止めた後バイオリンを習ったが、それはルードウィヒを喜ばせた（［28］，425 頁）。彼の音楽的才能と音楽への霊感はおそらく母から受け継いだと思われる。クララはピアノを上手に弾いた。エッシェンホフの彼女の部屋は音楽部屋であった。

　学校では丁度ラテン語の授業が始まり、急速に進んでいった。ユルゲンは最初、ラテン語をすらすらと話し、授業を受けるのが好きであったが、1 番できるクラスには入っていなかった。彼は次第に知識に空白が生じるようになったので、彼を支えるために家庭教師が雇われた［54］。両親は、彼の学業や努力については、フォルカーの時とは違ってあまり心配はしていなかった。悪いことにユルゲンは何度か病気になり、学校を長いこと休まなければならなかった。1925 年の降臨祭のとき、シュバルツバルトのフェルドベルクへの散歩の途中高熱を出し、自動車で家に連れ戻された。レントゲン撮影で肺に影があることが判り、それを見たルードウィヒは念のためユルゲンをシュバルツバルトの小児サナトリウムに送った。はっきりとは言わなかったが、おそらく結核が疑われたのだろう（［28］，418）。

図 2-4　ボーイスカウト、ユルゲン・アショフ

彼はフライブルクからそう遠くないケーニッヒフェルトのサナトリウムで10月の終わりまで過ごし、回復して元気に家に戻った。1926年症状が再発し、今度はオーベルエンガディン（スイス）のベバースにある小児療養所に送られた。両親は10月にそこを訪れ、ユルゲンが元気で快活にしていることを知ったが、彼をクリスマスまでそこに留め置くことに決めた。近くの村ザメダンの牧師のもとでラテン語とギリシャ語の補習をすることは許されていたので、学校を留年することはなかった。ルードウィヒが1927年の回想録に書いているように、ユルゲンは自信があったのでその事に悩み、しばしば友人HGBをうらやましがっていた（[28], 420頁）。

その1927年に、バクマイスターは彼の息子ハンス・ゲオルグ（15歳）とユルゲン（14歳）を連れてM.S.モンテ・サルミェントに上船し、北極海へ十字軍遠征の冒険に出かけた。彼らは、まずハルバーシュタットに住む親戚を訪れ、次に船に乗ってハンブルグに向かった。ユルゲンは、初めて長い手紙を家に送った。その中で、彼はすでにその親戚に対する観察を潜り込ませていた。ハルバーシュタットでは、HGBの叔父が一行を遊泳できる温泉に連れていった。「そこで僕たちは午前中いっぱい過ごした…従姉妹たちの一団と群れのように一緒になって、とても親切な人達だ（母親はいつも首を振っている）。残念なことにお母さんはまだ時々そうしているが、通りで1人になることはほとんど許されないフライブルグとは少し違って、ここにはより多くの自由な精神があります。例えばゲルトルート（Gertrud）伯母さんは、もう従姉妹の中から1人を選んだかい（!!!）といつも聞いていた」。彼は手紙に、夫婦と2人の子供が眠っている船室の正確なスケッチを付け加えた[55]。彼は、バクマイスター家の周りで醸し出される並はずれた自由な精神を堪能した。十字軍遠征はノルウェーの海岸に沿って進み、フィヨルドを通過し、岩礁の間を通り抜け

て、ベルゲンとトロムセに着いた。彼らはあるラッペンラガーの村を訪れ、さらに太陽が沈まない土地、ノルトカップに行き、そしてさらに北に向かいベーレン海を通ってスピッベルゲンまで行った。

その間、ルードウィヒは病理学解剖の教科書の新版を書き上げて、予期せぬ高額の謝礼を得た。その大部分を子供達に配った。ユルゲンは始めて銀行口座を開設し、5,000 連邦マルクを預金した ([32], 421 頁)。彼はその蓄えを、実際はさしあたりわずかしか使わず、そのことを報告しなかった。

高校時代、思春期を迎えたユルゲンにも女性への関心が芽生えてきたが、彼には決し忘れることがない出来事があった。多くの恋愛沙汰は書き残されることはない。若きユルゲン・アショフについては例外であった。彼は 17 歳のとき、近くにすむ同じ年の少女を好きになり、相手もユルゲンのことが好きだった。その時、ルードウィヒは次のように書いている、「若い娘が、引かれた境界を越えて来る」。ユルゲンは父親に女友達を家に入れてもいいかと頼まなければならなかった。これに対し、彼女を強制することはできないとそっけない返事が返ってきた。そしてルードウィヒはその少女が家の門の中に入ることを余儀なく禁じた ([28], 454 頁)。クララはその時夫の意見に賛成した。彼女は息子が結婚するのは早すぎると考え、空間的に引き離すことは恋人たちにとって最も良い事のように思えた。別れの時、クララとその少女はともに涙を流した [56]。5 年後、彼女は両親の理解を得て、ユルゲンの兄のフォルカーと結婚した。

この出来事があった 1931 年 3 月 12 日、ユルゲンはフリードリッヒ・ギムナジウムの卒業試験を受けた。彼はギリシャ語とフランス語(まあ良い)、ラテン語(不十分)、体育(大変良い)以外は、すべての科目の評価は(良い)であった。

前臨床医学

1931 年 4 月 13 日、夏季学期の開始にあたり、ユルゲンはボンにあるライン州フリードリッヒ・ウィルヘルム大学の医学部に入学した。そこは父親が勉強した大学であり、彼はその日のうちに父親も加入していた学生組織、アレマニアに入った。

それ以来、家に、父親に、母親に、また 2 人に宛てた手紙が途切れることなく送られた。ユルゲンは講師達や彼らの講義をよく観察していた。両親は毎週届く彼の手紙を楽しみにしていた。例えば、「ライヒェヘンスペルガー (Reichensperger)[5] … これは良く読まなければならない。しかし、3 人の先人と比べ、実のところあまり重要でないような人物が来て、訝りそして語る、だけど私は笑わない。彼は細胞とその分裂について話す時、まるで詩を朗読するかのように語る。それは、仰々しい時代の詩を読んで聞かせているように思える。コーネン (Konen)[6] は、魅力的な午前中の休講。多くの素晴らしい試みだけでなく、機知に富んだ話もある。コーネンは上品で良く似合う濃紺の、だが平凡な服装(速く上品

に読んでください。ややとがった音色で)、(両手はズボンのポケット)、紳士淑女の皆さん、(ファイファー（Pfeiffer）[7]もそう言う)、そして次は最初の冗談。コーネンは誰にでも公平な人物、確かに良い学長だ。彼はあらゆる情報に通じていて、明けの明星を知っており、飛行船を操縦し、講義には5分遅れてきて、学生達、彼自身、他人をからかい、そしてなによりも輝く雄弁家。彼はほんとうに驚嘆に値するほど印象深く本を読み、独特で比ゆ的な言い回しをする。書き込むことすらできない、正しい勉学という意味では、ドイツ語で役に立つ講義はそんなに多くはない。実験は非常に理解しやすく、教育的である。

　私が、午前中を首尾よく過ごすことができた時は、すぐに下宿に戻り、郵便受けを見て、アレマニアの「小さな砦」[8]に行く。そこの昼食は85ペーニッヒでとてもおいしい。日曜日には1.5マルクでデザートが付くが、多すぎることはない。もし私のように一日中空腹でなければ、普通はお腹がいっぱいになる [57]。

　午前中の講義、午後の実習、夕方の学生組合。ユルゲンはすべてを報告した。彼は、初めてではないが、家から遠く離れたスイスやスピッツベルゲンに行った。彼は両親と何時も連絡を取った。エシェンホフからは、毎週汽車で洗ったばかりの洗濯物の籠、そしてしばしばその中に何かが詰まっていた。マーマレード、たばこ、あるいはクララがいつも何かに機会に彼にしてあげようと思っていたもの。また定期的に、経費の支払いにあてる小切手が家から送られてきた。また、彼は使ったお金の詳細なリストを送った [58]。彼は授業を受けた教授達に学費を支払った。この経費は、教授の息子ということで後に学部から戻って来た。この制度は後に国家社会主義政府によって廃止された[59]。彼はまだ若かったので、特定の経費については両親の許可を得ていた。例えば毛皮の外套や学生組織に属していることを示す上着である [60]。

　ユルゲンにとって他人と付き合うのは簡単なことであった。彼は学生時代ずっと活発な学生組織に所属していた。彼は医学部の教授とすぐに個人的に知り合いになった。彼らが父親のことをよく知っていたので、それもまた容易であった。彼は親戚であるローマン家やリシュル家はもちろんのこと、他の人達からもひっきりなしに招待され、立派な家で心地よい昼食や夕食を堪能した。彼は傑出していると言われていた病理学の教授ツェーレン（Ceelen）[9]の所にもしばしば出向き、客として知的なもてなしを受けた。また、ハンブルグの有名な家系の出身であるメンケベルク（Mönckeberg）を訪ねた。

　女性問題がまた生じたらしいが、ユルゲンの手紙にはその事についてわずかしか触れていない。フォン・リーデゼル（von Riedesel）男爵夫人が彼を気に入り [61]、あるいは彼がウルスラ・メンケベルグ（Ursula Mönckeberg）と定期的に会っていた、あるいはは舞踏会に行っていたなど。彼女は皮膚病のために素敵な長い髪を切り落とさなければならなくなり、そして彼女の「少年のような頭は、今やボンの第2の話題となって、それ以来私のいがぐり頭も奇異ではなくなった」[62]。少しでも大人じみようと、彼は「クルーカット」

にしていた。なぜなら、彼の顔つきやしゃべり方の子供っぽさが、彼自身を目立たせていたからである［63］。

　この間、ユルゲンは勉学を良くした。第2学期で、他の学生なら4度目で初めて合格できる解剖学と化学の試験で素晴らしい成績をあげた［63］。彼は顕微鏡実習に非常に興味を示し、その際ステール（Stöhr）教授[10]は彼を特別扱いした［64］。生理学者であるウルリッヒ・エベック（Ulrich Ebbecke）教授[11]は、血液循環について繰り返し話し、また非常に興味深く体温、放熱とうつ熱、そして体温測定について講義した。浸透圧や拡散など、実験を伴う生理学の実習も大変興味深かった。おそらくここで、後日ユルゲンを科学者の道に導いた好奇心が生まれたと思われる。発生過程の現象は美しく、そして「ファイファーの有機化学は多くのことを物質レベルで明らかにし、その講義を聴くことは楽しみであった。要するに、同僚や実演者は大いに楽しみ、我々は熱中し、引付けられた」［65］。5学期を真面目に勉強した後、ユルゲンは1933年8月12日、解剖学、生理学、物理学、動物学、植物学の医師予備試験に合格した。ただ、化学に関しては不十分と評価された。10月彼は化学の試験にも合格し、10月28日、フライブルグ大学に再入学するために退学した。

学生団体アレマニア

　ボンのアレマニアは、1844年に全ドイツ語圏の学生で組織された団体である。それは、ボルシア（プロイセン）、チューリンギア、ハノーヴェラなどのように、1つの地域に限定されるものではなかった。それは、まさにルードウィヒが1885年の始めにボンに来た時、意図したものであった。彼が今、ユルゲンの仲間意識をアレマニアで芽生えさせた。それは伝統的な団体の「確固たる連帯」で、兵士のスポーツである鋭利な剣やサーベルを用いた公式のフェンシングを多くの活動の中の1つとして義務付けていた。その結果、アショフの左の下頬にある傷跡（図2-3）は生涯にわたって彼の誇りとなった。アレマニアは他の団体と同様に、学生は共同体意識、義務意識、道徳、文化、スポーツそして科学性を学ぶという崇高な目的を持っていた。学生団体は「古き紳士（Alten Herren）」の次に「活動家（Activitas）」、そして学生部員で構成されていた。「古き家（Altes Haus）」と共に語られる古き紳士達はかっての活動家部員である。彼らは生涯にわたって組合に属し、できる限り組合を支援するが、活動に干渉することはない。ルードウィヒもそうであるが、ボン・アレマニアの古き紳士達は、1900年頃「小さな砦」を買い取り、ライン川の岸辺に組合の家を建てることができるほど、経済的に豊かであった。

　小さな砦にアレマニアン達は集まった。お昼時は、そこで身体の訓練をおこなった。そこには「決闘場」があり、フェンシングを徐々に習った。アレマニアでは多くの活動があった。「キツネたち」、新入生はそう呼ばれたが、彼らは活動的な軍務に就かされた。山歩き、唱歌、ボート漕ぎ、フェンシング、射的、高吟、飲酒。どうもそれが業績になるらしいの

図 2-5　ユルゲンの学術科学労働局勤務書類

だが、ユルゲンは僅かのビールで「飲み屋」や歌の夕べを過ごすことに成功したと書いている［66］。2学期から、彼は組合の家に住み込んで快適に過ごし、1年後には直ぐ近くのローゼン通23番地に移った。組合ではしばしば音楽の夕べが催された。ユルゲンの「きつね仲間」と友人のギュンター・レーメン（Günther Lemmen）はそこで素晴らしいビオラ・ド・アモーレを弾いた。後に彼は古典音楽のためのザールブリック協会を作った。

　アレマニアン達はしばしば小さな砦から飛び出て、遠出（ぶらつき）をした。ドラッヘンフェルスの山歩きと自転車遠足、ライン高原を越えてビッタースベルクまで、ジーベンゲビルゲへ、バード・エムズへ、ローレライへ、そして他の目的地にも。途中、伝統的な学生歌や行軍歌が歌われた。「コンパ」でもまた、お祭り会議が歌われた。1932年1月、ユルゲンの19歳の誕生日のとき、活動家から歌詞の付いたコンパ小冊子をもらった。「我々13人の強力なきつね仲間[12]はそれぞれ特徴をもつ人物からなっている。罪なき甘ったれっ子、生意気な酒飲み、責任感のある若者らしい身のこなし、尋常肥満、きゃしゃな四肢、レーマンのように無害、…ディルク・デッカーホフ（Dirk Dyckerhoff）は未完のスポーツ大器で名だたる国家社会主義者、役に立つがあまりにも圧倒的。彼のそばでは、古くからの仲間も皆次第に心から親切になる」とユルゲンは彼の'友人'について書いている［57］。活動家たちは選挙によって数名の「幹事」を選出し、それぞれに役割を課した。ユルゲンは最初ビール会幹事、後に体操幹事、財務幹事になった。「私は体操を指導したが、みんな満足したと思う。それもまた別の楽しみであった。私は体操の組を明確に分けるこ

とはしなかったが、それは、しばしば共同体操をすることがあったからだ。振り返ってみると私は特に体操が好きだった。木曜日の朝午前7時からと月曜ごと（降誕祭まで）に行う1度の体操に次いで、1学期と2学期には小口径の射撃、ほとんど強制的、平手打ちをくう。3学期から5学期まではすべて。午後にもさらにボート漕があったが、つらいと思わなかった。ライン川では決してオールのそばで泳がない。熱いシャワー（石鹸）を浴びて、てんでんばらばらの方向で泳いだので、水泳が禁止されてしまった」[64]。

　小さな砦ではもちろん飲み会があった。その時は、ユルゲンは控えめにしていた。1932年5月9日、彼はこの学期は1度も飲酒していないことを正直に家に報告している。その学期はまだ始まって2週間しか経っていなかったが、彼は少しずつ「メンズーア（決闘）」の準備をしていた。どんな活動家も第3あるいは第4学期のある時に、鋭利な剣かサーベルで古典的な一騎打ちをしなければならない。メンズーアという言葉はもともと2人の戦士の間を分かつ決められた距離のことを言う。決闘の前に、決闘審判員の同席もと決闘場で終わりのない練習が行われる。ユルゲンは腕の関節に問題を抱えていて、彼の剣術に悪い影響を与えていた。しかし、決闘は行われた。目は金属製のメガネで保護され、身体の大部分は甲冑によって覆われ、頭だけが鋭利な剣の打ち込みの対象となった。1932年11月27日、ユルゲンは母親に宛てて、「建物の正面の外壁の飾りを競売で競り落としたこと、左下唇に父親のルードウィヒの傷よりもすこし高いところに「刀傷」あるいは「決闘痕跡」が出来たことを書いている。それは彼が以前勇士であったことを示している。またその傷はおそらく、彼が以前嘆いていたような子供っぽさを消し去ったものと思われる。

　学期休暇中に行なわれる兵士スポーツ野営への参加は義務ではないが、慣例であった。ユルゲンはそれを気に入っていた。彼は多くの組合仲間とその野営の1つに自由意志で参加した。ルール川沿いのケトヴィッヒで、1度は1931年の8月から3週間、そしてもう1度は1932年の3月。この野営は大学に所属する多くの学生組合の連合体であるドイツ学生組合により組織された。組合は軍事局を持っており、1928年以来学生の軍事訓練の手段、兵士のスポーツとして行なわれた。ベルサイユ条約によってドイツは軍事力を持つことが禁止されていたので、この軍事局は偽装目的で、表向きは学術科学労働局と名付けられた。1928年以来、労働局はオットー・シュワーブ（Otto Schwab）に指導された。1933年に明らかになったように、彼はNSDAPの仲間でありNSDAP突撃隊（SA）の指導者であった。

　1933年にアドルフ・ヒットラーが権力を握ってから、学生組合はドイツにあった組織体の多くの部門と同様、独裁政権によって著しく損なわれた。決闘規定があろうが無かろうが、自立し組織化されていた学生連合は、国家社会主義者によって国内における制御不能な要素と見なされた。オットー・シュワーブは1933年ドイツ学生組合の指導者であった。1933年5月、彼は、学生組合の総ての組合員、古き紳士も同様にNSDAPに加入するよう

に命じたが [59]、そうはならなかった。しかし、自立性を放棄せよとの圧力は益々大きくなった。ルードウィヒはそれに対抗した。1933年4月26日、彼は息子に書いた。「我々は学術的な教育共同体である … 個々には鉄兜派、あるいは国家社会主義者であるかもしれない。しかし、学生組合は特別の教育的要素として自律性を維持しなければならない。そのようなものとして、学生組合は鉄兜団にも国家社会主義的党派にも組みしてはならない。([67]、[26] の 416 頁)。1週間後、アレマニアンは長く続いた兵士のスポーツを統一して行うために NSDAP ではなく、「鉄兜団」に加わることを決めた。そうしなければ、「政党として、あるいは世界的視野に立って国家社会主義に忠誠を誓う … 集会では詳細にかつ充分論じられたこれらの事情を考慮したうえで、たとえ全く純粋な良心からでなくとも、納得した」とユルゲンは父親に書いた [68]。

鉄兜団は民主主義に敵意をもつ親軍隊的な組織で、もともとは第1次世界大戦の前線兵士によって組織されていた。NSDAP が権力を握ってからは敵対者とみなされ、特に多くの社会主義者や共産主義者が鉄兜団に保護を求めてからはそうであった。鉄兜団の指導者であったフランツ・ゼルテ（Franz Seldte）は後に NSDAP に加盟し、彼の組織を総裁アドルフ・ヒットラーに委ねた。それにより、すべての鉄兜団は突撃隊に組み込まれた。それで、ユルゲン・アショフと他の活動的なアレマニアン達は一晩で突撃隊の正式のメンバーとなった。鉄兜団自体は 1934/1935 年に消滅した。突撃隊はいわゆる 1934 年 6 月のレーム・プッシュ（Röhm-Putsch）[13] の後も、まだなにがしかの役割は果たしていた。

アレマニアは、アーリア人条項の規定に従って、ユダヤ人と「ユダヤ親族」のメンバーを活動家であろうと古き紳士であろうと係わらず追放せよとのドイツ学生組合側からの要請を断った。組合はその後ドイツ学生組合から締め出されたが、他の多くの学生組合の支援を得た。これらの学生組織も同様に 1934 年の決定によってドイツ学生組合から抜けた。なぜなら彼らは思想統制、指導原理の導入と個別的自由の侵害に同意できなかったからである。彼らは「古き学生組合」を結成したが、1935 年には再び解散しなければならならなかった。付言すると、ドイツ学生組合自体も同様の運命をたどった。ボンのアレマニアは 1936 年に解散した [69]。その間、古きドイツの学生組織は、グスタフ・アドルフ・シール（Gustav Adolf Scheel）が名付けた「帝国学生総統」に統合され、その後第3帝国で学生達は国家社会主義指導原理に従って組織された。1936 年 3 月、ヒットラーの代理人であるルドルフ・ヘス（Rudolf Hess）によって、NSDAP のメンバーは全員どんな学生組織にも加入することが禁じられた。それは、すべての学生組織にとって終焉を告げるものであった。ルードウィヒは次のような見解を述べている。「総統の代理人ヘスによって、すべての学生組合は、あたかも個々の国家的、社会的課題を少しも認識しない、またそのメンバーにこれらの課題を教育しなかったと見なされた。ヘスは学生サークル指導者の課題について何も理解していなかった」（[32]、456 頁；1936）。

1938 年、ボンでもう 1 つ非公式組織「ビスマルク戦友同盟」がつくられ、5 月 1 日から共同住宅として小さい砦を勝手に使用した。第 2 次世界大戦が終了した後、アレマニアは再建された。それは今日も立派な自立した学生組織である。

父、息子そして国家社会主義

ユルゲンがボンで学生生活を送っている間、ドイツは国家社会主義者の手中に落ちた。1930 年 9 月の選挙で、NSDAP は初めて帝国議会に大政党として登場した。18％の得票はドイツ社会民主党（SPD）よりわずか 6 ％しか下回らなかった。1931 年は金融恐慌の年であった。失業者の数は 6 百万人を上回った。ハインリッヒ・ブリューニング（Heinrich Brüning）首相と彼の中央党による政権は方向を見失い、経済を刺激するため緊急指令や預金措置によって恐慌の克服を試みたが効果は無く、彼らは 1932 年の夏退陣を余儀なくされた。その前に、ポール・フォン・ヒンデンブルグ（Paul von Hindenburg）が再び大統領に選出され、さらに 7 年間務めることになった。1932 年、ルードウィヒは書いている。「重篤な政治的動揺が脅威となっている。… 私が熱狂し、ヒットラーに対抗することを意図して再度投票したヒンデンブルグが、ヒットラーと協調しようとした。しかし、ヒットラーは愚かにもそれをはねつけた」（[28]，435 頁）。その結果起きた事は、ルードウィヒが教会の役職から身を引いたことであり、それは教会会議内の国家社会主義者が政治的統合を要求したからである（[28]，436 頁；1932）。

ブリューニングの退陣の後、1932 年 7 月新たな国会選挙がおこなわれ、NSDAP が 37％の得票を得て第一党となった。帝国大統領は当初ヒットラーを首相に任命することを拒否した。その代わりに、彼はフランツ・フォン・パーペン（Pranz von Papen）を指名した。この政党をもたない中央政治家は組閣したが、国会では多数派を形成することはできず、半年で崩壊した。ヒンデンブルグは 1933 年 1 月 30 日、次の首相にヒットラーを指名せざるを得なかった。予定された内閣には全部でわずか 3 人の NSDAP メンバーしか含まないことになっていたが、フォン・パーペンとドイツ国民党が連携するとの公の取り決めは何の効果もなかった。しかしヒンデンブルグには、これがまだ何がしかの可能な解決法に思えた。この日ヒットラーは権力を握った。彼は直ちに 3 月 5 日に新しい選挙を実施することを決めた。それはワイマール共和国の最後の選挙となった。

ユルゲンが 20 歳で第 3 帝国の始まりをどの様に感じていたのか、それに関してどのように考えたのかについては、彼の手紙から再構築することは難しい。彼はいろいろな事を考えたであろうが、文章としては残っていない。多くの考えが後日取り消されたのか、あるいは手紙はもはや残っていないのかは、明らかにすることはできない。現存するのは、保存されて残っている両親にあてた書簡類だけである。そこには、多くの場合、政治的事件についての短い評論しかない。その中で彼は、国家社会主義者が証拠をあげて詳細に調

べ、状況を的確に判断していた時、むしろ彼らをからかった。ユルゲンは迫りくる危険性を真面目に認識しておらず、すべての出来事を過ぎ去る何かとしか考えず、むしろ馬鹿げたことと見なしていたように思われる。父親は政治的状況を深刻に捉えていた。彼は、ポジティブな要素を容認しているがそれは益々困難になっており、多くのネガティブな側面や増大していく容易ならない政治的展開を批判していた。父親と息子は、1千万人以上のドイツ人が所属したNSDAPに属したことは決してない。

1932年1月25日、ユルゲンの誕生日に、彼は国家社会主義者のデモをみて次の様に書いた。「アウグスト王子[14]は、第3帝国の素晴らしさを、宣伝としてはまったく卓越した方法で伝道していた」。そして「バルドゥール・フォン・シーラッハ (Baldur von Schirach)[15] は見た目あまり活動しているようではなかった」[70]。ある学生集会で、予想される戦争についての見解として、以前ボンの学長であったコーネン教授[16]は「自治」について素晴らしい講演をした、とユルゲンは書いている。彼は、国家社会主義に転向した病理学者ウィルヘルム・ツェーレン[17]をいつも大変高く評価していた。学生組合の中にもナチ同調者と歩調を合わせていた「一人の新入生、クラウス・リューン (Klaus Lühn) と、課題、青年運動、アルコール嗜癖症や禁欲、権利、協会と党派における青年教育と感化の境界について、長い議論をし興奮した。彼はボーイスカウトであったが、現在は国家社会主義者である。加えて彼は、極度に誇張されて禁止された社会主義的見解に対し禁欲的であった。我々は、彼が留まるかどうか、そう願ってはいたが、判らなかった。彼の偏狭な急進主義に対し、何故何の疑念も生じないのかについて、彼と何がしかの話をした」[62]。

1933年3月5日の決定的な選挙について、ルードウィヒはボンにいる彼の息子に自由主義的なドイツ国民党に投票するよう助言した ([71], [26]の415頁)。ルードウィヒはあわせて人口の1%に同様の助言をした ([28], 436頁)、しかし、国民の44%はNSDAPに投票し、ドイツは15年にして2度目の革命を経験した。今回は国家社会主義の独裁者によってなされた。ユルゲンが誰に投票したかは文章として確認することはできない。20歳の彼が父親の助言に従うことはありえないことではない。

5月1日の祭典の後、ユルゲンは自分の考えをまとめた。「短くそして小さく：NSDAPはまたもや全NSDAP（今回もまたすぐにそれは破産する）」[68]。1933年5月10日、ドイツ学生連盟は、ユダヤ人、マルクス主義者、平和主義者や国家社会主義のイデオロギーと一致しない他の「非ドイツ的なもの」に反対し、多くの都市でデモを企て、煽動した。これらのグループから出版された本は、いたるところで山積みにされて燃やされた。ユルゲンは熱狂的ではなかった。「何よりも第一に、ここでは'非ドイツ的精神'が再び語られる（私はほとんど言いそうになった。またもや賛美かと）、そして嵐のような雨が降るなか、貴重な本に含まれた黄金を窓に向かって投げる、つまり火にくべる、そうするうちに、雑誌にある最も品のない事がさらに面白おかしく吹聴される」[59]。翌日、大学の新しい学

長、ピトルスキー（Pietrusky）[18] の就任式があった。ユルゲンは父親に報告している。「我々の提案に従って … 何かを言う代わりに、次のように言った。私は学長だが、酒も飲む。私は宴会幹事でありまた …？ と。'ハイルー'、そして事態は決定的であった。さして重要でない話の後に、学生の権利を強調した新しい総統が、中核ドイツのいくつかの言葉を式場で高らかに謳い上げると、元老達は物悲しい行進曲風の音楽を後に舞台から去っていった。我々は夕方成功しなかった行進の後、市場でヒットラーの演説を聞くことが出来たが、それは私を失望させた。演説は長くはなかった。何度も繰り返すことで効果を上げようとしていたが、しばしば逆効果であった。大波のような鼓舞は無に等しい。たとえほぼすべての人が、'ホルストヴェッセルの歌（注12）'の際に、不安にかられて手を高く挙げていたとしても」[68]。1933年シュワープが、ドイツ学生組合メンバーはNSDAPに加入しなければならないと指令したとき、ユルゲンはそっけなく反応した。「そこで今再び起きたことは、誰でも知っている。そもそも多くの人は最初そこに参加しなかった。そして2度目には、またもや鉄兜団から離れて、突撃隊で練習の様に兵役を果たさなければならない。当分は何も変わらない」[59]。

　ルードウィヒはその間、国家社会主義に対してはむしろ矛盾した反応を示した。彼は、愛国心、国民の忠誠心に対する義務感と、人間としての価値や文化的自由に対する自身の見解との間を逡巡していた。彼が毎年書いている年報に、彼の性格のこの側面が格闘している。1933年の夏、彼は書いている。「現在、もはやどんな政党も存在しない。私はそう願う。国家社会主義は政党を徹底的に一掃した。それだけになおさら、私の主義主張が強く引き付けられる新しい運動の中で具体化されることを望む。ただ、その性急さによって、様々な過ちが少なくとも下部組織で発生することが危惧される。私は、各自の感情のために己の主知主義と戦っている青年を理解することができる」（[32]，438頁：1933年）。たとえルードウィヒが新しい運動の同調者でなかったとしても、その運動に何かを具現化しようと考えていたら問題である。

　権力を握るとすぐに州の「統合」が始まった。それにより、州は君主権を失い、その支配は帝国統治者に委ねられた。ルードウィヒはドイツ国民の組織的統合は愛国的であると肯定的に評価した。しかし彼は、「これまで自由国民の尊厳の名のもとで、すべての共産主義者、マルクス主義者などを様々な方法で迫害し、決して支持できないドイツ人の過ちを、また益々強くなる反ユダヤの運動」を嫌悪していた（[28]，436頁：1993）。1933年の事件により、彼は自身の政治的見解をまとめた。「神、栄誉、自由、祖国[19]、またドイツ体育協会の標語である壮健、敬虔、快活、自由、これらの言葉は人生の規範を私に告げている。私が仕える国民なくしては意味がない。私は自由人としてのこれらの基本的事柄を自由主義として知り、守ることを習った。私は、利己主義者ではなく利他主義的な個人主義者となれば、真の自由主義者になることができる」（[28]，438頁：1933）。

1933年4月、「労働管理局の復活」の法律が制定され、大学のユダヤ人研究者は職場から即刻退去させられた。ルードウッヒのもとにいたハンス・アドルフ・クレブス（Hans Adolf Krebs）(1900-1981)はフライブルグ大学病院の若い助手であった。クレブスは44名の様々な病気の患者を担当しており、同時に代謝生化学の研究をしていた。解雇後、クレブスは英国に亡命し、ケンブリッジ大学で引き続き職に就いた。彼はそこで、そして後にゼーフィールドでクエン酸回路を解明し、その発見に対して1953年ノーベル生理学賞が与えられた。後年、クレブスは思い出として書いている。「多くの人達は、どこの大学に所属していても、ナチの政治を変えることは出来ないとして受け入れた。正しい、道徳的で'自己の信条を公にする勇気を持つ人'は極めて少なかった。比較的はっきりと意見を述べたのはルードウィヒ・アショフで、彼はフライブルグ医学部の高名なメンバーであった。彼は大学内だけでなく国外でも高名だったが故に、ナチは彼の見解に対して難癖をつけることがほとんどできなかった。彼は、ナチの非ユダヤ措置に断固と反対し、彼の見解をしばしば公表する勇気を持ち合わせていた」[20]。5月1日、非アーリア人を除いた総ての大学人が朝の11時に鉄十字の旗を掲げた大行進に参加しなければならなかった時、ルードウィヒ・アショフと彼の家族はこの日の行進に参加する代わりに、ユダヤ人の同僚達を訪れ、政府による反ユダヤ主義的政策に個人的に反対していることを表明した。行進の時間に合わせて、クレブスはエヴァ・アショフに街の散歩に誘われた [72]。ルードウィヒがユダヤ人同僚の解任を積極的に妨げようとしたことを裏づけるものはない。しかし、ハンス・クレブスの解職文書に署名したのは彼ではなく、学長であった。この時の学長は、哲学者のマルティン・ハイデッガー（Martin Heidegger）であり、かれは個々のユダヤ人に対しては敵対的ではなかったが、大学と同じ程度に反ユダヤ的であった。彼は、ここではユダヤ人の存在があまりにも優勢であると感じていた。彼は国家社会主義の指導原理を断固支持していた。「総統自身そして総統のみ、今日のまた将来のドイツの現実であり原理である…ハイル・ヒットラー」、学長は学生を叱咤激励した。

1934年のクリスマスに、ルードウィヒはもう1度、個々の州の政治的自立性を排除して成し遂げた帝国の統一について、進歩と評価し支持した。「国民の社会的統一はお互いを理解し、お互いに助け合うことに繋がる」と彼は称賛した。そして彼は、「この外政的また内政的な課題の設定は国家社会主義と一致する」（[32]，442頁；1934）。しかし彼は、その結果文化的な同一化と科学、宗教、芸術の自立性に対する国家社会主義の闘争に依存してしまった（[28]，441頁；1924；445頁，1935）。また、ルードウィヒは人種法について言及しているが、優生保護法には反対していない（[28]，442頁；1934）。彼は自分の信念と格闘し、そして期待した。1年後、彼は暴力そのものを否定した。「暴力のみが支配しているところでは、不正も支配している。その両者と私は闘う。その際、国家の形態がどのようなものでも差支えない。総統のみが、あるいは総統が名付けたような総ての者を導く道

徳的意思があれば、人々は喜んで服従するだろう。彼らはそれによって確信できる真実を得るが、一方で暴力は外面的な真実しか得ることができない」（[32]，445 頁；1935）。

　時とともに、ルードウィヒは国家社会主義から離れていった。1936 年、彼の 3 つの '生存原理' が如何にして次々と失われていくかを経験した。それは、彼のもの、また国民のものでありユルゲンのものでもあったボンの学生組織アレマニア、体躁協会、そして彼の職である。学生組織は解散し、軍事的に組織化されてドイツ学生連盟にとって代わられた。ドイツ体躁協会の青年部はヒットラー青年部に変えられた（[28]，456 頁；1936）。ルードウィヒは国家社会主義が、単に 1 つの人生観、文化観ではなく、世界観であるという考えを認めなかった（[28]，462 頁；1937）。1938 年 11 月 9/10 日、帝国水晶の夜（注 13）にユダヤ人の大量虐殺があったことを、スイスのチェレリーナで喘息の治療をしていたルードウッヒがクララを通じて知った時、彼は完全に打ちのめされた（[28]，466 頁）。

　それにも関わらず、ルードウィヒは愛国者として、まだ何か良い兆候がないかを見極めようとしていた。1937 年 1 月 31 日、彼はベルリンからクララにあてて次のように書いている。「1 時に我々[21]は総統の演説を聞いた。我々はその第 2 部をもっともだと思った。彼はそこでは英国に借りを返す、植民地に対する我々の権利を徹底的に擁護すると述べていた。この演説がいかなる場合でも、戦争への誘因とはならないことを望む」[73]。1 月 30 日の国会におけるヒットラーの長時間の演説は、権力を掌握した日に因んで行なわれた[74]。総統は、第 1 部では熱狂的に議会制民主主義の廃止、「血と身体」思想、法治国家の止揚、'国民の利益のために'、ドイツ経済の救済、国家による社会と文化の総ての階層における国民教育の獲得を語った。第 2 部で、彼はごく穏やかな口調で、ドイツと他の国々との同等の権利、それを彼は再び回復しヨーロッパの平和の担い手としてのドイツを描いた。ルードウィヒの手紙には第 1 部については何も書かれていない。ただ、アルベルトと彼はそれには賛成できなかったと、印象を述べているのみである。第 2 部をどう理解するかで、1934 年からすでに次の戦争を心配していたクララを、彼は安心させようと試みた（[28]，444 頁；1934）。30 年代の中ごろから死亡する 1942 年まで、ルードウィヒは、離れている時は常に妻と子供達に手紙を書いた。しかし、政治的な感想は何時もわずかであり、あるいは全くなかった。

　クララは政治についてはほとんど書いていない。書いてある時は、共感を示すときだけだった。1940 年、彼女はヘタにあてて書いている。「先週、遠くで銃声が鳴るのを聞いた。バーデンにいたユダヤ人は総て移送させられた。彼らは 1 個のトランクに 2 時間で荷物を詰め、100 マルクしか所持することを許されなかった。レネル（Lenel）夫人は 83 歳で、彼女の娘は長いことハイデルベルグのオベリンにいた。彼女の息子は世界大戦で死亡している。彼女は半分空のトラックで運ばれていった。トラックには背もたれが無いベンチが置いてあった。同様の車が家の角に停まっているのを見た。そこには黙って遠くを見つめて

いる 2 人の婦人が乗っていた。警察官がその周りに立っていた。それが何を意味するか予想はできなかったが、明らかに悲惨な感情が私を襲った。移動できない者は救済または介護施設へ行く。そこで何が起こるか、私たちは知っている。彼らは今皆を殺す。そして家族は電報でそれを知る。その様に、ヒンスベルグ（Hinsberg）夫人、ジョセフィン（Jossephine）（彼女の兄弟）、研究所の教授の母親、他。何故、この人達の事を書くのだろうか。それから逃れられなかったからに違いない」[75]。

国防軍の二等兵

その間、ユルゲンは 1933 年 6 月にボン大学病院の外科に入院し、そこでレドビッツ（Redwitz）教授自身による虫垂炎の手術を受け、順調に快復した。その後、彼は医学予備試験の最後の科目（化学）に合格し、1933 年秋に初めてエッシェンホフに戻った。ルードウィヒは彼に帰郷を強く促した。ルードウィヒは書いている。「様々な理由から、お前はこの秋にフライブルグに戻らなければならない。私は、遅くとも 34 年の秋か、35 年の春には戻る。私達がまた並んでその辺りをぶらぶら歩くことができるなら、それは素敵なことではないか」（[76]，[26] の 417 頁）。ユルゲンは、父親のアルベルト・ルードウィヒ・フライブルク大学に学籍を置いた。彼は自宅に住み、それで 1934 年の夏まで 1 年間手紙は書いていない。彼は勉学に励み、後期に良い成績を上げた。父親はしばしば彼を年報で評論している。1933 年のクリスマスに、ルードウィヒは書いている「ユルゲン、お前は病因学総論と病理学的解剖学についての私の講義を最初から聞くことができた。私にとっても、まぎれもない私の息子が聴講していることを知って、大きな喜びを感じる。ユルゲンは生き生きとした興味を医学に、特に臨床内科学に示している」（[28]，440 頁；1933）。

1934 年の夏季休暇に、ユルゲンはヘタとシギ・グレフを訪ねてハンブルグに出かけた。彼は、そこでハンブルグ-バンベック病院の'聴講看護師'として働いた [77]。彼は、少なくとも最初は姉のヘタとその家族と暮らした。彼は、畏敬の念と皮肉を込めて、シギの「病理学御殿」を記述した。ある日、そこで従姉妹のエリザベスと夫のエーベルハルト・シュミット（Eberhard Schmidt）教授[22]に出会った。彼女はユルゲンの叔父、アルベルト・アショフの娘である。叔父は法学教授で、丁度その年ハンブルグ大学の学長であった。シュミットはユルゲンに、学生たちは兵役に従事するため、勉学を 1 年間中断しなければならないが、今がちょうど良い時期であることを説明した。じきに男子は誰もが兵役義務にかけられ、強制的に招集されるが、おそらくそれは好ましくないだろう。もし志願して兵役を務めるならば、12 カ月のうちの 1 カ月を節約でき、良い給料をもらい、予備役将校になる可能性もある。しかし、なによりも学校では 1 学期免除され、卒業証明書の受領が楽になる。ユルゲンは熟考して、父親にこの計画への同意を求めた [78]。父からは、次の条件が認められるなら同意するとの返事が直ぐに来た。ユルゲンは、国防軍の兵役期間だけで

なく、フライブルクでの最後の医学部学期の間も、想定される突撃隊の任務から免除されること［79］。これらの条件は実際満たされた。

ユルゲンは、ハンブルグでの研修期間を終え、自ら国防軍に入隊した。1934年11月初め、彼はドナウエッシンゲンに駐屯していたコンスタンツ歩兵部隊第5中隊で、二等兵として訓練を開始した。兵役は1935年10月12日まで続いた。兵役期間の最後の評価は本物の称賛であった。抜粋、「アショフは真に優秀な軍事的能力を示した。彼は完全に練えられた抵抗力のある身体をもち、卓越したスポーツマンで、抜群のスキー技術をもつ。アショフは、標準をはるかに上回る知性をもつ。彼はすぐれた理解力を示し、快活で、大変活動的で多面的である。彼は、特別な技術的知識と能力を有している。アショフは、開放的で成熟した強い性格の持ち主である。彼は勤勉であり、熱意があり、絶対的な義務意識を持ち、連帯感が強い」［80］。

ユルゲンは国防軍兵役を衛生将校候補生として修了した。その年、1935年3月16日、一般兵役義務が実際何の反対も無く導入された。クララはユルゲンの二等兵時代について手紙では何も述べていない。次の戦争に対する不安と、ルードウィヒが絶えず平和について考えているならば、それに触れることは彼女にとって愉快なことではなかったのだろう。

博士号研究：再びフライブルグ

1935/36年の冬季学期に、学校の臨床科目が再び始まった。もう1学期、彼は父親とともにフライブルク大学で過ごした。父親は喘息であったが、息子のために喜んで研究所に出かけた（［28］，447頁；1935）。1936年、ルードウィヒは70歳で定年退職した。彼の誕生日の1月10日に、研究所とエッシェンホフで盛大な祝賀会があった。まだ朝食前というのに、それは学生のセレナーデで始まり、彼らは家の前で騎兵歌をうたい、次に家族がそれに加った。病理学研究所では、総ての職員が朝の8時に集まり、ルードウィヒに贈り物を渡した。最も貴重なものとして、銅製の感謝のメダルと献辞のついた素晴らしいザイベルトの顕微鏡が講義室の前で学生達から贈られた。ドイツ中から学生や元の同僚達が集まった。全世界から祝いの手紙が届いた。ハレからは、彼を皇帝アカデミー・レオパルディアの名誉会員に指名するとの通知があった。バーデン内閣総理大臣のワルター・ケーラー（Walter Köhler）（NSDAP）が、ルードウィヒの業績を称えたるアドルフ・ヒットラーの言葉が刻まれた鷲の楯を手渡した。それを断る事は、たとえそう思っていたとしても出来る事ではなかった。彼の年報には、鷲の楯を受け取ったのはその日の最も盛り上がった時と書かれている。しかし、「鳥は撃ち落とされた」と誕生日に述べたのは、弟のアルベルトであった（［28］，452頁；1936）。

ルードウィヒの最終講義「学術の栄誉、学術の自由、学術の科学」は1936年7月25日に行われた。次の日、彼はハイデルベルグ大学の550年記念祭を訪れた。「私はボンの若

い学生として、500年記念祭を経験した。1886年の当時、学生組合の祭りは、教授達にとっても大学にとっても、良い意味でもっともロマンテックであった。今回は、学生組合と大学は無いも同然であった。それだけになおさら、党が際立っていた」([28], 453頁；1936年)。ルードウィヒの後継者として、彼の学生だったシューラー・フランツ・ブュヒナー (Schüler Franz Büchner) が任命された。ルードウィヒ自身は、9月10日に退職した後、なお4年間「医学の歴史」についての新しい科目を担当した。

　その間、ユルゲンは医師国家試験に必要な様々な臨床科目についてまじめに勉強した。1936年の終わり、ベルリンで行なわれたオリンピックを見に行ったあと、博士号研究を始めた。彼はその研究を、当時病理学研究所でルードウィヒ・アショフを手伝っていた講師のウィリー・ギーゼ (Willy Giese) 博士[23]の指導で行なった。ユルゲンの研究課題は、病理学あるいは解剖学よりも生理学的なものであった。彼はその課題を、アルコールの生理的分解と体内からの排出が嗜癖症になった後どのように変化するかを明らかにすることと理解していた。それまで行なわれていた研究は、アルコール嗜癖症とアルコールを飲まない人との比較であり、同一個人における習慣的アルコール摂取が及ぼす影響に対する問いではなかった。この課題に取り組むために、ユルゲンは家兎を用いた動物実験を行った。彼は、15匹の動物に4～15カ月間アルコールを投与した後、血液試料のアルコール含有量を総数で3,000以上測定した。この膨大な資料を用いて、彼は血中アルコール含有量の増減を示す多くの曲線を得た。彼は血中アルコール濃度がしばしば見かけ上短期間のうちに変化することに気付き、それを胃と腸における変化と関連づけた。しかし、習慣性飲酒の効果は認められなかった。タイプライターで打った30頁の本文と6枚の手描きの図表からなる学位論文は、多くの文献の考察とまとめによって印象付けられた [81]。この論文は、ユルゲン・アショフのその後の科学研究にとって1つの指標となった。

　1937年3月9日から6月16日までの間、ユルゲンは22の医学科目の試験を受けた。病理解剖学、組織解剖学、病態生理学、薬理学、外科学、産婦人科治療学、眼科治療学、耳鼻咽頭学、小児治療学、皮膚・泌尿器学、精神治療学、衛生学、法医学。彼は総ての試験に合格したが「非常に良い」は無かった。その後、彼は6月16日に医師国家試験を受け、全てを「非常に良い」の評価を得て合格した。「これで2人の息子は父親をはるかに凌いだ」ルードウィヒは年報に誇らしげに書いている（[28], 457頁；1937）。褒美として、彼は7月のグラーツ講演旅行にユルゲンを連れていった。

　カールスルーエのバーデン政府はユルゲンに臨床研修の年を認定する証明書を発行した。1937年10月27日、「大変良い」の評価が付いた学位論文も公認された。研修期間に3つの大学で過ごした。1937年10月から1938年3月まで、彼は、フランクフルト・アム・マインにあるJ.W.ゲーテ大学医学部病院のボルハルト (Volhard) 教授[24]のもとで研修生として滞在した。そこで彼は6カ月間一般的な診療業務に携わった。彼は特に神経学と生

殖泌尿器学に専念した。その後ボンに戻って3カ月間、以前虫垂を摘出してもらったレドビッツ教授の外科クリニックで研修した。そこでは「小外科」、創傷治癒、事故措置、切除術の教育を受けた。また手術の助手も何度か務めた[82]。2度目のボンでの滞在で、小さな砦で体験したビスマルク戦友組合の設立に遭遇した。ユルゲンはもはや存在しないアレマニアの「古き紳士」として、それに参加した。少なくともこの古い伝統へのこだわりはその始まりと同様支持された。研修期間の終了にあたり、ユルゲンはなお3カ月間、ゲッチンゲン大学のヘルマン・ライン（Hermann Rein）教授の生理学研究所で無給助手として働いた。彼はここで、肺の死腔と肺腔気の測定を行った。また循環系の実験と磁気化学的測定に参加した[82]。ゲッチンゲンで過ごし、彼はそこの研究がフライブルグでの学位研究よりも魅力的であると感じた。何よりも、「ゲッチンゲンの全世界が気にった」と父親に報告している（[28]，468頁；1938）。父親はそれを読んで女性の事が頭に浮かんだ。ユルゲンはラインの研究所で研究を続けることに興味があると告げた。

　1938年11月25日、ユルゲンは臨床研修の報告書をカールスルーエのバーデン州政府に送り、医師免許書の発行を依頼した。彼は報告書に「1年間志願して兵役に就いたので、証明書の年月日を半年早めて欲しい」[83]と付け加えた。その根拠は当時の特別な法律で、志願して兵役についた学生に適用されるものであった。許可書が来て、内務省は日付を1938年3月31日とした。それでユルゲンは学業を公的に終えたが、期間は事実上短縮は出来なかった。学位論文は同年、修正されることなく実験医学に載った[84]。彼が発表した300を超える科学論文の第1号である。クリスマスに、2つの書類がフライブルグ大学から届いた。認定医師ユルゲン・アショフ医学博士、そして認定歯科医師ユルゲン・アショフ歯科治療学博士の証明書。フライブルグとボンに続いて、彼は父親の第3の町、母親の故郷、ゲッチンゲンに向かった。

3章　氷水の中の手 ── 戦時の研究と愛（1939-1945）

ゲッチンゲン

　臨床研修の最後の3カ月が終わった後、ユルゲン・アショフは1938年9月30日からゲッチンゲン大学で無給助手となった。ゲッチンゲンは、彼の先祖の多くが学んだところである。彼は大学で研究に従事した。フリードリッヒ・ヘルマン・ライン教授は生理学研究所の所長であり、ユルゲンに体温調節に関する研究を指示した。アショフは人の寒冷防御機序、特に対流によって熱が失われる現象、つまり、変動する環境での熱の喪失についての研究に着手した。ラインとアショフがどの様にして出会ったかについてははっきりしない。ヘルマン・ラインとルードウィヒ・アショフがお互いのことを知っていたのは明らかである。両者とも、ドイツ医学界では指導的な科学者であった。ルードウィヒ・アショフと同じように、ラインも何度か、実際1933年から1952年にかけて12回も、血液循環と温熱調節の研究で、ノーベル医学賞に推薦されていた。この推薦のうち2回はルードウィヒ・アショフによるものであった [85]。

　ラインの研究所は、生理学の基礎研究をさらに発展させようとする若い科学者に、その当時最高の可能性を提供した。ヘルマン・ラインは1898年2月オーベルフランケンのミッツビッツで生まれ、多方面に研究を展開した卓越した研究者であった。彼は、ヴィルツブルグの医学校を卒業した後、そこの生理学研究所の助手となった。研究所は有名なオーストリアの感覚生理学者マキシミリアン・フォン・フレイ（Maximilian von Frey）が指導していた。ラインは1926年、フライブルグ大学で教授資格試験に合格した。彼はそこでルードウィヒ・アショフのことを知ったのは確かだと思われる。ラインは医学者としては珍しく物理学と化学の基礎原理に興味を持っていた。彼はその知識を用いて、感覚および温熱生理学の分野で想定しうる最も精密な方法を開発した。1932年、ラインはゲッチンゲンに招聘され、そこで主任教授兼生理学研究所長として、研究活動を迅速に展開していた。

　ラインは、環境条件の変化に対する生体反応に特別の興味を持っていた。その当時、生理学研究は、個々の臓器を動物体内から取り出し、圧や温度などの環境条件の変化に対する反応を観察することが広く行われていた。ラインは、生体の生理学的反応は分離された個々の臓器での計測では再構成出来ないと確信していた。例えば血液動態などの代謝過程は生体内の臓器で計測しなければならない [86]。彼によって確立された非観血的な熱電極、いわゆる「熱血流計」[87]、による血流測定がその場合の重要な測定方法で、局所だけでなく全身の酸素消費量の測定に欠かせないものであった。

　ラインの科学的名声は政府機関に注目されないはずはなかった。彼が高所と航空医学に興味をもっていること、彼自身第1次世界大戦で海軍航空兵として軍役に就いていたこと

が、帝国航空省（RLM）の目を引いた。そのことがあって、彼は1935年文化省の航空医学特別教授職に就いた。この分野では科学的な研究が急がれていた。世界的にも、航空医学の研究拠点が数多く作られた。ドイツには、この他にもベルリン、ハンブルグ、フライブルグとシュットットガルトに研究所があった。ラインはこの分野では特別な地位を占めていた。そのため、彼は第3帝国においても国際的な科学交流を毅然となすことができた。彼は、大戦の最中でも、外国に講演旅行に行くことが許された。例えば1941年のスイスとハンガリー、1942年のストラースブルグ、ウィーン、ブダペスト、今日のクルジュであるクラウゼンブルグ、1943年のバーゼルとストックホルム。1931年に就職先の交渉が行われた時には、彼にはすでに新しい生理学研究所が約束されていた。研究所は実際1938年にキルヒェ通7番（現在のフンボルト通）に建てられた。研究所の開設にあたっては、追加の財政援助を帝国航空省から受けた。それにより、地下に気圧と温度を調節できる特別な実験室が造られ、高所と寒冷が身体に与える影響を研究することができた。それは「国家社会主義の権力者による外形的にも明白な評価で、1933年から1945年の間ゲッチンゲン大学に新築された数少ない施設の1つであった」[88]。新しい研究所の開所祝賀会が1938年11月4日に行われたが、それはアショフが助手として赴任して間もなくであった。

　ゲッチンゲンで、国家社会主義政党は強い支持を受けていた。党は1931年の段階で、すでに都市の過半数を掌中に収めていた。1933年には、全ドイツで37％だった支持率が、ゲッチンゲンでは市民の51％がNSDAPに投票した。また1930年代には党への積極的な見方がゲオルギア・アウグスタ（注14）、ゲッチンゲン大学を支配していた。1933年の国家社会主義者による権力奪取の直後、ノーベル賞受賞者のジェームス・フランク（James Frank）が物理学教授として自主的にゲッチンゲンに戻ってきたのは4月17日のことである。彼は、4月7日からユダヤ人を公職から追放した「労働管理局の職業管理法」に対する抗議としてそれを実行した。フランクは全ドイツから賛同を得たが、彼自身の大学からは得られなかった。逆に、帰郷の1週間後の4月24日、42名の教授と講師が署名した示威運動があった。それは、フランクをサボタージュ行為で非難するもので、加速された「清掃処理」に沿って彼を排除するものであった[89]。ゲッチンゲンのユダヤ人講師と傑出した科学者の多くが他の大学よりも早くに解雇された[89]。学長シェルマー（Schermer）（農場経営者）はフランクの帰郷と同時に農場を辞め、4月26日ドイツ文学者であると同時にNSDAPであり、後にナチ親衛隊に加入したフリードリッヒ・ノイマン（Friedrich Neumann）によって学長に任命された。学長就任の直後、まず6人の非アーリア人教授（ホーニング、クーラント、ボーン、ネッター、バーンシュタイン、ボンディー）が「休暇」を命じられた。ユダヤ人はしばしば博士号を剥奪された。その中には後年ノーベル賞を受賞したマックス・ボーン（Max Born）がいた[90]。この大学は、1920年代はまだ科学の中心地として、特に数学と自然科学に於いて高く評価されていた。卓越した科

学者を大量に失って、再び立ち上がることは無かった。

　ラインは4月24日の示威運動に署名しなかった。彼はNSDAPのメンバーであったこともなければ、政治的に国家社会主義に参加したこともない。ラインはユダヤ人同僚の解雇に反対した。1932年以来、彼はユダヤ人のルドルフ・エーレンベルグ（Rudolph Ehrenberg）教授・医学博士を生理化学の上級助手として雇用していた。1933年の国家社会主義者による権力奪取の後、ルドルフが辞職を迫られた時、ラインは彼に強く肩入れをした。エーレンベルグはしばらくの間留まることができ、ラインが病気かあるいは旅行に出ているときは、しばしば彼の代理人に指名された[91]。しかしながら1935年の秋、エーレンベルグは休職となり、そして地位を失った[92]。ラインはなおも、彼が自分の研究を研究所で続け、学位希望者を指導できるように努力した。1937年、ゲッチンゲン科学連盟は非アーリア人職員を解雇せよとの内閣の要請を審議した。ラインは他の予定のために会議に出席することが出来なかった。しかし、彼は文書でこの件に関する彼の考えを述べた。「私はここで原則的に次の事を申し上げたい。私が認めたものは誰でも、アーリア人であろうが無かろうが等しく、無条件で受け入れる。そして、我々によって選ばれた同僚の科学的実績は何も変えたりはしない。もし、連盟あるいは個々の同僚がアーリア人でない同僚を排除しようとするなら、私はそれは全く理解できない」[93]。職業管理法に対するラインの態度は例外的であった。ボイシャウゼン（Beushausen）らは彼について書いている。「それにより、ヘルマン・ラインは、追放令で威嚇された講師や学生に対し、大学からの追放阻止だけでなく再出発の際の負担軽減についても出来る限り努力した、大学における数少ない教授の1人であり、そのことで彼自身が威嚇されなかった例外的人物と言わざるを得ない」（[88], 197頁）。

　ラインはナチの政府機関に疑いの目で見られた。彼は政治的に信用できない「奇妙な鳥」（注15）と見なされた[94]。しかし当時科学者としての高い国際的立場にあった彼は畏敬の念で見られていた。それにより、また帝国航空省の援助もあって、戦争中も研究所を指導することが出来た。彼の重点研究である高所生理学は、航空に関連して戦争にも重要であった。彼は軍衛生部の評議員であり、航空医学研究に関する委員会の議長であった。1941年3月、彼は空軍衛生訓練第6部に配属になり、上級軍医としてゲッチンゲン大学の生理学研究所の指導を命ぜられた[95]。彼の研究所は航空医学の後継者の育成にも重要であった。歴史学者のボイシャウゼンらは（1998年）これに関して次のように書いている。「すべての研究所に於いて、戦争の重要課題に関してごくわずかの資金しか'保障'されていない中で、ラインの研究所はその重要性の度合いに応じて突出していた。生理学研究所はまたの名を'RLMの航空医学研究所、ゲッチンゲン航空生理学研究所'といったが、多くの精巧な機器とともに5人の科学者、すなわちウォルフガング・シェーデル（Wolfgang Schödel）教授、グロッセ・ブロックホフ（Grosse-Brockhoff）講師そしてハンス・レシュ

図3-1　ポーランド侵攻の兵士達、ユルゲン・アショフによる素描

ケ（Hans Löschcke）博士を統率し、ヘルマン・メルカー（Hermann Mercker）博士、ユルゲン・アショフ博士とそれぞれ必要不可欠な人物を配置した。それは当時の医師不足を考えるとまさに驚くべき人数であった」（[88]，232頁）。

ポーランド出征

　1939年8月の最後の週に大戦が始まった。その歴史的背景は良く知られている［96］。ヒットラーはすでに長いこと、ドイツはもはやヨーロッパの平和維持者ではないと主張していた。彼は、ドイツのために東方に「生活空間の創造」を意図していた。4月以来、彼はポーランド侵攻の準備のため帝国軍隊を動員し、8月19日以後部隊を東方国境に移動させていた。ポーランド「回廊」、それはベルサイユ条約で東部にあったドイツの飛び地を東プロイセンに属するとしたものだが、それを口実として用いた。ポーランドと東プロイセンの間の幅約100 kmの回廊を巡る粉争は、ドイツにとって目の上のたんこぶであった。8月23日、リッベントロップはモスクワでドイツ・ソビエト不可侵条約を結んだ。2日後、英国はイギリス・ポーランド友好条約を締結した。1939年9月1日、ヒットラーは彼の部隊にポーランド進攻を指示した。時を置かずして、ソビエトの部隊が東からポーランドに侵入した。

　その直前の8月26日、ユルゲン・アショフは総ての日常業務から離れて、迫りくるポーランド侵攻に医師［8］としてではなく、運転手として自発的に参加した。後年、彼はこの事を回想して、愛国心から出たかなり素朴な逸脱であったと記述している［48］。1939

年9月4日、両親にあてた手紙でユルゲンは事の次第を詳しく説明した。「8月26日の土曜、ゲッチンゲンの部隊がすでに増員されていた。前日の夜、自宅で志願者とシャンパンを飲んだが、その時は10対4で戦争は起こらないとの結論に達した。土曜日の朝、主任が自動車を用意して、私とウリ（Uli Otto）に、自分を集合所に連れて行くよう頼んだ。その午後、私は数珠繋ぎになっている道を運転し、部隊の集合場所に向かった。そのうちに市民輸送の任務に就かなければならなくなり、夕方になって、一組の運転手がそこに残るように指示され、私に任務が回って来た。21時13分、私はすでに軍服を着て、食堂の広間の床で一晩過ごしたら、半分兵士になっていた。4日間の手に負えない混乱があり、その後部隊が来て完全な編成がおこなわれ、軍備が整えられた。… 水曜日の夜、少なくとも危険が無いように総てが準備され、そして1時に、最後の車両が見えないほどの長い貨物列車に乗せられた。その間、私は少佐の運転手に昇進し、ホルヒの車（注16）を夜でも無難に運転することができた」。ドイツ軍は、彼が観察したように歓呼の声で迎えられたが、それはどこでも起こったことではない。「住民は多くの場合大変親切で、とりわけズデーテンラントでは手紙のついた花束が投げられ、次いでゾルディンでは酒とたばこでもてなされた。思いやりもなく、ほとんど関心を示さないのはオーベルバイエルン、残念ながらと言わざるを得ないのがベルリン市民（弾薬輸送車のように退屈）で、満員の鉄道駅で彼らの誰1人として手を振らない」[97]。

分隊には1人の秘書、ウィリー・メール（Willi Möhle）一等兵が属しており、彼は8月26日から10月2日まで、偵察部隊の日々の活動について詳細な記録を付けていた。部隊は、41台の乗用車、25台のトラック、11台のオートバイ、190台の自転車と284頭の軍馬を装備していた[98]。部隊には、より大きな部隊の投入準備のために、正確な位置を伝える任務があった。そうすることにより、遭遇する抵抗を最小限にできる。進攻の後方作戦ができ、見捨てられた村落を通りぬけることができる[98]。ユルゲン・アショフは短期間のポーランド出征について、家族にあてた手紙の総てに彼の個人的印象を書いている。彼が初めて大量の郵便物（25通）を受け取った後、彼は入隊のことや退屈な生活について書いた。これらの事実から、彼がこの戦争に積極的に関与したことが明らかになる。

「…さて、さまざまな質問があると思います。私は責任を果たす努力をします。私はある（強力な予備軍）600人の兵士、重騎兵中隊、参謀部、徴発した飛行機をもつ情報部隊（車、オートバイ、馬）に属しています。ベルリン出身のフォン・レーベル（von Loebell）少佐が指揮を取り、次官のカイテル（Kaitel）[25]中尉が彼を補佐していました。私はこの2人を例のホルヒに乗せて走っています。… 私は、自分の立場をいわゆる「静かな弾丸（注17）」になぞらえて、開放的な兵士としての日常生活を楽しんでいます。偵察部隊の人々が持っている鉄十字は、この身分では当然ながら得ることはできません … ここグロドノの町の前で、私たちは正当な任務を初めて実施できました。残念ながら、その町はロシアに

引き渡さなければなりません。オソビックまでの退却は泥だらけで、寒く、この地に戻って来るとの希望が叶えられることはないでしょう」[99]。

　彼は、多くのユーモアを混ぜて、軽妙に気楽に書いている。手紙には、思いがけない方法で、誰とでも歓談できるユルゲンの才能がしばしば発揮されている。10 月 11 日、彼はルツカ・タルタクから書いている。

　「親愛なるご両親。学校のためでなく、人生のための修業。高度な人文教育！　ギムナジウムの最後列で低い評価に悩まされた者が、敵地で運転手用宿泊施設に移動する。あなた'ラテン語は話せますか？'と微笑みながら問いかければ、苦難を恐れる高貴な老人の表情が明るくなります。文法上の正確さはさておき、すぐに流暢なラテン語の会話が始まります。ドイツ語とポーランド語の断片が入り混じって、とても心地よく聞こえます。ご主人を介して、将校のためにテーブルを用意し、卵を 3 分間湯でることを女料理人に説明しました。続いて、素朴な男のために個人的な交渉が直接行なわれます。お茶、グリーンティーを入れるためのお湯。猫がかまどから追い立てられ、そしてたちどころに'さようなら'。宿舎まで何と遠いことか。3 週間前まではこの様な穴場に自由に入り込むことはできなかったでしょう。冬は、ここも居心地よく思えます」[100]。

　ユルゲンは暇つぶしに、仲間や日々の生活を才能に満ちた線描画に書きあげた。部隊は 9 月 3 日ポーランド国境を越え、9 月 13 日から 14 日にかけて汽車で東プロイセンを通過し、18 日に東ポーランドのグロドノ要塞に到着した。そこは、同じ頃東からポーランドに侵入したロシア部隊との丁度中間地点であった。9 月 25 日、フェスツング・オソビックで進軍はすでに総て停止していた。しかし、これからの事はアショフには判らなかった。予備将校の経歴、あるいは下級医師？　10 月 13 日、彼にとって戦争は終わったも同然で、退屈だけが残っていた。「数日前、少佐が、私に衛生兵の経歴を付けようと思ったが外れたと明かした。巧妙な戦術はすべて無駄で、私はすでに下級医師になる資格をもっていた。それで少佐にはゲッチンゲンでの私の身分を直ぐに明かした[101]。

　後にユルゲンは、ヘルマン・ラインが彼をゲッチンゲンに帰還させる努力をしていることを知った。ラインはその時の事の成り行きをまったく異なる見方で捉えていた。1939 年 9 月 1 日の日記に彼は書いている。「やっぱり戦争か！　私は、このような政治的愚行は生涯決して起こらないだろうと信じていた。気が狂ったとしか思えない。私は、政治的'指導'の破産者達に対する怒りで涙が出た。彼らは歴史から何も、全く何も学んでいない。憐れな人間性。暗黒の悲しい時代がこの厄介者や軽薄な輩によってもたらされる。どうして、パラノイヤやヒステリーにその権力を与えたのか … 我々が臆病なゆえに、また他者が愚鈍なゆえに、許されないのは当然だ」[102]。9 月 13 日、彼はルードウィヒ・アショフに報告した。

親愛なる枢密院顧問殿

　この間のこと、ユルゲン自身から総て聞き及びのことと存じますが、彼は開戦の際に、軍隊任務に専念せよとの戦争指令を受けることなく、下士官として機動部隊と共に東へ連れて行かれました。彼は本来医師として任務に就かなければならなかったのですが、彼にそのことを言っても全く無駄であります。彼は、常に自身で最適の可能性を見出していました。もちろん私は、彼を情熱的青年として完全に理解しているつもりです。一方で、彼は今私のことを強く意識しています。なぜなら、私の研究所は陸軍と空軍から委託され、私のもとには研究を完璧に実行できる人材がいます。私は、彼が他の多くの同僚と同じく何時かここに戻って来ることを願っており、決して締め出したりはしません。当然のことですが、軍事的観点からしても、彼の入隊をそのままにしておくことは許されません。いずれにせよ、ユルゲンがどの活動に強い関心を持っているのかもし貴殿がご存知でしたら、その活動以外に関するあらゆる配慮は除外して頂きたい。手紙によれば彼は順調のようで、私達は事態が直に平和裏に解決されることを希望しています。すでに述べた様に、私自身としては当面ここでの仕事を指導するつもりで、'召喚' の準備をしています。

親愛なる枢密院顧問殿の安寧を願って
ライン［103］

　ヘルマン・ラインは、アショフを戦争から呼び戻すことを事前に伝えていただけでなく、実際にあらゆる努力をした。5日後、彼は付け加えている。

　「先日所用でベルリンに行ってきましたが、その間軍管区司令官から、ユルゲンを調査した結果、彼の入隊は現行の規定に反して行なわれたと報告してきました。彼は今から衛生兵勤務を解除されて、例外的ではありますが、ゲッチンゲンへの帰還命令が出されると思われます。私の研究所はRLMの航空医学研究所の外郭機関であり、私の指導下にある同僚達は、軍命令を受けたものとして研究所に留まらなければなりません。ユルゲンをこのような形で返してもらえることは、私にとって真に喜ばしいことであります…」［104］。

　実際ラインは引き続いて衛生兵監督官庁に、ゲッチンゲンの研究所へのユルゲン・アショフの帰還命令を出してもらった［105］。期待していたよりも時間がかかった。アショフは、科学における人生ではなく、まず軍隊での人生についてなおも考えていた。彼は、6週間軍学校で教育を受ければ少尉になれることを知っていた。しかし、すぐにラインから通知が来て、ユルゲンにゲッチンゲンへの帰還が要請された。母親はユルゲンにあてた手紙で、彼をなだめた。「陸軍衛生監督部から帰還命令がすぐに届くとのことです。すでに届いているなら、もちろん出来るだけ早く帰って来て欲しいと思います。もしまだ戦争が続いているなら、少尉に昇進することは当然のようですが、しかしそれはまったく不要に思えます。ホルヒも最後には別の人が壊してしまうことになるでしょう」［106］。最終的にユル

図 3-2　ユルゲン・アショフ 1942 年頃

ゲンは休暇をとって、10 月 31 日ゲッチンゲンに戻って来た。そこで彼は、ヘルマン・ラインの筋書き通り助手に身分に就いた。

　11 月の始め、アショフはベルリンに行き陸軍衛生監督部を訪ねた。「親愛なるご両親。今総てに決着が付こうとしています。ベルリンではまずランケ（Ranke）の所に行きました。彼は、とてつもなく重要な戦争生理学顧問の任務に就いていて、組織のために死ぬほど打ち込んでいました。たとえ '黒い羊'（注 18）と私の立場を述べたとしても、決して不興を買うことはなかったでしょう。命令は私の所轄の上司、ハノーバーの第 6 兵団医師に対して出されました。ランケは私に軍事医学アカデミーに入るように要請し、その後研究所に指令を出すと思われます」[107]。

　彼の兵役（5/San. Ers, Abt. 11）は 1 年後の 1940 年 8 月 27 日に正式に終了した。

氷水の中の手

　かくかく云々で黒い羊は再び確保され、教授は喜んだ。ラインは、ユルゲンを空軍に引き継がせることを要請し、彼を航空研究のドイツアカデミー研究プロジェクトに加えた[108]。ユルゲンは当面研究所の客室に寝泊まりすることになった[109]。

　2 週間の中断の後、研究所の仕事が予定通り始まった。学生の指導や講義の世話が頻繁にあった。また、同僚のウォルフガング・シェーデル、ウリ・オットーやハンス・レシュケが空軍から研究所に出向となった。ユルゲンは最初いわゆる 'U–空間' で行なわれるウ

リ・オットーの計画、おそらく低圧（高度飛行）が人に与える影響の研究に参加した。しかし、「私はそれに一時的に加わったのみで、翌日には主任と共にUボート管理の任務についた。興味深かったが、残念ながら参加することは出来なかった」[109]。空軍か他の陸軍部門に直接関与しているその研究は基本的に秘密にされている。いわゆるU-ボート研究では、おそらく酸素不足あるいは寒冷の生理学的影響が調べられていた。確実なのは、研究所での実験は主として動物、しばしば犬を用いて行なわれた。人を対象とした実験は、いつも助手や同僚、学生の中から志願した被験者で行なわれた（ゲレケ[94]）。「実験が批判されることは例外的であったが、その時は、オピッツ（Opitz）、レシュケあるいはルフト（Luft）自身が被験者として協力を申し出た」。（アショフ、ブレシュナイダー学位論文、ヘルマン・ラインについて）[94]。低圧実験では、最高8500 mの'高さ'まで到達した。

　ヘルマン・ラインの研究所で行なわれた人を対象とした実験は、後日彼に対する激しい非難の原因となったが、それは正しくない。彼と他の航空生理学者達は「直接的間接的に、ダッハウの収容所で行なわれたいまわしい人体実験の準備あるいは実行」に関与したと糾弾された[110]。1942年の2月から12月にかけて、収容所にいた囚人達に対して低圧実験と寒冷実験が行われた。これは、SS突撃隊主任指導者で医師のジグムント・ラッシャー（Sigmund Rascher）と彼の協力者によってSS帝国指導者のハインリッヒ・ヒムラー（Heinrich Himmler）の指示で行なわれた。この実験の必要性は、高所から墜落した飛行士を救助するため、あるいは空軍やUボート乗務員が海に落ちて低体温になったときに有用と意義付けられていた。主な責任者である犯罪者ラッシャーと彼の妻のカロリーネ（Karoline）は1945年4月、ヒムラーの指示で殺害された。おそらく、終戦後この実験について何も明らかにならないようにとの意図から。他の2人の共犯者は終戦の直前あるいは直後に死亡した。彼らはSS突撃隊指導者のエルンスト・ホルツレーナー（Ernst Holzlöhner）教授（自殺）と空軍参謀部付医師エーリッヒ・フィンケ（Erich Finke）である。ニュールンベルグの医師裁判（1946年12月〜1947年8月）では、これらの犯罪の命令者と計画者のみが有罪とされ、直接の実行者は罪に問われなかった。

　ゲッチンゲンの生理学者達がこの実験の実行や準備に関与していたか、またはその事を知っていたかどうかについては、歴史学者のボイシャウゼン、ダームス（Dahms）、コッホ（Koch）、マシング（Massing）とオーベルマン（Obermann）によって徹底的に調査された。彼らは次の結論に達した。「実行や準備への関与について、何らの兆候も見つけることはできなかった。従って明白な証拠はない。将来、疑いを抱かせる兆候が見つかることはないと思える」[88]。

　この事は、ゲッチンゲンの研究者達がダッハウ実験について何も知らなかったことを意味しない。その残酷な実験は、ある例外を除いて厳密に隠蔽された。1942年10月26日と27日、ニュールンベルグのホテル・ドイチェホフで、'海難と冬季遭難に関する医学的問題'

についての会議が行なわれ、その席でこの実験について報告がなされた。会議には、陸軍衛生管督部と空軍、軍部の他部門、SS、航空医学や寒冷研究の専門家からなる 95 名の医師が招集されている。ゲッチンゲンの生理学を代表して、ライン教授、ドイッケ（Deuticke）教授、上級医師のフランツ・グローセ-ブロックホフとウォルフガング・シェーデル、そして下級医師のユルゲン・アショフが出席した。第 1 日目のプログラムの終了時に、議長が追加講演を通告した。彼は、この講演は厳密に隠蔽されると述べ、「それについて会場外で、また参加者の周囲に口外した者は、銃殺に処せられる」と言った（[111], 81 頁）。次いで、キールから来たエルンスト・ホルツレーナー教授がダッハウの寒冷実験について報告し、ボイシャウゼンと共同研究者が指摘するところによると、その際彼は実験に従事した医師と方法については可能な限り隠蔽しなければならないと型通りに述べたという。彼は「冷水に長いこと浸かった後救助された」人について語った [88]。それはあたかも事故のあと冷たい水中から救出された被害者のように聞こえた。会議の総て参加者には、そこでは自由意思ではなく、異常な苦しみを伴い、多くの場合死に至る実験が行なわれたことが、直ちに明らかになったことに疑念はない。実験はいずれにせよ科学的ではなく、動物実験でこれまで長いこと知られていたことに何も付け足すことは無かった。ラインによれば、その後、ごく少人数の集まりで、彼自身と他の 2 人の参加者によってその実験に対して抗議がなされた。フランツ・ブュヒナー、フライブルグの病理学者でルードウィヒ・アショフの後継者も参加していた。ブュヒナーは、ラインと自分が集会の後に、この実験は道徳的に非難されるべきであり、科学的にはまったく意味が無いと非難したことを確認している。その後、2 人は彼らの抗議をベルリンにある所轄の最高部署でも繰り返した [112]。後にミッシャーリッヒ（Mitscherlich）は、会議議事録にはなにも記載されていないことから、抗議はまったくなかったと主張した [113]。会議の後、空軍顧問の医師達はダッハウ「研究」から距離を置いた [88]。

後日、ユルゲン・アショフは、エルンスト・クリー（Ernst Klee）によって、他の総ての参加者と同様に、ニュールンベルグ会議の参加を非難された。彼は、自身の著書「第 3 帝国の人名録」で書いている。「ユルゲン・アショフ。生理学者。25.1.1913 生。帝国空軍大臣ゲーリングのゲッチンゲン研究所所属。1942 年 10 月海難（ダッハウ実験）会議に出席。1944 年ゲッチンゲン大学講師。1944 年 Pflügers Archive：氷水中の人体の寒冷拡張について。非 NSDAP（BDC）。1949 年ゲッチンゲン大学の准教授…」[114]。ヴィキペディアではこうなっている。「アショフはその後ゲッチンゲン大学生理学研究所に務め、1942 年 10 月 26 日と 27 日 '海難と冬季死亡についての医学的課題に関する会議' に出席する。その会議はダッハウ収容所における冷却実験に関するものと言われている」[115]。

「冬季遭難」が「冬季死亡」に変わっており、「氷水中の人の四肢の寒冷拡張」[116] が、「氷水中の人体の寒冷拡張」に置き換わっている。アショフはダッハウ実験には全く係っ

図 3-3 伯爵牧場でのスキー休憩 1941 年、ヒルデとユルゲン、右から 2 番目と 3 番目

ていない。1944 年の引用された研究［116］は会議でも簡単に報告されており、実験ではアショフ自身の手を氷冷水に浸けたのであり、「人体を氷水に浸けた」のではない。会議において、ホルツレーナーの講演に誰も声を上げなかったこと、少人数の集会でのみ異議が唱えられたことは、今となっては理解できることである。ヒムラーは会議の 2 日前に、この実験に反対した場合に何を考えていたかについて、より過激なことを書いている。「本日、この人体実験を認めない者は、勇敢なドイツ兵が低体温の結果死に至ることを良しとしていることになる。私は、高空また地上での救助として期待しているし、それに対し疑問を呈する者の名前を挙げることをためらわない。私は諸君に、この見解に沿って前述の状況を理解するよう要請する」［117］。ラインは、自分の休暇をこの会議の為に中断せざるを得なかった。「ビルケンシュタインに戻って、まったく困惑し、絶望的となった。ニュールンベルグで、科学的助言者として前代未聞の陰謀に対して抗議する私の努力はあざけりの反応で答えられるだろう。2 重に秘匿された'会議'の内容について、私は沈黙を義務づけられた」［118］。アショフもまた深く傷付き、後日ラインの息子、ハンス・ライン（Hans Rein）博士との会話で明らかにしたように、その様な研究プロジェクトが軍指令で行われることに苦悩した［119］。

ヒルデ・ユング

彼らは、1941 年 3 月 31 日、シュバルツバルトのフェルドベルクで知り合った。ユルゲン・アショフ（28 歳）は熱心なスキーヤーで、女性達を愛した。ヒルデ・ユングは 22 歳、

かわいらしく、快活で、新鮮であった。彼らは生涯離れることはなかった。

ヒルデは1918年7月18日、アルゴイのゾントホーフェンで生まれた。彼女は、ラインランド・ファルツのズートランド、ピルマゼンスで育った。両親はオスカー・アドルフ・ユング（Oskar Adolf Jung）（1885年3月10日ピルマゼンス生、1955年3月18日死亡）とエリーゼ・フランシスカ・ユング（Elise Franziska Jung）、ヴェールバイン家出身（1987年11月30日ピルマゼンス生、1975年10月26日バード・ドーセンで死亡）。彼らについて、あまり知られていない。ユングはピルマゼンスの商人の家系で、彼の妻エリーはワイン街道のノイシュタット出身である。この夫婦の素敵な写真が残っている。オスカーは活動的で、心の広い人物であったという。彼は、自動車、飛行機、乗馬、スキーが好きだった。また乗馬愛好家で、1926年、ピルマゼンス c.V. 乗馬協会の共同設立者であった。彼は成功した経営者で、第1次世界大戦後ピルマゼンスで兄のロベルトと共に、まず石炭、燃料油、燃料ガス、そしてなにより自動車の取引で1929年までに一大商業帝国を作りあげた。その後さらに、駅のホテルも経営した。当時、ピルマゼンス市はドイツの靴製造の中心地であった。次のような標語がある。「靴は我々を偉大にした。だから靴や靴職人を侮るな」。都市は急速に発展し、ユングはその経済的発展に貢献した。「靴の首都」の地位は低賃金によって維持されたが、1970年代になって南ヨーロッパや東アジアとの経済戦争の結果、その地位を失った。ただし、ユング車庫は今でもピルマゼンスの大企業である。

ユング夫妻には3人の子供がいた。ジークフリード（Siegfried）（1940年6月6日、戦死）、ヒルデ、ゲルトルート（Gertrud）（1920年8月生）。母親エリー（エリーゼ）は後年「ウラルテ（超お婆）」と呼ばれ、よく子供の成長を日記に記録していた。それによって、ヒルデの幼い時の性格について多くを知ることができる。1923年11月の日記、「それはノートバイラ[26]での事。ヒルデは自分の冒険談を、何時も寝る前に自分自身に話していた。"ジークフリード、あたった。悪い人は死んだら悪魔になる？ 'そう'。行儀の良い人は天使に？ 'そう'。だったら、私1度悪魔になる、ゲルトルートはきっと悪魔になる"」[120]。

ヒルデはそこで、とても快活で活動的な女性に成長した。ユーモアがあり、自分の考えや理念をもち、物おじしない。彼女は青年時代を相反する感情で過した。彼女は父親がとても好きだったが、多くの仕事を抱えていて、彼女のための時間はほとんどなかった。母親の顔は何時も妹のゲルトルートに向いていた［121］。ゲルトルートは小児麻痺で身体的に不自由だったので、母親の愛を多く受けたと思われる。ヒルデは小学校を修了すると、全寮制のパウロ神学校に入学した。そして1933年、ウルムとアウグスブルグの間にあるブルテンバッハの女子のための寄宿学校、シェルトリンハウスに入った。そこで素晴らしい近代的な教育を受け、それが彼女の人格の大きな基となった。1936年4月、彼女は女子高等学校の修了試験に合格した。卒業証書には次のように賞賛の言葉があった。「気高い性格と大きな自信」。

その後、さらなる成長のための一連の教育が行なわれた。シュレスヴィッヒ・ホルシュタインにあるホッフ・ニホームで1年過ごした後、彼女は1938年4月から1939年3月まで、シュレスヴィッヒ・ホルシュタインと同様、レンドスブルグの植民女子学校に通った。第1次世界大戦でほとんどの植民地を失った後、ドイツでは若者たちに将来の植民地に興味をもたせるため、若者の養成に関心が高まり、熱心であった［122］。そのために、1926年ごろレンドスブルグ学校が作られた。ヒルデはそこで料理、貯蔵法、屠殺法、洗濯とアイロンがけ、庭仕事、家畜飼育法、乳製品製造、チーズ製造、病院業務、看護法、熱帯衛生、タイプライターなどを習った。彼女はほとんど総ての科目を「可」または「良」の成績で修了した。その後、1939年にはひと夏、姉妹都市のデュッセルドルフの赤十字で看護助手として働いた。1940年の前半の半年、彼女はミュンヘンのルドルフ・サベル私立商業学校でタイプライターを学び、1分間で135字打つことが出来るようになり、速記では1分間に120字を書いた。1941年の春、彼女はゲルトルートと一緒にグラフェンマッテに登った。後年、ドイツ少女連盟に召集されないようにと［123］、父親オスカーが姉妹をそこに隠したという出来事があった。ユルゲン・アショフに出会ったとき、彼女はすでにドイツ国内の多くの町を見て、多くのことを学び、また非常の多くの本を読んでいた。この2人の人物に、少しの憂慮も感じさせない印象的な文通が始まった。

　3人の娘、ヒルデ、彼女の妹'トルーデル'、そして彼女らの友達インゲはフェルドベルグのホテル、ヘーベルホフで出会ったあと、ユルゲンはすぐに贈り物の詩を用意した。彼ははがきにお礼を書いた。

　　親愛なる山小屋のナンキンムシさん　お元気ですか
　　背もたれの椅子／褐色の肌／神への冒涜／天気
　　きっと不快に感じたでしょう、いつも
　　私たちのことを考えると
　　どれほど心地よい日があったでしょうか
　　雨の多い谷間で過ごした時
　　奥にある机に向かって考える
　　もう1度会える時が来るだろうかと
　　ああ、是非そうであって欲しい
　　まずは手紙で
　　わずかしか伝わらないが
　　だから、もう1度、短い出会いを［124］

ヒルデは彼に夢中であった。そして思いはユルゲンも同じであった。2人の間の活発な

図 3-4　ヒルデ・ユングとユルゲン・アショフ　1941 年

　文通は、最初は慎重であったが、1 週間もすると本物の恋文となった。文通は頻繁であった。1941 年 4 月 1 日から 1942 年 6 月 27 日までの間に、ユルゲンから 119 通、ヒルデから 117 通の手紙が送られた。彼女は愉快でユーモアに溢れた文章を書き、彼からはしばしば詩が送られてきた。「親愛なるひび割れ筋肉さん」、「親愛なるひび割れさん」、「親愛なる飾りリボンさん」、「親愛なるリボンさん」、「私の親愛なる子」、「とってもすてきなやつ」、「強いバラの調教師」、「誠実なヴィルフェルミーネ」、「最高のヴィリー」、または「親愛なるご婦人」。彼女はユルゲンを、「ジョギング狂」、「親愛なるお医者様」、「親愛なる紳士殿」、「親愛なるシュッペ（うろこ）」、あるいはまったく「嫌な人」。

　ユルゲンはゲッチンゲンに戻らなければならなかった。ヒルデはしばらくの間、妹とシュバルツバルトに残った。5 月の始め、彼女とゲルトルートはミュンヘンに向かい、そこでトルーデルは磁気療法士の治療を受けた。姉妹はイングリッシュガルテンとニンフンブルグの間、シュバービングのカール・テオドール通にある某男爵夫人のアトリエの「奇妙な家」に住んだ。ヒルデはトルーデルを車椅子に乗せて町中を押して回った。母親のエリーは磁気治療師を信じていた。ヒルデはそれを地方特有のものと見ていた。彼女は書いている。「魔法使が不思議な家に住んでいる。（私には総てが巡礼の旅のようにみえる）。そこには不気味な'患者'が少なくとも 30 名はいる。何時もばかばかしいと思うが、魔法使いのように両手をトルーデルの上に置く（そんなに簡単なら私も 1 度やってみたかった）。部屋には大きな本棚があって、私はそれをゆっくりと眺めることができた。どんな本が棚にあるかで持ち主を評価する。いつも私は動かず、車を走らせない。だから魔法使

いはタクシーでやって来て、魔法をかけなければならない。奇妙なことに、この人達はみんな不愉快なひげを生やしている」[125]。ユルゲンは折り返し、小児麻痺患者のために考案された体躁の方がもっとよく効くと答えた。「私自身は基礎医学者なので経験はないが、疑似医療では疑似的にしか治らない。'磁気治療'はその種の病気を、評判や催眠あるいは他の手品師的な感化で治そうとするが、効果的な治療である根拠は何もない。90%はペテンで、10%はおそらく事実ではなく、良くて信仰であろう。あなたのちょび髭の男に対する対応はまったく正しい。直感的に思う怪しさは、いつも最も信用できる」[126]。

多くの文通を通じて、長いこと会うことがなくても愛は育った。ヒルデは煙草を吸い、ユルゲンはパイプを好んだ。5月の終わりに、彼女は一定期間、7月1日まで禁煙することにした。「もし煙草を吸ったら、その度電報が届くでしょう」[127]。ユルゲンはその時彼女を励まし、詩を送った。

共通の決断

あなたが止めようとすることは、私も止めよう
あなたがしようとすることは、私もしよう
2人が調和するように
外でも内でも
あなたが決心したことは
私の義務となる
なそうと思えばなる
あなたから離れることはない
あなたが手紙をくれたから
私は今日から煙草を吸わない
私も同じ決まりに従おう
私にとっても同じように
それは辛いことかもしれない
確かに、10のパイプが私を誘惑するが
私のパイプの切り口に
誰が手を伸ばそうとするのか？
だからあなたにお願いしたい、優しくして欲しい
いつまでも私たちを責めないで欲しい
たとえ断念したとしても
衝動的に強い誓いを立てる

愛はたばこを克服すると［128］

2週間も経たないのに、ヒルデから電報が届いた。彼は答えた。

どこの誰が、どの山の峰から
この電報を私に投げつけたのか
私のワッペンのために
喜んで身を引き締めよう

契約にはなにが書かれていた
原則はどこにある
この会議から
結論を導こう
私がどんな気分だったか
この失敗は些細なことだと
それによる収穫は
いま一服のパイプを楽しむこと［129］

　電報を受け取ってから、明るい手紙を書いた。というのは、彼がちょうどゲッチンゲンの学生集会で、喫煙を1カ月間止めることは如何に治療に有益かを説明していたからである。最後に、交換韻を含む詩が書かれていた。

私も悪あがきで苦しむとしたら
満たされる望み
あなたが喫煙者の世話をするように
私にパイプの気配がしたら
私は楽しみを捨て去るだろう［129］

ユルゲンはこの言葉遊びが好きだった。彼はすでに早くから喘いでいた。

私は以前ヒルデに写真を求めた
どんな時でも私はそれを手放さないと
だけど今、差し迫って物哀しく訊ねる
写真から何が得られるかと

しかし、しばしば慎重さが先行する。6月10/11日、彼は長い手紙に、将来についてよくよく書いた。「1．そもそも私は結婚するかどうか？　2．もし結婚するとしたら、それはいつか？　3．そもそもどの水準で私は安定できるか？」[130]。愛は職業倫理感と対立した。「…丁度何かを書かなければならないと思っていた。仕事を優先する、最低限は優先させなければならない、いつもそしてなによりも。どんな女性も（残念なことにしばしばそうでないこともある）、仕事や職業と優劣を争うほど重要ではない。怠惰な時間がある、そこでは詩を作ることしかできない、そして心地よさ以外の何物でもない、次にあなたを腕に抱くだろう、あなたがどうなるか、あなたは知らないこと。しかし、もし仕事が私を縛り付け、準備されていることを為さなければならないとしたら、娘は、あたかも車いすで、安らぐことも、音を立てることもなく、寡黙のなかに消え去ってしまうだろう。その時、私はすごく不機嫌となり、騎士道の振る舞いが出来なくなるだろう」[130]。

　しかし、どちらの職業？　事実ユルゲンは、生理学者になるか詩人になるかまだ迷っていた。「いずれにしろ、ある程度の心の準備ができるまで、まだ数年はかかるだろう。たとえていえば言えば（それ以上言えないから）路上の車をある方向に向かわせる。その為に、例えば2つの事が関係してくる。（申し訳ないが、今日は私の都合のみで、計画表のように述べている。しかし、もし私がすでに路上にいるなら、あなたはたった今'告解'を聞かなければならない。私がそれを誰かに託すことはないことを）。2つの事とは、

1．職業については、自分の能力を知っていなければならない、つまり、現実に科学者として仕事をし、大学で教授資格試験を受ける。
2．次は難しいところだ。私が教授に成れないことを認めて、私の独自性に基づき、'私自身'になりたい。つまり詩人」[130]。

　1941年6月の終わり、彼らは遂にミュンヘンで再会した。長い夏の日を、彼らは共に過ごした。イングリッシュガルテン、シュライスハイム、男爵夫人のアトリエ、レオポルド通、そこで日の出を見た。「売られた花嫁」を楽しみ、オデオンでダンスをした。週末が終わって交わされた手紙で、互いが益々好きになったことが明らかで、確実になった。

　7月23日、ユルゲンはより長い間、ミュンヘンで過ごした。7月と9月は、後で述べるように、ユルゲンには学生指導があった。8月は休暇で、ヒルデとは毎日会った。彼らは自転車旅行をして、ネベルではロファンのバイロイト小屋まで山登り、レーゲンではオーベルアンマンガウのピュルシュリングに登った。彼らは仕掛け人形の劇場を訪れ、ブルネンホフのコンサートに行き、'ボヘミアン'を観て、ドイツ博物館を見学した、などなど。2人は'ぞっとするほど多くの'お金を使った。しかし、彼らの絆は終に結ばれた。トルーデルは密かに彼らを'婚約'させた[131]。9月の始め、ユルゲンはゲッチンゲンに戻った。'ベンジャミン'、ヒルデとトルーデルは父親オスカー・ユング、3人兄弟の末っ子をそう呼

んでいたが、父親が娘らを呼び寄せて、ピルマゼンスに帰らせた。27日、ヒルデは書いている。「私たちは今日早く、10時30分頃（濃い霧の中）出発しました。11時ごろ太陽が顔を出し、素晴らしかった。私達は旅行を楽しみました。夏と秋の移り変わりの、色や香りの総てが素晴らしかった。11月になったら直ぐに消えてしまう。私は何時も11月が不安で、この月には総てが凍りついてしまうように思えます。旅行は実際想像できないほど、特に南ファルツでは（ノートバイラは最高だった）。今、目を開けてみれば、私の前に特に気にいっている木が見えます。それが立っているころに、あなたを正確に連れていくことができます」[132]。1週間後、ヒルデはユルゲンをそこに案内した。彼は不意の雷のようにピルマゼンスを訪ねた。彼女は、初めてユルゲンを両親の家（タイヒ通16）に連れて行き、10月4日にはノートバイラの魅惑的な別荘に案内した。

　ヒルデは、その間以前学んだレンドスブルグの植民女学校から助手の職を提示された。家にはこれ以上居られなかったので、自分の目的に従ってその申し出を受けた。「たとえ仕事がそう簡単なことではないとしても、うれしかった。すべてが思い通りに行くなら、25日の土曜にはゲッチンゲンに行き、おそらく日曜日の早朝までは滞在できます。私達は結婚したのではなくまだ婚約中なので、Gにそれ以上滞在するのは良くないだろうと、よくよく考えて決めました」[133]。11月1日、彼女はレンドスブルグで仕事を始めた。彼女は一種の「家畜の世話人」で、家畜小屋の掃除をした。彼女は馬のマックスと伴にニンジンと魚を町に取りに行った。「仕事はとても苦痛でしたが、ここでは単純に割り切って何事も深刻に考えないようにしました。せいぜい寒さのことだけ」[134]。ゲッチンゲンに宛てた手紙に、彼女はホルシュタインの寒さの中で経験したことを何でも書いた。

　その間、ユルゲンは次第に学生組合の仕事に係るようになっていった。「丁度、戦友会館から出てきた時のことです。そこで、1学期の'学生の夕べ'が開かれていました。それは、学生生活についてのなにがしを説明するためのものです。私は路上で簡単な話をしなければならず、45分間、文化的体験とその際の個々の活動の意義について'勉学－人格形成'の例（抒情詩、演劇、実演と説明）をあげて話しました。それは全く悪くなかった。しかし、私の話はあるべき姿から如何にかけ離れていたか。私は何時も、拍手喝采や高い評判で自分が認められることを直ぐに求めた。この翼に支えられてのみ、私はさらに進む。しかし、その後片目で目くばせする者は、何の役にも立たない」[135]。

　ヒルデは良い評価を求めなかった。しかしレンドスブルグでは不幸で、クリスマスには家に帰りたかった。12月8日、母親はそこに留まるべきだと彼女に手紙を書いた、「旅は無用な労苦です」。母親は、ヒルデが旅でお金を無駄使いすることが無いように考えた。しかし翌日、父親から手紙が届いた。ヒルデは家に戻って来なさい。しかし、母親はそれを良く思っていなかった[136]。1週間後、彼女はゲッチンゲンを通り越して家に向かう途中であった。疲れて、今後どうなるのか不安であった。彼女はユルゲンに知らせてな

図3-5　婚約

かった。彼はクリスマスの晩に彼女に電話し、結婚して欲しいと申し込んだ。彼女に予定が無いならば、できるだけ早く結婚式をあげたかった。「分別ある人々の意見に従って、教授資格試験の様に不確定なことのために結婚を待つのは馬鹿げている。経済的にみて、私たち2人が飢える状態ではないことは充分に知っている（それだけは完全にやり遂げることができる）。そして何かまだ結婚することを妨げるものがあるなら、おそらく10年経ってもそれは変わらないだろう。あなたが結婚について考えてくれることだけを願っている。今日この事について、父に理解してもらうつもりだ」[137]。大晦日に、ピルマゼンスで正式の婚約が取り交わされ、翌日オスカーとエリー・ユングによって公表された。

　文通はつまらないものになった。しなければならないことが山ほどあった。住宅、家具、結婚支度（簡単ではない。店々ではあくびがでるほどの空虚さにおそわれた）、滞在証明書や未婚証明書、無犯罪証明書などの書類手続き、（国家社会主義労働者）党への入会証明書、出生証明書、血統証明書。ヒルデの叔父であるカール（Karl）が未来の夫婦の生計を心配した。「実際、控えめな生活設計も考えていない。私は前例に従って、まず350マルクで（そんな大金を結婚後得た）、その都度の援助なしに試みてみる。この際、あなたの考えをはっきり書いて欲しい。私達のぞんざいな、またおおらかな性格で、容易でないことにならないように。思うに快適な椅子に座ったり（ベットに寝たり）する前に、まず生計を立てることが出来るという証拠を出さなければならない」[138]。

　すべてが始まる前に、ヒルデはもう1度妹の「医学的」治療に付き合わなければならなかった。母親は、今度はクロット・バード・デュルハイムの医師、「照射療法」を行うクライザー（Kleiser）博士を探し出してきた。ヒルデは彼の方法を、驚きをもって記載している。「照射療法は気違いじみている。クライザー博士の問診室の前に、不気味な部屋があることをしっかりと見た。この部屋は暗く、その前室で約15名の女性と少女（トルーデ

も）が次々と服を脱いでいたが、その中には2人の小さな半身麻痺の少女がいた。照射療法室に通ずる扉は閉まったままである。続いて、その中で「火のほうき」がじゅうじゅうと音を立てているのが聞こえる。（それはあたかもカトリック教会の聖水を人々に振りかける羽箒のようで、あらゆる色の光線が出ていた）。私はトルーデルを最初に部屋の中に連れていったが、部屋は真っ暗であった（ゴム状の台の上にクライザー博士が火の箒をもって立っていて、彼の顔がまさに愉快そうなのを見た。私もだまされそうになる）。次に、トルーデルが前に進み、博士は彼女に箒を振り注いだ。すると四肢が狂ったように痙攣し、真っ白となった。私はそれをみて不愉快に思った。トルーデルが奥の方に行くと、すぐにトルーデルの後ろで列をつくって待っていた女性達が総て入って来た。痙攣する白い腕の群れと火をふりまく音が聞こえるのみであった。次に、別のコーナーで別の光線が見えた。汗か何かわからない、いやな臭いが漂った（照射療法を受けた者は夜に身体を洗ってはいけないし、日なたに出てもいけない）。彼女らには赤いあざができ、かなり痛いものであったことが想像できる。トルーデルはまるで長いこと我慢していたように青ざめ、神経質になって、その後よく眠れなくなった。私は痛く同情した …」[139]。

2人の住居探しは長いこと不調であった。ヒルデが4月末に2週間ゲッチンゲンに滞在したとき、彼らは友人'熟慮する人'の助けを借りて、6つの部屋がある家をウィルヘルム・ヴェーバー通20番地に見つけた。それは、1室を他人に貸し出すに充分な大きさの家であったが、男性1人が使えてせいぜいであった。ヒルデは、「この種の人たちは相変わらず女性に比べて詮索好きで、いつも洗濯や料理をするでしょう」[140]。1カ月もの長い時間をかけて、家が塗装され、漆喰が塗られ、流し台が取りつけられ、他の基礎的な補修がなされた。夫婦はお互いの希望に沿わない家には引っ越すことはできない。ベンジャミンの大きな手助けで、1カ月で総てが整った。

結婚式が1942年6月27日の土曜日に決められた。父親のルードウィヒは76歳で、1週間前から肺炎を患い、結婚式のためにピルマゼンスに行けるような健康状態ではなかった。母親のクララもその結婚式に参加することは出来なかった。そこで、ヒルデとユルゲンはピルマゼンスではなくフライブルグで結婚式をあげることにした。ヒルデの両親はそのことを直ぐに理解した。しかし、父親アショフの状態は急速に悪くなり、結婚式の3日前、6月24日に死んだ。もちろん、結婚式を延期することも考慮されたが、ルードウィヒは、自分の命に係らず結婚式を計画通りに行うことを希望していた。彼の希望は絶対であり、皆はそれに従った。木曜日に、家族はユルゲンと一緒にピルマゼンスからやって来た。金曜日に、ルードウィヒを中央墓地に埋葬した。エヴァンゲリ派の福音教会の牧師で、フライブルグの主席であるルードウィヒの義理の息子フリッツ・ホルヒが葬儀を執り行なった。素晴らしかったとヒルデは思った[141]。彼が何を話したかは、知ることは出来ない。ただ我々が知っているのは、フライブルグ近辺のホルヒの同僚達は[142]、国家社会主義

図 3-6　結婚　ヒルデ、ユルゲン、ゲルトルート、1942 年 6 月 27 日

への疑問をあえて述べる数少ないグループの1つであった。

　6月27日の金曜日、戸籍上の婚姻届に引き続き教会の婚姻届が出された。一行は墓地の中の新しい墓を通りすぎて、家まで歩いて行った。食事はエッシェンホフで行なわれた。午後4時頃、ユルゲンとヒルデはボーデン湖のウンターウールディンゲンに旅立ち、そこで長いこと憧れていた新婚旅行を過ごした。その後、彼らはゲッチンゲンのウィルヘルム・ヴェーバー通20番にある家に移った。

政治

　1941年6月末、ユルゲンが短期間ミュンヘンに滞在していたとき、6月22日の日曜日にヒットラーがソ連邦への攻撃を開始した。ユルゲンの初めての訪問でヒルデは喜んでいたが、1941年のクリスマスに彼女は最初の年の思い出を書いている。「これは最も厭なこと、こんな厭なことはあってはならない。ただ、私はまったく別の世界に住んでいる。そこには1人の男性、あなたしかいない」[131]。彼女は戦争を嫌っていた。彼女は早くから「言葉に表せないほど悲しい昨年」(1940) を遺憾に思っていた [125]。その間、ユルゲン・アショフはすでに事態に適応していた。彼は学生指導の任務を引き受けていて、ゲッチンゲンの「観劇友好会」の代表であった。それは彼に公的な登場の機会を与えた。「今日、私は劇(フィガロ)で再び重要な役と'友好会の代表'を務めなければならない。ガウライター婦人と上手に演じ、'重要な役' をこなさなければならない。あなたがこの様な私を気に入っていない事をすでに知っている」[143]。1組の恋人が、社会的なそして政治的な立場を手紙で明らかにすることを避けている印象がある。確かに彼らの立場は異なっていた。ヒルデは、彼女を知っている者は皆述べていたように、国家社会主義の目的を最初から嫌っていた。

ユルゲンはおそらく、組織と対立するよりも、組織と自由な関係を作ることの方がより良いと考えていたにちがいない。それにも関わらず、彼は党には入らなかった。それは彼には遠すぎた。しかし、彼は 1942 年 12 月、ついに NS 講師連盟に加盟した。彼は、国家社会主義とドイツ国との違いを探そうと務めた。彼は国家社会主義を拒絶していたが、ドイツが指導するかぎり、ヨーロッパの軍事的統一に対して異論はなかった。おそらく、父親の愛国主義的な影響と経験がある役割を演じたのだろう。1941 年から 1942 年の間にヒルデと交わした多くの手紙で、彼自身で自分の立場を述べたのは 1942 年 4 月 20 日の 1 通のみであった「私は昨晩、また力強く、熱く議論した。SS 文化（ランペ（Lampe）[27] による）を如何にして拒否できるか、また同時に如何にしてその総てを弁護できるかについて、人々は何も理解していない。そしてドイツとヨーロッパの歴史的発展から、多くの人は些細な事しか感じ取れていない。益々強く団結しつつある民族がさらに前進するためには、組織的連携が必要であることは云うまでもない。1866 年は多くのオーストリア人にとって'ドイツ国家'の概念が憎しみから最も憎むべきものに変ったかも知れない。たとえビスマルクを罵倒すべきと考えても、新しい国家がどの様にして自然とまとまってくるか、短期間で気づくことはほとんどない。この国家にとっての条件は、苦労して時には強制的に小国家群から北ドイツ関税同盟を凌ぐほどに成長することであった。正に、ヨーロッパ関税同盟が成立し、そしてそこからさらに統一的な組織体が現れるだろう。我々世代の多くが、ヨーロッパに国境が無くなると想像できなかった事を、孫達は嘲笑するだろう。ルードウィヒ・アショフが 2000 年にクレタ島に飛んだとき、歴史的な地域の国境を気にするだろうか」[144]。彼がある意味では正しかったことが、今では明らかになっている。ただ、彼の念頭にあった関税なしのヨーロッパは、犯罪的な政治体制による軍事圧力のもとで実現されるものではなく、また今日ヨーロッパに国境を築いたのは高地ドイツの方言でもない。その理念は国家社会主義的国家や党から切り離すことが出来るだろうし、その多くを彼の政治的未熟さに帰することができるだろう。ユルゲンは、戦争の最中に再度積極的な戦争加担者として志願しようとしたことがあった。1943 年の夏、生まれたばかりのザビーネ（Sabine）、最初の子供、を祝福するために、ライン一家が訪ねて来た。彼らは贈り物として揺り椅子を持参し、そして若い父親のためにナチに禁止されているベルサ・フォン・ストナー（Bertha von Suttner）[28] の 1889 年度版の本「武器を捨てよ（Die Waffen nieder）」を持って来た [145, 146]。その本を読んで、ユルゲンは最終的に積極的な戦争加担者の罠から逃れることが出来た [146]。

ユルゲンは、国家社会主義のイデオロギーには何の共感も持っていなかった。彼はこの支配体制の中で独自の信念を持とうとしていた。その 1 つの例が、1941 年 9 月、ミュンヘンの帝国学生指導部へ出向いたこと、おそらくその指導者であるグスタフ・アドルフ・シール[29] と知り合いになるためだったと思われる。7 月 18 日、ユルゲンは予備的協議のため

に、ハレのアルフレッド・デーテリング（Alfred Detering）を訪ねた［147］。彼は、1941年（学生の）「政治的教育」の仕事で、シールに指導を受けていた。アショフがシールと何を協議したかは不明である。しかしその後彼は、7月末と9月初頭にミュンヘンの帝国学生指導部を訪ねている。そこで彼は、高等教育政策の改革、特に理論物理学が関係する事件について、「擁護者（Playdoyer）」を務めた。その為、事前にミュンヘンの指導的なクラウス・クルシウス（Klaus Clusius）教授[30]と当時すでに退職していたアーノルド・ゾンマーフェルド（Arnold Sommerfeld）教授[31]を訪れるなど、綿密な準備をしていた。アショフは、ウィルヘルム・ミュラー（Wilhelm Müller）やヒューゴ・ディングラー（Hugo Dingler）などの科学者を支持しないように頼んだ。彼らの様な、いわゆる'ドイツ（アーリア）物理学'を支持する者達は、量子力学や相対性理論などの近代理論物理学の知識を'ユダヤ物理学'として認めていない。ミュラーは、有名な理論家ゾンマーフェルドの講座主任教授に、学部の総ての推薦に反して、不当にも招聘された。アショフは明確に述べている。「ミュラー教授は、例えばプランクやハイゼンベルグの様に卓越したドイツ物理学者を… 前代未聞のやり方で攻撃し、罵った。学生たちは、ミュラー教授がミュンヘンの講座の主任教授に招聘されるまでは、物理学、科学の世界ではほとんど知られていなかったことをよく知っている …。主任教授に求められる学生への講義は何学期も行なわれなかった」［148］。ミュラーは、ヒューゴ・ディングラーを中心とした国家社会主義に共鳴する科学者の一団「ディングラーグループ」に属しており、その政治的信念によって主任教授に招聘されたのである。アショフはディングラーも攻撃した。「… 彼はミュラー教授の、いわゆる'ユダヤ物理学'に対する容赦ない攻撃ほどではないが … これらの人達を公に支持することは、ドイツ学生の真の指導にとって無意味である」。彼は自分の政治的主張を様々な方法で詳細に述べた［148］。その際、個人的に得た情報によって、クラウスやゾンマーフェルドを強く支持した。戦後、2人はアショフの'アーリア物理学'に対する毅然とした態度を証明する証言をした［149, 150］。アショフの努力は実を結ばなかった。ミュラーとディングラーは2人ともミュンヘン大学に残って、1945年戦争終結でその任務が解除されるまで勤務した。アショフの息子であるクリストフが後に語っている。この種の「イデオロギー科学」は、型にはまった思考に挑戦することを好み、奇異で、荒唐無稽とも思われる考えを最も大事にする父には、まったく未知のものだった［48］。

　ユルゲン・アショフはなおも別の方法で、学生団体に自由主義的な路線を敷き、ナチ文化に対抗出来る反対勢力を作ろうと努力した。彼は、それを1人で行った。「終日、また厭な政治の事だけを考え、高等教育と学術の本質について論文を書いて、興奮していた。それ以外のことには関心がなかった。私はひどく孤独である、ジッフェル」と彼はヒルデに書いた［151］。

　彼は定期的に話の夕べを催し、国家社会主義に親近感をもたない話題提供者を招いた。

彼の所には客として錚々たる顔ぶれが訪れている。ミュンヘンの著述家であり出版者であるエルンスト・ハイメラン（Ernst Heimeran）、1932 年のノーベル賞受賞者であるベルナー・ハイゼンベルグ（Werner Heisenberg）、彼は本来、学位論文指導者であるゾンマーフェルドの後任としてミュンヘン大学の主任教授になるべき人であったが、彼の「非アーリア的物理学」のため国家社会主義者から攻撃を受け、その地位に就くことはできなかった。そしてハインツ・ケーン（Heinz Köhn）、エッセンの民族博物館の館長。彼は、今は引退している国家社会主義者で、収集品の大部分を「退廃芸術」として外国に売り払ったバウディシン（Baudissin）の後継者で、1938 年に館長となった。ケーンは、収集品がそれ以上失われるのを防ぐとともに、戦後は博物館の再建に大変努力した。1941 年 6 月 16 日、ユルゲンの客としてベルンハルト・バヴィンク（Bernhard Bavink）が講演した。彼はビーレフェルドの自然哲学者で、科学的真実は発見者の血統や国籍に寄らないこと、またそれ故にアーリア物理学とかユダヤ物理学などの区別はないことを強調した。

アショフの招待に応じて、エルンスト・ペンゾルツ（Ernst Penzolds）も（1941 年 7 月 7 日）やって来た。彼はミュンヘンの著述家で、ハイメラン（Heimeran）の友人でかつ義兄弟でもあった。ペンゾルツは、あるプチブル的小国家に居座ったアナーキスト家族のひどく滑稽な物語「ポベンツ同盟」[152]の作者である。アショフはこの同盟の熱狂的な支持者であった。1941 年の降誕祭に、彼はミュンヘンに行くことができなかったので、その代わりヒルデに「ポベンツ同盟」を送った。「ポベンツのすごい物語は単なる悪ふざけではなく、部分的には真に考察すべき事柄を含んでいる。その背後にあるのは人生の謳歌だ。老バルツス・ポベンツが何時までも無駄に繰り返して話しているのではない。'すばらしい、すばらしい' と。ポベンツはここで感情を高ぶらせた。我々は集まって、すべての者のための同盟を作り、'ポベンツ主義者' を祝福する。その次にはまだ多くのものが現れて来る。もしポベンツ主義的な考えができるなら、つまり全人生を心の地に置くことができるなら、大声で叫びなさい。この作家は（彼と文通している）実際心がいっぱいに詰まっている」[153]。ヒルデはポベンツ同盟を素晴らしいと思い、トルーデルも熱中した。ペンゾルツは彼女のすぐ近くに住んでいて、1941 年 7 月 15 日と 31 日のアトリエ祭に彼女らを訪ねている。ポベンツは、ユルゲンとヒルデにとって相互理解の基礎となった。

　何でもあれやこれや考え悩んで
　人生をつまらないものにするな
　考え過ぎると混乱するだけ
　人は真っ直ぐに生きる

「1 編の単純なポベンツの歌が、今ここで学生達が歌っている。我々もまさにここを出て

生きようではないか、あなたは私と生きるか？」[130]。ユルゲンはしばしば「ポベンツ万歳」と署名した。結婚式の時、彼はポベンツ式の招待をした。そこには「夫婦に幸あれ」とすでに返事が書かれていた。

ペンゾルツの本に出てきた名前はアショフの人生に深く入り込んだ。彼らの最初の子供は1943年6月20日に生まれ、サビーネと名付けたが、その名はバルツス・ポベンツの妻に因んだものである。後に孫の1人がリリス（Lilith）と言ったが、ポベンツの美しい娘の名と同じである。戦後、ユルゲンがゲッチンゲン大学新聞の編集を手伝った時、彼はしばしばペンネームとしてファビアン・シュッペを使った。ファビアン「豆の栽培に取り組む人」はバルツス・ポベンツの2番目の息子の物語である。シュッペはヒルデの愛称となり、そしてしばしばシュッペ化された訴えがユルゲンに戻って来た。後に、ユルゲンはポベンツ同盟を立ち上げた。1942年から1945年にかけてゲッチンゲンのライン研究所で学位論文を仕上げたフリッツ・ハルトマン（Fritz Hartmann）教授が、1994年に思い出話を書いている。「その当時、研究所の何人かの同僚は抵抗派に近かった。誰かが、私はユルゲン・アショフだと思うが、エルンスト・ペンゾルツの「ポベンツ同盟」の物語を研究所に広めた。それに対立したのがシュバイツアーの客員助手であるSSのマックス・シュナイダー（Max Schneider）だった」[94]。男爵夫人の家でも、ユルゲンとヒルデは国家社会主義に反対する「抵抗派」と見なされていた、と後に息子のロデリッヒ（Roderich）は証言している（[34],108頁）。

教授資格試験

新しい家に移ってからは、研究がユルゲン・アショフにとって最重要事項となった。詩人ではなく、彼は生理学者にならなければならない。主たる目標は、さしあたり教授資格試験である。彼の研究プロジェクトは体温調節に絞られた。そのテーマはもともと助手の頃にヘルマン・ラインに与えられたものであった。彼は成果を挙げた。戦時中の彼の研究は総て14編の論文として、人体と動物の総合的生理学に関する雑誌、プリューガー・アーカイブ（Phlüger Archiv）に載った。1940年（1篇）、1943年（1篇）、1944年（8篇）、1947年（4編）。1942年は欠けている。その理由は、彼には他にすることがあったからである、ヒルデ。これら一連の研究論文、実験測定と理論的な概念の展開は、本格的な研究の基礎となるもので、体温調節の理解に決定的な影響を与えた。

アショフは、最初の年にラインの何人かの共同研究者と共に、空気中の水素濃度を測定する方法を開発した。彼は、ラインが自身で開発した方法よりも速く測定することに成功した[154]。その後彼は、共同著者達の手を借りずに、もっぱら体温調節に集中した。1943年の論文で、彼は温度を上げていくと露出された犬の動脈の直径が減少すること、その結果血流量が減少することを明らかにした[155]。血流量に対する温度の純粋に物理的

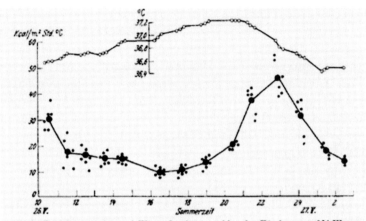

図 3-7　直腸温と手の熱放散（165 より）

な効果は、体温調節機構を理解するために重要である。次いで 2 つの論文、「体温調節の基礎研究」が書かれた。アショフは流量カロリメーターを開発し、それを用いて流入あるいは流出する液体の温度を調節し、液体への熱伝導を持続的に測定した［156］。彼は、冷水に浸した自身の手の熱伝導を、ガラスで作った模倣の手の熱伝達と比較した。測定は極めて正確で、熱が失われた際に体温調節がどの程度働くのかを正しく決めることができた。これで本物の手は模倣の手より強い血流が生じ、温度をより早く伝達することが判った。また手をパラフィン膜で覆って隔離することで、熱伝達への効果を定量的に測定した［157］。

　引き続き、座った状態の被験者を対象に、手と鼻粘膜の皮膚温の自然で緩徐な変化が測定された［158］。さらなる実験で、両手を冷たい水（13℃）に浸した時、人の深部体温の上昇が観察された［159］。直腸温と顔の皮膚温の変動から、血管収縮（血管の径が細くなること）により手からの熱放散が減少し、それによって体の中核温度が上昇することが判った。しかし、冷水（10℃以下）にしばらく手を漬けておくと、約 30 分で血管収縮から血管拡張（血管の径が広がること）に変り、また熱交換が増大する［116, 160］。さらに 2 編の論文で、アショフはこの予想に反した手の血管拡張は全身の循環調節に関係していることを示した［161, 162］。血管が収縮している間は血圧や心拍数が上昇し、血管が拡張すると低下した。体温と血液循環の調節における四肢の役割についての、重要な一連の生理学論文である。それによって、アショフは教授資格試験に必要な条件を満たした。1944 年 11 月 2 日、彼は論文「物理的温度調節の基礎 — 人の熱収支に関する個々の表在部位の様々な意義についての特別な考察」［163］をもって、ゲッチンゲン大学で教授資格試験を受けた。

図 3-8 ヴェンデルシュタイン山頂の放物線状のコンクリート製反射鏡

　その事は、退職を意味するものではない。1944年、10月27日から12月5日にかけて、ユルゲンはさらに4つの論文をプリューガー・アーカイブに投稿した。しかしこれらの研究は、戦争のために3年後の1947年になって出版された。冷水中のモデル手の物理的熱損失をより正確に解析する方法を、彼の友人のフリードリッヒ・ケンファー（Friedrich Kämpffer）と共同で発表した。それを用いて、血管収縮の最初の10分間で減少した熱伝導が元に戻ることを見出した［164］。

　彼は熱伝導（24℃の環境温、32℃の水温）の日周期変動を初めて記述した。「直腸温の場合、物理的な体温調節は真の24時間リズムを示し、熱伝導の最高値は遅い午後、その値の大部分は約19時から23時の間にある。夜の始めの熱伝導の上昇は何がきっかけかよく判らないが、ほとんどいつも同じ時刻に起こる。その経過は睡眠には関係しない」［165］。この論文とその中の図3（図3-7参照）は、生涯にわたる感動的な生物リズム研究の始まりとなるものであった。アショフは、その曲線が後に「コンスタント・ルーチン」［166］と呼ばれる条件で正確に測定できることを始めから理解していた。被験者は覚醒を維持し、栄養補給は一定（彼の場合は食事なし）、邪魔されず静かに横になった状態で（彼の場合は座位）、熱交換の変動は行動の影響を受けることなく生じる。多くの実験で、妻のヒルデは測定機器、ガルバノメーターと手製のサーモカップの操作を手伝った［167］。

　この論文でアショフは、生理的測定の際には常に時刻を考慮しなければならないことを

初めて認識した。次の論文で、熱伝導に対する室温の影響を調べた時、彼自身が被験者となった［168］。最後に、物理的な熱調節に果たす腕と手の役割についての考察を述べている。手には静脈と動脈の分岐、「動静脈吻合」のネットワークがあり、彼は吻合が体温調節に重要な役割を持つことを発見した［169］。それは、4年間の集中した研究のまとめであり、彼が時代を遙かに先行していたことの証である。

ブラネンブルグ・アム・イン

これら一連の論文を提出した後、アショフは1944年12月4日召集され、2度目の軍役に就いた。空軍の衛生兵補充・養成部門である。若い家庭にとって大変厳しい時期であった。その間、2人の子供ができた。ザビーネは1943年6月20日生れ、クリストフ・ベルナード（Christoff Bernard）は1944年7月18日生れで、母親の26回目の誕生日に出生した。年末にヒルデはまた妊娠し、今度は双子であった。

戦争は終焉に近づいていた。ドイツの権力者は盲目的なファナチズムに侵され、人命を省みることなく、戦争を続行した。もはや勝つことはない戦争の執拗な続行を妄想して、まさに笑うべき様々な作戦が実施された。その中の1つとして、オーベルバイエルンのブラネンブルグ・アム・インにあるヘルムホルツ研究所を挙げることができる。1945年1月中旬、アショフは陸軍衛生部の長官からそこに出頭することを命じられた。50年以上も後に、彼は書いている。「この研究所設置の詳細は今でも判っていない。表向きの研究所の任務は新しい武器をつくることとされていた（つまり、とてつもなく強力な圧力波の発生装置か？）」［170］。

実際、ブラネンブルグには以前「高周波研究のための帝国機関—ヘルマン・フォン・ヘルムホルツ研究所」[32] があった。この研究所の技術報告書第5号によれば［171］、1944年8月と9月に「狩人の射的場分隊」で2回の実験があった。そこには、62gから64kgの爆薬、ゲラチン–ドナリットを放物状の反射鏡の前で爆発させた、と書かれている。その際、湾曲した反射板によって爆発波を束ねることができる。それは、アショフの記憶と一致する。さらに加えて書かれていた。「研究室はヴェンデルシュタイン（登山鉄道で行くことができる）のホテルの一部を遮って作られた。生理学的あるいは病理学的な実験のために、ブラネンブルグにあるペンジョン・ヴェーザを徴発した（ヴェンデルシュタイン鉄道の麓駅）。ここの分隊長はデザガ（Desaga）博士であった。研究所全体はエルンストハウゼン（Ernsthausen）教授（カールスルーエ）が責任を持っていた」［170］。

ブラネンブルグ山地の頂上付近に巨大な放物状の反射鏡があり、現在記念物となっている。ヴィキペデイアには、これは電波研究のために考案されたと書かれている［172］。それはおそらく正しくないであろう。電波研究ならば、犬や猫を使った生理学研究は必要ないか、まったく関係しない。ヘルマン・ラインは、アショフを近づきつつある前線から遠

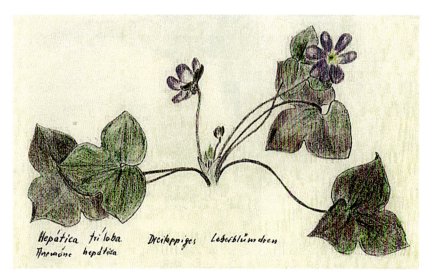

図3-9　ヴェンデルシュタイン山頂の雪割草、ユルゲン・アショフの描画、1945年冬

ざけようとして、ヘルムホルツ研究所の計画に係わらせたものと思われる。1945年は、多くのドイツ人男性が少年も含めて前線に送られていた。ラインの研究が「戦争に重要」と見なされていたが、第4章で論ずるように、彼はむしろ平和主義に共感を持っていた。

　1945年1月15日の月曜日、ユルゲンはゲッチンゲンを汽車で発った。汽車の運行は不定期であった。汽車にはしばしば窓ガラスが付いていなかった。凍りつくように寒く、雪が降って来た。4日間の旅で、木曜日の夜にフライブルグに到着した。彼はひげを剃り、エッシェンホフの母親と姉のエヴァを訪ねた。フライブルグは瓦礫の山であった。夜の4時頃、また東に向かった。ウルム、アウグスブルグ、ローゼンハイム、ブラネンブルグ。到着は、20日土曜日、朝6時。そこで彼は新しい同僚デザガ、病理学者のピコッカ（Pichotka）博士、そして2〜3人の助手に会った。何を為すべきかは依然として明確でなかった。「デザガは朝早くから夜遅くまで、機器の数を2倍にすることに専念していた。しかし実際に何が起こるのか、いつまでも判らなかった。'私'の実験室は明日までにもう一度徹底的に整理し直さなければならない。と言うのは新しい実験器具が設置されるからである。その指示は今日、ヴェンデルシュタインの物理学者から降りてきた。それを使って、次の数日間に大きな実験を行う。私自身はおびただしい量の関係のない総ての物に躊躇しながら、私の部屋を使えるようにした。スキーとストックは調達したが、その他の物がいったいどこにあるのか判らなかった」[173]。

　後で判ったことだが、デザガとピコッカは主に自分の患者を診察していた。研究プロジェクトに確固とした問題提起はなかった。皆が大物の物々交換やその他の商売をしていた。エルンストハウゼン教授はヴェンデルシュタインの研究所所長で、ユルゲンを高く評

価し、副業から距離を置いていた唯一の人物であった。しかし、「ここでは実際総ての人が輪のように集まって話しているだけで、1日を過ごしている印象を受けた。毎日あきれて物も言えない。ピコッカが公然と、簡単に、何かを家の中に持ち込んでいる、つまり彼はまさに診療をしているのを私だけが知ったとき、唖然とした」[174]。研究は表向きほとんどなされていない。頻回にスキーをした。春には、ユルゲンはデシレー・ピコッカ (Desiree Pichotka) 夫人と共に、つぼみが開きかけたアルプスの花を鋭い観察と尖った鉛筆で描写する暇があった。

　高周波研究の帝国物理学者はペンジョン・ヴェーザにいる人達を指揮命令しているが、ドイツでは何事も起きていないように振る舞っている。彼らは研究を続けているが、技術報告は今後もはやベルリンに送られることはないだろう。ベルリンにいる多くの人も、連合軍がすでにドイツに深く進攻して、ドイツ帝国の終焉は避けがたく、それが近づきつつあることを想像できなかった。1月27日、ロシア軍がアウシュビッツの強制収容所を開放した。あたかも何事も無いように、科学教育文化省が教授資格試験に基づいて、3月12日にユルゲンをゲッチンゲン大学医学部の講師に任命するとの通知があった。しかし、保留条件がついた。「貴殿は、戦後党官房の指導者の指揮下で、帝国規定にある服務に関する教育課程に規定通り参加し、遅れを取り戻すこと」[175]。教育課程、党官房、指導者、党、そして総統も2カ月後には存在しないだろう。講師はお預けとなった。

　その間、ヒルデの状況はユルゲンよりも悪かった。「熱、不快感、あこがれ、これらがみな私をひどくむしばみます」、彼女は書いている [176]。そしてまた、「デザガ氏によろしくと言ってください。そして遅くとも8週間以内に（もし、アメリカとロシアがここまで来たら、その前に、間に合うように）、ここに戻って、私を支えて下さい」[176]。手紙に書かれていたのは病気（胆のう炎）、貧窮、避難警告、爆撃、すでに数週間も来ない郵便、食物不足、しばしば水も無く、電気も消え、「シュッペ」への思い、小さなザビーネには「お父ちゃん」への思い。「私のシュヌーベル、もう会えないのではないかと思っています。今日スタドラー婦人が言っていましたが、祖国が存亡の危機にあるとき、私が生きているかどうかはあまり重要ではないと」[177]。彼女の父親であるベンジャミンがヒルデと2人の子供をファルツのアルプスハイムに連れて行った。彼女の最後の手紙は2月16日に書かれていた。「母からの手紙。お父さんはトラックで私たちをアルプスハイムに連れて行ってくれました。すぐにそこに着くので、返事はいりません。私の体調はまったく良くありません。シュッペ、食事ができなくなるので、ここを離れることができません。だけど、ここのどこにでもあなたは住めます。ここに来ることはできませんか。ライン川を越えることはおそらく無理でしょう。私は、あなたが今日何とかここにたどり着くことを願っています。直ぐに来て下さい。あなたのジッフェル」[178]。その後、どちらからも手紙はない。ヒルデとユルゲンは2人ともこれまで頻回に手紙を書いていたので、突然手紙

を書かなくなったのではなく、それ以後手紙は届かなくなったのだろう［179］。

　戦後、ユルゲンは母親と姉達に、全てが如何に進行したかを報告している。4月の始め、彼は短期間ゲッチンゲンに行き、そこから6日かけてブラネンブルグに戻った。「14日後には、物や人の生活でまだ破壊されていないものを確保すること、そしてもし可能なら、多くの集団や地区の指導者の馬鹿げた自滅計画を阻止することにすべてがかかっているように思えた。そうしなければブラネンブルグでは責任ある地位を維持できないばかりか、私の時間が（強制的に）あいまいな理由で浪費される。自明のことだが、最終的な崩壊の前にゲッチンゲンに戻るためにあらゆる努力をする」［180］。

　3月27日[33]、イエナのツァイス社まで研究に必要ななにがしかの物を取りに行くようにとの指示を受け、ユルゲンは実際翌日に自動車と汽車で、破壊された駅舎を通過する冒険のような旅の末にそこに到着した。彼はツァイスで必要なものを得て、その夜さらにエアフルトに向かった。「そして次の日の朝、私はゲッチンゲンに着いた。家のドアの前で、買い物に夢中になっている女性達をみて哀れな気持になった」［180］。1週間後、4月8日の日曜日、アメリカ軍の戦車がゲッチンゲンの路上を走っていた。

4章　代理人
― ゲッチンゲン、ヴィルツブルグ、ハイデルベルグ (1945–1958)

解放

　ウィルヘルム・ヴェーバー通の家は破壊されなかった。ゲッチンゲンの町全体も戦争による被害はわずかであった。1945年の冬、イギリス爆撃機の繰り返しの攻撃により鉄道駅が破壊された。町の幾つかの施設、その中には大学の図書館、解剖学教室、動物学教室が含まれるが、これらの施設が壊された。1945年4月、アメリカ軍の戦車がゲッチンゲンを占領したとき、砲撃はほとんどなかった。その少し前に、地区指導者[34]が「奴隷よりも死を」の標語のもと、ゲッチンゲンを防備のための「堅固な陣地に」となおも宣言していた。戦闘司令官、最高位党員が、あらゆる力を結集して最後まで抵抗せよとの命令を受けていた。最上級の民兵、集団指導者[35]は同じ目的を持っていた。もしこれが実行されたら、アメリカ軍は進攻を容易にするために、確実にこの町を爆撃しただろう。そうでなくても、多くの通りが通行困難になったであろう。そうならなかったのは、以下に述べるように、軍隊と市当局の最小限の理性と不服従のおかげである［181］。

　1945年3月19日、総統は、敵と融和する恐れがあるので、自然科学の研究所は総て破壊しなければならないと決心した。大学の指導者は引き続く数週間大変苦労して、ナチの党員、地区指導者や集団指導者にゲッチンゲンは処分から免除されるべきであると、そしてなによりも防御するのではなく、科学都市として維持しなければならないことを信じ込ませた。総統が決心した研究所の破壊は無駄であった。4月4日、戦闘地域の破壊工作は軍隊の責任とされた。これは、ゲッチンゲン大学を寛大に扱うことを意味した［181］。

　アショフの家の斜め向かいウィルヘルム・ヴェーバー通11番に、以前将軍であったフリードリッヒ・ホスバッハ (Friedrich Hossbach)[36] が住んでいた。彼は、数カ月前ヒトラーによって東プロイセンから召喚退役させられていた。しかしながら、彼は1945年3月、軍部から依頼を受けて、ゲッチンゲンの相談役として助言していた。彼はこの町は防衛すべきではないと何時も助言していた。そのため、4月8日ゲシュタポが、アメリカ軍団が来る前にホスバッハを逮捕拘引しようとして、ウィルヘルム・ヴェーバー通にやって来た。ホスバッハは身を守るため、ゲジュタポをバルコニーからピストルで撃った。このようにして、ホスバッハはアメリカ軍が町に進攻するまで逮捕を免れることができ、ゲシュタポは何の得るところもなく、彼の前から逃げ去った［181］。同じ日、ホスバッハはアメリカ軍に逮捕された［182］。

　4月6日、約40 km離れた町カッセルが大敗の後に降伏した。第11軍団の最高司令官ヒッツフェルド (Hitzfeld) 中将は部隊を退却させざるを得なかった。中将は当面ゲッチ

ンゲンの防衛を任せられた。町には 3,000 人の病人や負傷者がいて、野戦病院に転用された多くの病院で治療を受けていた。ヒッツフェルドは、町の周囲で戦闘が起きるとこれらの人々を保護または退避させることは不可能と認識していた。彼は、ゲッチンゲンは無防衛の無抵抗都市であることを宣言した。ヒッツフェルドはそれを文書で命令したのでもなく、また敵に対しても正式に降伏したのでもない。彼はすでに 4 月 6 日、彼の幕僚に戦闘部隊をゲッチンゲンの東後方に密かに撤退させる命令を出していた。

国家社会主義者の上級市長アルベルト・グナーデ（Albert Gnade）は 4 月 7 日の夜、市当局と大学の指導者達を数人集めて、さらなる方策を協議した。ヘルマン・ラインもその協議に参加した。そこで、すでに逃げていなくなっていたが集団指導者を逮捕し、町をアメリカ軍部隊に引き渡すことが決定された。8 日の朝、代表が戦闘司令官のところに行き、ドイツ部隊を町から撤退させるように説得した。そして彼らは、自動車でアメリカ軍に向かった。その間、アメリカ軍はすでにマルクト広場に到着していた。市長は市庁舎でアメリカ軍司令官に町は抵抗しないことを宣言した。これにより、ゲッチンゲンは他の多くの都市が見舞われた破壊を免れた。

米国軍戦車が侵入してから 2 日後、現実的な開放、ナチからの解放が始まった。まだ全体としては直に実感は得られなかったが、40 年後、連邦大統領リチャード・フォン・ワイスゼッカー（Richard von Weiszäcker）が 1985 年 8 月 5 日の有名な追悼講演で認めている。「4 月 8 日は開放の日である」。ヘルマン・ラインは 4 月 8 日の日記に、そのことをすでに書いている。「我々は重篤な病気から回復した時の様な気持だった。何か幸せな、しかし同時に衰え、疲れ、打ちのめされた気分があった」[102]。大学では、4 月 10 日国家社会主義者の学長ハンス・ドレクスラー（Hans Drexler）は逮捕され、2 日後真の科学者ルドルフ・スメンド（Rudolf Smend）教授が学長になった [183]。2 カ月後の 6 月 25 日、イギリス軍統制部の命令で、大学の総ての業務が一時的に停止させられた。その間、1933 年以来 NSDAP あるいは SS に属していた総ての積極的 NSDAP 同調者と同類の追放が行われた。彼らは、その職に 2 度と就くことを許されなかった。対象者は教授の 60%を占めた。抗議する者は誰も居なかった [184]。野戦病院地区にいたアショフ、ライン、そして軍に所属していた他の医師達は、戦後直ちに戦争捕虜として幾つかの研究所に収容された。始めのうち、ヒルデは毎日ユルゲンに食事を届けたが、それは長く続かなかった。5 月の終わり、ユルゲンは朝の 5 時から夜の 9 時まで自由に町に出ることを許された [180]。1945 年 8 月 27 日、ユルゲン・アショフと同様、ヘルマン・ラインもイギリス行政局により軍施設から退去（釈放）させられた。彼らの収容は一時的であった。

8 月 13 日、ヘルマン・ライン教授は同僚による 71 対 3 の投票結果で、戦後の初の学長代理に選出され、その地位はイギリスの軍統制部で承認された。1945 年 9 月 17 日、それによりジョージア・アウグスタ校が西側占領地区で大学として初めて開校した。ラインは

最初の月に、大学の一般的な問題を協議するため、イギリス地区にある大学の12名の新学長からなる会議を企画した。大学の再開に際して直面する主たる課題は、講師の数が極めて少ないことである。この時期は新入生が殺到する。正規の大学教育を以前のように1学年全体に適切に与えることができない。今、入学の好機をつかもうとする者は多い。申告によれば、以前の軍関係者が多くいた。最初、彼らは授業から締めだされたが、下級の労働者階級を優先させる妥協案が出た［183］。ユルゲン・アショフは急きょ医学部での講義に必要とされ、そこではこの問題が特に負担となった。1945/1946年の最初の冬季学期で、彼は「生理過程に及ぼす環境の影響」についての講義を受け持った［185］。

学生宿舎がさらに頭の痛い問題であった。ゲッチンゲン市はあまり戦災に会わなかったので、すでに多くの学生や故郷を追われた人々が引越して来ていた。市当局は責任をもち、学生のために市内および周辺の村の数百の部屋を差し押さえた［183］。それは特に目新しい事ではなかった。すでに戦時中に、ドイツ公務員の部屋は提供しなければならなかった。1944年、ウィルヘルム・ヴェーバー通のアショフ家の5つの部屋のうち2つを間借り人に割り振らなければならないことに、彼は抵抗した［186］。1947年、ゲッチンゲンの住宅局の新しい役人は、それに加えて家政婦の部屋も提供しなければならないと命じた。彼らは、すでに5人になった子供達を1つの部屋に引っ越させようとした。その為、ヘルマン・ライン学長は自ら影響力を発揮させなければならなかった［187］。しかし、ウィルヘルム・ヴェーバー通20番地は役所の持続的な圧力を受けた。

アショフらにとって、2階の住居は大きな問題ではなかった。最初はまだ4人の家族だったが、さらに双子が母親のお腹にいて、どうして育てたら良いだろうか？ アショフの年収は、1945年で7,000 RMであり問題はなかった。しかし、ヒルデの体調が悪く、1945年の冬以来重い胆のう炎を患っていたことに加えて、戦後の食糧事情はまだぎりぎりであった。ザビーネとクリストフへのミルクは非常に限られていて、手に入れるのに苦労した。栄養係数は貧弱であった。1945年9月14日、双子が生まれた。ウリケ（Ulrike）とアンドレアス・パラゾール（Andreas Parasol）である。彼らには栄養分が必要であった。ユルゲンがゲッチンゲンの周りの総ての村に、子供のための買い出しに出かける自転車に乗った姿は、直に近所に知れわたった。「皆は、残念ながら双子をくる病からは予防できないだろうと感じていた」。彼は、最も困難な時期が過ぎ去った1年後に書いている［188］。その頃家には肝油が置いてあり、子供たちの日々のビタミンDの補給源であった。

その年はとても寒く、薪を手に入れることは難しかった。アショフは研究所の人達と頻繁に森に出かけ、木を伐採して来た。「ボーレ（おてんば女）」と共に「組織作り」をした。それは、駅に行って満杯の運搬車両から落ちた石炭を拾いにいくことと、村で食事をすることを意味し、その間はヒルデとボーレの夫、フォン・エンゲルハルト（von Engelhardt）教授は家で文学論議を楽しんでいた［189］。両親はさらに遠くの地方の知り合いの所まで

買い出しに出かけた。短期間ウィルヘルム・ヴェーバー通に住んでいた娘さんの家族がいるクラインレングデンへ、また「ハインリッヒ叔父さん」、ステックハン（Steckhan）とフリードリンデ（Friedlinde）が住んでいるハノーバーの北のシュバイムッケの農家へ。アショフらは、彼らから何時でも闇市で入手した「黒い豚」をもらうことができた。食糧の配給制度が敷かれていた当時、闇の売買は厳しく禁止されていた。汽車のコンパートメントのネットの上に旅行鞄を載せたが、数時間後カバンの角から血が落ち始めた。アショフはタイミング良くそれに気付き、すぐにカバンの下に移動して、絶えまなく滴る血を袖で受け止めた。長い緊張した旅の後、彼らは無事にゲッチンゲン、そしてウィルヘルム・ヴェーバー通に着いた。その豚は当然ながら直ぐには食べなかった。骨を取り除き、刻んで、塊にしてバスタブで塩づけにした。そして冬のために、ベックの貯蔵ビンに詰め込んだ。数週間後、最初のグラス検査が行われ、すべての貯蔵肉が腐敗して食べられないことが判った [48]。時折、子供達には白いおかゆを食べさせる必要があった。それをウリケはしばしばゴミバケツに空けてしまった。彼女はその事を10年後も思い出す [189, 190]。

　1947年の冬、ヒルデはひどく衰弱し、「この年の最初の3ヵ月間、頻回の病院通いで伏せていた」とユルゲンはキングスレー少佐に報告している [191]。その後、ヒルデは子供達とファルツの両親のもとへ行った。そこで彼女は回復し、5月には元気になって戻って来た。1947年9月5日、3番目の娘アネッテ（Annette）が生まれた。

ゲッチンゲン大学新聞

　1945年10月、それぞれの大学に「大学管理官」がイギリス軍統制部から派遣された（[184], 300頁）。その地位にリチャード・キングスレイ（Richard E Kingsly）少佐がいて、彼はドイツ語を流暢に話し書くことができた。軍統制部が彼を通して、各大学は大学新聞を刊行してはどうかと学長代理に提案した。ラインはアショフやキングスレイと共に、ゲッチンゲン大学新聞の創刊に指導力を発揮した。GUZ（Göttinger Universitäts-Zeitung）と呼ばれた大学新聞の創刊号は、1945年12月11日に茶色の戦争紙に刷られて刊行された。それには学長ヘルマン・ラインの2つの寄稿論文が含まれていた。「序言」と「脱ナチ化と科学」[192]、そして共同研究者ユルゲン・アショフの2つの論文、「学生団体」[193] と「索引」[194]。GUZは「軍統制部の許可を得て、大学の講師と学生によって」つくられ、2週間ごとに刊行された。編集部は特に指名されなかった。もちろん、それにはユルゲン・アショフ、リチャード・キングスレイ、少し後にエバーハルト・ローターベルグ（Eberhard Roterberg）が参加し、何人かの学生が手伝った。編集部の住所はキルヒ通7番で、生理学研究所の住所であった。ユルゲン・アショフは編集書記として創刊に指導的役割を果たした。

　GUZの創刊号が出て間もなく、ディートリッヒ・ゴールドシュミット（Dietrich Gold-

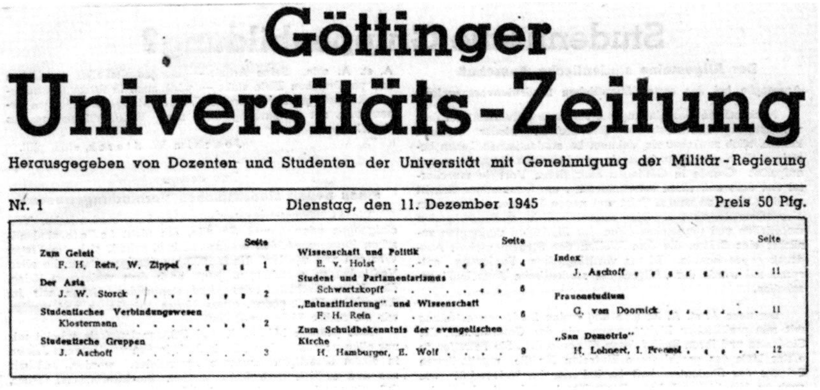

Göttinger Universitäts-Zeitung

Herausgegeben von Dozenten und Studenten der Universität mit Genehmigung der Militär-Regierung

Nr. 1 Dienstag, den 11. Dezember 1945 Preis 50 Pfg.

図 4-1 ゲッチンゲン大学新聞第 1 号

schmidt）と言う若い男が編集会議に顔を出した。彼はユダヤ混血としてマグデブルグ近くの労働矯正所に収容され、1945 年の春に開放された。彼はゲッチンゲンに移り、学位研究の代りに、大学で職を探していた。彼は会議の「応対者」、おそらくアショフを、廊下に呼び出して、アショフが国家社会主義講師連盟（NSDoB）に所属していたように思うがどうかと尋ねた。アショフは性格的な素直さから、それを認めた。彼は 1942 年当時、講師の待遇を向上させるわずかな可能性を考えて、連盟に入った。そして、編集業務の地位を直ちに退き、質問した男に引き渡した。この時から、ディートリッヒ・ゴールドシュミットは編集書記となった。1 年後、彼はアショフに「あなたが私に示した例外的に公正な態度」［195］を感謝した。ゴールドシュミットは彼の記憶に基づく話を書いている［196］。

アショフは GUZ に背を向けなかった。逆に、彼は定期的に新聞に投稿した。最初の 4 年間だけでも、27 本の評論、彼はそれを「寸評」と名付けたが、それに 42 編の書評。それらは多くの場合本名で公表されたが、しばしばジョッケリー／ジョゲリーのペンネームが使われ、後にはファビアン・シュッペが用いられた。それはヒルデがシュッペンを使うことに苦情を言ったからで、しばしばシュッペと名乗った。折に触れて、彼は他のペンネームを使った。ジュバール・ド・ポベンツ（彼の愛読書、エルンスト・ペンドルツのポベンツ同盟からの借用）、A. クラフェ博士、ヤコブ・ヘルディナー（彼の出身地であるフライブルグのヘルデン地区から）、そしてなお幾つか。彼の論述は鋭く、題材を選ばない。2 つ例を挙げよう。アショフは、1933 年の焚書のように［194］、本を禁じる考えに反対した、あるいは美術観賞に説明コーナーはいらないとの考えに反対した［197］。また、ジョッケリーは、流行を追うようなドイツ語の変更に反対した［198］。また、学生団体の設立［193］、学生組合［199］、共同市場［200, 201］は真にアショフの課題であり、それらについてはすでにルードウィヒが多く述べていたが、今は彼の息子を動かしている。書評は、リヒテ

図4-2　ゲッチンゲン市の生活物質配給表

ンベルグ、ゲーテ、ハイネ、またケストナー、ハイメラン、そしてもちろんエルンスト・ペンドルツについてしばしば書かれた。ファビアン・シュッペは、ドイツ文学に次いでジョン・シュタインベック、オスカー・ワイルドそしてダフニ・デュ・モーリエなど他の多くの文筆家について書評を書いた。彼は手軽に本を読み、また文章を書いたが、それは彼の祖先から受け継いだ資質であった。

キングスレイは、英国に戻った後、1通の手紙をアショフとローターベルク博士に送り、GUZの短期間の創設期について回想している。「GUZの助産婦としての我々の努力の総ては（ただし、ローターベルクは丁度出産後の適切な時期に）、その時期我々を一体とさせた。当時、私は自分の「公的」な立場を伝えていたが、あなたがた皆に、多くの以前の同僚達と同様に、深い友情を感じていた」。彼は、言い続ける。「ウィルヘルム・ヴェーバー通20番地での素晴らしい交わりが、学識とハムスターの輪回しの、脱ナチ化と伐採についての激しい議論の雰囲気を …」［202］。

買い出しと伐採。戦後、生活を維持するのは簡単ではなかった。英国当局からの食物の配給は少なかった。少ない生活切符だけでなく、すこしでも多くの食糧を得ようと、抜け目のなさと想像力が問われた。闇市が繁盛した。国内では、ゲッチンゲンなどの小さな町では何とか凌いでいたが、ほとんどが破壊された大きな都市では飢餓が支配していた。

アショフはすでに1946年から、イギリス当局による生活物質の配給は生存できるかど

うかのぎりぎりのところであると、いつも批判的に書いていた。1947年2月12日、生理学研究所で「より大規模な国民集団を対象とした健康状態の調査」についての討議が行われた。研究所からは12名の科学者が参加した。ラインは、シュツットガルトにある土地管理局で、栄養不良の程度に関する統計資料を集めることが必要と言われたことを明らかにした。その頃、イギリス占領地における「食糧供給に関する5年計画」が公示された。ラインは非常に驚き、この計画では慢性的な飢餓状態にある数百万人が死亡すると結論した。彼自身それに反対して、熱のこもった文章を書いた。彼は研究所で、国民の健康状態に関する研究を進めた。ユルゲン・アショフは比較可能な数値を集めて、1947年7月 GUZ に総論を書いた。「健康をそこねる、紙上の栄養価に関する論評」[203]。彼は、Kcal/日で表される通常の1人当たりの栄養価の概算計測では、脂肪、炭水化物、タンパク質で異なる最小必要量が考慮されていないことを強調した。また彼は、イギリス占領区の必要栄養値(818 Kcal/日)は英国における栄養値(3,400 Kcal)やドイツの戦前の水準(2,890 Kcal)のごく一部でしかなく、それどころか、例えばブッシェンバルド強制収容所拘留者の栄養値（1,123 Kcal）よりも少ない。それは脂肪係数についてもいえる。その記事が出てから、この問題に関する論争が GUZ や他のドイツの新聞で盛んになった。シェーファー（Schäffer）は、確かにブッシェンバルド収容所の値は記載された通りであるが、実際に摂取したカロリーはそうではなかったことを強調した［204］。アショフは新酪農新聞に、人が必要とする最小限の脂肪供給量について書いている。彼は生理学的理由から、バターの輸出はその生産量が回復しない限り行なうべきでないと主張した［205］。彼は英国の雑誌 The Lancet にも寄稿文を載せ、生活物質配給量について、900 から 1,300 Kcal/日が大前提であることを警告した。これは彼の最初の英文論文となった［206］。栄養状態はその後徐々にではあるが改善された。2年後の1950年、生活切符は最終的に廃止された。

　その間 GUZ は大いに成功したが、1949年財政的に行き詰まり、読者層を広げるため予約購読者を他の大学に求めなければならなかった。そうでなければ、職業的編集長エバーハルト・ローターベルグ博士、唯一の受給職員を解雇しなければならなかった。2番目の打開策を考えていたとき、新しい学長ライザー・ローターベルグ（L. Raiser Roterberg）からアショフに対し、GUZ から身を引かないように、そして GUZ をさらに拡大して欲しいとの緊急の要請があった［207］。事はそのように進んだ。GUZ は他の大学の切羽詰まった要望を受けて、DUZ (Deutsche Universität-Zeitung)、ドイツ大学新聞と名称を変えた。DUZ は、1949年10月7日第1号が白紙に印刷され、黄色の厚紙の帯と広告を付けて刊行された。1万部の発行数で、全連邦中に配布された（その間、1949年5月23日、ドイツ連邦共和国が誕生した）。

　ユルゲン・アショフは執筆先を他の国内新聞に移した。ファビアン・シュッペの名前はフランクフルト総合新聞、南ドイツ新聞、新時代、バーデン新聞に定期的に表われた。論

題は、社会や文化から科学に、特に生物学に移っていった。彼は、凍傷 [208] や発汗 [209] そして環境の人への影響 [210] について書いた。彼が日周期変動に関する生物学の文献を読んだとき、1950 年ごろバーデン新聞の最上段に、後にアショフの主たる研究領域となった体内時計について書いた。「身体に時計はあるか」[211, 212]。

脱ナチ化

　1945 年 8 月のポツダム協定の際に、4 カ国の占領軍はドイツ国民から国家社会主義の影響を出来るだけ除くための包括的な合意に達した。計画されたいわゆる「脱ナチ化」は、第 3 帝国で国家社会主義活動に参加した国民をその程度に応じて区分した。1946 年 3 月までに、法律によってアーリア人が次の 5 段階に分類された。(1) 首謀者 (戦争犯罪者)、(2) 加担者 (活動家、軍人、受益者)、(3) より程度の軽い加担者、(4) 同調者、(5) 脱退者。イギリス軍統制部はカテゴリー 1 と 2 の者を裁判所に送り、その他のカテゴリーの者は、国家社会主義者でなかったドイツ人からなる地方単位の脱ナチ化委員会に委ねた。

　国民は、判定の前に 14 項目からなる質問用紙に回答する必要があった。1946 年 10 月 8 日のユルゲン・アショフの質問用紙には次の事が書かれていた [185]。身長 1.73 m、体重 60 kg、濃ブロンドの髪、青い目。また次の様な記載もあった。1946 年 1 月 19 日から 29 日まで、イギリス当局により一時的にその地位を剥奪される。その理由は質問用紙からは明らかにできない。何れにせよユルゲンは抗議し、イギリス当局は彼についてグラスゴー出身のアイビー・マッケンジー (Ivy MacKenzie) 博士に照会することを提案した。マッケンジー博士は以前ユルゲンの父親の学生だった。彼は、1946 年 1 月 30 日、この件に関して、フライブルグのルードウィヒ・アショフ家における政治的な雰囲気について感動的に記述し、以下のことを付け加えた。「アショフの名前は科学界では素晴らしい以上のもので、もしユルゲンが家族の伝統を引き継いでいるなら、私には 1 つだけ確かと思われることがあり、それは、彼は信頼できるということである」[213]。マッケンジーの熱心な手紙は父親に言及したのみであったが、おそらく必要なかっただろう。と云うのは、ライン教授の助手としてのアショフ講師の再雇用が手紙が書かれる前の日に決定された [185]。

　アショフに対する脱ナチ化の手続きは 1947 年なって始められた。彼は、高等教育者に対する脱ナチ化下級委員会により判定を下された。その時の議長は、ラインによって保護されたことのあるユダヤ人共同研究者ルドルフ・エーレンベルク (Rudolph Ehrenberg) 教授であった。彼は 1935 年非アーリア人として強制的に休職させられた後、戦争を生き延び、1945 年 4 月に復職を許された [92]。ユルゲンを擁護する別の手紙がある。1945/46 にイギリス軍の大学管理官であったキングスレイ少佐が、1947 年 6 月 16 日、「関係者へ」と英語とドイツ語の手紙を送った。そこには、父親ではなくユルゲンに対する称賛が積極的に書かれていた。彼は、なによりもアショフに配慮して、「彼の態度は、礼儀正しく、批

判は抑制的であり、それはイギリス占領軍に対しても守られていた」と書いた [214]。ユルゲンは、この自発的な擁護に心から感謝した。「もし実際難しいことになりそうだったら、私はその手紙を判事たちに渡そう」[215]。再度の善意であったが、キングスレイの手紙も提出する必要はなかった。ゲッチンゲンの脱ナチ化上級委員会は、1947年6月17日、英国からの手紙が投かんされた1日後に、結論を出した。委員会はユルゲン・アショフの嫌疑を最終的に晴らした。

あと2通の手紙が、彼の弁護に1度ならず提示された [215]。それは、ミュンヘンのゾンマーフェルド教授[37] [150]とクルシウス教授[38] [149] から来たものである。彼らは、ユルゲン・アショフが1941年に発揮した大胆な指導的役割を高く評価した。アショフは当時(第3章)帝国学生指導に際して、いわゆる「アーリア物理学」に対し、またウィルヘルム・ミュラーのミュンヘン大学理論物理学教授任命に対し、如何に勇敢に反対したが述べてあった [148]。クルシウスは手紙に書いた。「ユルゲン・アショフ博士殿は、現状は改善し得るという漠然とした希望から、署名者によって集められた帝国学生指導部の資料を提出した。当時、この行為には確固たる勇気が必要であった。なぜなら、反対派は有力な黒幕を意のままに使い、帝国指導者ボールマンと直接手紙のやり取りをして、ウィルヘルム・ミュラー教授を擁立したからである」[149]。

ヴィルツブルグ：代理主任

1947年5月1日、ゲッチンゲンの生理学講師アショフに、ヴィルツブルグから招聘状が届いた。当所の生理学講座主任教授であるエドガー・ヴェーリッシュ（Edgar Wöhlish）[39]教授が脱ナチ化手続きの事情で、数年間その地位を外されることになった。アショフは、主任教授の代理を要請された。彼は、英国の「ポテトパンケーキ仲間とGUZ-シュツペル」であるキングスレイ少佐にあてた手紙で、要請を受けるかどうかは、「早急に実施しなければならない私の審問」にのみ係っていると説明している [191]。この報せは、キングスレイをして自発的に「関係者へ」の手紙 [214] を送らせることになった。1週間後、アショフはもう1度キングスレイに手紙を書いた。「脱ナチ化委員会の審議が遅いため、ヴィルツブルグはさしあたり私をまだ借用できていない」[215]。

総てが解決した後、そして9月5日5番目の子供、健康なアネッテが生まれた後に、アショフは1947年10月1日「生理学代理主任」としてヴィルツブルグ大学に出向した。ゲッチンゲン大学は休暇として籍を維持し、ヒルデは5人の子供と共にウィルヘルム・ヴェーバー通20番に留まった。ヴィルツブルグはゲッチンゲンから約250km南で、ユルゲンは学期中はそこで生活することになった。それで、その後2年間にわたって、ヒルデとの間に文通を再開させることになった。

ヴィルツブルグの町は終戦直前の1945年3月16日、イギリス空軍によって19分間で

ほとんど破壊された。王室空軍第5爆撃隊所属の225機のランカスター型航空機が町中を焼夷弾で絨毯爆撃し、それによって火の嵐が起こり、歴史的な古都に家も教会もほとんど何も残らなかった。収容された遺体は3,000を数え、瓦礫の中にはさらに2,000の死体が埋もれていると推測された［216］。2年後、同じ様に破壊されたこの地域の大学で、ユルゲンは新しい地位に就いた。瓦礫が完全に撤去されるまで20年かかった。

　レントゲンリング9番にある生理学研究所はまだ残存していて、それが使用される時には、生理生化学研究所も越して来ることになっていた。医学図書館は大きな損害を受けていた。学生の数は増加していたが、ここはゲッチンゲンよりも住む部屋が少なかった。生理学教育の他にも、解決しなければならない問題として、講義、実習、試験などの再開があった。アショフはすべに努力した。ヴィルツブルグはアメリカ占領区にあったので、まず当然ながら米国に援助を求めた。アショフは自身の研究分野の同僚に相談した。フィラデルフィアのペンシルバニア大学、バゼット（H.C.Bazert）教授宛の手紙で、彼は実験室をどの様にすれば住居や寝室として利用できるかについて書いている。

　「85％が破壊されたヴィルツブルグでは住宅事情が大変逼迫していて、50人の学生が応急的に修繕された広間、または丸天井の地下室で共同生活を強いられている。我々の研究所はまだ運が良い方で、5室の実験室に40人の学生が、安宿の浮浪者のように仕切りも棚もなく、わらの様なものの上で寝ている。隣の解剖学教室では40人が解剖処置室で、ミネラル学教室では、35人の女学生がおぞましい広間で生活している。この様な状態が至る所に見られる。宿泊所はみじめで、整備されたトイレもなければ洗濯する施設もない。多くの宿泊施設にはすでに害虫が出ている」［217］。引き続き、米軍の木造仮小屋を学生宿舎として使用することが可能かどうか調べて欲しいとの緊急の要請があった。バゼット博士は、これらの要請が占領業務に就いている部隊関係者に伝わるように配慮してくれた。後に、バゼット博士は米国生理学会の「科学助成委員会」の委員長として、ヴィルツブルグ大学に生理学実験器具や本を送ってくれた［218］。彼は毎週研究所に、自分の雑誌 'Science' のコピーを読み終わり次第送ってくれた。アショフは生理学の部門図書館を再建するため、米国の他の多くの共同研究者に手紙を書いた。到着した本や別刷りのリストから判るように、それは成功裏に進んだ［219］。その他、彼はアルマ・ジュリア-マキシミリアナ（注19）の再建のために多大な貢献をした［220］。

　この様な大学の問題で、ヒルデとの手紙のやり取りは時々行われたのみであった。ユルゲンは書いている。「今日の午後、カエルを確保しなくてはならない。手に入れないと、来週の実習をすることができない」［221］。しばしば問題になったのは、養育が必要な7人家族の戦後の必要品である。生活切符、煙草券、越境通行券、米フレーク、ソーセージとバター、電球、朝の6時から夜の10時までしか点灯しない電気が問題で、石油の需要が同様に問題であった。水道水は多くの場合夜にしか出なかった。一連の日常業務が長々と書か

ヴィルツブルグ：代理主任　95

図 4-3　ユルゲン・アショフ（35歳頃）ヴィルツブルグの講師

れるのみで、1941 年のような詩や情熱は無かった。ユルゲンは、食べ物には満足していた。何よりも、「フーバー氏の添加食は素晴らしい」[222]。以前のアメリカ大統領、ヘルベルト・フーバー（Herbert Hoover）(1929-1933) は、後任者のハリー・トルーマン（Harry Truman）に頼まれて、戦後ドイツの米国占領地区を旅して回った。彼は、アショフがカロリー値に関して GUZ に書いたこと、つまり栄養状態と切符の割り当てが生存には不十分であることを確認した。フーバーの指導で、1947 年 4 月米国と英国の占領地区で、子供たちのための学校給食プログラムが始まった。他の地方でも、特にスカンジナビア地方は、ドイツへの食糧供給に大いに貢献し、ヒルデはスウェーデン給食あるいはフーバー給食を得ることができた。フーバーの他に、ヒルデの父親であるピルマゼンスのベンジャミンも、小包、もちろん靴や土地の食べ物をしきりに援助した。アショフ家にとってはまさにベンジャミン給食であった。

　アショフの主たる関心事は生理学の教育と研究であった。研究に関しては、瓦礫の中でまだほとんど手が付いておらず、実験室は寝床となり機能していなかった。彼は教育上手で、好きでもあった。生理学研究所の大きな講堂は残った数少ない施設の 1 つだった。彼は生理学に精通し、明確にそして上手に解説し、聴講者達の眼を見つめ、積極的に学生達を講義に引き付け、研究に対する彼の情熱を伝えた。彼は、ある学生が表現したように、「純粋に職業的に教育しただけでなく、英国のカレッジにある信頼できる教育者と言うべきもので、若い学生の教養教育と育成に興味をもっていた」[223]。ユルゲンは、講義では

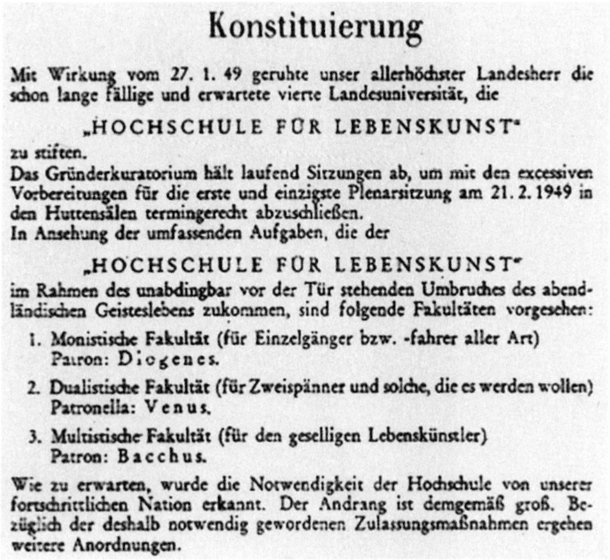

Konstituierung

Mit Wirkung vom 27. 1. 49 geruhte unser allerhöchster Landesherr die schon lange fällige und erwartete vierte Landesuniversität, die

„HOCHSCHULE FÜR LEBENSKUNST"

zu stiften.
Das Gründerkuratorium hält laufend Sitzungen ab, um mit den excessiven Vorbereitungen für die erste und einzigste Plenarsitzung am 21. 2. 1949 in den Huttensälen termingerecht abzuschließen.
In Ansehung der umfassenden Aufgaben, die der

„HOCHSCHULE FÜR LEBENSKUNST"

im Rahmen des unabdingbar vor der Tür stehenden Umbruches des abendländischen Geisteslebens zukommen, sind folgende Fakultäten vorgesehen:

1. Monistische Fakultät (für Einzelgänger bzw. -fahrer aller Art)
   Patron: D i o g e n e s.
2. Dualistische Fakultät (für Zweispänner und solche, die es werden wollen)
   Patronella: V e n u s.
3. Multistische Fakultät (für den geselligen Lebenskünstler)
   Patron: B a c c h u s.

Wie zu erwarten, wurde die Notwendigkeit der Hochschule von unserer fortschrittlichen Nation erkannt. Der Andrang ist demgemäß groß. Bezüglich der deshalb notwendig gewordenen Zulassungsmaßnahmen ergehen weitere Anordnungen.

図 4-4　謝肉祭のプログラム、1948 年ヴィルツブルグ

機知に富んでいるだけでなく、明らかな冗談も言った。彼にとっても冗談であったのは、学生の数が多すぎて座る席が足りず、同じ講義を何時も 2 回しなければならなかったことである。受講希望者の数が増えていたので、1948 年までは学部は人数制限付入学許可と新規受講希望者を試験で選考しなければならなかった［220］。アショフは、才能ある者の選抜のための組織づくりを委任された［224］。彼はそれについて、すでに長いこと考えていた。早くも 1945 年に、彼はゲッチンゲンで好奇心から同じ様な試験に参加し、落第した（［225］, 111 頁）。そのことに触発され、彼は選抜方法を考案した。医学受講希望者は複数の講師達により、4 つの課題、1）人文科学、2）数学と物理学、3）化学か生物学のどちらか選択、4）医師の職業に対する一般的な心構え、について個別面談を受けるシステムである。各講師は 1、2、3 あるいは 4 について相対的評価を行う。GUZ に記載された彼の解析で、この方法と成績評価が良く一致することが示された［226］。その結果、ヴィルツブルグ大学はアショフを大学の評価担当（Pressereference）に任命した［227］。

ヴィルツブルツに滞在していた間、ユルゲンは活発で熱心な医学生の青年グループと親しくなった。ヘルマン・ホーエ（Hermann Hohe）、後にシェルクリッペン（シュペッサート）の一般医、エレオノーレ・ケール（Eleonore, 'Lolo'・Köhl）、最初に東西大洋を飛行したヘルマン・ケール（Herman Köhl）の姪の娘で、後にヘルマン・ホーエと結婚する、ユルゲン・ガイスラー（Jürgen Geisler）（後にハノーバーの小児科医）、インゴ・ホルツ（Ingo Holtz）（後に米国シアトルで歯科医）、エルンスト・ハーバーマン（Ernst Habermann）（後

図 4-5　ディクシー、又はジュバール、ユルゲン・アショフの有名な車、1948 年

にギーセン大学の薬理学教授)、そしてその他数名。彼らは定期的に会合を開いた。多くのテーマについて談話があり、ホンブルグ・アム・マインの城跡での焼き肉パーティーなどの皆が参加する遠足があった。ヘルマンは、夜になると'哲学者へ'と書かれたワインボトルを抱えて、しばしばアショフ講師を訪ねた。

1949 年 2 月 21 日、エッシェンホフのルードウィヒ・アショフ家で行なわれたパーティーを習って、戦後最初の謝肉祭が開かれた。テーマは「生活技術のための高等教育」(図 4-4)で、学長の特効薬、学部紹介、高等教育賛歌、講義目録―寝室学研究所、寝室学の悔罪師レヒラー博士による「真理の探究と睡眠」についての講座と完璧に組み立てられていた。レヒラーもユルゲン・アショフの偽名で、謝肉祭の序文で後年の研究領域を先取りした[229]。

1948 年夏、ユルゲンは初めて自分の車を持った。最初の車を「ディクシー」と命名し、後にロロ、インゲボルク (Ingeborg)・ケール姉妹と交換した「ジュバール」、またもポベンツ由来のあだ名を付けた (図 4-5)。それは BMW のオープンカーで、小さくて貧弱だったので戦争初期の軍隊の徴発を免れた。アショフは、ゲッチンゲン市の特別許可を受けて、その車を走らせた。彼の仲間達はそれに乗って楽しんだ。1 度、彼らはディクシーを研究所の広間に持ち込んだ。アショフはその車で、シュペッサートで開業している両親のもとにいるロロとインゲボルクを訪問し、その事をヒルデに熱心に報告した [230]。車は生涯の友となった。

1949 年の夏、ユルゲンはヒルデと共に新婚旅行以来の旅をし、オーベルバイエルン、ヴィンケルのライトを、小型の前時代的な車で訪れた [231]。ロックフェラー財団が、そこで開催された生物学の講義における問題点に関わる集会に彼を招待した。1947 年に発表した温熱制御についての一連の研究と体温調節に関する総説 [232] を含むドイツ科学の

FIATレビューを読んで、米国の大学がアショフに興味を持ち始めた。しかし、彼は誘いに乗らなかった。1948年1月、友人のキングスレイに手紙を書いた。「何はさておき、アメリカ人が私に初めて注目して、向こうで仕事をしないかと誘ってきました。すでに、太った陽気な'買占屋'がゲッチンゲンにやって来ましたが、まだ彼を待たせています。今、私をミュンヘンまで引張り出し、この週末に協議に入る予定です。これまで、あまりその気になりませんでした」。ヒルデはアメリカ移住については何も知らなかった。ユルゲンが家に戻って、米国行きが2〜3週間の単なる訪問でないことが最終的に判明した。

ヘルマン・ラインも彼を手元に置いておきたかった。アショフは1949年5月30日、ゲッチンゲン大学の定員外生理学教授に任命されたが、これにラインが関与していたことは間違いない。そしてその秋、ユルゲンのヴィルツブルグ時代は冬季学期が始まる前に終わった。休職中のヴェーリッシュ教授が主任の席に戻る見込みはさしあたり無いことが明らかになった。管轄省庁は後任者の招聘を議論しており、アショフはヴィルツブルグでの任務が終わった事を知った［233］。大学からの緊急の要請で、彼は再度新入医学生の選抜試験に関わった。それで、ヴィルツブルグでの彼の送別会が1949年10月31日に行われることになった。彼への記念品として、有名な先学であるマックス・フォン・フレイの椅子が、詩とともに彼に送られた。

古い主任椅子、今はまったく孤独である
なぜなら我らがアショフが旅立つからだ
研究所のすべてが悲しみの中にある
なぜなら誰もがアショフを本物で、良い人と知っているからだ
学生の友、誰も見たことがないような人物
もし何かしたいと思うなら、彼はいつもそこにいる
正直である者には、誰に対しても正直
フォン・フレイの主任椅子を世話している
だから、その椅子を持つべきだ
机に合わせて使って欲しい
今日は、お別れは言わない
オー、親愛なるアショフ、また戻ってきて欲しい

ヘルマン・ライン

ヘルマン・ラインは、多くの点においてユルゲン・アショフと彼の経歴に重要な影響を与えた。彼は1939年秋、ポーランド戦線からユルゲンを帰還させ、助手の席を手配し、多くの前線兵士がおかれていた危険から救った。1943年のスターリングランドの攻防戦の

図 4-6　ヘルマン・ライン

後、アショフはゲッチンゲンで無為に過ごすことができず、軍に志願する計画を立てた。それを思い留まらせたのはラインである［146］。彼は、後にアショフの次の職場としてハイデルベルグを世話した。ヘルマン・ラインは多くの点においてユルゲンに道を照らす手本となった。彼は行動的な科学者で、それゆえ研究は常に最も重要なものであった。専門領域をはるかに越えて、社会と政治に対する学術組織と科学者の責任について、はっきりとした考えをもっていた。戦後、その両方の分野が注目を浴びた。

　ラインは、最初学長代理（1945-46）を務めたが、その後 2 度にわたってジョージア・アウグスタの学長に選出された。1946 年と 47 年である。その役割として、彼は戦後急を要する教育と研究の復興に尽力した。彼は、学術教育と不可分の要素である活発な基礎科学研究のために常に努力した。彼は、若い研究者の自律性を科学の発展の本質的な要素と見なしていた。彼自身の研究所では、どの研究員にもプロジェクトの裁量権を与えたが、何時も援助と助言を用意していた。この様なボスの態度は、研究所に大きな成果と良い刺激をもたらし、規範となった［234］。我々は、それをアショフにも見ることになる。

　ラインの責任感は単に自身の研究所や専門領域に限らなかった。彼は大学の基礎研究を幅広く再建することに尽力した。それについて、最初は満足できる支援は得られなかった。1946 年、ラインが学長だった時、英国のファームハレに抑留されていた物理学者達が解放後のゲッチンゲンに戻って来た。カール・フリードリッヒ・フォン・ワイゼッカー（Carl Friedrich von Weizsäcker）と 3 人のノーベル賞受賞者、オットー・ハーン（Otto Hahn）、

ヴェルナー・ハイゼンベルク（Werner Heisenberg）とマックス・フォン・ラウエ（Max von Laue）である。ラインにとって喜ばしかったのは、彼と同じ考えをもつ科学者達の助言である。ハーンとハイゼンベルクはラインと協力して、ドイツ科学顧問評議会やドイツ科学委員会で活動した。これらの委員会は、すでに1946年1月1日イギリス軍統制部によってザクセン科学の助言組織として設立されていた。多くの残された課題とともに、委員会は科学機構の復興とドイツ科学雑誌の復刊を目的としていた。それにはFIATレビューも含まれていた。それは第3帝国における科学的事業とその成果を総括したもので、その多くは外国には知られてなかった。1928年のノーベル化学賞受賞者で、ゲッチンゲン出身のアドルフ・ヴィンダウス（Adolf Windaus）が評議会の議長であった。

会議の重要な成果は、科学研究のためのマックス・プランク研究所（Max-Planck-Gesellschaft：MPG）の設立である。1946年9月11日、MPGはバード・ドリブルグの大司教コレキウム・クレメンチヌムで、ヴィンダウス、ハーン、ライン、フォン・ラウエ（総てゲッチンゲン）、コーネン（Konen）（ボン）、プレラート・シュライバー（Prälat Schreiber）（ミュンスター）そして「何人かの優秀な企業関係者」が集まって設立された[235]、（[236], 284頁）。その間、ハーンはカール・ウィルヘルム研究所（KWG）の所長であった。イギリス占領区のあったKWGの研究所を新しいMPGに組み入れることが決められた。後に、それはアメリカやフランスの占領区にも広げられた。3つの占領地域すべてにおける「科学研究のためのマックス・プランク研究所法人」の新設は1948年2月26日、ゲッチンゲンで行なわれた。機構本部はゲッチンゲンに置かれ、1960年までブンゼン通12番にあり、オットー・ハーンが初代の理事長であった。ラインはさらに、1949年3月9日、ドイツ研究協会（DFG）の前身であるドイツ科学研究会議の創設に大きな役割を演じた。ハイゼンベルクが理事長に、ラインが副理事長に就任した。ゲッチンゲン市が、積極的な学長の影響を受けて、戦後ドイツ科学再建の中心地となったのは自明であった。

研究所にとって基礎研究が重要な意味を持つことを確信していたラインは、科学者として研究所の課題を取り上げることに尽力した。すでに述べたように、戦後ドイツの食糧事情は壊滅的であった。ラインは、食糧供給の際に割当量が少なく見積もられたことに驚愕した。彼はイギリス軍統制部の依頼で、専門家として食糧問題に関わることになった。彼は、食糧問題に関する一連の論文を発表し、ユルゲン・アショフをその仕事に引っ張り込んで、人間1人が必要とするカロリーと栄養源を、生理学者として明らかにするように指示した。ラインは、その事を公表し続けた。彼は当局に、戦後のドイツにおける劣悪な食糧事情を緩和するよう継続的に働きかけた。

ラインが学長だった時に取り組まなければならなかったもう1つの政治的テーマは、ダッハウ、アウシュビッツ、その他の強制収容所で行なわれた野蛮な実験に対するドイツ医学の責任問題であった。23名の医師に対するニュールンベルク裁判の際に、仮綴じの小

冊子「人体実験指令」がアレクサンダー・ミシャーリッヒとフレッド・ミールケ（Fred Mielke）によって出版された［113］。彼らの報告は、強制収容所の収容者に対して為された死に至る低体温や低気圧の犯罪的な実験について、共同責任が全医学界にあることを指摘していた。ミシャーリッヒによれば、医学研究の問題点は以下に要約される。「それは匿名の研究対象として、患者個々人を無視してきた。この事で、ラッシャーによってなされた類の研究が可能になった」［94］。

ラインは、前述の様な雑駁な非難に対して、確信をもって反論した。彼は、医学界全体には責任は無いと見なしていた。「この記録の出版者は追加所感として、全く非難の予知が無いだけでなく、高い人間性で世界に知られている数人の卓越した科学研究者に対して、これらの犯罪を承認した、または提案したという恐るべき疑いをかけている」［237］。この問題に関するミシャーリッヒとラインの激しい論争は鎮静化したが、それは主にGUZに掲載され、「記録論争」として知られるようになった。論争は、すでに言及した1942年のニュールンベルグ会議の席で、ホルツレーナーのダッハウで行なわれた低温実験の報告に対して、出席した医師達が反対したかどうかの問題に集中した。ヘルマン・ラインがフランツ・ブュヒナー［111］と同じように、この問題に肯定的に答えているが、議事録には反対意見は記載されていない。ナチによる軍事支配の時代と状況の中で、反対意見を議事録に載せることは誰も期待できなかった。しかし、ミシャーリッヒは議事録に異議がなかったことを、何の反対もなかったことの証とみなしていた。実際、その問題に完全に答えることはもはや出来ないし、またどちらが正しいかを決めることもできない。たとえ反対意見が、まぎれもない脅しのなかで出されなかったとしても、それによって出席者を共犯者と見なすことはできないだろう。当時ラインが、強い衝撃を受け、懐疑的になって会議から戻って来たとき、彼の妻エリザベート・ライン（Elisabeth Rein）が次のように書いている。「ニュールンベルグの会議参加者として、聞くに堪えない行為に対して抗議しようとする試みは、単に崇高な責任感の反応に過ぎない」［118］。

国家社会主義への拒絶は、ラインの日記にある数多くの記述から抽出することができる。2つの例を挙げれば充分であろう。1939年9月1日、「やっぱり戦争か！ 私は、このような政治的愚行は生涯決して起こらないだろうと信じていた。気が狂ったとしか思えない。私は、政治的'指導'の破産者達に対する怒りで涙が出た。彼らは歴史から何も、全く何も学んでいない。憐れな人間性」。1939年10月8日には、「信じられないことだが、総ての国民が平和を待望しているのに、権力と金銭を渇望している一味が平和を維持しようとしない。これでは、世界は徐々に破滅に進むことにならないか？」。1940年6月3日、「労働は意味を失った。戦争は、フランドルからの勝利報告がどんなにあったとしても、狂気の行為である。ヨーロッパは何時またそれから回復するだろうか？ 唖然とする愚行と無分別が勝利を祝う」。1943年7月11日、「ベルリンの高貴な支配者達は、無邪気になり、

途方に暮れ、神経質になっている。犯罪集団がその意思に従って世界を支配する」。などなど。そして1945年4月3日、「ゲーテとカントを輩出した国民は粗悪な独裁者のもとでどこへ連れられていくのか？」[118]。

ところで国家社会主義当局は、ヘルマン・ラインの日記を知るよしもなかったが、彼に対する信頼は以前ほど大きくはなかった。彼は帝国教育大臣のルスト (Rust) から「奇妙鳥」と見なされていた。外国の会議出席を取り扱った1938年の記録には、次のように記されている。ラインは「現在、国家社会主義的世界観を肯定しておらず、彼のサロンボルシェビズム的態度は戦後も長いこと全般的に知られていた」。さらにラインは「国家社会主義的高等教育政策への無条件反対者である」[94][40]。

ゲッチンゲン市は、ウェブサイトで次のように述べている。ラインの「科学者としての経歴は明らかにNS軍備拡張政策によって促進された」[238]。「国家社会主義的」科学者としてのラインの経歴は賞賛されたのではなく、むしろブレーキを掛けられたことは、1938年彼がハイデルベルグに招聘された事で判る。ラインは、カイザー・ウィルヘルム研究所の生理学主任の地位を与えられた。彼はそれを、誰にも邪魔されることなく残りの人生を基礎研究に捧げる又とない機会と考えた。しかし1939年3月、移籍についての交渉が行われ、ゲッチンゲンの職を辞任しようとしたとき、帝国教育大臣ルストはハイデルベルグへの転任を禁じた [94]。ベルリンの大臣係官は彼に言った。「あなたは留まるべきである。あなたの研究室は拡張される予定だ」[239]。科学者としての経歴は、多くの場合ナチ当局によって阻止された。1937年1月30日、総統公布によって、すべての国民はノーベル賞の受賞や推薦が禁止された [240][41]。

1945年10月末、ハイデルベルグの大学から新たな招聘が来た時は、ラインが大学を移る理由は無かった [235]。彼は、まさにゲッチンゲン大学の学長であり、大学と研究所の再建に尽力していた。彼は国民の飢餓と戦っていた。彼の奮闘が、また戦後の大きな社会問題に起因する抑うつ感と仕事の負荷が、ラインの健康を蝕んだ。彼はしばしば片頭痛と高血圧に悩まされた。彼の父親と兄弟は共に若くして高血圧症で死亡していたので、彼は自身が課した課題をやり遂げることができなくなることを心配した。1947年12月、ラインは大学病院に入院した。1947年12月17日の日記に書いている。「昨日、夜遅くなってからJ.A.が見舞いに来てくれて嬉しかった。彼はヴィルツブルグから素晴らしいフランケンワインを持参し、アッカーマン (D. Ackermann) からの挨拶と渡してくれた。この瞬間、私は志を同じにする人の友情ほど慰めになるものはないと感じた」[235]。アッカーマンはヴィルツブルグの生理化学教授で、ヘルマン・ラインの旧友であり、ユルゲン・アショフの新しい友人であった。

1948年学長任期が終了して、ラインは再び研究に専念することができた。彼の脾臓に関する研究は主として犬で行なわれたが、その研究から、酸素不足の際に脾臓から循環調節

作用を持つホルモンが分泌されるとの仮説が導かれた。彼はそれを暫定的に「ヒポキシリニン（Hypoxie-Lienin）」と名付けた。さらに詳しく調べるために、ラインは1949年まで、毎年春にナペルにあるラインハルド・ドールン（Reinhard Dohrn）の動物学スタジオに滞在し、研究した。彼の滞在は、仮説上の脾臓ホルモンをサメで研究することが目的であった。彼はそこで所長の娘、アントニータ・ドールン（Antonietta Dohrn）と共同で仕事をし、一連の研究を共著で発表した。しかし、ヒポキシリニンは不明のままで、解明されなかった。

1951年、ラインはハイデルベルグから3度目の招聘を受けた。今回は、彼の友人であるオットー・ハーン、マックス・プランク研究所理事長の直々の手紙によるものだった。1938年の時と同じ地位が考慮された。以前のカイザー・ウィルヘルム研究所は、1948年マックス・プランク研究所に改組され、新しい権限を有していた。ゲッチンゲン大学は、最高の業績を挙げた生理学者で、また以前の学長であるラインの待遇に多くの努力を払ったが、彼は長いこと躊躇しなかった。ラインは、もっぱら研究に専念することができる可能性を求めていた［239］。MPGは、ジーベンミューレンタールのワインベルゲンの山間に、彼と4人家族のために、後に買い取ることが出来る邸宅を建てた。交渉の後、さらに2日間ナペルに滞在した後、移転がほぼ現実のものとなった。研究室が、一部の助手と伴に引っ越すことは明らかであった。その中にはユルゲン・アショフも含まれていた。

研究への復帰

1949年、ゲッチンゲンに戻ってから、アショフは研究の再開を試みた。始めのうちは、そう簡単には行かなかった。5年間、彼は全く実験をしておらず、まず彼の身近にどんな課題があるのか、直ぐには判らなかった。FIATレビューに記載された1939年から1946年までのドイツ科学へのアショフの貢献、体温調節の生理学に関する総説［232］は彼自身が行なった研究をまとめたものだが、まだ終了していない課題であった。しかし研究を完成するには、プレチスモグラフ（容積測定）や血液や組織の温度測定など新しい技術が必要であった。加えて、彼は実験動物から人に切り換えるつもりでいた。そうこうする内に、他の多くの課題が主任代行としての彼に降りかかった。その間は、科学的成果を挙げることはできなかった。そのことは、ヴィルツブルグ大学の状況に関する彼の最終報告に見られる［220］。彼は多くの講義を担当し、ゲッチンゲンでの最後の年には、恒温性－恒常的な中核温の調節について［241］、また自発的な活動についての総説論文［242］を執筆した。

5年前、アショフ自身の手で行った測定で、熱放散が24時間の経過中に大きく変動することが（図3-7）彼の頭から離れなかった。この変動はどこから来るのか？ 実験中は睡眠を取っていないので、睡眠や覚醒が原因ではない。また食事も取らなかったので、食事時間の影響でもない。ずっと椅子に座っていたので、動きでもない。室温は一定に保って

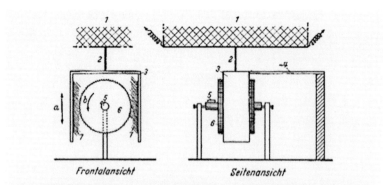

Abb. 1. Mechanischer Gleichrichter, der Schwingungen federnder Kleintierkäfige in gleichmäßige Rotation einer Walze umsetzt. Die Walze hat eine schräggeriffelte Oberfläche, die einen verlustfreien Schub durch die Haare der Seehundsfelle gewährleistet. 1. Käfig, 2. steifer Draht, 3. Bügel, 4. Blattfeder, 5. Walzenachse mit Nocken, 6. Walze, 7. Fell; a) Bügelbewegungen, b) resultierende Walzendrehung.

図 4-7　行動測定のための機械的整流器

いたので、温度でもない。と言うことで、人体生理学にはまだ知られていない何かがある。そこでアショフは生物学に向かった。彼は、多くの植物では恒常条件下で継続する葉の運動の日周期リズムに内因的な制御があることの明確な証拠を知った［243］。同様の結論は露バエ（ショウジョウバエ）の羽化リズムでも導かれていたが［243］、それは集団での推論で、個体ではなかった。

　そこでアショフは、同様の実験をマウスで行なうことに決めた。本来は高所生理学研究のために準備されたラインの気圧室は、1941 年以来使用されないでそのままになっていた。気圧室は恒温、恒常照明や恒常暗の制御に都合が良かった。彼は工作室で鳥かごを作った。かごはばねでぶら下げられ、その動きが機械的な整流作用により（図 4-7）、円筒に一定の回転を引き起こす［244］。円筒がアザラシの毛皮の糸で回転することを、アショフは若い頃スキー回転で知っていた。円筒が回る度に、回転している煤円筒に変動が記録される。別々の鳥かごに入れられた 6 匹のマウスが活動するたびに円筒が動く。それにより、日々のマウスの活動を記録することができる。その結果、恒常条件下で日周期リズムが中断することなく継続した。しかしその周期（period）は 24 時間ではなく、それより短かったり（恒常暗で平均 23.2 時間）、長かったりした（恒常明で 25.8 時間）。周期が 24 時間でないことは、そのリズムは地球の自転により発生しいかなる刺激にも依存していないことを示している。アショフは、リズムを 24 時間に同調させる「同調因子（Zeitgeber）」は存在しなかったと記載している［245］。

　最初の実験の後、すぐに多くの個体について何カ月もの間測定が行われた［246］。それらは最初の発見を確認するもので、この発見は 1 編の論文としてまとめられた。その間、アショフは多くの文献を読み、動物で内因性リズムを見出したのは彼が初めてではないこ

とを知った。リズム研究には長い前史があった。それについては、次の章で取り上げる。内因性日周期リズムの研究から、アショフは、自発的に変化する手の温度変動を何時か解明しようと思った。彼がラインと共にハイデルベルグに引っ越した時には、リズムはアショフの研究主題となっていた。

　その間に多くの出来事があった。1950年1月22日、ユルゲンの母親がフライブルグで死去した。クララ・アショフ・ルードウィヒ「家の女流詩人」は寡婦となった後も8年間、エッシェンホフに住み続けた。大きな家は、ヘルデルン地域と同じように、フライブルグに落ちた数多くの爆弾を避けて残った。クララは1階の寝室のみを使用していた。ユルゲンの姉のエヴァは隣に住んでいて、彼女の工芸作業場はまだ家の地下室にあった。フォルカー・アショフは、1947年まで家族とともに2階に住んでいたが、1950年彼はアーヘン工科大学の教授に招聘された。それ以外の家の部屋は全て貸し出されていた。クララは、フライブルグ中央墓地の夫の墓の横に埋められた。

　アショフの生活で大きく変わったことは、また旅行する機会ができたことである。1950年8月、ユルゲンはコペンハーゲンで開催された大きな国際生理学会に初めて参加した。旅費が少なかったので、彼はホテルではなくバラック宿泊所に泊まった。続いて9月3日、ヒルデと一緒に初めてスイスと北イタリアへ外国休暇旅行を楽しんだ。ヒルデの妹ゲルトルート、又の名をトルーデル、又は時に「おんどり」と呼ばれ、彼女も同行した。ベンジャミンから借りたと思われる3番目の車、フォルクスワーゲン・カリオレットで愉快な旅であった。彼らは、写真を取り、ヴェルトリーナ、キャンティ、ヴァルポリチェッラを飲み、冗談を言い合った。ヒルデはベデッカーを読んで聞かせ、トルーデルは塗装を、ユルゲンは素描を書き、日記を付け、彼らは楽しんだ。エンガディンの秋の紅葉、「神の目」越しにルガノを眺めるプルガトリオ、髭の生えた実存主義者とアスコナの陶器、ベルガモの中世、経済、ピーツ・ユリアーの上のマーモット、峠と景観など。帰り路、彼らはエンガディンのベヴァースにビベロニー（Biveroni）氏を訪ねた。「この児童学園で、私は22年前、9カ月間生活した」そして、車が止まった。「当時の初恋のことを一瞬思い出した」[247]、13-14歳のアショフの恋物語。

　遂に、ラインがハイデルベルクに招聘された。MPGの機構本部との交渉で、彼は次のことを強調した。「第1に研究所予算の充分な支払い。特に第1の共同研究者であり、部門の指導者であるアショフ教授にそれ相当の給与を支払うこと。同様に学術助手のブリュナーにも」[248]。以前のKWIはアメリカが占領した際に徴発され、新しい住人のための明け渡しは際限なく引き伸ばされた。明け渡しを促すために、MPGはラインに、アショフを先に赴任させてはどうかと助言した。それでアショフは「アメリカ人にいわゆる'しつこくつきまとってうんざりさせる'ことで迫るだろうが、彼らは容易に明け渡さない。アショフは継続的に彼らを軽くつつかなければならないが、それを本部よりも上手にやる

だろう。彼はアメリカ人に追い出されるかもしれないが、3日後にはまたやって来て、さらに彼らに迫っていく … アショフは、闊達に機転をきかせ、相応しい代理人となるだろう」[249]。

1952年の春、最終的にアメリカ占領軍が建物を明け渡し、移転の準備が始まった。1952年10月1日、オットー・ハーン理事長がハイデルベルグのヤーン通29番にある生理学研究所、医学研究のための研究所の1部門を正式に開設して、ヘルマン・ラインに引き渡した。すでに多くの共同研究者が、研究室の立ち上げ、実験室、作業所、動物飼育室の準備のために引っ越して来ていた。ユルゲン・アショフは、ボスがナペルに居る時は、ゲッチンゲンでもそうであったように、研究所の代理主任であった [250]。1952年5月30日までに、ハイデルベルグの覚書が交付された。アショフは、ハイデルベルグの東にあるヴォロート・シュリーバッハのロンバッハ通8番に、すでに小さな素敵な家を借りていた[251]。家族は、11月1日までにはそこに引っ越さなければならなかった。同様にラインの助手であるヘルマン・ブリュナー（Hermann Brüner）教授は、彼よりも早く来ていた。

ラインの邸宅建築は延期された。家は当初1953年5月1日に出来上がる予定であった。そのため、ラインの家族はまだゲッチンゲンに残っていた。ボスは、しばしば自分で車を運転して、ゲッチンゲンとハイデルベルグを往復した。1953年2月、彼はシュバルツバルトにあるサナトリウム「ビューラーホフ」に1週間入った。4月、彼は高血圧でゲッチンゲンの病院に入院した。同じ月の末にハイデルベルグの新しい家が出来上がったが、5月14日、ヘルマン・ラインは、非常に期待していた残りの人生を始める前に亡くなった。

ハイデルベルグの代理人

その日、ラインの周辺の多くに人にとって、悲しみと同じくらい不安の時が始まった。ユルゲン・アショフは1953年4月1日より、ハイデルベルグのマックス・プランク生理学研究所の所長代理に任命され、6週間後にはすでに臨時的な管理を引き受けなければならなかった。それは容易な仕事ではなかった。多くの共同研究者が、敬愛し尊敬していたラインに付いて、ゲッチンゲンからハイデルベルグに引っ越して来た。今、彼らはMPGが新しい所長を招聘して、研究所の個々の職の裁量権を与えるのを待たなければならなかった。年の暮に、ヒルデが5人の子供を連れてハイデルベルグに引っ越してきた時、ゲッチンゲンの職が1954年12月31日付けで解雇されるとの通知がアショフの郵便受けに入った。それ以外にも、MPG機構本部はアショフに、臨時主任として他の共同研究者を1954年5月1日付で解雇することを委ねた [252]。ラインの後任者が、何人かの共同研究者を引き続き受け入れることが期待されたが、そうは成らなかった。

1953年秋、MPGは後任者を積極的に探した。理事長のオットー・ハーンは10月、チュービンゲンの生理学主任教授であったハンス・ヘルマン・ヴェーバー（Hans Hermann Weber）

教授に、後任者の地位に興味があるかどうか尋ねた。ハーンはその際次のように述べた。「ハイデルベルグのラインの共同研究者の1人を何とか研究所の主任研究者として受け入れることができないか」[253]。それは、アショフかブリュナーの受け入れを意味していた。2カ月も経たないうちに、ヴェーバーは招聘を受け入れ、1954年4月1日に研究所所長に就任した。アショフは、MPG機構本部から解雇通知を受け取った直後、ヴェーバーはおそらく彼を共同研究者として受け入れるだろうという噂を聞いていた。しかし、ヴェーバーは彼のリズム研究を一切認めず、「正確な解析法はまだ熟していない」として、アショフにこの研究課題を諦めさせようとした［254］。ユルゲンは諦めなかったが、その他の点では将来のボスを最初から忠実に支えた。

ラインが来る前にゲッチンゲンから来ていた研究者達は、一時的にハイデルベルグで自由に過ごすことができた。彼らは、ヘルマン・ラインが始めた研究の幾つかを終わらせなければならなかった。ブリュナー教授は2人の共同研究者と共に、いわゆる応用生理学を手掛けていた。それは臨床医学や臨床のための生理学的測定法の開発に関するものであった。1955年にブリュナーがボンの航空医学研究に移った時に、このグループは解散した。残った人達は、アショフのグループに組み込まれた。彼のグループに所属していた人は、生理学者のアントニータ・ドールン、ウエルナー・メースマン（Werner Meesmann）、ヨハネス・シュミール（Johannes Schmier）、物理学者のリュートガー・ヴェーファー（Rütger A. Wever）、技術補助者のウラ・ゲレケ（Ulla Gereck）とレナーテ・ゲネリッヒ（Renate Gennerich）である。レナーテは後にリュートガー・ヴェーファーの夫人になった。ハイネマン（W. Heinemann）は工作室主任、ハインシュタイン（Heinstein）嬢とノイシェラー（Neuscheler）嬢は事務、ベイヤー（Beyer）嬢は手紙のタイプ係であった。主として犬の動物ファームが1つ、2つの動物飼育室、1台の車がアショフの管理下にあった。

アショフは、所長代理としての責任を最初から誠実に果たした。彼は権限を分けた[255]。彼が決めた仕事時間は、8時から13時までと14時から17時までであった。しかしそれらは「大雑把」であった。業務用の自動車は、マンハイムで行なわれた演奏会に乗りつけるなど[256]、研究所あるいは部門の共同利用車として用いることが許されていた。すでに早いうちから友好的な家族の雰囲気があり、それは後のアショフの研究所でもはっきりと示された。レナーテ・ヴェーファーは回想している。「研究所での仕事はとても家庭的でした。台所があって、皆で食事をしました」[257]。アショフは2階へ続く廊下に小さな台所をつくり、お昼にはそこで食事を取ることを習慣化した。彼は、全員が毎日少なくとも1度は会うことが重要と考えていた[258]。レナーテ・ヴェーファーは後年、アショフの大らかさに比べ仕事時間については厳格であったと述べている。「彼は厳格でした。とても厳格でした。朝は時計を手に持って立っていて、遅れて来ると機嫌を悪くしました。しかし、彼は臨時主任なので、当然のことながら何時も責任を感じていました」。研究所で

はいつものように山歩きや遠足があった。マックス・プランク医学研究所の3つの独立した研究所（1938年のノーベル賞受賞者リチャード・クーン（Richard Kuhn）の化学研究所、1954年のノーベル賞受賞者オルター・ボーテ（Walther Bothe）の物理学研究所、ハンス・ヘルマン・ヴェーバーの生理学研究所）の交流を図るため、謝肉祭が利用された。しかし、残念ながら謝肉祭の楽しみが交流によって長続きすることはなかった [257]。

アショフ家

　その間に、アショフ家は活動を開始した。家族は、代理人としてのユルゲン・アショフに依存している共同研究者の要望を最優先した。家族は遅れてハイデルベルグに来た。ユルゲンは、すでに1952年の春から、ロンバッハ通8番の家を借りていた。1952年11月、家族は10年間住んだゲッチンゲンのウィルヘルム・ヴェーバー通の家を引き払った。ヒルデは子供達を連れてまずノートバイラに戻り、フランス国境沿いのユング家の別荘に住んだ。その間、ロンバッハ通の家は改修され、整備された。祖父母のもとで一時的に滞在している間に、子供達はノートバイラの学校に通った。後日、娘のウリケが書いている。「総ての学年が1つの教室に集められました。1年生はレアス（アンドレアス）と私、2年生がクリストフ、3年生がザビーネ、そして他にも村から来た2人の子がいました。アンドレアスと私は手持ち石版に字を書いていましたが、その石版消しのスポンジはいつもランドセルにぶら下がっていて愉快でした。AsとBsは1列に並んでいました。私達はもう字を読むことは出来たけど、石墨で字をかくことは素敵でした」[190]。学校の教師は1人しかいなく、彼は小柄でお腹が出ていて、よく子供たちの指を竹のむちで叩いた。それにも拘わらず、彼らは喜んで学校に行った。1952年の4月、両親はザビーネを西ハイデルベルグにあるビープリンゲンの女子高等学校、エリザベート・フォン・ターデン校に入れようとした。しかしすでに時期が遅く、入学できなかった。彼女は直ぐにノートバイラに戻った [258]。

　家族は、翌年秋ようやくハイデルベルグに移って来た。ロンバッハ通は傾斜の急な坂道で、町の東側、城の近くのネッカー川から南斜面を上がったところにある。8番地は大きな庭のある白い家だった。夕方には、セコイアあるいはセイヨウスギの大木の影が出来た。この木については、植物学上の分類に関して長いこと論争があったが、結局セイヨウスギに決着した。それで、その家はセイヨウスギの家と呼ばれた。ヴィルツブルグでアショフの学生だったヘルマンとロロ・ホーエはしばしば客として訪れ、ねばねばのチョコレートキャンディーを持って来た [190]。ヒルデは、彼女を本名ではなく「ツェデリーネ」と呼んだ。引っ越し挨拶状に書かれている木はセイヨウスギではない（図4-8）。多くの遊び場所がある家と庭は、子供たちにとって夢のようであった。隣の家にはスペール（Speer）家が住んでいること、父親[42]がいないこと、彼はスパンダウで拘禁され、離れて生活していること

図 4-8　ハイデルベルグへの引っ越し挨拶状、ユルゲン・アショフの素描

などは気にならなかった[189]。家族は小屋や木の城を作り、それはしばしば数階建になった。家族は、多くの生き物を飼っていた。犬、うさぎ、モルモット、アトリ、マウス、旅行に連れて行くナナフシ、そしてまだ多くの動物 [259]。ヒルデは憩いの庭を作り、専門的に世話をした。彼女はレンドスブルクで習ったすべてをそこにつぎ込んだ。子供たちも手伝った。週末には、台所仕事をした。「私たちは何でも手伝った。何よりも、ハイデルベルグ時代は一言でいうと '遊び' だった。」[259]。

　子供達は、ネッカー川の下流にある国民学校、古い市立高等学校、あるいは英語研究所に電車で通った。お昼の休み時間に、彼らはしばしば町の真中、ネッカー川に面した父親の研究所で昼食を食べた。子供達はそこでよく宿題をした [47]。子供うち何人かは学校の成績が良くなかった。ヒルデは、子供の1人でも良い点数を取ったらいつでも逆立すると約束した [259]。ユルゲンは、悪い成績を簡単には受け入れ難かった。彼は夜にランドセルを調べ、単語をチェクした。

　両親の振る舞いについて、ウリケは後日書いている。「父親は、私達が賢く、大胆で、運動好きで、毅然としており、かつ品行方正であることを望んでいた。父は、無気力と非生産的なことの総てに腹を立てていた。それに対し母は、私たちの失敗や弱さを理解してくれて、悪い点を取った時は慰め、何かを壊した時は笑いとばし、病気になった時や気分が悪い時は特に優しくしてくれた」。また、「父は、私達の愚かさにしばしば腹を立て、特に思慮を欠いた発言を嫌いました。また父は、例えば自転車で何時間も家の周りを回るなど、意味の無いことを大変嫌った」[190]。貧しいハインリッヒ・フォン・ベンジャミン・フラ

ンクリン (Heinrich von Benjamin Franklin) の人生訓 "備えあれば、憂いなし"、"怠慢はすべてを困難に、勤勉はすべてを容易にする"、"情けはひとのためならず" などなどの格言がトイレに架かっていた。父は、体罰は性格を矯正すると考えていた。ザビーネが食事の時、何かの理由でおいおい泣いていたので、母はお父さんに放っておいたらと云うと、父はただ「それは難しいな」と云った [259]。ユルゲンはしばしば子供達を、特に息子達を、父親がそうであったように平手であるいは拳骨で殴った。あるとき、クリストフとザビーネが夜遅く家に戻って来たとき、クリストフがさんざん殴られた。ザビーネが怒って、何故私はぶたれないのと尋ねた。アショフは答えて、「男は女の代わりに引き受けることを学ばなければならない」[259]。クリストフは、他人がやったことでも、洋服掛けで尻を散々叩かれたことが何度もあった。彼がそれに文句を言うと、父は言った。「それは来週の分だ」。しかし息子は、父親が単に感情に任せて仕置きをしたと文句を言わなかった。そして彼が12歳になったとき、その種のお仕置きはなくなった [48]。とりわけアンドレアスは、しばしば仕置きを受けた。彼はしつけが難しい子供で、母親よりも双子の姉の云う事を良く聞いた [190]。子供達は誰も、そのような罰を不当とは思っていなかった。少なくとも後からは [47]，[48]，[190]。ただ、後にユルゲンの友人となった日本人の本間慶蔵 (注20) は、1度仕置きの現場を見たとき、驚愕したという [47]。アショフ自身は、時折感傷的となり、例えばクリスマスの時、しばしば涙を流したという。ヒルデは、彼の憤怒が容易には耐えがたいことを知っていた。彼女は、ユルゲンが怒りの発作に見舞われた時、彼を愉快にさせようとしばしば努力した。あるいは、ザビーネを連れて家を出て、そこには居ないようにした [259]。ザビーネが13回も試験に落ちたとき、ヒルデは彼女の腕を取って言った、気晴らしに午後のアイスクリームを食べに行きましょう、そしてお父さんには何とかこの事を説明しなさい [259]。父親の書斎で腰かけに座ってじっと静かにしている、あるいは浴室の床に敷いてある絨毯を巻き戻すという軽い罰が与えられた [190]。父親が悪態をつくと、母親が慰めた。怒り狂う人のために、台所の棚には放り投げて壊すため皿がいつも余分に置いてあった [260]。

　ヒルデが許せないのは、夫が他の女性と親しくすることで、例えば子供達がよく遊びに行ったクリンゲルヒュッテン通のお隣の奥さんや [259]、国民学校のアネッテの女教師 [260]。しかし、家族を不和にするまでには至らなかった。両親は家族のために、家族と共に多くの事をして、何よりも親密で一緒であることに努めた。彼らはシュバルツバルトのトットナウベルクにある大きな農場の小屋を借り、そこで冬には定期的にスキー週末と称して出かけた。夏の日曜日には、森と「岩の海」を散歩した。彼らは大きな声で歌を歌いながら森を行進した。家族は放浪の歌や料理の歌などが入った歌集を集め、多くの歌を暗唱していた。「幌なしの車で走るのは愉快だった。私達は、たとえ兄弟姉妹がいつも喧嘩していても、大家族をとても誇りに思っていた」とウリケは語った [190]。

図 4-9　ヒルデとユルゲン・アショフ　ハイデルベルグの後期

　アショフ家は独自の伝統を作り上げた。家族の歌が2つあった。またそれぞれが黒いジッフェル帽を持っていた。ヒルデが母になる前にジッフェルと呼ばれていたことに因む。クリスマスの日に、家族はシュリーバッハの整形外科病院に入院している患者に贈り物を持っていったが、それはフライブルグの野戦病院で行ったルードウィヒ・アショフのクリスマス慰問の遠いこだまであった。伝統に属するものに、例えば最初の登校日に持っていく学校紙袋（私達には無かった）、マヨネーズ［260］、コカコーラそしてテレビなど、外国製の物を拒否すること。「この様にして、私達は父親とともに大きくなった。父はいつも、私達に、異なる角度で考えてみること、別の思考法を試してみること、付和雷同しないことを推奨した」とクリストフは語った［48］。家族は、自分達を"コカコーラ及びテレビ排斥団体"と呼んでいた。本が詰まった大きな棚があり、家の女性達は、そしてユルゲンとアンドレアスも、読書好きであった。

　誇り高く活動的なこの大家族は、ハイデルベルグでもう1人の子供を得て完成した。1956年3月14日、フロリアン・オルター・ベンジャミン・アショフ（Florian Walter Benjamin Aschoff）が生まれた。

自立への道

　ヴィルツブルグでのヴェーリッシュの代理人、ゲッチンゲンとハイデルベルグでのラインの代理人、ハイデルベルグでのヴェーバーの代理人、その後もアショフには同様の役割が続いた。彼には、助手や学生に囲まれた独自の研究グループをもつ自立した科学者になる機会はあるのだろうか？　彼を放出することを最も望んでいた指導者の研究所に、その

機会が思いがけず向こうからやって来た。

　ヘルマン・ラインの死後、ユルゲンはラインによって計画された実験を積極的に終わらせようと取り組んだ。ラインの主たる関心事は、脾臓ホルモンに関する彼の仮説をさらに検討することであった。その為には、脾臓から採血をしなければならない。部門ではすでに1953年6月、多数の犬から脾臓を摘出することを計画していた［261］。この肝・脾臓プロジェクトはシュミールとメースマンによって実施され、技術助手のウラ・ゲレケが手伝った。1954年の始め、ヴェーバーは、これらの共同研究者達が研究所で現在の地位のままでいることを受け入れた。彼らは血液循環に関する1960年までの研究をマックス・プランク生理学研究所から論文として発表している。アショフ自身は、ラインの方針に沿った研究と彼自身の温熱制御の研究をさらに続けた。ここで、リュートガー・ヴェーファーとの長年に渡る共同研究が始まった。2人は似た科学的興味を持つが、全く異なるタイプの人物であった。

　ヴェーファーは、19歳のとき戦争で右肩に銃弾を受けて負傷した。その回復期に、フライブルグで物理学を学んだ。1945年以後、ゲッチンゲンで研究を行い、ライン教授の指導のもとで学位論文を書いた。彼は赤血球数を自動的に計測する器具を発明し、学位の他に特許も得た［257］。1953年4月、ヴェーファーと彼の新妻がハイデルベルグに移った。彼は研究所と正式な契約をしていなかった。実際、どこから収入を得ていたのかは不明である。ヴェーファー夫人によると、夫はただ解雇通知を受け取っただけで、何の契約もなかったことを、ハイデルベルグで言わなければならなかった。物理学者であるヴェーファーはラインが考案した熱流計に興味を持っていて、それを使って血管の血流速度を測定した。ヴェーファーは、この血流速度の計算の重要な改良で本質的な貢献をした［262］。短いハイデルベルグ時代（1953-59）に、アショフは熱伝動と温熱制御に関する29編の論文を発表し、そのうち20編はヴェーファーとの共同研究である。ヴェーファーがアショフの新しい研究課題、生物リズムに初めて興味を示したのは、ハイデルベルグ時代の後半、かなり経ってからであった。

　1954年、ハンス・ヘルマン・ヴェーバーが赴任して管理を引き継ぐと、ハイデルベルグ研究所の雰囲気は快活さを失った。ヴェーバーは、他の誰よりも生物化学志向であった。彼は研究者として筋肉収縮の機序に興味をもっていた。ラインの後継者達の研究課題にはほとんど興味を示さず、メースマンとシュミールを除いては、科学者達のほとんどを辞めさせようとした。ヴェーバーと彼らの関係は悪くなった［257］。赴任直後から、ヴェーバーは、研究所にとって最も重要なことは直ちにアショフを追い出すことと考えていた。まず、ウィルヘルムスハーベンにあるマックス・プランク海洋生物研究所の所長であるエーリッヒ・フォン・ホルスト（Erich von Holst）教授のところに彼を転出させようとした。しかし、フォン・ホルストはアショフを受け入れなかったし（その当時）、3万DMの年間補助

図 4-10　グスタフ・クラマー　飛翔方角を確定するために伝書鳩を放つところ

金も拒否した [263]。可能性のある代案は、バード・ナウハイムにあるマックス・プランク心臓研究所のルドルフ・タウエル（Rudolf Thauer）教授であった。この提案は最終的にマックス・プランク研究所に受け入れられた [264]。1954 年 11 月、タウエルはアショフを受け入れる用意があったが、数カ月後に提案を撤回した [265]。生物リズムはまだ認知されていない研究テーマであり、アショフのグループはとりあえず望まれないままハイデルベルグに留まった。

　リズム研究の意義を理解していた数少ない研究者の 1 人がグスタフ・クラマー（Gustav Kramer）（1910-1959）で、1948 年からウィルヘルムスハーベンのマックス・プランク海洋生物研究所に所属していた。クラマーは実験生物学として、野営地に飛んでいく渡り鳥の方向認識と渡りの機序の解明に従事していた。1950 年、彼は丸い鳥かごの中のホシムクドリが渡り時期、渡りを始める前に渡りの方角を向いている事、その際太陽に従って方角を決めている事を発見した。鏡で太陽光の入射方向を変えると、方向を変えただけ渡りの方角が変化した。鳥は太陽コンパスを利用しているに違いなかったが、それは時刻補正装置の付いた太陽コンパスで、そうでないと日々の飛行の際に、1 日の太陽の位置の変化に従って飛行方向が変わってしまう。クラマーは、その成果を 1950 年に発表したが [266]、同じ年に、ミュンヘンのカール・フォン・フリッシュ（Karl von Frisch）[43] が、ミツバチの方位測定に同様の太陽コンパスが使われていることを明らかにした [267]。太陽に従って方向を決めるためには、鳥は時間測定をしなければならない、それがクラマーの結論であった。そのことから彼は、周期性の研究がこの疑問に答える意義をもつことを知った。

ウィルヘルムスハーベンの研究所におけるグスタフ・クラマーの上司はエーリッヒ・フォン・ホルストであった。1954年の始め、マックス・プランク研究所はホルストの研究部門をコンラート・ローレンツ（Konrad Lorenz）が指導するミュンスターランドの村、ブルデンにある比較行動研究のための部門と組織的に統合することを決めた。その意図は、ミュンヘンの南のアルプス山麓に新しい研究所を作ることであった。この計画は、1955年6月14日の連邦議会の決定によって、スタルンベルク近郊の自然地区ゼービーセンに、マックス・プランク行動生理学研究所（MPIV）として実現した。ローレンツは1956年に、フォン・ホルストは1957年に移転した。グスタフ・クラマーは1956年6月、マックス・プランク研究所で承認された提案、行動生理学研究所内に独立した2つの研究部門を共同でつくる事をユルゲン・アショフに相談した。ボーデン湖のメニンゲン水城にあるラドルフツェル鳥類展望台もそこに所属する予定であった。鳥類展望台はマックス・プランク研究所に編入され、主として鳥の渡りの研究に用いられていた。展望台は独立した研究所ではないので、クラマーはその運営もしなければならなかった。彼はアショフとの共同研究により、生物リズム研究へ直進することを期待していた。時間方向性と空間方向性の結合。

アショフは熱心であった。1990年、彼は医学から生物学に転向したことについて、当時を振り返って述べている。「私の'一匹オオカミ'としての運命は、鳥で太陽コンパスを発見したグスタフ・クラマーや、振動子の結合や'相対的協調'について習ったエーリッヒ・フォン・ホルストとの出会で大きく変わった…（医学志向）の生理学から、より守備範囲の広い生物学（そう思う）に大きく方向転換したのは強烈な経験であった…」[268]。クラマーは、鳥類展望台が重要な議論の的となったので、ゼービーセンに移ることは止めて、展望台の近くにあるボーデン湖に留まり、どこかの大学に使ってもらうことを早急に取り決めた。彼はアショフに自分の考えを納得させた。すでに1956年、2人の部門の建設地として、チュービンゲン以外に候補選びが始まっていた。チュービンゲンから約40km西にあるワルドドルフ近くのバルド・シェーンブーフのマックス・プランク研究所に属する土地が選ばれた。1957年6月27日、マックス・プランク研究所の理事会はウィルヘルムスハーベンのクラマー部門とハイデルベルクのアショフ部門を、研究組織としてマックス・プランク研究所に組み入れることを決めた[236]。彼らは、行動生理学研究所のワルドドルフ付属研究所が新設されるまで、今いる部門に留まった。1年後の1958年4月1日、アショフはマックス・プランク研究所の科学委員に選出され、ローレンツ、フォン・ホルスト、クラマーに次いで、行動生理学研究所の主任研究員に任命された。ユルゲンは終に代理から外れた。自身が科学者として発展することへの障害は取り除かれた。

5章　生物時計 — 前史（〜1960）

　ユルゲン・アショフが熱中し始めた1950年代は、生物リズムは研究領域として確立したテーマではなかった。リズム研究者は、自分達が偶話的な現象ではなく、生命の本質的な特性を研究していることにまだ気づいていなかった。広く受け入れられる理論的基盤が欠け、実験手法に統一性が無く、多岐にわたるシステムを包括して理解する共通の言語が未発達であった。厳密な定義がなかった。上がったり、下がったりすることが総ていわゆるリズムであった。この様な未熟さのため、リズム研究は正当な評価を得ることができなかった。それに加え、いかがわしい占星術に似たものや、神秘主義的解釈、当時ジークムント・フロイト（Sigmund Freud）の友人であったベルリンの耳鼻科医ウィルヘルム・フリース（Wilhelm Fliess）に起源する例の「バイオリズム」が現れた（269）。この点において、アショフは明確で直接的な分析的視点と幅広い文献論評で多くの貢献をなした。彼は1950年代に、後に「時間生物学」と名付けられた研究領域の確立に決定的な役割を果たした。アショフの本質的な貢献は、それ以後使われてきた概念の背景を知ることで初めて理解できる。それ故、この研究分野の発展の歴史が本章の主要なテーマとなっている。発展は最初生命科学の3つの分野、植物学、動物学、そして医学で進行した。

葉の運動

　まず始めに植物学者が関与した。彼らは正しい認識を得るまでに長い年月を費やした。植物が内因性の時計を使っていることが証明され確立されるまで200年かかった。

　多くの植物は日々葉を開閉している。昼間は水平方向、夜は垂直方向に下方に折りたたまれることが多い。その運動が太陽の光に反応しているかどうかが問題であった。18世紀に、当時パリで天文学者として有名だったジャン・ジャック・ドルトウィス・ドゥ・メラン（Jean-Jacques d'Ortous de Mairan）（1678-1771）が最初に疑問を持ち、ミモザ、マメ科の一種で小さな熱帯植物を用いてその事を確かめた。ミモザの葉は羽状の構造で、およそ20個の小さな羽葉が葉茎の両側についている。それに触れると、羽葉は一斉に閉じる。そのため、その植物を英語では「Sensitive」（敏感）、あるいは「Touch-me-not」（さわらないで）といい、ドイツ語では、あたかも何かに隠れるかのような運動なので、「schamhafte Sinnpflanze」（はずかしがりの知覚植物）と呼ばれている。しかし羽葉は葉に触れなくても午後遅くなると自然に折重なり、朝は日の出の後に再び開く。

　ドゥ・メランは、その運動の原因は太陽の刺激かどうか知ろうと思った。1729年、彼はパリの王立科学アカデミーに、その運動を起こすのに植物を太陽や自然の空気に暴露させる必要はないと報告している。ミモザを暗い場所に置いておいても、羽葉は開閉運動を続ける。「オジギソウは、太陽を見なくても、それを感じている」[44]とドゥ・メランは短い報

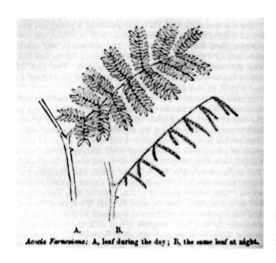

図 5-1 葉の運動、ダーヴィンによる（（1）、382頁）

告書に書いている [270]。興味深いのは、後にカール・フォン・リンネ（1707-1778）が「就眠運動」と名付けた葉の運動を、ドゥ・メランが人間の睡眠覚醒と関連づけた事である。彼は、「それは、寝台に寝ていても昼と夜との違いを感じる、多くの患者の不幸な感受性を解明する上で重要と思われる」[45]と書いている。この直感的に語られた2つの現象の関連性は、2世紀の後、人体生理学者であるにも関わらず、アショフが植物や動物に興味を持ったまさにその理由であった。

　しかし、ドゥ・メランの実験から判ることは多くはない。ミモザは「太陽を感じる」。当然ながら、彼の「暗い場所」は、昼間はある程度明るくて、光を少しだけ感じることができたのかも知れない。20年後、別の2人の研究者がより厳密な実験を行った。2人はドゥ・メランよりも正確に光と温度を調節した。パリにアンリ-ルイ・デュアメル・モンソー（Henri-Louis Duhamel du Monceau）（1700-1782）、好奇心の強い貴族で何にでも興味をもつ「博学者」、法律家、技術者で、熱心な植物学者がいた。彼はドゥ・メランと同様、王立科学アカデミーの会員であった。デュアメルはミモザの植木鉢を大きな革製のつづらに入れて、地下室の閉鎖された部屋に厚い毛布をかぶせて置いた。遮光は完全であり、温度もおそらくほぼ一定であっただろう。それにも拘わらず、日々の葉の運動は持続した。光も温度変化も運動には必要でなかった（[271], 158頁）。同時期に、ゲッチンゲン大学の若い教授、ヨハン・ゴットフリード・ジン（Johann Gottfried Zinn）（1727-1759）[46]が、外から光も空気も入らない完全に閉鎖された地下室にミモザを入れた。にもかかわらず、その葉は、温室に置かれ外の光に当てられた植物と同じ時刻に開いたり閉じたりした [272]。

　この3人の研究者は誰も1歩進んで、24時間の葉の運動が外部からの刺激無しに、植物そのものによって制御されているとの仮説、後にアショフの時代に内因性と呼ばれた仮説までは示さなかった。彼らは、光や温度以外の未知の環境因子が存在して、それが24時間

周期で昼夜変動し、葉の運動の外的原因であると主張した。内因性外因性の起源論争は別の植物学者によって始められ、1世紀ほど続いた。スイスのオーギュスタン・ピラミュ・ドゥ・カンドール（Augustin Pyramus de Candolle）(1778-1841) は、故郷のゲンフで植物学の信望厚い教授であった。彼は、ミモザを連続暗黒ではなく人工的な連続照明にさらした。それで観察が容易となり、記録が正確になった。カンドールは1832年に記述している。「ミモザを連続照明にさらすと、通常の条件下と全く同じように、睡眠と覚醒を交互に繰り返した。しかし、その両方の周期はそれまでよりも短くなった。その早い進み具合（加速）は多くの鉢で1日に1.5時間から2時間ほどであった …。これらの事実から、次のような結論が導きだせると思う。つまり、葉の就眠運動は、植物に内在する周期的に変動する特性と結びついている …」[273][47]。葉の運動の周期が24時間ではないことは、リズムの形成が地球の自転に関連した外部の因子によるとの仮説とは両立しない。外部からの刺激は常に24時間周期でなければならない。

　カンドールの結論は完全に正しかった。彼は、その時代に影響力をもっていたある植物学研究者の支持を得た。ヴィルツブルグ大学の教授であったユリウス・ザックス（Julius Sachs）(1832-1897) は、実験植物生理学の創始者と見なされている。ザックスは、ドゥ・カンドールが行なったのと同様の実験で、先駆者よりもさらに1歩前進した。彼は記述している。「周期的な運動は本来明暗の変化には依存しないが、通常の条件下では光刺激によって制御される」[274]。その意味するところは、運動リズムは植物自身によって駆動されるが、明暗によって外界周期に同調しているということである。

　1875年、これらの重要な発見がなされた直後、ザックスの以前の助手であったウィルヘルム・フェッファー（Wilhelm Pfeffer）がある本に「葉の周期的運動」について書いている。そこでは、恒常条件下の葉の運動が内因的に駆動されている証拠について何らの言及もない。彼はその現象を単なる「後効果」あるいは「後振動」と解釈した。羽葉が外部の明暗変化に刺激されたことによる短期間のやがては消滅する効果（後効果）であると[275]。それによってこの問題が解決されたものと見なし、彼は研究を自分にとってより重要なテーマに変えた。フェッファーの権威が強かったドイツでは、引き続いてこの研究を発展させる者はいなかった。

　しかし、チャールス・ダーヴィン（1809-1882）は晩年にロンドンの近くの別荘ダウン・ハウスで植物運動の研究を行った。1880年、彼は最後から2番目となる本を書いた。「植物の運動力」は、後に植物学者となった息子のフランシス・ダーヴィン（Francis Darwin）との共著であった。親子は、周期的な葉の運動が、フェッファーの解釈とは反対に内因的であり、遺伝的な素質によって決められていることに何の疑いも持っていなかった [1]。ダーヴィンは、生物学では常に機能を追究し、この運動の重要な一般的な意義を知っていた。彼は、運動している葉は例外なく昼間はおおよそ水平に、夜は垂直に位置を取ること

図 5-2
リチャード・ゼモン

を観察した。ダーヴィンによれば、葉の昼間の位置は太陽光の吸収を最大にし、葉を閉じた夜の位置は熱の放出を少なくする。ダーヴィンの推測は1世紀の間注目されることはなかったが、1982年に実験的に確認された［276］。

　1900年頃、フェッファーやダーヴィンとは完全に対立する考えが現れた。1905年に、イエナの進化生物学者エルンスト・ヘッケル（Ernst Haeckel）の以前の学生であり、同僚であったリチャード・ゼモン（Richard Semon）（1859-1918）が重要な突破口を開いた。ゼモンは、生きている組織に環境の情報がどのように作用するか考えた。彼は、著書「記憶」［277］の中で、外部からの刺激によって生物に残された痕跡、「エングラム」を想定した。彼はしばらくの間、フェッファーの後振動を環境からの信号が作用する素晴らしい例と見なしていた。彼は、植物に様々な人工的な周期の明暗サイクルを与えると、その差は後振動にも見られるはずであるとの仮説を立てた。彼はその実験を成長した豆の苗で行なった。植物は予め12、24、48時間周期の明暗サイクル下に置かれてあったにも関わらず、振動は常に同じ約24時間の周期を示した。ゼモンは、遺伝的な24時間の性質が問題で、彼の予想が間違っていた事、またそれ故にフェッファーの解釈が正しくないとの論理的な結論に達した［278］。

　それがフェッファーを刺激した。葉の運動に関する彼の研究が、30年後に突然再び引き出される機会となった。ゼモンの研究の2年後、1908年にフェッファーは後振動の古い標語をくり返したが、今度は葉の運動が自動的に登録されると修正した。彼はその際、激しくゼモンを攻撃したが、その結論を本質的に覆すことができなかった［279, 280］。1915年、彼は多くの資料を基にして、用いる植物種によってある条件下では運動周期が1日と

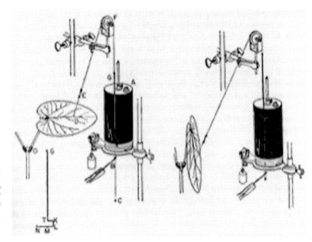

図 5-3　アントニア・クラインフンテ考案のカナバリアの葉の運動を測定する実験装置（1928 年）。日中の葉の運動（左）と夜の運動（右）が回転する煤けた円筒に細い針で転写される

なる自動能力があるとした［281］。しかし、彼は、無名の雑誌に発表した長すぎる論文の中で、節度を失った明快さを欠く文章で、先駆者のドゥ・カンドール、ザックスやゼモンの意義を認めることを躊躇した。ゼモンの人生は、経歴と妻を失った後、大戦に敗れ、出口を見いだせずに、1918 年自分で選んだ劇的な最後で終わった［282］。

　フェッファーと同じく他の多くの植物学者も、ドゥ・カンドールが 100 年前に根拠に基づいて証明したにも関わらず、植物が内因性のリズムを利用していることを受け入れなかった。彼らは、まだ発見されていない環境因子 X が運動を制御していることに望みをつないだ。1920 年代、その様な仮定上の外部刺激があったとしても、非常に減弱しているか、あるいは全く影響を及ぼさない条件下で実験が行われた。ヴィルツブルグのハンス・クレマー（Hans Cremer）は、コッフェンドルフ・アム・ネッカーにあるウィルヘルム II 世皇帝塩抗の 180m の深さで、インゲン豆の発芽の研究をした［283］。ローゼ・ストッペル（Rose Stoppel）（フライブルグ i. Br,）は、インゲン豆を夏に亜北極圏のアイスランドに持っていった［284］。そこは北極圏の南の地で、まだ白夜になっていなかった。フリードリッヒ・フェーゼ（Friedrich Fehse）は、植物をハンブルグのエルベ川のトンネルに置いた［285］。ある時は葉の運動は正常に維持され、ある時は植物が枯れて運動を止めた。一定の結果は得られなかったが、彼らは未知の外的因子、おそらく地磁気にこだわった［284］。

　1920 年の終わりごろ、葉の運動に関する内因性外因性論争は内因性仮説が有利と結論された。1928 年、オランダで、アントニア・クラインフンテ（Antonia Kleinhoonte）がユトレヒト大学で学位論文「光に制御されるカナバリアの葉の自動運動」を発表した［286］。彼女は南アメリカ産の巨大豆を研究対象に選び、大きく強固な初代葉の周期運動を様々な条件下で数週間観察した（図 5-3）。

　彼女は、自動的に生起する多くの日周期リズムを連続照明下と連続暗下で記録し、100

図 5-4　内因性と外因性理論の信奉者達。1939 年ユトレヒトでの生物学的リズム研究国際学会におけるアントニア・クラインフンテ(左)とローゼ・ストッペル

年前ドゥ・カンドールが観察したのと同じ様に、24 時間よりもわずかに短い周期を認めたが、しばしば 24 時間より長い周期もあることを報告した。彼女はそれ以外に、明暗サイクルの変位が運動リズムを変位させることも示した。非常に短い、1 分間の光刺激がリズム位相に変化を起こした。クラインフンテの結論は、学位論文の題に要約されるように明確であった。運動周期は自律的（内因性）であり、外部の明暗サイクルに調節（同調）されている [287]。それは、半世紀以上も前、1986 年にユリウス・ザックス [274] によって示唆され、今日では多くのデーターによって支持されている命題である。

2 年後の 1930 年、イエナのビュニング（Bünning）とステルン（Stern）[288] が、豆の発芽の際にみられる葉の運動が 24 時間から外れた自律性周期を示すことを確認した。個々の植物は異なる周期を示し、それは唯一の外因性因子仮説とは相容れないものであった。ビュニングはこの周期の違いを交叉実験に利用し、日周期リズムの遺伝的性質を明らかにした [289]。それ以来、植物リズムの内因性起源は広く受け入れられるようになった。

20 世紀の半ば過ぎてもなお、リズムの起源が内因性か外因性かの論争に最終的な決着をつけようとする実験がしばしば実施された。その際、地球の自転の影響を排除する試みがなされた。カール・ハンムナー（Karl Hamner）と共同研究者は南極大陸の極点に回転台を置いた [290]。彼らは、回転台を地球の自転とは逆の方向に回し、自転のいかなる影響も排除しようとした。回転台に置かれたケージの中のゴールデン・ハムスターは、台の横に置かれた別の動物が示したのと変わらない内因性の活動周期を示した。1980 年代には、地球の影響圏外のスペースラボで実験が行われた。スペースラボ上の赤パンカビの胞子形成リズムは、同時に地上のケープ・ケネディーで行なわれた実験結果と何ら変わらず持続した [291]。地球の周囲も、概日リズムの発現に何の影響も与えなかった。

研究者は、19 世紀に行われたドゥ・カンドールの観察の意味、リズム周期は 24 時間から

外れている、を良く理解できていれば、X因子を探す試みはしなくても済んだであろう。アショフの時代には、葉の運動に関する2世紀に渡る研究の成果は明確であった。内因性起源は、リズムが恒常条件下で24時間と多少異なる周期で持続することを示した実験で証明された。しかし、同様の結論が動物や人にも当てはまるかどうかを確認するためには、まだしばらく待たねばならなかった。

動物実験：活動と休息

ユルゲン・アショフは、予期せず明確な内因性リズムをマウスで確認した最初のリズム実験［245］の後（第4章参照）、1950年代には、日周期リズムのすべての文献、まず始めに日周期リズムに関する動物データーを収集することに専念した。その際、植物の場合ほど過去に遡る必要はなかった。動物学では、日周期リズムの研究は植物学より200年遅れていた。動物学でも似た歩みをたどったが、その速度はより速かった。

リズムが恒常条件下でも維持されることの最初の証明は、蛾の研究で行われた。多くの昆虫の複眼では、朝と夜に色素が移動する。この色素移動は、あたかも朝が来るとサングラスをかけ夕方には外すように、光受容体を昼間の過剰な光から守る機能をもつ。1894年、ウィーンの生物学者キーゼル（A. Kiesel）は、蛾を連続照明下に置いても、色素移動は24時間周期で生じることを確認した［292］。英国では、シンプソン（Simpson）とガルブレイス（Galbraith）（1906）がアカゲザルで、体温の日々の大きな変動が、連続明や連続暗でも持続することを発見した［293］。米国では、カート・リヒター（Curt P. Richter）（バルチモア、USA）がラットの自発行動を測定し、そのリズムも連続暗で停止しなかったことを見出している［294］。

これらの結果は、内因性起源か外因性かを結論づけるまでには至らなかった。それがイリノイ大学の博士、メイナード・ジョンソン（Maynard Johnson）の白足マウスの研究で変わった。ジョンソンは吊り下げられた可動性のあるかごでマウスの行動を測定した。そして、夜に活動し昼には休息するマウスの自発運動が、夜に光を当て昼は暗くしておくと、逆転することを観察した。夜の光を消して連続暗としても、活動は昼に留まった［295］。連続明でも、活動休息の変化は同様に見られたが、連続暗の時よりも24時間とは異なる長い周期を示した［296］。これらの結果はリズムが内因性起源であることでしか理解されない。ジョンソンはそれを「特別に強力な持続的、自律的そして自己制御的時計」[48]と呼んだ。動物学者はドゥ・カンドールよりも100年遅れてこの結論に到達したが、その解釈が分かれることはほとんどなかった。アショフがリズム文献に没頭していた頃、動物学ではすでに多くの実験システムがあり、日々の周期性が恒常条件で持続することや周期が24時間からずれる事が示されていた。例えば、トカゲ［297］やコットンラット［298］を用いて、周期の内因性起源が問題なく認められた。アショフは、最初のマウス実験時にジョンソン

や他の研究を知らなかった。戦争事情のため、彼はこれらの新しい文献を得ることがほとんどできなかった。マウスが内因性に生起する睡眠覚醒リズムを示す事を、彼は独自に確認していた［245］。アショフの2番目の論文では、メイナード・ジョンソンに言及し、その価値を認めた［299］。

次に、アショフはマウス用のかごに鳥のウソを入れて、鳥にも内因性の行動リズムがあることを確認した。しかしこの昼行性の動物では、恒常明下の周期は約22時間で、周期が24時間より長い夜行性マウスとは対照的であった［300］。アショフは後に、照明効果の問題に取り組んだ。1950年代の初め、研究者はリズム現象を生物学における共通した基本法則と見なすまでもう1歩であった。日周期変動について、内因性機構とその背後にある共通原理について、またリズムが関与する多種多様な機能について多くの課題が提示された。アショフの主たる興味は、もちろん人であった。しかし彼は、動物実験が人のリズムを理解する鍵であることをすでに知っていた。

生きている時計

周期性の内因性起源を考える時、人の日周期リズムの研究は生物学より困難が少ない。植物の場合、周期的な葉の運動など非常に複雑な現象では、外部刺激に対する反射的な反応の可能性があり、内因性の証明は難しかったであろう。動物の場合は中枢神経系があるので、内因性の根拠は容易に受け入れられた。人の場合、睡眠と覚醒が単に明暗に対する単純な反応とも、また地球の自転に関連した他の因子に対する反応、例えば電磁気刺激に対する反応とも考えられていなかった。それ故、実験的根拠が長いこと無かったにも関わらず、内因性時計の概念は植物や動物の場合よりもかなり早くから受け入れられた。

ゲッチンゲンの物理学教授であるゲオルグ・クリストフ・リヒテンベルグ（Georg Christoph Lichtenberg）（1742-1799）はすでに次のように主張している。「いわゆる人と呼ばれる生物は通常時計に従って歳を取る。しかし、時計に従って振る舞うことは、内因性の時計機能を前提としており、それによってはじめて持続や予測が可能となる」（［301］，142頁）。リヒテンベルグの学生、クリストフ・ウィルヘルム・フフェランド（Christoph Wilhelm Hufeland）（1762-1836）はプロイセン国王フリードリッヒ・ウィルヘルム3世の晩年の侍医であったが、さらに1歩進んでいた。彼の有名な著書「長寿学、寿命を延ばす技術」［302］に記載されている。「24時間周期は、地球の周期的な回転によって総ての人々に伝えられ、特に人の身体機能によく表われる。総ての疾患でこの規則正しい周期は認められ、身体にみられる驚くほど正確な周期性が基本的に24時間周期によってのみ決められている。それは、いわば自然時間学の単位である」（［3］からの引用）。

ジュリアン・ジョゼフ・ヴィレー（Julien-Joseph Virey）（1775-1846）によって示された現象は「時計」と明確に表現された。ヴィレーは自営業の薬剤師で、多くの自然科学問題

に活発で幅広い興味を持っていた。彼は39歳のとき、健康と疾病に関する人間生活の様々な側面における24時間周期の研究を行い、パリ大学で学位を取った［303］。その中で、病院での死亡の日周期変動を初めて示し、朝6時に最も多くなると報告した。また彼は、薬の処方の際に時刻によって薬物感受性が異なることを考慮するようにと医師達に警告した。これらの時刻による変動は、たとえ根拠が完全ではないとしても、内因性の生まれながらのリズムに基づくと彼は主張した。「それは、お互いに結び付いている歯車の様に、自然によって発達し、太陽と天体の急速な動きに同調する生きた時計の様なものではないだろうか」[49] と彼は自問した。ヴィレーの念頭には単に内因性の時計があっただけではない。彼は、それが太陽によって地球の自転に同調することも予想し、同調（entrainment）の概念を初めて用いた。ヴィレーは彼の時代よりはるかに進んでいて、時間生物学の創始者の1人と見なされる［304］。

19世紀は、人体生理学がほとんどの身体計測値に日周期リズムがあることを明らかにした時代である。心拍数、体温、炭酸ガス排出量、酸素摂取量、尿産生、胆汁排泄、血圧、ヘマトクリット値（血液容積に対する赤血球の割合）など、測定されたほぼ総ての機能が体系的に日周期変動を示した。それは、パリの著名な生理学者クロード・ベルナール（Claude Bernard）（1813-1878）によって確立された生理学の明確な思考方法とは相容れないものであった。ベルナールは、身体における一般的な生理学的状態を「内部環境」（内なる海）［305］と述べ、それは外部環境のかく乱から常に守られている。この安定化の過程は、後に1929年、オルター・キャノン（Walter Cannon）（1872-1945）によって「恒常性」と名付けられた［306］。この考え方が如何に重要であったとしても、彼らは内部環境が一定条件ではなく、たとえ環境に何の変化がなくても、体系的に日周期的に変動している事実を見落としていた。この事は、ベルナールの時代にはまだ知られていなかったが、キャノンの時代にはすでに明らかになっていた。

"内因性か外因性か"の問いは、植物学者の間では大いに議論があったが、人体生理学では最初からほとんど提示されなかったので、正解もなかった。人体生理学者がより関心をもっていたのは、日周期的な生理変動が行動に起因しているかどうかであった。リズムが行動や休息の結果なのか、食事の影響なのか、例えば、ヨハンソン（Johansson）は1898年、ストックホルムのカロリンスカ研究所で、絶食と身体運動の完全な制御下にある人の体温と物質代謝の日周期変動は、いくらか弱まっているが依然として持続したことを確認している［307］。1923年、シカゴのナタリエル・クライトマン（Nathaniel Kleitman）は、40時間から115時間の断眠の際に、振幅はいくらか低下するが、体温の日周期変動は持続したことを示した。行動の周期性は体温変動の原因ではなく、たかだかそれに影響する因子の1つでしかない。実際のところ、これら実験はすべて温度調節のリズムはどこから来るのかという、アショフの疑問に答えるものではなかった。

リズム研究の萌芽

　1930年代、人体生理学者の多くは自発的な日周期変動がどの様にして、またどこで生じているのかまだ理解していなくても、その大きな意義は認めていた。日周期変動の発現と機能についての科学的解明への熱意が、まずスカンジナビアで生じた。それに伴い、研究者達の定期的な会合の要望が高まった。1937年8月、スウェーデンの南海岸にあるロンネビーで、生物学的リズム研究の最初の会合が組織された。そこで、直ちに「生物学的リズム研究の国際学会」が設立された。共通言語はドイツ語であった。当時、多くの科学分野で「国際語」はまだそうであった。20名の参加者のうち多くは医学者で、主としてスウェーデンから来ていた。しかし、例えばプラハのハンス・カルムス（Hans Kalmus）[308] やデルフトのアントニア・クラインフンテのように、生物学者も何人か混じっていて、彼らは役員に選出された。会長のエリック・フォースグレン（Erik Forsgren）は、ユトレヒトで行なわれた第2回の会議で（1939）、「リズム研究は、特に自然科学の様々な原理をつなぐ仲介者として相応しい」ことを強調した [309]。学会は、その間世界中から約70名の参加者を集めるほどに成長し、第3回の会議を1941年ドイツで開催することに決めた。しかし、それは戦争のため8年後に実現し、1949年9月ハンブルグで開かれた。講演の数は倍増し、33題であった。

　学会を立ち上げることで、曖昧さはなおも残ったが、新しい分野の輪郭が現れ、古典的原理を越えること、また通常は互いに会うこともない研究者達を集めることで、特別な注目を浴びた。学会が科学者を結集させた要因は、基本的に、既存の基準で測定した値が変動することであった。生物学的リズムの発現が内因性か外因性かの問題はあまり議論されなかった。それは参加者の見解が完全に一致していたことを意味しない。ハンブルグの大学病院の教授で、1950年学長になったアルチュール・ヨーレス（Arthur Jores）(1901-1982) は、肝臓機能の周期性を研究していた。彼は1953年バーゼルでの第4回会議で学会長に選ばれた。ヨーレスは、ハンブルグでもバーゼルと同じく閉会の挨拶で内因性外因性の解明が誕生して間もない科学の主題であると述べた。しかし彼自身は純粋に外因性と考えていた。「誘導的作用をもつ外因性因子が何であろうとも、さしあたっては完全には解明されていない問題であり、今後数年間で研究が強力に推進されるのは確実である」[310]。

　初期の大会の抄録を読んだ人は誰も、発表された現象の多様性に驚くであろう。それは呼吸リズム、労働災害の日周期変動、植物成長の年周期などであった。またリズム現象を表現するのに、共通の言語が欠けている印象をぬぐい去ることはできない。値が周期的に変化しているという共通性のみで、統一された言語が無くて多様な測定結果をいかにして理解できるであろうか。

　1950年代の揺籃期の学会が実際に成長するためには、3つの要素、現象の整理と区別、

リズム研究の萌芽   125

図 5-5　1953 年 9 月、バーゼルにおける第 4 回生物リズム国際学会の参加者。
3 列目中央にユルゲン・アショフ(3)

　概念と用語の統一、そして出来れば機能との関連性が必要であった。ハイデルベルク時代のアショフは最初の 2 つの欠損を埋めることに大いに貢献した。彼は興味のあるどんな科学的問題についても、関連するすべての文献を探し読むことに始終務めた。この習慣は疑いも無く父親ルードウィヒに倣ったものだが、彼が生涯書き続けた感銘的な一連の総説、総合的な概説の基本となった。それらはこの研究領域の発展にとっての道標であり、様々な研究を比較することで共通するモデルが見出され、そこから鋭い直感で仮説が導かれた。1955 年、彼は鳥類やげっ歯類等の恒温動物における繁殖の季節変動について、まだ彼自身は研究したことのない領域ではあったが、包括的な総説を書いた。この総説の中で、彼は、多くの生物は内因性の年周期リズムを持つ可能性を述べている［311］。事実ほぼ 10 年後に、約 300 日の周期を持つゆっくりとした内因性リズムが発見された。生物学者のエバーハルト・グビナー（Eberhart Gwinner）がアショフ研究所の共同研究者であった時、鳴禽類の繁殖と渡りに内因性の年周リズムを見出した［312］。1955 年、真にドキュメント風の総説で、動物と人の 24 時間リズムを統合する最初の試みがなされた。それがきっかけとなって、アショフは動物実験に興味を持った。その総説で、「人は、物理化学的環境に対して基本的に動物と異ならない反応をする」と結論した［313］。それは、後年のブレークスルーの幕開けであった。
　科学用語として明確に表現され、直ぐにでも他の研究に応用できる新しい概念が出現した。ユルゲン・アショフは、リズム解析のための明確な用語の創造に最初から興味を持っていた。彼は、1953 年バーゼルで行なわれた第 4 回国際学会に出席し、そこで「**同調因子（Zeitgeber）**」、生物の内因性リズムを同調させる外部環境にある周期的因子の概念を提示

した [314]。この概念はリズム用語として確立され、英語にも訳された。米国では、1959年、ルーマニアから移住したフランツ・ハルバーグ（Franz Halberg）(1919-2013) を中心とした研究者グループが「**概日（circadian）**」という言葉を考案し、その概念を確立した。彼らはそれを次のように定義した。「概日（ラテン語の circa-：概と dian：1 日）の用語は、24 時間から離れても数時間以内の日周期を指すものとして使われる。概日周期は 24 時間よりは少しばかり長いかあるいは短くなる」[315]。「circadian」の用語は、純粋に外因性で環境因子により生じる正確な 24 時間周期のリズムまでも含んでいた。後に、この用語は外的要因で誘導されたものではなく、真に内因的に発生したリズム（1832 年のドゥ・カンドール以来、証拠として 24 時間から逸脱していること）のみを含むと限定された [316]。正にこの逸脱が本質であることから、「概日」の用語が適切であり、有効である。残念なことに、ハルバーグ自身はそれを理解せず、後年、他の帯域のリズム周期を表すため、概 50 年（circaquindecadal）など多くの「概」用語を導入した [317]。たとえその様な周期が存在したとしても、そもそもそれが宇宙周期への生物の適応とは何ら関係ない。ともあれ、ハルバーグは「概日」の概念で、科学に大きな貢献をなした。

　ハイデルベルグ時代、1953 年から 1959 までを含めて、アショフの手になる科学論文は 47 編を数えた。その大部分（28 編）はなお体温調節に関するものだったが、19 編は生物リズムの研究であった。アショフはリズム研究の基礎に実体を与えることに貢献した。彼は動物において初めて、24 時間周期は単に内因性、体の内部で発生するだけでなく生まれながらの性質であることを確立した。彼はまだゲッチンゲンに残っていた学生のヨハン・メイヤー-ローマン（Johann Meyer-Lohmann）と共に、ニワトリの卵を連続照明下で孵化しても、24 時間周期が自発的に出現することを示した [318]。たとえ昼夜変化を 1 度も経験したことが無くても、リズムは出現する。1 年後、マウスを何世代にもわたって連続明あるいは連続暗で飼育しても、内因性の 24 時間周期が維持されることを示し、哺乳類でも周期は先天的であることを明らかにした [319]。自然界では、明暗の同調因子は年間通して変化するが、その変化は緯度よって異なる。アショフはメイヤー-ローマンと共同で、種々の日長（リズム用語で光周性のこと）や薄明薄暮の長さの影響をマウスとラット [320]、アオカワラヒワ [321] で初めて体系的に調べた。彼らは、同調の機序を理解するために、共通の法則性を探したが成功しなかった。アショフのマウスを使った内因性日周リズムの体系的な研究は、ジョン・ホプキンス大学でラットを使ったカート・リヒターの研究と共に、後の時間生物学の基礎となった。

生物時計

　1958 年、チュービンゲンの植物学者、エーヴィング・ビュニングが包括的著書「生理時計」を初めて出版した [322]。彼はその本の中で、この分野をすでに完成した分野と明確

に定義した。ビュニングは、植物生理学では日周期リズムの意義ほど包括的なものは他にはほとんどない事を知っていたし、このモデルが動物や人を含めて生物に共通して有効であることを理解していた。

生物時計の共通した機能が次第に明らかになって来た。1950年代に認識されるようになった1つの重要な特性は概日周期の温度補償性である。生物化学反応はより高い温度で加速され、温度が10℃上がるごとに反応は2～3倍速くなる。概日時計の速度または周波数、つまり恒常条件下における単位時間当たりの振動数は、外部の温度が高かろうが低かろうがほとんど変わらない。それは動物によって、あるいは植物から人にいたるまでの多様な生理学的機構に依存しないことを意味する。温度補償性はとりわけ重要である。もし内因性時計の速度が外気温に依存していたら、その時計は信用できないだろう。環境の気温変化はいつも生じている。内因性の生物時計に及ぼす影響を理解するためには、暑くなると速くなる腕時計を想像するだけでよいだろう。

ユルゲン・アショフは1953年、後の同僚エリック・フォン・ホルストに宛てた手紙の中で、この温度非依存性がどのようにして成り立つのか自問している［323］。それは、コリン・ピッテンドリックが1954年の論文でこの現象の生物学的意義について初めて言及し、それを温度補償性と呼んだこと［324］をまだ知る前の事である。ピッテンドリックはチェコのハンス・カルムスの早期の研究に反応した［325］。カルムスはショウジョウバエの羽化リズムは温度に強く依存していると主張した。ダービニズムの信奉者であるピッテンドリックはそれを信じなかった。彼は、ホシムクドリとハチが太陽をコンパスとして利用して、時刻と伴に変化する太陽の方角を正しく計算することを示したグスタフ・クラマーとカール・フォン・フリッシュの実験に感銘した。鳥は時刻を知るために生物時計を使っているに違いなかった。もし時計の速度が常に変化する環境温度に従って変わるとしたら、時計は正しく機能するとは考えられない。ピッテンドリックは実験的に温度を変化させた場合、羽化リズムは最初のサイクルのみ短期的に影響を受けること、そして背後にある振動は影響されることなく持続することを示した。彼は、その後まもなく単細胞生物の鞭毛虫類とも呼ばれるミドリムシで、概日リズムの温度補償性を確認した［326］。後日、温度補償性は他の多くの生物で追認された。

ピッテンドリックが内因性時計の機能的、進化的側面を強調したことにより、リズム研究の領域は実質的な拠り所を得た。生命が共通して進化したのは、最初から昼夜の交代があったからである。植物の光合成、動物の活動と休息等の重要な機能は光と闇の交代の中で35億年前から作動していた。全生物界は24時間周期で振動している。この永遠の環境リズムは最初から生物の行動や生理に深い刻印を刻み込んだ。もし地球上の生命がその進化過程で、正確に予期できる環境の周期的な変動に備えるための何の方法も発展させなかったとしたら、それは驚くべきことだ。内因性の概日リズムが、DNAとして一般的に

存在する生命の基本特性となったことは後に述べる。

アショフと同じくコリン・ピッテンドリックも、ある特定の種あるいは種族に限定することなく、生物リズム現象を分析的に記載できる用語の創出に熱心に取り組んだ。1957年彼は変動の発生源として振幅と位相をもつ**振動体（Oscillator）**の概念を導入した [327]。また彼は、振動理論から「同調」の概念、外部の周期的信号によって、またアショフのZeitgeberによって振動体が同調する概念を借用した。数理理論、その起源はオランダ人のクリスチアン・ホイヘンス（Christiaan Huygens）（1629-1695）に遡るが、それが生物学にも適用された。ピッテンドリックは1950年代に、新しい学問分野の概念的基盤の発展に大きな貢献をした。

1958年9月、ユルゲン・アショフはヒルデとともに初めて米国を旅行し、8つの研究室で講演を行った。しかし、彼の最も重要な目的はピッテンドリックに会う事であった。ユルゲンとヒルデはプリンストンのコリンと彼の妻のマイキーのもとに滞在し、心からの歓迎と客としてのもてなしを受け、感激した。彼らは直に家族同然となり、2人とも夢中になった。ユルゲンはコリンの研究室、彼の科学、彼の同僚に強い印象を受けた。ハイデルベルグに戻ってから、コリンに宛てた礼状の中で彼は書いている。「あなた（とローソン（Rawson））にお会いできたことは、今回の旅行で最も重要な出来事でした。私は、期待した以上のことを知ることができました」[328]。後にみるように（第9章）、コリンは長い人生を通して、リズム研究とアショフに大きな意義を見出していた。ほどなく、アショフはグーゲンハイム財団から依頼されて、ピッテンドリックに対する彼の感想を述べた。「ピッテンドリック博士は疑問の余地なくアイディアに溢れて、その反面批判的に物事をみる数少ない研究者で、目下24時間周期に取り組んでいる。特に彼が細胞にまで手を伸ばし、また初めて利用可能なモデルを開発したことに我々は感謝している … プリンストンでの長い議論と実験室の見学から、現在他の同様の研究室では、これらの問題について首尾よく研究することはまず出来ないだろうとの認識に至った」[329]。

コールド・スプリング・ハーバー

プリンストンを訪問した際、ピッテンドリックはユルゲンに、「生物時計」に関するシンポジウムを実行する組織に加わってくれないかと頼んだ。それは1960年、「定量的生物学に関するコールド・スプリング・ハーバー・シンポジウム」として行なわれることになっていた。突然ではあったが、この学問分野が重要でかつ定量的と見なされた。アショフは書いた。「24時間周期は長い間、大多数の生理学者には第1線の研究領域とは見なされていなかった。しかし、この問題が生化学的また生理化学的に理解することができ、生物学に共通した大きな興味を与えることがここで示された。組織学的構造に、原形質の'時間構造'が入り込む。24時間周期のさらなる解明が、これまで以上に理論および実践医学な

図5-6　1960年コールド・スプリング・ハーバー・シンポジウムの2枚の写真。左から、F. W. ヴェント、J. アショフ、C. S. ピッテンドック、A. チョブニック、E. ビュニング

どの多くの現実生活の領域に影響することになるだろう」[329]。

　シンポジウム組織委員会は、コリン・ピッテンドリック（議長）、ユルゲン・アショフ、エーヴィング・ビュニング（チュービンゲン）、ビクター・ブルース（Victor Bruce）（プリンストン）、ドナルド・グリフィン（Donald Griffin）（コーネル）、ウッディー・ヘイスティングス（Woody Hastings）（ハーバード）で構成された。日程は、1960年6月5日から14日で、マンハッタンの雰囲気が感じられる観光小都市として名高い、ロング・アイランドのコールド・スプリング・ハーバーで開催された。150名の参加者があり、リズム研究領域で世界各国の指導的生物学者による50題の講演があった。主として、概日リズムの機能と機構が討議された。

　共通した基本構造に関する研究を紹介した2つの講演が注目を浴びた。ユルゲン・アショフは概日リズムの内因性外因性要素について話した [330]。彼は、研究者がこの周期性を解析する際に用いる一連の知識と概念を明確にかつ包括的に述べ、外部因子の様々な種類と効果を説明し、どの様にして内因性因子から実験的に分離するかを述べた。コリン・ピッテンドリックは、生物の概日機構について話した [331]。彼は、概日リズムの一般的特徴を示し、それが種の違いを越えて見られることを述べ、明暗変化によるリズム同調についての明確な理論を展開した。彼は、後日理論が発展することを予想し、1個の限局した振動体（pacemaker）に統合される「多振動体構造」を想定した。そして、今この分野でどのような科学的課題があるかを聴衆に示した。

　ピッテンドリックと同様、アショフの抜群の講演は自由な話しぶりと熱意で聴衆を圧倒し、納得させた。彼らのコールド・スプリング・ハーバー論文は1960年以来何度も（1000回以上）引用され、それはこのシンポジウムについて出版された有名な本の他の総ての論

文よりも数倍多かった。「生物時計に関するコールド・スプリング・ハーバー・シンポジウム」は新しい学問領域の実質的な基礎となった。その領域を体系的に整理し、守備範囲を明確にし、理論的基盤を築き、科学用語を創出し、将来為すべき関連課題を提示した。ここで起きたことは新しい学会の設立ではなく、総てが共同して生命の重要な基本的特性を研究するというアショフとピッテンドリックが出席者に与えた熱のこもった啓発であった。これこそ、「生物学的リズム研究」の真の誕生であった。

6章　エーリング・アンデックス — 科学の砦（1960-1971）

そしてまた総てが全く変わってしまった

　1958年、アショフがマックス・プランク研究所の科学委員に選ばれた時、クラマーはすでに1954年から委員であり、胸おどる時代が始まった。大きな計画が開始された。ワルドドルフの研究所の新築、設備、人事そしてゼービーセン部門との連絡や交流の方法について議論された。提示された人事計画には、6人の科学者（クラマー部門のハンス・ゲオルグ・ワルラフ（Hans Georg Wallraff）とクラウス・ホフマン（Klaus Hoffmann）、アショフ部門のリュトガー・ヴェーファーとクラウス・ヒルホルツァー（Klaus Hierholzer）[50]、6名の技術助手、6人の工作技師、2人の管理人があった。人件費として184,521DMが計上された。ワルドドルフの敷地が選ばれた。すぐ近くのライヘンバッハタールでは、クラマーによってすでに最初の研究プロジェクトが始まっていた。巨大な鳥小屋が建てられ、チュービンゲンの生物学者エバーハルト・グビナーがクラマーの指導で、ワタリガラスの行動を研究していた。彼の興味は社会行動と孵化であった。鳥はクラマーがヴィルヘルムスハーベンで飼育した。後日、グビナーは学位論文をコンラート・ローレンツの所で仕上げた［332，333］。

　最初アショフは、チュービンゲンが適切な選択かどうか迷った。2つの部門は、ローレンツとフォン・ホルストの部門と共に1ヵ所に集まるのがより良いのではないかと考えた。クラマーは、他の2つの部門の近くより大学町チュービンゲンの近くの方がより重要だと彼を納得させた［334］。ゼービーセンのマックス・プランク行動生理学研究所は1958年9月16日、アショフが米国への最初の旅行に出かけている間に落成式をあげた。

　その間、ハイデルベルグでは体温調節と生物リズムの研究が進行していた。部門は、今度は客を引き寄せた。彼らは、自分達のプロジェクトを完成させるため、しかしなによりもアショフから方法論と哲学を学ぶために長いこと滞在した。その時、日本人が初めて研究所を訪れた。1958年ヴェーバーの客員研究員で、札幌から来ていた永井寅男（注21）教授がアショフと親しくなった。彼は友人の本間慶蔵医学博士を誘って、客員研究員として1年間アショフの所で研究することを提案した。本間（1915-1995）は北海道出身の教師の息子、札幌で医学を学び、北海道大学の獣医学部に生理学者として勤務していた。彼は温熱生理学の専門家であったが、ハイデルベルグに来た理由は「'動物の周期的行動'の研究テーマで多くを学びたい」とのことであった［335］。アショフは彼に研究室を提供し、実際本間は自分の研究費を使って18ヵ月滞在する計画で日本からやって来た。1958年7月20日、彼はハイデルベルグ駅で汽車から降り、プラットホームに教授が1人で迎えに来ていたのに驚かされた。彼らはほぼ同じ年代で、意気投合した。本間はよくアショフ家に客

図6-1　本間慶蔵とユルゲン・アショフ、ハイデルベルグの庭にて、1958年

として呼ばれ、クリスマスにはシュバルツバルトのトットナウベルグで共に祝った [336]。

　本間は魚の行動リズムを測定する装置を開発した。彼はアショフと共同で、連続する日々の活動リズムの型に関する論文を書いた。この研究では、同一条件下における個体差と種差が、げっ歯類と鳥類で研究された [337]。

　本間慶蔵は札幌で小さな民間病院を経営し、家の裏庭に病院を建てた。彼は花園病院と名前を付けたが、それは花が咲き誇る庭の意である。1959年4月11日、本間は2通の電報を受け取った。それには直ぐに帰国して欲しいと書いてあった。病院長が薬物嗜癖で入院することになり、花園病院は責任者を必要としていた [338]。本間は大慌てでハイデルベルグを去り、札幌へ飛び立った。アショフに宛てた別れの手紙に、彼は書いている。「外国語の難しさや立場の違い、不躾の態度にも関わらず、あなたはよく面倒をみてくれ、真の友情を示してくれた。それに対し心からお礼を申し上げる … 心から尊敬し敬愛できる人物または友人を見つけることは難しい。私がまだ医学生の頃、私にはその様な友人がいた。彼は日本で勉学するために、満州[51]からやって来た。7年間、私たちは親しく付き合った。私は、彼が外国人であるからというのではなく、彼が尊敬に値し、愛すべき人物であったので、心から敬愛した。しかし、戦争が私たちを引き離した。それ以来、私は彼を探しているがまだ見つかっていない。再会を諦め、彼の様な友人や人物に出会うことは2度とないだろうと次第に思うようになっていた。しかし、私はドイツでアショフ教授と知り合った。今、私はあなたと共に過ごした時の事を思い出している。たとえ全てについて具体的に述べることはできないが、私はこれらすべてに感激した。共に過ごすなかで、研究

者としての、人としての、夫としての、そして子供たちの父親としてのあなたを尊敬する」[339]。それは美しい友情の始まりであった。

丁度その頃、クラマーとアショフの新しい研究所のための掘削工事がワルドドルフの建築現場で始まった。しかし、事態は全く異なる方向に展開した。グスタフ・クラマーはヴィルヘルムスハーベンから南イタリアのカラブリアに旅行していた。彼は、すでに野鳩で知られていた方位測定と帰巣能力に関する行動指標の研究を伝書鳩で始めようとしていた。彼は野性でまだ飼馴されていない伝書鳩の変種の岩鳩が繁殖するカラブリアの山岳地帯で、鳩を探していた。クラマーの目的は、何羽かのヒナ鳥を巣から持ち出して研究所で育て、方位測定の研究に用いることであった。1959年4月19日、何度目かの崖登りの時に、クラマーを支えていた岩がはがれ、彼は谷に落ちてしまった。その事故は致命的であった。

エーリングの伯爵

アショフは、かつての同僚であり非常に高く評価していたグスタフ・クラマーに対して感動的な追悼文を書いている[340]。1959年5月初旬、アショフはマックス・プランク研究所の理事長であるオットー・ハーンの要請に答えて、ヴィルヘルムスハーベンのクラマー部門の主任を代行として引き受けた。彼はワルドドルフに行ってエバーハルト・グビナーと話をし、ヴィルヘルムスハーベンに出かけてクラマーの同僚達と知り合いになった。世界中の科学者は強い衝撃を受けた。コリン・ピッテンドリックは書いている。「私たちはもちろんクラマーの悲劇的な死のニュースに衝撃を受け、悲しみに暮れている。ユルゲンが言うように、これは生物学全体にとって、特に我々の分野にとって恐るべき損失である。クラマーは私にとって英雄の1人である。なぜなら彼は実験者としての聡明さで多様な興味を結びつけた。私は、ワシントンで1度しか会ったことがないが、直ぐに彼の人格に感銘を受けた。極めつけの注意深さ、情熱、人としての慎みを繊細に組み合わせているようにみえた。彼を訪ねるという私の計画はヨーロッパ訪問の重要な目的だった。彼の死がユルゲンと共同で作る新しい研究所の計画にどう影響するのだろうか。その事を手紙で知らされた時から時間は止まったままである。計画は再開されただろうか。今何が起きているのだろうか」[341]。事実、6月2日、ワルドドルフのクラマーとアショフの行動生理学部門の新築計画は中断された。

マックス・プランク研究所は決断が迅速な組織である。クラマーの死から3週間もたたないうちに、後継者についての協議が行われた。5月5日にアショフはコンラート・ローレンツに状況を報告した。オックスフォード出身のオランダ人、ニコー・ティンベルゲン（Niko Tinbergen）にその地位に興味があるかの問い合わせがあったが、ティンベルゲンが来そうもないことは周知の事実であった。実際のところ彼は興味を示したが、妻のリーズが2度も家庭の生活基盤が失われることに抵抗した[342]。それにも拘わらず、6月17

日、ティンベルゲンに正式の招聘状が届いた。これが断られると、コリン・ピッテンドリックの名前がクラマーの後任としてあがった。しばらくして、ミュンヘンのカール・フォン・フリッシュの共同研究者であるマーチン・リンダウエル（Martin Lindauer）が検討の対象となった。その間、アショフのハイデルベルグにおける当時の上司であったヴェーバー教授は理事会の構想に気をもんでいた［343］。

部門をどこに置くべきかが議論された。クラマーが存命中は、それは明らかであった。彼はゼービーセンではなくワルドドルフを主張した。アショフは、4つの部門の総てが同じ場所にあることの利点を知っていたが、クラマーに賛同した。それはまたマックス・プランク研究所機構本部の意向でもあった。ゼービーセンの1つの難点は、研究所が自然保護地区の真ん中にあるエス湖の傍で、それ以上の建築用地がないことであった。

1959年7月、マックス・プランク研究所は急遽ヘルシングの郊外、エーリング村の広大な敷地にあるヴィニガー荘を購入した。それは高貴な屋敷で、1862年に建てられたものであった。エーリングはバイエルン州のなかでも牧畜が盛んな村で、マイバウムと玉ねぎ屋根の教会の塔があり、ゼービーセンから約5km離れていた。村は、アマ湖とスタルンベルグ湖の間にあるアルペン山麓の丘陵地帯にあった。遠くからはエーリング越しに、丘の上に立つアンデックス修道院教会が見える。そこではベネデクト派の僧侶がホップビールを醸造していて、「さし」、つまり1リッターのジョッキー単位で売っている。その居酒屋とビール庭園によって、アンデックスはミュンヘン市民に愛された観光名所であった。屋敷からはロマンティクなアンデックス修道院の塔を見上げることができ、下の方には牧歌的なエーリングの村を眺めることができる。この屋敷は「城」と呼ばれた。ここにアショフとクラマーの後継者の部門が置かれることになった。アショフは、引っ越しが10月に実施されることに同意し、期待した［344］。

しかし7月になって、エーリッヒ・フォン・ホルストの長年にわたる共同研究者であるホルスト・ミッテルステット（Holst Mittelstaedt）が、マックス・プランク研究所の科学会員でないにもかかわらず、クラマー部門の主任を暫定的に任される事が明らかとなった。後にマックス・プランク研究所の理事長に就任したアドルフ・ブーテナント（Adoph Butenandt）は、フォン・ホルストが関与したこの経緯に対し強い苦言を述べた［345］。アショフとミッテルステットは協力してエーリングの丘にある2つの家の利用方法を計画し、2つの部門の新しい施設の建築方法を相談しなければならなかった。これらの問題について、最初2人の間に軋轢があった。ミッテルステットは城に1人で住みたがった。また自分の部門を主要な場所、他の施設の上の方にある斜面か、斜面に通じる門の直ぐ横に建てることを主張した。アショフは控えめであった。彼は訪問客用の施設に住むことを良しとしたが、実験室もそこに置くことになる［346］。アショフは美しいワルドドルフに戻りたいと思った。1959年10月、エーリッヒ・フォン・ホルストがマックス・プランク研究

所の事務管理所長として、ワルドドルフかエーリングのどちらを選択するかについて、アショフの基本的な考えと優先する場所を訊ねた。その際、彼は認めて言った。「ミッテルステットは部門指導者の器ではない。人として役に立たなければ、指導的人物には決してなれないだろう」[347]。それでアショフは少しばかり溜飲を下げた。彼は、フォン・ホルストの手紙の裏にワルドドルフに対するエーリングの長所と短所を書き付けた。

長所	短所
ゼービーセンからの刺激	ミッテルヘル（ミッテルステット)[52]
機構本部は喜ぶだろう	フォン・ホルストによる管理運営
若い人達にはより良い可能性	大学からかなり離れている
生活は1年の1/4、仕事は1年	トッツナウベルグから遠い
アマ湖	子供には都合が悪い（学校から離れている）
	ワイン畑がない

クラマーと共同して決めたワルドドルフの条件、計画された研究所の位置、気候、大学に近い場所は最適であった。今、物質面の議論ではエーリングが勝るが、家族や個人レベルの議論ではワルドドルフがより良い。ワルドドルフは、近くに大学町のチュービンゲンがあり、そこで簡単に住居を見つけることができる。6人の子供達のための学校もすべて揃っている。エーリングは学校が問題で、引っ越しの前提として、ヒルデが子供たちを学校のあるスタルンベルグまで送迎することがあった。1959年夏、エーリング研究所に関するミッテルステットとの交渉が不愉快になっていった時、アショフのワルドドルフへの期待は大きくなった［348］。アショフは、研究所は空間的にできるだけ集中させる事、物品購入の際の不都合は全て引き受ける事を自ら進んで説明した。ミッテルステットもそうした。しかし、エーリングへの引っ越しは翌年まで延期された。

1959年の秋の感動的な出来事として、コリン・ピッテンドリックが妻のマイキー、子供のサンデーとロビンを連れて初めてハイデルベルグを訪れた事が挙げられる。彼は「サバティカル休暇」を取り、当時ヨーロッパでは依然として重要と見なされていた生物学的時間の測定分野の研究者と知り合いになるため、休暇を使い切った。コリンはグーゲンハイム・フェローシップ［331］の援助を受けて、全プログラムをこなした。6月にはまずノーザンハンバーランドの親戚の所に行き、7月には休暇でイタリアとフランスに、8月にはオーベルグーグルにあるインスブルグ大学のアルプス研究施設で研究し、その間ナポリの動物学スタジオでも研究した。9月には、アショフ、ピッテンドリックそしてゼービーセンの研究者達がケンブリッジで行われた国際生態学会に参加した。その後、コリンは1月までチュービンゲンの宿を利用した。彼はそこから多くの研究者を訪問した。特に家族は

図 6-2　ハイデルベルグ訪問のお礼、コリン・ピッテンドリック作

しばしばハイデルベルクのロンバッハ通にあるアショフの家を訪れ、トットナウベルグでスキーを楽しんだ［341］。

　毎日が充実していた。2人は多くのことを語った。アショフは英語を練習し、ピッテンドリックはドイツ語を学び始めた。彼らは2人とも生物時計に完全に憑りつかれていて、いかにして地球の自転に合わせて進行するのか、豊富な種の中のどれから時計が進化して来たのかなど語り合った。彼らは、1960年6月のコールド・スプリング・ハーバーの会合を計画した。誰を招待すべきか、誰をしないか。2人は読んだ文献を交換した。彼らはウイットと人生の喜びを互いに感動し合い、共有した。彼らは煙草を吸った。ユルゲンはパイプを、コリンとヒルデは紙巻たばこを。彼らは新鮮なリースリング・ワインを少なからず飲み、しばしばジントニックも嗜んだ。双方の家族は訪問に熱心であった。帰路で、ピッテンドリックは彼らの会話を1枚の絵に書き込み（図6-2）、それをクリスマスカードとして送った。生涯にわたる友情が始まった。

　1960年3月、エーリングへの引っ越しが行われた。家族はロンバッハ通に別れを告げたが、その際オークションを行った。「素晴らしい骨董品を売ります」［349］。エーリングにはまだ研究所は建っていなかったが、「城」と訪問客用の家は使用出来た。客用の家はまず暫定的に実験室として使用された。アショフの家族は「城」に移った。その写真（図6-3）には、全員がシュバルツバルトの房の付いた帽子でめかし込でいるのが写っている。最年長者のザビーネが家族旗を持っていた。一家は2階に住んだ。台所は1階で、食堂が小さな塔の隅にあった。1階の他の部屋は図書室兼セミナー室、読書のために残して置かれた。

　アショフ部門の大部分の共同研究者は、同じ時にハイデルベルクから引っ越してはこな

図6-3 アショフ家のエーリング「城」への引っ越し、1960年2月25日。上から下へ、フロリアン、ザビーネ、アネッテ、ウリケ、アンドレアス、クリストフ、ヒルデ、ユルゲン、ボクシー。背景にアンデックス修道院が見える

かった。新しい研究所に実験室が出来るのを待っていたからである。建築家のシュランク（Schrank）は、すでに施設の設計を始めていたが、役所の許可を待っていた。その間、ミッテルステットがエーリングに来る件については何の話もなかった。最初は、ほとんどアショフ1人で、手伝いは居なかった。実験室はまだ手つかずであった。

しかし、アショフは多忙であった。毎週、ミュンヘンのルードウィヒ・マクシミリアン大学（LMU）図書館に通い、鞄に動物や人の生物リズムに関連する多くの本や文献を入れて戻って来た［350］。彼は勤勉にそのすべてを読みあげ、整理した。また、様々な動物種にみられる生理学的測定値の日周期変動に共通している特徴を探し出した。それは正に差し迫ったコールド・スプリング・ハーバー・シンポジウムでの重要な講演のための準備であった。この会議で、コリンとユルゲンは、3日間を太陽や他の天体に従った方位計測に於ける時計の役割に集中する計画を立て、グスタフ・クラマーの追悼記念とした［351］。

1960年の秋、マックス・プランク行動生理学研究所のアショフ部門の新築がエーリングの丘で始まった。後日、歓迎の意味で、職人達によってベルリン在住のユルゲンの祖父ルイス・アショフの石膏の胸像が「城」の入り口近くに置かれた。その台座に、「エーリングの伯爵」（図6-4）の刻印が彫られた。伯爵は、ほぼ30年の感動的な年月を経て、最後までそこに置かれてあった。石膏は浸食され、しばしば頭部に穴が開いた。クロウタドリが好んでそこで雛を育て、生きた捧げものとなった。部門もまた生きていた。

図6-4
「城」の入り口に置かれた「エーリングの伯爵」

彼の体内時計

　ユルゲン・アショフは新しい領地の城で、直ぐに「城主」としての自覚を持った。1960年12月、アショフの教授就任式がミュンヘンのルードウィヒ・マキシミリアン大学で行なわれ、彼は定員外教授に任命された。彼は関連分野の講義をすることになったが、それは元来得意なことで、学生の学位指導もした。マックス・プランク行動生理学研究所は階層的な序列に従い物事を決定し、その際部門長は皆3年ごとの輪番で行動生理学研究所の事務管理所長として勤務した。1961年1月1日から、アショフはこの事務管理の役割をフォン・ホルストから引き継いだ。その間の1960年11月、ホルスト・ミッテルステットは科学委員、および以前のクラマー部門の長に任命された。同時期、オックスフォードのニコラス・ティンベルゲンは行動生理学研究所の外部科学委員になった。

　エーリング部門の新築は始まったが、使用できるまでにはまだ1年以上かかると思われた。アショフは性急であった。彼はさらに前進し、最終的に適切に進めたかった。今、人もまた内因性の時計を使っているとしても、それがどの部位で生命の基本的性質であることを示しているのかを、正当な方法で証明しなければならない。他の研究者も同じ問題意識を持っていたが、それに答える正しい方法を選ばなかった。すでに1938年、シカゴのナタリエル・クライトマンとその学生のブルース・リチャードソン（Bruce Richardson）は、人に内因性の時間計測装置があるかどうかを問題とした。彼らは、ケンタッキーの大きな

彼の体内時計　139

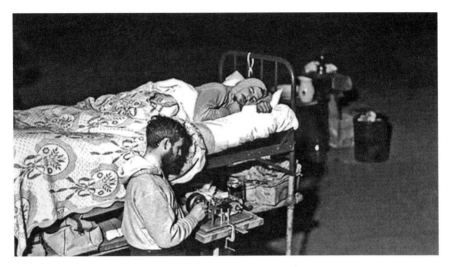

図6-5　マンモス洞窟内のナタニエル・クライトマン(左)と彼の学生ブルース・リチャードソン、1938年7月

マンモス洞窟に入り、そこの安定した環境条件のもとで4週間過ごした［352］(図6-5)。
　彼らは身体リズムを確認するために、自身の様々な生理機能の測定をおこなった。しかし、測定はまず21時間周期の、その後28時間周期の人工的な明暗サイクルの影響下で行われた。その周期は彼ら自身で設定した。それに加え、ランプと時計も使用した。この研究で、24時間リズムが2人の被験者のうち少なくとも1人(クライトマン自身)で示されたが、それが内因性に駆動されたかどうかは判らなかった。何時も明暗サイクルと時計があったからである。
　アショフの第1の問いは、総ての同調因子を除いた条件下で、人のリズムが内因性起源の証拠を示すかどうかであった。その為には、それ専用の実験室が必要である。彼はミュンヘンの中心地で間に合せではあるが解決法を見つけた。それは、ヌスバウム通にあるルードウィヒ・マキシミリアン大学の大学病院の地下室であった。病院の外科診療部長であるゼンカー(R.Zenkar)教授がそこの1室の使用を許可した。そこは病院の中央棟から離れていて、診療施設からも道路からも雑音がほとんど入らない部屋であった。戦時中、これらの部屋は防空壕として用いられていた。それは巨大な迷宮で地下7階まで広がっており、外界から完全に隔絶されていた［350］。アショフはここで最初の実験を行った。地下4階と7階の間のどこか、何も置いていない薄暗い長い廊下の中ほどに、ある1室が明るく点灯され、新しく整備され清掃されていた。浴室やトイレが分かれている居室は前室を介して廊下につながっている。室内の温度は廊下の暖房装置によって調節され、一定に保たれた。

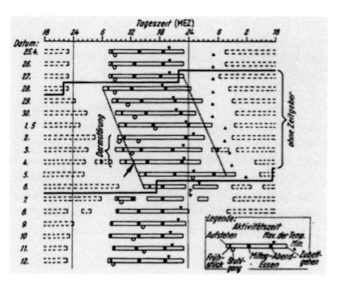

図 6-6　実験被験者（ユルゲン・アショフ）

　アショフとヴェーファーは最初の実験の研究方法を記載している［353］。「実験室は外からしか使用できない交信機器によって実験者の居室とつながっている。… 実験被験者からの通信は、前室を介して文書で行なわれた。こうして、周囲との心理的接触もできるだけ少なくした。… 被験者は夜に地下室に入り、持っている時計を外して、8 日から長くて 19 日間[53] 滞在した。前室の鍵は被験者の好きにできた。彼らは規則正しい生活をし、身体的所見について日記に書くよう指示された」［353］。被験者は、起床と就寝、食事の摂取など、多くの生理的また行動学的な値が絶えず測定された。彼らは、1 時間の時間経過を推定してスイッチを押すこと、脈を測ること、しばしば腋下温を測るように指示された。排尿のたびに尿を瓶に入れて、前室の冷蔵庫の中に順に置き、後で電解質とステロイドが測定された。

　昔からの医学研究の例に従い、研究者自身が最初の被験者となった。アショフはもちろんそれを拒否せず、最初に地下室に入った。それは 1961 年 4 月 27 日の事であった。9 日後の 5 月 6 日、彼は出て来て実験は終了した。証拠が得られた。証拠とは、人も動植物と同じく恒常条件下で実験できることである。また被験者は、3 日間便秘を訴えた間は睡眠が多少早い時刻に終了したが、外界のいかなる同調因子の無い所でリズムは自動的に持続した。

　最初の被験者は約 25.2 時間の周期を示し、外界の 24 時間日から外れた体内時計の存在を示唆した。しかし、それだけでは体内時計の証拠とはならない。アショフは、その結果に別の解釈も可能である事を知っていた。それは、何らかの方法で外部から誘導されたリ

ズムの可能性であり、新しい条件下で新しい位相を得るための移行期であること、そのためにリズムが多少変位したとも解釈できる。

アショフの周りの知り合いに8人もの実験志望者がいて、1961年の実験に参加した。その中には米国の生物学者パトリシア・デコーシー（Patricia DeCoursey）がいた。彼女は、1961年夫のジョージと共に、チュービンゲンのコウモリ生理学者メーレス（Möhres）教授の所に客員研究員として来ていた。彼女はボルムスの近くのヴェンデルスハイムの教会で、コウモリの群れの自然界における活動時間を測定していた［354］。パトリシアは、コールド・スプリング・ハーバーでアショフとすでに会っていて、彼の研究に強い印象を受けていた。彼女は早い時期から被験者（Vp）に登録し、予約表では第2番目（Vp 2）であった。彼女自身、科学者としてのその後の人生を生物リズム研究に捧げた。彼女は後にミュンヘンでの古い実験の思い出を書いている［350］。Vp 4はオーストリア人のヴォルフガング・シュライト（Walfgang Schleidt）（33歳）で、長いことコンラート・ローレンツの共同研究者であった。Vp 10はディートリッヒ・バロン・フォン・エンゲルハルト（Dietrich Baron von Engelhardt）（20歳）で、後にアショフの娘のウリケの夫となった有名な医学史家である。新しい被験者9名はみな正常な睡眠覚醒リズムを示した。その周期はことごとく24時間より長かった［353］。ただし、その結果はVp 1の時と同様に異なる解釈も可能であったが、ただ1人の例外があった。

例外は、エリッヒ・フォン・ホルストの息子で、当時24歳であった生物学科の学生、ディートリッヒ・フォン・ホスルト（Dietrich von Holst）であった。ディートリッヒ自身、リズムの分野で勉学していた。彼はハイデルベルグ時代のアショフの助手として、コクマルガラスの寝場所への飛行を記録し、朝晩そこの光の強さを測定した。アショフはこのデーターを1958年ヘルシンキで行なわれた国際鳥類学会で発表し、続いてディートリッヒと共著で論文を出した［355］。アショフは鳥類学者ではなかった。彼は、コクマルガラスとカラスを区別せず、種目が示すように彼にとってはほとんど同じであった。しかし、彼は理論的考察に於いて自然環境下の睡眠覚醒リズムの位相に大変興味をもっており、その間関係する文献を総て読みあさり、論文まで書いた。なにはともあれ、ペッパーと呼ばれていたディートリッヒは共著者に誘われたことを自負していた。ミュンヘンの実験リストで、彼は7番目の被験者であった。彼は地下室に隔離されている間に、好きでない化学の試験のために勉強するのが目的で申し込んだ。ペッパーは1961年8月7日隔離室に入った。2014年、約半世紀後に彼は私に思い出話を送って来た。「朦朧とした過去の闇の中から、次第に現れた…」。それは、現実の世界とどんな接触も無く生活したある人物の思考を描いたものであった。

「地下の居室には前室があり、そこを通して伝言や食事が与えられた。例えば食事については、食べたい物のリストを前室に置きスイッチを押すと、実験室の外にあるランプが

図6-7 ディートリッヒ（ペッパー）・フォン・ホルスト。ミュンヘン地下壕実験当時の被験者7

付く。それは世話人に、前室に入って被験者の要望を叶えることを伝えるサインであった。およそ1週間経った頃、私は食事を終え欲しい物のリストを前室に置き、スイッチを押した。翌日前室に入ってみると、私のリストがまだそこにあった。食事がまだ来ていなかったが、その時は少しも不安を感じなかった。しかし翌日もまだリストが置いたままになっていて、次第に心配になってきた。理解して頂きたいのだが、1961年はベルリンに壁が出来た年で、以前のロシア占領地区にベルリンを首都とする国家「ドイツ民主共和国」が成立した。これにより、西側の占領軍との間に持続的な緊張感が生じ、「東ベルリン」が米国、英国、フランス、ソビエト連邦の4つの占領軍の支配下にあったので、状況はさらに進行してしまった。それは数カ月後に起きたキューバ危機（注22）と合わせて「冷戦」の頂点で、極めて危険な状況であった。例えば私が地下室に入る少し前、アメリカ軍の警備隊がロシアの戦車によってベルリン東地区に入ることを阻止され、それが引き金となってアメリカの戦車部隊が押し寄せて、ロシアとアメリカが数メートルしか離れていないところで、戦闘準備状態に入り対峙した。その時は、幸運にも戦争の突発は何とか阻止された。

　地下室で、世話人から何の連絡も無いまま時が過ぎて、私は恐れていた戦争が勃発したのではないかという不安が次第に強まって来た。ひょっとしたら、全ドイツが原子爆弾で破壊され、私だけが地下4階の室屋で地上からの何の連絡もなく取り残されたのではないか。3日後、私はこの破滅的思考に囚われ、地下室から前室を通って抜け出し、地上に出ようとほとんどその気になった時（地下室から抜け出すことは緊急事態の場合何時でも可能であった）、4日後だと思うが、前室に食事と伝言を見つけた。そこには世話人から、ランプの電球が壊れていて、その為私の要望に気付かなかったと書いてあった。しかし、私に長いこと食事の世話をしていないことに気づけば、前室に行って私の伝言を見つければ、

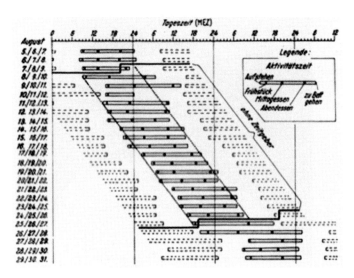

図6-8
被検者7（ディートリッヒ・フォン・ホルスト）の睡眠覚醒リズム

ランプが壊れている事が判っただろう。それで私の不安は解消したが、不安が膨らみ、家族や友人に対する心配が増大したことを今もって強く感じている」[356]。西ベルリンの壁の建築は実際8月13日、Vp7が地下室に入って6日後に始まった。原子爆弾は落ちなかった。しかし電球破損は、予定よりも早く終了した実験全体を脅かした。

　終了はVp7が想定していたよりも早く訪れた。実験は8月26日の土曜日に終わると事前に知らされていた。しかし、1日前に突然部屋の中のランプが点灯し、それは世話人が前室に伝言を置いたことを知らせる合図であった。フォン・ホルストは思い出して書いた。「私の地下室滞在の最終日の1日前に、起床した途端に電灯が点いた。私は直ぐに前室に行き大きな紙切れを見つけた。そこには、「あなたは自由です。実験が終了しました。アショフ氏があなたを迎えにきます」とあった。私は直ぐに階段を駆け上がって、外はまだ昼であることを知った。私は、もう1度地下の居室に降りて急いでお茶を飲み、また外に出た。地下室は病院の建物の地下深くにあり、病院はミュンヘンの中心部のゼンドリンガー塔の近くにあった。地下室に入る前に、私はシュラーフザックを近くの洗濯屋に出していた。地下室滞在が終わったら、友人のギュンターとギリシャでヒッチハイクをする予定だった。ゼンドリンガー塔広場の教会の時計は午後を指しており、他の時計も同じであった。私はシュラーフザックを受け取りに洗濯屋に行ったが、通常は開業しているはずなのに、閉まっていた。私はその辺りを歩き回り、しばらく経ってからまたその洗濯屋に行ったが、店は依然として閉まったままであった。今日は金曜日と思っていたので、それを理解できなかった。いったい何故その店が閉まっているのか、他の店も同様に閉まっていた。夕方近かったので、暗くなっていたはずである。私は完全に動揺し"困惑"して、まばらな通りを歩いていた1人の婦人に、22時頃との答えを期待して今何時かと尋ねた。

しかし、彼女は私をちらっと見ただけで、何度も振り返りながら足早に去っていった。それは理解できることだった。至る所に時計があるのに、時刻を尋ねた青白い若者を、おそらく彼女は建ち並ぶ病棟の中の精神病棟から退院してきたばかりと思ったのだろう。私はそのことで完全に動揺し、"私が"安心できる地下室に戻りアショフを待った。彼は直ぐに現れた。私の最初の質問は、"今何時ですか、そして今日は何日ですか"であった。私は、土曜日だと聞いた時、それを直ぐには理解できなかったが、そのうち私の時間の観念は元に戻った」[356]。フォン・ホルストが実験の最後に経験した事を、図6-8で説明しよう。彼の起床と就眠の時刻は毎日約2時間遅れてずれて行き、アショフの場合と同じような事（図6-6）が起きたのである。

睡眠覚醒リズムは地下室の中でも維持されたが、その周期は25.9時間であった。8月26日土曜日に19日間の実験は終了したが、ペッパーは18サイクルしか体験せず、時計が無かったので計算でその日を25日の金曜日と思った。だから、店は開いているはずと考えたが、土曜日の午後だったので閉まっていたのである。アショフは彼を夢から醒まし、3週間の孤独から解放した。

Vp 7の様にリズムが1サイクル完全にずれたので、その睡眠覚醒リズムは新しく安定した位相状態に達するまでの過渡的な移行期であるとの解釈はもはや成り立たない。彼のリズムは24時間の総ての位相を通過した。彼は、人間にも体内時計があることの最初のそして最終的な証拠を提供した。その時計は地球の自転周期である24時間から外れていて、それに起因しない周期を示す。それはこれまで何度も議論されたが、人間における体内時計の最初の確実な証拠である。

フォン・ホルスト自身はその事を後になって初めて知った。と言うのは、アショフとヴェーファーの研究（[353]，3章）で、Vp 6と記録がすり替えられていたからである。ペッパーには何にも起こらず、体内時計の存在を証明した最初の人物との名声も無かったが、ドイツの有名な行動生物学者となり、バイロイトに新しく出来た大学の動物学の基礎教授になった（第7章参照）。

アショフが人の体内時計の発見者なのか、最初の研究[353]の協力者であるリュートガー・ヴェーファーと共同して発見したのだろうか？　この疑問をペッパーは1度アショフに尋ねた。アショフは、自分自身に実験の総ての責任があると答えた。しかしヴェーファーが実験の実質的な業務を行っていたので、アショフは彼を共著者に入れた。ただし、人の体内時計を記載した最初の総説的英文論文[357]はアショフの単名でScienceに発表された[358]。

おもしろい研究

エーリング・アンデックスのアショフ部門は、最初「城」と宿泊施設の仮の部屋で何と

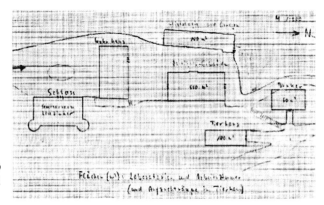

図6-9 1962年の研究所建物の見取り図、エーリング、タンス通5-9

か凌いでいた。その間、1961年に建築家シュランクの構想に従って、掘削と研究所の建設が進められた。研究所は斜面に向かって「城」とほぼ同じ平面に建てられ、そこから東に向かってエーリングの村を見降ろすことができた。3階建の建物で、地下が1階、ミュンヘン大学病院の様に地下7階ではなかった。地下に防音装置と温湿度調節装置が付いた実験室が実現した。しばらくして、さらに人の実験のための地下室が計画された（第7章）。1962年8月7日に研究室建築の棟上げ式が行われた。それに続いて、大きな鳥かごが並ぶ動物室と研究所の裏の斜面には業務用車両の車庫が幾つかと、組織学実験室、そして管理人室が建てられた。1964/1965にかけて、「城」のそばに大きな宿泊施設が建てられた。そこには、技術職員、学生、奨学研究生の部屋が用意された。またその家には助手のウラ・ゲレケ（図6-10）のためにきれいな住居が造られた。彼女はアショフに付いて、ゲッチンゲンからハイデルベルグへ、ハイデルベルグからエーリングに来ていた。彼女は、生涯ここに留まった。ハイネマン氏はアショフに高く評価された技術主任で、すでにゲッチンゲンのラインのもとで働いており、後にハイデルベルクに同行してウラと同様に宿泊施設の地下に住んだ。

　研究所、正式にはマックス・プランク行動生理学研究所アショフ部門はまる20年間ここに存在した。そして、この短い期間に急速に世界中に広まった生物リズム研究のメッカとなった。多くの訪問者、学生、奨学研究者、同僚がエーリングに来て感動した。様々な理由で、急速に成果が上がった。そこで行なわれた研究、誰よりも文献に精通していた科学者ユルゲン・アショフ、彼の独創性、指導力、機知に富む表現と高揚した気分、開かれた雰囲気、もてなしの心、台所。この章では、これらの理由について説明しよう。

　始めに研究について。全研究所がリズム研究に捧げられたのは初めてである。今から10年前はこの研究課題はほとんど存在せず、あったとしても確立した研究分野としてまじめに取り上げられなかった。研究所は、たとえアショフの問題意識や自尊心にそぐわなくても、最初から学際的であった。所長は医師であるが、生物学者を多く受け入れ、人間関

図6-10
ウラ・ゲレケ—1960年

係では多様な交わりがあった。彼は最初から1人の物理学者、ハイデルベルグから同行したリュートガー・ヴェーファーを受け入れた。ヴェーファーは彼を支えて、新しい分野の理論的基礎を発展させ、後に主として人の実験に関わった。生物学者としては、まずクラマーの共同研究者達がいた。アショフはクラマーの代理人として彼らに責任を持った。ハンス・ゲオルグ・ワルラフ博士は、生涯の研究である伝書鳩の方位測定をゼービーセンのミッテルステットの所で行なった。クラウス・ホフマンはアショフの部門に移り、ウルズーラ・フォン・セント・ポール（Ursula von Saint Paul）はまずコンラート・ローレンツの部門に入り、後にアショフの部門に移った。1970年代には、常勤の研究者としてヘルマン・ポール（Hermann Pohl）博士とエバーハルト・グビナー博士を挙げることができる。

　どの共同研究者も自分自身の研究テーマを選ぶ自由があった。ホフマンは最初ホシムクドリの太陽コンパス、方位測定に関わっていたが、それはヴィルヘルムスハーベンのクラマーのもとですでに手掛けていた課題であった。彼はその時、活動と休息のリズムを制御している概日時計が、太陽の方角を日々補正していることを初めて示した。ピッテンドリックは感動した。1960年代、ホフマンによって変温動物であるトカゲでは温度が同調因子となることが明らかにされた。しかし、彼は最終的に年周期リズムの研究に落ち着いた。そのため彼は、実験対象にアジア原産の小型げっ歯類、ジャンガリアン・ハムスターを選んだ。ジャンガリアン・ハムスターは年に2回毛の色を変える。3月から10月までは上半身が茶褐色に色づき、10月から3月までは全身が白くなる。ホフマンはこの生理学的機序が松果体によって制御される変化であることを明らかにした。松果体は両大脳半球の間

図6-11
クラウス・ホフマン博士

にある小さな分泌器官で、デカルトによって精神が宿る臓器と見なされた［359］。松果体は夜にメラトニンというホルモンを分泌し、それは日長の生理学的測定に一役かっていた。ホフマン（図6-11）はバイエルンからみて低地になる北ドイツの出身である。彼はヘビー・スモーカーで、知識人で、かつ恐れられる批評家であった。彼は毎週行なわれる「おしゃべり会」の際に、報告者を問い詰めた。

　週に1度部門の研究者達が「城」の図書室に集まり、新しい実験計画や成果を話した。そこでは計画や解釈の間違えを正すために、しばしば議論が交され批判が述べられた。それ故、若い学生は最初発表することを恐れたが、多くの場合批判はありがたいものであることを次第に理解した。とりわけヴェーファーとホフマンは厳しく、アショフはいつも支持的で、刺激的かつ建設的であった。毎週水曜日の午後4時からは、ゼービーセンの全行動生理学研究所で大きな検討会があった。人々はエーリングから5 km離れたエス湖に車で行き、図書館で大きな4分3の円を作って座った。大抵は研究所の同僚が発表したが、外部からの訪問者も話をした。コンラート・ローレンツ、ユルゲン・アショフ、ミッテルステットが部門長として座長を務め、議論を主導した。1人の研ぎ澄まされた知性が欠けていた。エーリッヒ・フォン・ホルストは1962年の5月26日、若くして心臓病で亡くなった。アショフはまたしても代理人となり、ホルスト部門の業務主任となった。ゼービーセンの会議でも論争はあったが、明らかな規則に従っていた。発表者は研究の技術的あるいは方法論上の問題点を述べ、提示された結果の解釈については最後に議論された。議論は

厳しく、1〜2時間続けられた。エルンスト・ペッペル（Ernst Pöppel）は思い出して述べている。「私の計画をゼービーセンで紹介した時は、ローレンツがまだその場にいて大変興味を示した。そして発表が終わった時、これまで経験したことが無いような全身の筋肉の張りを感じた。この水曜日の検討会は殺人的であった。最も厳しかったのはミッテルステットだった。彼は総てのことをよく知っていたので、容赦なかった…」[358]。発表者はおそらく攻撃されたと感じただろう。しかし後になって、熱心な聴衆が発表者を目覚めさせる新しい考えを示してくれることに、彼らはしばしば喜びを感じた。私自身、厳しいが共に考えてくれる聴衆をよく経験させてもらった。公の場で発表することの不安は次第に共有する喜びに変わり、それに熱意を感じるようになった。最後に図書室で、白樺荘で、あるいは夏には屋外の芝生で、飲み会が行なわれた。友人の集まり。どの友人も、たとえ功名心に走り、また苦労したとしても、賢者たらんとする事に興味を示した。

　ウルズーラ・フォン・セント・ポールは円満で親しみやすい婦人であったが、功名心に欠けていた。彼女は上司から激励されるのが大好きで、大きな自立心をもった技術助手のように働いた。彼女はまずグスタフ・クラマーと共同で伝書鳩の帰巣能について論文を書き、次いでコンラート・ローレンツと行動の発達について発表し[360]、アショフとは様々なテーマを取り上げた。有名なのはハエの寿命に関する研究で、研究室の臭いのため以前から評判の実験であった。ハエは肉汁で飼育された。フォン・セント・ポールとアショフは、ハエを極端に長い周期（28時間）あるいは短い周期（20時間）の明暗サイクルに暴露すると寿命が短くなることを見出した[361]。同じ現象が、東西飛行と同じように、明暗の位相を毎週移動させても起きた[362]。アショフは、この結果を好んで会議で発表し、参加者に時間帯を越える旅行を頻繁に行なわないようにと警告している。ヘルマン・ポール博士は発音に多少問題があったが守備範囲の広い生物学者で、アショフに受け入れられ最後までエーリングの研究所で仕事をした。ポールは小型げっ歯類や鳴禽を用いて行動リズムの同調に関する古典的な課題に取り組んだ。彼の問題意識は独創的なものではなく、常にアショフの背後にいた。

　ホフマン、フォン・セント・ポールそしてヘルマン・ポールは、研究所ではアショフとヴェーファーの陰に隠れていたが、エバーハルト・グビナーは違った。チュービンゲンから来たこの生物学者は、クラマーの学生であった時すでにワルドドルフで研究をし、その後ポスドクとしてエーリングに来て、1971年常勤の助手となった。彼は研究所ではエボーと呼ばれていたが、エボーは熱心な鳥類学者で屋外研究と研究室での実験を組み合わせる特殊な技能を持っていた。彼は、明瞭な年周期リズムが日周期リズムと同様に内因的に発生するという1955年のアショフの推測を初めて証明した。彼は、若い雄のウグイスを巣から持ち出し、個別に鳥かごに入れて恒温かつ一定の日長の下で3年間飼育した。彼は、2-3週間ごとにこの鳴禽の羽の抜け代わりと精巣の大きさを測定し、この条件下でも年周

期変化が見られることを確認した。ただ、その周期は12カ月ではなく、10カ月であった。精巣は、最初の年には3月に大きくなったが、次の年には1月、そして翌年はさらに11月に大きくなっていた。ドゥ・カンドールのミモザの葉のように、ウグイスも内因性のリズムをもち、それは日周期ではなく年周期であった。後にエボーは、年周期リズムの分野でさらに大きな突破口を開き、それにより彼は直に世界的な権威となった。

美しく静かなアルプスの山麓での研究は楽しみであり、そこでは裕福なマックス・プランク研究所と高まりつつある世間の関心に支援されていることが認識されていた。1つの論文が次の論文につながった。研究所の課題は広く人々に広がり、またそこから出た多くの原理をすぐに有名にした。アショフは何時も新しい着想や提案に耳を傾けた。

しかし、1度危ういことがあった。1966年、エルンスト・ペッペルという名のフライブルグの心理学と生物学の学生が、丁度始まったばかりの地下実験を手伝うために研究所で仕事をしていた。彼の学位論文指導者であるインスブルグの知覚心理学教授、イボ・コーラー（Ivo Kohler）は、彼にある研究課題を与えた。コーラーの研究室では、クナウエル（Knauer）と言う学位志望者がメスカリンを用いた実験をしていた。メスカリンはメキシコのサボテンから得られる物質で、その当時はヒッピーの世界では幻覚剤としてよく使われ、また芸術家やアルドス・ハックスレイ（Aldous Huxley）[363]、エルンスト・ユンガー（Ernst Jünger）[364]などの文筆家も試したものである。その物質はインスブルグでは知覚過程をより正確に研究するため使われていた。コーラーは、概日リズムやヒトの時間感覚に与える影響を調べるために、この物質はおそらく使えるであろうと考えた。当時、メスカリンはまだ禁止されていなかった。

アショフはペッペルの提案を最初はためらったが、研究者の常として彼自身が最初の被験者になる条件で最終的にその計画を承諾した。1966年5月6日金曜日、実験は9時から21時まで、研究所の雑音が聞こえるアショフの部屋で行なわれた。廊下に通じるドアは何時も開いていた。クナウエルの他に、ペッペルと付添女医でエーリッヒの未亡人であるエヴェリーネ・フォン・ホルスト（Eveline von Horst）が同席した。クナウエルは録音テープでどんな会話も、とりわけ被験者の体験報告を捉えるために、音声を記録した[365]。被験者であるアショフも科学的な側面に大きな興味を持った。彼はメスカリン幻覚の最中に体温がどう変わるか知りたかったし、また適宜時間評価をしてみたいと思った。

最初の3時間、彼はただ気だるく眠くなっただけであった。12時を過ぎたころ、アショフはすねが重苦しく小刻みに震え、筋肉の痛みと悪寒戦慄を覚えた。しばらくして、「話すのが億劫になった。まるで口の筋肉が強張った感じであった。おかしなことに、運動をしたいと強く感じた」。彼は明らかに正常ではないと感じていた。12時45分頃、転機が来た。「ついさっき、私は外に出たいと話した。今外に出る時が来た。それはまた無茶なことだ」。アショフは続いて、自分の部屋ではなく他の場所にいる、しばしば奥の台所や深い

地下にいる感じがしたと述べている。「視覚が絶え間なく変化している … ホルスト夫人がスパイのようにのぞき見している。その姿をちらっと見たはずだ … 今度はペッペルがショーウンドゥーの中の人形の様に見える。そのすべてが正に添え物のようだ。今度は近くで音楽の幻聴を期待しているかのようだ。と云うのは、それは実際美学的にとても素晴らしいからだ。悲惨なことに、それを表すことができない」。13 時 25 分に悪いことが起きた。しばらくして彼は 2 ～ 3 回嘔吐した。その後彼はまさに恐ろしい体験をした。「全く想像できない完全な破滅 … どこに居るのかまったく判らない … それは恐怖であり、幻覚の世界で生じる邪悪なことは、確実性の喪失である。それは衝撃的な体験だ。何が現実か？」。午後 5 時過ぎに解毒剤としての鎮静剤を服用して、実験は最終的に終わりとなった。彼は言った。「なるほど、すべて体験してみなければ判らない。人を地下室に入るよう説得することは簡単にできるが、これは駄目だ」。

彼は回復して幸運であった。実験は役に立ったかとの質問に、彼の答えは、「それは気味悪かった。エボーはしないだろう。健康な人格にはその効果は特に悲惨である。科学者は特に強く反応するだろう」。それは最初の医学的実験で、彼は 2 度と行なうことは無かった。

アショフは 500 mg のメスカリンを服用し、おそらく過剰摂取だった。その際女医は明らかに無理な要求をした。精神科医師のデトレフ・プルーク（Detlev Ploog）博士は、後日アショフにその種の実験は精神科医の立会の元で行なわなければならなかったと強く述べた ［358］。精神疾患の後遺症の恐れがあったので、アショフはその実験を被験者にさせようとはしなかった。この実験の後、研究所におけるメスカリンを用いたどんな研究も最終的に禁止された。ヒルデ・アショフは後に、この実験は夫の人格を永久に変えたと固く信じて疑わなかった。彼女は、ユルゲンをそのような実験に引っ張り込んだエルンスト・ペッペルを大変憎んでいた。しかし、アショフのペッペルに対する態度は変わらず、彼のさらなる経歴に尽力した。

学識

アショフは共同研究者に研究に関して大きな自由度を与えた。彼自身はそれほど頻繁に実験室には行かなかったが、技術助手にはしばしば実験に関して指示を与えた。アショフは疑問のある論文すべてについて、他人のデーターを様々な解析で解釈することを好んだ。ピッテンドリックと共同して、これまで公表された生物リズムに関する研究すべてを総説的に表 ［366］ にまとめる計画を立て実施した。総数で 3,028 編あった。クラウス・ホフマンは、1962 年プリンストンのピッテンドリックのもとで研究していた時期に、その仕事を手伝った。同じ年、論文別刷りの大々的な収集が行われ、「城」の図書室の後方の隅にある塔に次々と貯められた。緑の箱が高く積み上げられ、その中には生物リズムの課題に従っ

て文献が順次収められていった。アショフは新着の文献はすべて読み、秘書に指示して索引カードにタイプさせ、読み終えた文献の膨大な課題別索引を作成した。この様に多数の文献を総覧し整理して、様々な動物から得られた実験結果に共通した特徴と法則性を見出した。エーリングにおける20年間の活発な仕事で、彼は少なくとも同じ程度の数の総説を発表した。そこには共通した興味、特に生命の時間的組織化に関する現象や生物リズムの新しい見解が述べられていた。それらはあまねくツグミの日々の行動から人の年周期リズムにまでわたり、1人の医師と1人の物理学者が専門家として驚異的な方法[236]で発表したものである[368]。

エーリングでの最初の年に、アショフの頭には常にある考えがあった。1960年のコールド・スプリング・ハーバーで、彼はマウスやハムスターなどの夜行性動物の体内時計の周期は光照度が高くなるほど長くなり、一方ツグミなどの昼行性動物は周期が短くなることを示した。この事実から、彼は日が長い時は（長日条件）夜行性動物のリズムは後方にずれ、昼行性動物は前方にずれるという仮説を立てた。それは、振動理論から導かれる物理法則と一致していた。アショフは1960年代に、リュートガー・ベーファーと共に1つの理論を作り上げ、すぐにエーリンガーモデルとして知られるようになった。このモデルは生物リズムの同調と位相を少なくとも定性的に予測する数理理論であり、光が概日リズムの位相によって異なる加速と減速を起こすという仮説に基づくものである。この理論で、様々な動物で得られた実験結果を統一的に理解することができた。第7章で述べるように、ヴェーファーはこのモデルを発展させて、人体内時計の特別バージョンをつくった。多くの点に於いて、モデルは研究所で実施された多数の実験の理論的背景となった。

アショフの仕事部屋は新しい研究所の1階の南東の角にあって、村と中庭を見渡せた。彼は快適な居場所で本を読み、くつろいだ。彼はよく立ち机で執筆した。彼の仕事場は夏の日々はバルコニーに移り、短パンとパイプで論文に取り組んだ。部屋のドアは何時も開いていた。敷居は低く、誰もが歓迎された。ボスは同僚の模範であった。研究者達も多くの場合ドアを開けっ放しにしていた。

アショフは誰とでも良い関係を保つことに努力していた。研究所の玄関に続く廊下の端には、右手に機械あるいは電気の作業場があった。そこでは最初ハイネマン氏とレオポルド・ホフマンが、後にゼップ・バウエル（Sepp Bauer）とゼップ・ハーバーゼッツァー（Sepp Habersetzer）が働いていた。アショフは定期的に彼らを訪れ、冗談を言ったり、作業具合や問題の有無を尋ねたり、それを解決するのに力になれるかどうか聞いた。彼はベルリンから来たゴルダウ（Goldau）夫妻が繁殖、飼育、清掃をしている動物飼育舎をしばしば訪ねた。そこにはハムスター、リス、アカゲザル、ツグミなど生物学の研究対象となる動物が飼われていた。アショフは2階にある広い"糊貼り部屋"をよく訪れた。そこでは、さまざまな条件下にある数多くの動物の自発行動が糊貼りで紙に記録されていた。それは体

内時計の研究で最も重要な技術であった。多くの女性技術支援員がその仕事をしていた。地下室の至る所にエスターライン・アングスの記録計が置かれ、20個あるペンごとに1本の線が赤インクで紙の上に書かれ、マウスが回転輪を回すごとに、鳥が止まり木を変えるごとに、または地下壕の被験者が歩き回り絨毯の下にある接触版が動くごとに、小さく振れた。20本の線は切り離され、動物ごとにあるいは被験者ごとに、日々正確に1枚ずつ紙に貼られた。このようにして「行動図」が出来上がり、研究者はそれで体内時計の位相、周期、振幅を知ることができた。ボスはしばしば「糊貼り部屋」を視察して研究結果を確認し、技術支援員と歓談した。

研究所には、階級的な関係が強く残っているドイツの多くの大学とは異なり、開かれた雰囲気があった。訪問者はそれを感じ取り、高く評価した。彼らはアショフが訪問者の研究成果に生き生きとした興味を示すのが好きであった。アショフは何よりも文献から学び、いつも助言を惜しまなかった。

会議と旅行

1960年のコールド・スプリング・ハーバーで、新しい学問分野の生物リズムに対する情熱はすでに大変大きかったが、その後起きた事について語ろう。アショフは、ピッテンドリックの支援のもとに、NATOから25,000 US＄の補助金を得て「生物時計」に関するシンポジウムを成功裏に開催した。マックス・プランク機構本部は、研究所がNATOによって全面的に経済的支援を受けているとの印象を与えないこと、また東ヨーロッパ諸国、特にソビエト連邦のからの研究者の参加を保証することを条件に、その援助を受け入れるようにと許可を出した［369］。シンポジウムは1964年9月7日から18日に掛けて、エーリングから12 kmほど離れたスタルンベルクの湖畔の村フェルダフィングにあるホテル・カイゼリン・エリザベートで開催された。それは会議とサマースクールが合体した様なもので、自立した科学者の他にアショフが招待した学位志望者や若い研究者が参加を許された。合わせて13の国から68名の参加があったが、結局東ヨーロッパからの参加者はいなかった。その地域では、リズム研究はまだわずかしか行われていなかった。

アショフはプログラムについて、リズムの確立された基礎的側面をはっきりと見据えた総説や、全く異なる複数の種を対象とした研究を選んだ。彼はまず課題を文献に従って分類した。数学的解析方法、理論的モデル、概日リズム周期と光の強さとの関係、光に対する反応を説明する位相反応曲線について、良く書かれた総説を見つけようとした。彼は大概の課題で該当者を見つけることが出来たが、1部の参加者は割り当てられた課題を魅力的とは思わなかった。パット・デコーシーは位相反応曲線について話すことを好まなかったので［370］、アショフ自身がそれを担当した。ビューニングは概して会議にも、光周性を担当することにも興味を示さなかった。彼が話す事になっているものはすでにすべて明ら

かになっているので、新たに言及する理由はない。総てがすでに証明されているので、自分の論文を読むだけ充分である［371］。結局、ビュニングは1度も会議に出席しなかった。

会議は大変刺激的で、サマースクールは高く評価され、コールド・スプリング・ハーバーの後継者として相応しいものであった。美しい環境のなかで、参加者は毎朝スタルンベルグ湖で水泳をした。日曜日にはアルペン地方へバス旅行が企画され、晩夏の山を歩いた。最新の研究や見解が盛んに議論された。参加者は丁度最初の隔離実験が行われていたエーリングのマックス・プランク研究所を訪問することができた。アショフと彼のエーリンガー風の企画に対して、リズム研究者達は敬意を示した。会議の後、「概日時計（Circadian Clock）」と題した本が出版された［372］。それはこの分野の方向を決める一連の総説であった。本にはリズム関係の語彙が初めて2カ国語（英語とドイツ語）で表記され、それらは推奨される用語として定義されて、頻回に使われるようになった［373］。

フェルダフィングの会議には、生物に体内時計の存在することに否定的な唯一の研究者も、他のほぼすべての研究者と同様、旅費と滞在費が提供されて招待された。それはイリノイ州エバンストンのノースウエスタン大学から来たフランク・ブラウン（Frank A. Brown Jr.）である。アショフはブラウンを招待すべきかどうか長いこと迷っていた。ピッテンドリックは議論の最後に次の様に付け加えた。「彼のナンセンスな話を聞くことよりも、彼を除外することの方がもっと面倒なことになる」［374］。ブラウンはフリーラン周期、24時間とは異なる周期は地球の自転で証明できるとの彼の考えを聴衆に納得させようと試みたが無駄であった。シオマネキを用いて発表された彼自身の多くの研究結果が彼の結論を支持していないことを理解しなければならなかった。ジム・エンライト（Jim Enright）（UCLA、ロサンジェルス）は、ブラウンのデーターを新しい数学的方法を用いて解析し、その事を示した。エンライトは、その後エーリングで博士研究員として仕事をすることになった。ブラウンはアショフの会議録「Circadian Clock」で、彼の考えを30頁費やして再度弁護した［375］。しかしそれを読む者は誰もおらず、外因性理論の最後の試みだった。5年後ブラウンは、「生物は実際内因性の時計も持っているかもしれない。なぜなら代償機能は珍しいことではないからだ」と告白せざるを得なかった［376］。この不承不承の承認は外因性理論への固執だけでなく、60年前植物の内因性リズムを信じなかったウィルヘルム・フェッファーを思い起こさせる［281］。

1965年のフェルダフィングの会議の直後、アショフは動物学者ヌート・シュミット・ニールセン（Knut Schmidt-Nielsen）から、米国ノースカロライナのダーラムにあるデューク大学に1カ月間滞在しないかとの招待を受けた。シュミット・ニールセンは動物生理学分野、特にエネルギー学と温血動物の体温維持に関する有名な専門家である。彼は後に国際生理科学連合の会長としての科学的業績と国際生物学賞（注23）（1992）の授与で高名となった。アショフはシュミット・ニールセンの要請に応じて、学生のために一連の講義を

行なった。彼は米国で多くの論文を執筆し、また講演に招かれた。4月24日、ヒルデも米国に渡った。それは彼女にとって最初の旅行であった。ユルゲンにはその他ニューヨーク、フィラデルフィア、ローリー、ニューロンドンで講演が計画されていた。まずアショフ一行はプリンストンのピッテンドリック家に滞在した。5月3日アショフ行幸の最後の講演地であるダーラムで、6日にはニューメキシコのホロマン空軍基地にある航空医学実験室で講演を行った。アメリカ航空宇宙局（NASA）はアショフの隔離実験室を用いた研究プロジェクトに大変興味をもち、その年約4万DMの資金援助をした［377］。アショフ夫妻はさらにフラッグスタッフに飛び、車を借りてグランドキャニオンまで出かけた。19日彼らはロサンゼルスに向かい、4日後にはシアトルに行った。そこで彼らは旧知の歯科医であるインゴベルト・ホルツ、ヴィルツブルグのユルゲンの以前の学生を訪れた。彼は1948年頃ヘルマン・ホーエとロロ・ケールらの友人グループに属しており、当時ヴィルツブルグでまだ若かった講師アショフと交友があった。

ヒルデとユルゲンは5月26日シアトルから日本航空で東京羽田に向かった。彼らは日本生理学会と以前の共同研究者である本間慶蔵教授に招待されていた。2人にとって日本を訪問するのは初めてで、ユルゲンの両親であるルードウィヒとクララの日本訪問から41年後の事であった。彼らは7カ所を訪問し、ユルゲンはドイツ語と英語で9回講演した。まず彼らは新幹線で名古屋に向かい、さらに山沿いの岐阜に行き、そこで開催された日本生理学会で「特別講演」を行った。その後、京都と小林教授（注24）のいる新潟に行き、そして最後に北の島、北海道の札幌に向かった。

本間慶蔵は肝炎を患い札幌の病院で静養していたので、アショフ一行の来日を東京まで出向いて個人的に歓迎できる状態ではなかった。彼は代理人として北大歯学部の西風修教授（注25）を東京の羽田空港に向かわせた［378］。札幌の空港では、本間が顧問をしていた北大ドイツ語研究会の「ブーベ（Bube）」とあだ名が付いた学生がアショフを迎えてホテルに案内した。ブーベは彼らに付き添ってさらに案内しようとしたが、ユルゲンは彼に言った。「時間を無駄にしてはいけない。学問のために瞬時も惜しんではならない。私達に案内は必要ない」。アショフらは本間家の大きな旧邸宅に泊まった。その2階には、彼らのために特別に西洋式のトイレが設けられた。当時、日本の家庭では西洋式トイレはまだ珍しかった。アショフ夫妻はハイデルベルク時代からの友人を隣の花園病院に訪ねたが、後日彼と共に小樽の近くの海に釣りに出かけた。本間慶蔵の息子である研一は医学部の教養部（医学部に進学する前に2年間在籍する学部）の学生であった。10年後、彼はアショフを訪れているが、人の体内時計に関するアショフの講義、とくに「内的脱同調」に強い印象を受けたことを今でもよく覚えている［379］。この課題に関して、アショフは感謝の意を込めて日本生理学雑誌に論文を投稿している［380］。

彼らは日本滞在中に、ルードウィヒ・アショフ時代の留学生達と数多く接触している。

図 6-11(12)　大野精七教授の記念碑、札幌大倉ジャンプ台

　札幌医科大学を定年退職した大野精七（注 26）教授は、フライブルグ当時大変大きな声で笑ったので、いつも「大笑いの大野（lachende Ohno）」と呼ばれていた。このあだ名は、当時もう 1 人の日本人「ちいさな大野（kleinen Ohno）」と区別するために付けられた。大野教授と奥方は抜群のホスト役を務めた。彼らはアショフ夫妻を自宅に招いたが、それは日本ではめったにないことであった。素晴らしい料理と飲み物ともちろん大笑いがあった。大野夫妻はアショフ夫妻を連れて、札幌の南にある洞爺湖へ長距離ドライブに出かけた。80 歳を過ぎて今なお笑っている大野が、疲れも知らず旧火山で北海道富士とも呼ばれる羊蹄山に登るのをみて、アショフは深い感銘を覚えた。大野夫妻の接待は止むことなく、感謝の気持ちを贈り物で表した。アショフは後に大野精七について書いている。「私は、彼らを通して、引き継ぐ世代間の結びつきが単に科学だけではなく、生き生きとした人間関係を通して出来上がっていたことを感じ取り、特別な幸福感を覚えた。大野は、日独友好協会の夕べの挨拶で、ユルゲンの父親に対する心温まる特別の敬意を言葉で表わした」[381]。アショフ家には見事な象牙の麻雀パイがあるが、それは大野家の思い出であり、幾度も使われたものであった。

　大野夫人（74 歳）はアショフ夫妻が帰国した 6 月 26 日の 2 カ月後に逝去した。ユルゲンらはミュンヘン空港で、研究所総出の出迎えを受けた。大野精七は 80 歳のスポーツマンで、札幌市にジャンプ台の建築を進言し、1972 年冬季オリンピックの札幌市開催に尽力

図 6-12(13) 音楽を引きながらのスケート滑走、ピルゼン湖

した。同じ年、ミュンヘンで夏季オリンピックが行なわれた。大倉ジャンプ台のふもとには、大野の功績をたたえる銅像が置かれている（図 6-11）。札幌とミュンヘンは姉妹都市で、札幌には独特のビアガーデンがある。

客のもてなし

研究所の勤務時間は 8 時から 12 時までと 14 時から 18 時までである。夕食が終わった後ユルゲンはしばしば 1 ～ 2 時間執務室に戻り、さらに計算や書き物をした。文献、総説、手紙、判断、所見、申請。朝の 8 時に「城」の台所から研究所の執務室へいく途中、彼はしばしば宿泊施設で、誰がそこでまだ朝食をとっているか確かめた。ボスが広間から階上に向かって笑いながら、「起きろ、仕事だ、励め、日は直ぐに暮れるぞ」などと叫んでいるのをあえて誰が聞いているか。夏には 7 時頃によくやって来て、誰かムールバイエルまで一緒に行き、目覚めのひと泳ぎに付き合う者はいないかと尋ねた。冬には、ピルゼン湖でスケートをした。アショフはそこでアコーディオンを弾いた（図 6-12）。春と晩夏にはフェーンが吹き、厚く白いツークシュピッツが遠くに見える頃、研究所でしばしばアルペンに遠足に出かけた。ヤッケンナオウの山歩き、バルヘン湖のヘルツォークストランド、またはオーストリアまで足を伸ばし、カールベンデルのグローセン・アホルンボーデンまで行った。訪問客はそれを喜んだ。エーリングのマックス・プランク行動科学研究所を訪

図6-13(14)　左：甘えん坊のフロリアンのために砂の城を作っている父親　右：両親と一緒のウリケ・アショフ

れると、あたかも休暇のように過ごせるが、同時に活発な学術交流もあり、他の何処にもめったにない刺激を受ける。

　アショフの研究所に来た人は誰でも、よく「城」の台所で昼食をとった。部屋の隅にテーブルがあり、快適なバイエルン風の四角ベンチで3方が囲まれている。そこで家族は昼食を取る。アショフは痩せているがしなやかで、ベンチを飛び越えて主人の席に着く。ヒルデはすばらしい料理を作った。彼女は、芯が生の大きな牛の焼き肉が好物であった。壁には「肉はよく焼け、3回はじっくりと焼かなければならない」と処方箋が貼ってあったが、彼女はまったく気にしなかった。肉をオーブンに入れる前に、彼女はしばしば生肉の一片を切り取っておく。学校が無い時、子供達がテーブルを取り囲む。時に研究所に来ているお客の夫婦が招待される。子供達はしばしば学校から、後に大学から友達を連れて来たが、1960年代彼らは次々と大学進学のため家を離れた。子供たちが、そして徐々に多くの友達もアショフ夫婦のことを「ご老人（die Alten）」と呼んだが、彼らは何かにつけてお客を楽しませた。台所では研究はあまり話題にならず、他の多くの事、例えば文学、映画、演劇など文化に関するあらゆることが話された。家族はしばしば昼食に近隣のレストラン、例えばゼーフィールドの古宿、あるいはマイジンガー湖畔にあるビール園に出かけた、そこでは訪問客が最後に勘定を払おうとしても、アショフはめったにそれを許さなかった。

　ルードウィヒとクララがフライブルグでそうであったように、研究所と家族は共に育った。フライブルグと同じように、エーリングでも謝肉祭がしばしば「城」で行なわれ、夏

には研究所の裏手にあるフューゲルの頂と呼ばれた「見晴らしのよい所」でバーベキューが催された。全行動生理学研究所が伝統となった年中行事「ぶた祭り」をあみ出した。草地に穴を掘ってものすごい火をおこし、石を加熱させる。石の上に豚を1頭丸ごと置いて皮を剥ぎ、夜通し焼かれる。それは人間行動学者のイレナウス・アイブル・アイベスフェルト（Irenaeus Eibl-Eibesfeld）がパプアニューギニアの旅行から持ち帰ったやり方である。翌日祭りがおこなわれる。豚の丸焼き、ビール、太陽、そして刺すアブ。

　アショフ家の大判振る舞いは、部分的にはヒルデがピルマゼンスのユング自動車販売所の共同相続人として得た収入によって補われていた。彼女は庭の手入れやグリーンハウスの世話をした。それらについて、彼女は昔レンドスブルグで学んだことを応用した。彼女は世界中の小説をよみ、客のために食卓を作り、彼らと共にそして彼ら以上に食事を楽しんだ。彼女は心のひろい人で、ユーモアのセンスがあった。彼女は寛容な心でユルゲンを自由にさせ、子供に対する責任の重要な部分を担当した。

　ユルゲンは、彼が望んだほどには子供達と共にいる時間は多くはなかった。彼は子供達よりも学問や研究所に対する責任をしばしば優先させた。彼と子供達の関係は特に緊密なものではなかった。彼の長男であるクリストフは後に、彼と父親との関係は他の子供達と同様に距離があったと明かした。「父との間には親しみや愛情は無かった。それはあらゆる事について言える。しかし私はいつでも両親と一緒に旅行するのが好きだった。私は彼らと一緒にいるのが好きだった。私達はお互い我慢し合うことはなかった」[48]。

　クリストフは、父親が子供達のことを気にかけ、それぞれを支援していたことをいつも知っていた。クリストフは22歳になった1966年の時の徴兵拒否について語った。「家ではほとんど政治については話さなかった。話題の多くは人物か研究所か、あるいは学校についてであった。祖父も父もイデオロギー的思想を家には持ち込まなかった。学校でも政治についてはほとんど議論がなかった。私が兵役を忌避しようと思ったのは明らかに母親の影響だった。しかし父は私の決意を尊重してくれた。もし私が兵役を拒否しなかったら、父はそれを当然と思ったであろう。祖国云々。しかし、父はそれを尊重してくれた」[48]。父親を必要と思う限り、父親から離れることはない。クリストフが商業学科を終えて会計データー処理の会社を設立したとき、大型計算機を調達するのに3万DM必要であった。彼はその計画を話すため父親のところに赴いた。父親はその金を直接彼に渡した。「父はこれまでためらうことは無かった。私達は父がそれぞれに援助することを知っていた。私達子供は概して良いアドバイスを受けた。私達は人生で成功したと感じている」[48]。

　大きくなっていくアショフ門閥に、次第に多くの友人が加わって行った。コロンビアで成長したヘンドリック・ヘック（Hendrik Hoeck）は、1962年工業大学で飛行機製作を学ぶためにミュンヘンに来た。彼の両親はユング家と古くから親交があった婦人と親しかっ

図 6-14　ピルゼン湖でボートを漕ぐアショフ一家。左から、ウリケ、アンドレアス、ヒルデ、フロリアン、ユルゲン、アネッテ、ザビーネ、クリストフ。1964 年頃

た。最初ヘンドリックの姉が、後にヘンドリック自身がミュンヘンからアショフ家を訪ねてきた。彼はコロンビアについて、微妙さが残る革命や昆虫について多くのことを語った。彼はすぐに家の台所の常連となった。飛行機製作については何もなく、ヘンドリックはすぐに生物学を学ぶためミュンヘン大学に移った。彼は週末にはアショフの子供達と付き合うためにしばしば「城」を訪ね、その際電車でヘルシングまで出て来た。しばらくして彼は何らかの理由で「左かかった息子」と称し、そのあだ名は長いこと使われ、1992 年にもなおアショフ・ヘンドリックと書いていた［382］。若いコロンビア人は大変な情熱家だった。それゆえ、50 年後にも彼は次の様に語っている。「アショフ家はいつも開放的で、心温たまった。多くの若者達がいつもそこに居た。英国から来たジョン・クレブス（John Krebs）がいた。アメリカ人も居た。何時もアショフ家のところにいた。新しい人達がいた。誰でも温かく迎えてくれる心優しい家族であった。それは素晴らしいことと言わざるを得ない。台所で朝食や夕食をとるのが大好きだった。それは何時もちょっとした刺激を会話から、すべてのことから与えてくれた。そして地下室では大騒ぎのパーティーが開かれた。それは週末には何時も行なわれた。ヒルデ、つまりお婆、私は彼女とよく庭に出た。お婆には冬の庭があり、グリーンハウスことだが、そこで食材を栽培していた。そこには、例えばエンゲルハルト家の子供達もいた。父親はチュービンゲンの教授だ。しばしばクリストフやザビーネの友達がスタルンベルクからやって来た。何時も新しい人達で家は一杯であった。それがとても刺激的だった。また多くの外国人がやって来た。それは出会いで

あり別れであった。私はその時代を心ゆくまで楽しんだ」[383]。ヘンドリックは後に3回地下壕実験の被験者となった（7章参照）。また彼はさらなる冒険をすることになり、学位論文研究でアフリカに行き、ガラパゴス島のダーヴィン研究所に所長として赴任した。

1962年の夏、ジョン・クレブスが18歳の時姿を現した。彼はハンス・クレブス卿の息子であった。ハンス卿は、ルードウィヒ・アショフの共同研究者でユルゲンの姉のエヴァの友人であったが、1933年フライブルグ大学を去らなければならなかった。1953年にノーベル生理学賞が彼に授与された[72]。ハンス卿はジョンに医学を学ばせたいと思っていた。しかしオックスフォードで面談した際に、彼の情熱は鳥類学にあることがはっきりした。それで彼の父はコンラート・ローレンツに連絡して、ジョンを一時期ゼービーセンの研究室で仕事をさせてくれないかと頼んだ。その計画では彼はアショフのところに住み込む事になっていた。ジョンはいささか当惑気味のティーンエイジャーとして「城」にやって来た。後に彼は思い出を語っている。「ゼービーセンで働いた素晴らしい時間の他に（とり小屋の掃除、多くの種の鳥の世話）、アショフ家と共にいた時間は私を変えるものであった。私は家族に完全に溶け込み、そしてある晩アショフと一緒に彼のアコーディオンで古典的な歌を歌ったのを思い出す。金曜日はアンデックス・クロスターの常連で、アマ湖、ピルゼン湖、ムールバイエル湖には定期的に泳ぎに行った。週末には1日かけてのアルプス探検で歩き回り、最後はラドラービールの大きなグラスが待っていた。アショフは何時も主役でリーダーであったが、家族だけでなく、私のような居候の多くも、堅く結ばれた仲間の一員であった。私は実験室生活と家庭生活が連続していることを知った。この訪問は私にとって魔法のようだったので、翌年また戻って来た」[384]。これを書いた時、彼はロード・ジョン・クレブスとなっており、ワイサムの男爵で英国科学界の指導的人物、上院議員、ゼービーセンのマックス・プランク鳥類学研究所の外部科学委員で、そこで彼は半世紀前に鳥かごの掃除をしていた。

この「拡大家族」が成長していく間に、真の家族は縮小していった。1960年代の始めは、8人がまだ全員一緒にピルゼン湖にいた（図6-14）。子供達はスタルンベルグの学校に通った。進学のために1人また1人と両親の新しい家を離れた。ザビーネは定員制限の無いベルリンで医学を、クリストフはフライブルグで経済学を、ウリケはフライブルグで日本学とミュンヘンで中国学を、アンドレアスはウィーンとザルツブルグで生物学を、アネッテはギーセン、ミュンヘン、パリで様々な学問を学んだ。1960年代の終わりには、フロリアンだけが家に居た。1969年9月20日ユルゲンの1番上の姉であるエヴァ・アショフが死亡した。69歳であった（図6-15）。エヴァは最後までフライブルグの両親の家に住んでいた。彼女は、1928年から1964年までそこで本の付箋帯の作製をしていた。ユルゲンの姉の中では、エヴァが最もアショフの子供たちに愛された。

1960年代の終頃、アショフは次第に強くなっていく胃の痛みを訴えた。痛みはおそらく

図6-15(16) 先祖代々の墓。ルードウィヒ（1942）、クララ（1950）、エヴァ（1969）、カリン・マリエ（1938）、ウルフ・アショフ（1999）。フライブルグ中央墓地。

彼の職業倫理とその負担に起因するものであった。1970年3月16日、彼はミュンヘン大学病院の外科に入院した。9年前、その地下で体内時計が発見された。翌日、慢性十二指腸潰瘍の診断でゼンカー教授が手術を行った。教授はユルゲンに、病院を退院した後（12日後）は4～8週間療養所で休養する事を勧めた［385］。彼はアルペンフォーランドのテゲルン湖上流にある療養所に入った。ヒルデも彼と一緒にそこに行った。家庭医のリッター（Ritter）博士は彼女に強く言った。「感染性心筋障害を伴うインフルエンザの後では、低血圧で回復が長引くので、14日間の療養所滞在が必要である」［386］。2人は山スキーを諦めた。またユルゲンは、次の米国出張を延期せざるを得ないことに心を痛めた。

7章　地下壕実験室（1964-1989）

計画と建築

　1962年、人に体内時計が存在する確実な証拠がアショフとヴェーファーによって発表されると［353］、すぐに大きな注目を浴びた。コリン・ピッテンドリックは発表の前にすでにそのことを知っていた。アショフと打ち合わせていたように、彼はNASA[54]がこの研究に興味を持つよう仕向けた。1961年4月、ユーリ・ガガーリン（Yuri Gagarin）（UdSSR）によって有人宇宙飛行が開始された。10カ月後、ジョン・グレン（John Glenn）が米国による地球周航の最初の宇宙飛行士となった。宇宙でのソビエト連邦との競争に火が付いた。しなければならないことはまだ山ほどあり、将来を展望して昼夜が無く長期間隔離された状態が人にどのような影響を与えるのかをNASAは知りたがった。ピッテンドリックは、NASA有人宇宙飛行の宇宙医学室の室長であるチャールス・ロードマン（Charles Roadman）准将をたまたま個人的に知っていた。1962年1月、ピッテンドリックは彼に手紙を書いた。「… この問題に挑戦できる良い施設と言うよりは、良く整備された施設は世界中でアショフ実験室以外にはない。彼はわずかの資金でこの数カ月間に正に意義ある成果を上げている … 手短にいえばNASAが援助する意味のある研究計画あるいは研究室はアショフの所以外には思い付かない」［387］。ロードマンの報告によって、NASAはアショフの人を対象としたリズム研究に資金的援助を行うことを直ちに表明した。

　ミュンヘンでの最初の実験に関してゼンカー博士と取り決めていた期間は終了したが、実験は大成功であった。今アショフは人の体内時計についてさらなる実験を自身の研究所で行う可能性を得た。その為には、人を被験者とした研究のための特別に整備された地下実験室が必要であった。

　マックス・プランク研究所は施設建設のために気前の良く予算を準備してくれた。しかし計画された研究のすべての経費を負担することはできなかったので、NASAは暫定的に研究費（NsG-259-62）を肩代わりした。1962年8月最初の資金がすでにアショフの所に届いていたが［388］、それは後に地下壕と呼ばれる実験施設が使用可能になるかなり以前であった。建設は1カ月後に始まった（図7-1）。

　最初、住居実験室は3室計画されていたが、後に2室に縮小された（図7-2のIとII）。地下壕は研究所の敷地内の丘の斜面に建てられた。アショフはミュンヘン実験から得た経験をもとに、光、音そして外部の情報から最大限に隔離できるよう設計した。実験室は2つの居室からなり、それぞれ台所（a）の付いた居間とトイレ／シャワー室（b）からなっている。居室は前室（c）を介して操作室（III）と結ばれていた。集団実験の際には、閉鎖されている居室の間のドアを開け、2つの居室を結合することができた。実験室は2重の

図 7-1　建築中の地下壕実験室。1962 ／ 1963 年冬

壁で囲まれ、外側の鉄筋コンクリートで出来た箱状の覆いの内側に居室などの内部壁でさらに隔離されていた。操作室で居室の室温や換気が調節された。そこには、あらゆる測定装置があった。換気については新鮮な空気が外から入るよう排気管も設置されていた。実験室内では被験者は外部から完全に隔離され、時計、ラジオ、テレビ、それ以外にも時刻に関する情報を完全に遮断した環境下で生活する。実験室はさらに防音され、空調設備が出す絶え間ない雑音が背景音となって、外のあるいは隣の実験室の音を聞くことはできない。社会的接触は手紙に限られた。その際、実験者あるいは実験補助者からの手紙は、被験者が日時を知ることが出来無いように意図的に遅らされた。

　地下壕では、アショフの計画に沿って一連の実験が実施された。期待されたのは以下の疑問に答える事であった。概日リズムの周期は個々人によってどれほど差があるか。照明の強さで周期は変化するか。概日リズムが、同調因子の可能性のある明暗サイクル、社会的刺激、またその他の刺激に同調するか。人の生理的あるいは心理的リズムがこの「時間の無い」環境で維持されるかどうか。リズムは消失するかあるいは「フリーラン」(つまり、24 時間とは異なる周期を示す)するか。そのような条件下で人の時間感覚、分あるいは時間単位の時間経過の推測は維持されるか。この施設で、一般的な興味からだけでなく医学的にも重要な多くの疑問に答えることができる。概日リズムは生物学から始まったが、人

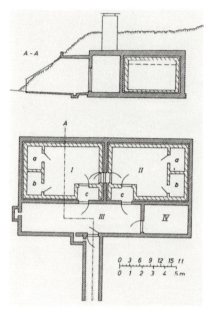

図 7-2 エーリング地下壕実験室の横断図と見取り図。

図 7-3 上：前庭の地下壕実験室への路（前庭：前方から後方へ：研究所建物、宿泊施設、「城」）。下：草木で覆われた地下壕実験室、2012 年

への応用も可能となった。

　アショフはミュンヘンでも共に仕事をした共同研究者のリュートガー・ヴェーファーを早くから実験に関与させた。物理学者であるヴェーファーは、人に対する電磁界の影響を研究できる可能性に引き付けられた。この理由から、建築の際に一方の居室にファラディー力で静止地磁気を 1/100 に弱める工夫をした。技術的には、建設用鋼材を溶接してコンクリートで固め、コンクリートと部屋の壁の間に溶接された5枚の層状ブリキ板で出来た鉄の覆いをかぶせることで実現できた。さらに、部屋の壁にコイルを入れて被覆し、人工的な交流電磁界を発生させた。被験者がこれらの電磁界に気付くことは全く無い。

実験

　地下壕は 1964 年 7 月 6 日から使用が可能となった。最初の被験者はハンス・ジョルグ・フォン・フレイターク（Hans-Jörg von Freytag）で、25 日間外界から隔離された。実験に際しての規則が時間をかけて決められた。被験者の日常生活の世話は、多くの場合宿泊施設に住む2人の技術助手が行なった。研究所施設の廊下には、被験者が寝ているか起きて

図 7-4　地下壕実験室の居室

いるかを示すランプと被験者の重要な要望（要望コール）や緊急コールを知らせるランプが備えてあった。技術主任のウラ・ゲレケは宿泊施設に夜泊まれる住居を持っていて、彼女の寝室にも緊急の際の予備の警告ランプが備え付けられていた。

　被験者は特定の行為を行った時に、スイッチ箱のボタン（図 7-5）を押さなければならない。そこには、採尿、排便、食事、就床、起床、その他幾つかの行動ボタンが付いていた。これらの情報は制御室にある時刻記録装置に記録される。したがって、実験室外で各行為の時刻を確認する事ができる。

　外部へのドアには鍵はかかっていない。被験者は何時でも地下壕から出ることができるが、その時点で実験は終了となる。技術助手は、意図的に不規則な時間間隔で地下壕に行き、前室の冷蔵庫の中に被験者の要求メモが置いていないかどうかを見る。例えば台所の食糧の蓄えを増やしたい、あるいは被験者がアマ湖のマスや大きなローストビーフを楽しみたい時である。その時ウラはしばしば「城」の台所でアショフ夫人にお願いする。「今、地下壕で本物のステーキを要望しています」と[55]。しばしば、メモには被験者が読みたい本や、試験あるいは学術論文に使う資料が要求される。技術助手はできるだけすべての要望を、アンデックスの村やヘルシングあるいはミュンヘンの図書館まで出かけて満たす。

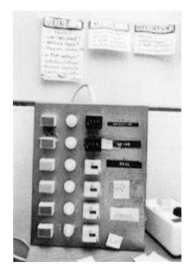

図7-6
エルンスト・ペッペル

図7-5 地下壕実験室のスイッチ箱：排便排尿、食事、起床、就床などの被検者の行動が入力される

彼女らは、フラスコに入れて冷蔵庫に置かれた尿試料も集めた。試料には番号が付けられ、採尿と同時に押されたボタン記録で実際の時刻を照らし合わせることができる。検査室で尿中の様々な物質が測定される。技術助手は制御室の記録装置の確認もする。最も重要な身体機能は連続的に測定される直腸温である。その為に、被験者はいつも直腸温センターを付けているので、6メートル以上あるコードを実験室の天井にかけて被験者の行動範囲が狭まらないようにしている。

地下壕での典型的な実験は4週間であるが、それより短い事もある。最も短い実験はVp 29で、最年少の被験者だった。フロリアン・アショフ9歳は、1965年8月地下壕に1日だけ滞在した。参加者の何人かは個々人の意思によってより長いこと滞在し、最長は93日であった。多くの心理学者や精神科医師は、人は長い孤独には耐えられないので、この様な隔離条件下では精神病やうつ病を発症すると予測した。アショフはミュンヘンの実験を根拠に、隔離実験は精神に問題を起こすことはないと確信していた。しかしその可能性を研究する機会が与えられた時、彼は受け入れた。

エルンスト・ペッペルはフライブルグから来た生物学と心理学の学生で、コンラート・ローレンツが1度フライブルグで講演したとき、彼と会っている。その後1963年に彼はゼービーセンに行き、ローレンツのもとで学士号研究ができるかどうかを知るため彼を訪問した。しかしローレンツは不在であった。旅を無駄にしたくなかったので、ペッペルは次にアショフを訪ねた。アショフはペッペルに、丁度建築が終わった地下壕の実験に参加するのはどうかと聞いた。アショフは精神科医師の悲観的な予測が正しいかどうかを確かめるために、実験の前後で被験者を心理学的に調査できる経験者を探していた。この様な訳でペッペルは最初から地下壕実験にかかわり、アショフのNASA援助金から学費を提

供され、研修生として雇われた。

　エルンストは、ミュンヘン大学の大学病院精神科の正教授であり主任であった有名な精神科医クルツ・コーレ（Kurt Kolle）を思い出す。「当時私は何と言うか横柄、今よりも横柄だった。精神科医のコーレが助手を連れてエーリングに来て、ここで行っている長期間の隔離実験は危険である。被験者は皆確実に統合失調症になるだろうと言った。私はすでに人格テストや一連の心理テストを用いて実験をしていた。結果的に何の症状も出なかった。実際はむしろ逆であった。2～3週後に地下壕から出てきた被験者の多くは高揚感を示した。私はそれをイグナチオ・デ・オヨラ（注27）の気分と呼んだ。人はしばしば自分で自分自身を知る。最初の2日間、ある種の思考逃避状態に陥る。続いて恍惚状態となり、精神的平衡を得る。非常にポジティブである。精神科医はそれを聞こうとしない」[358]。ディートリッヒ・フォン・ホルストの回想はそれと合致している。「最初の2～3日、時間の喪失が私の全生活を不安定にする深刻な結果を招いた。起きてからどのくらい時間が経ったのだろうか？　もう正午だろうか？　実際空腹なのだろうか？　もう寝る時間なのだろうか？　自分は本当に眠たいのだろうか？　以前は当たり前であったことが、疑わしくなった … 3～4日して、地下壕でのすべてが時間（私自身の時間）と再び調和していると感じた。私は私自身の時間から、今が12時45分昼食の時間だと'知った'。効果的に仕事ができる秩序づけられた生活がすぐに可能となり、精神的またはそれに類するどんな問題も生じなかった」[356]。

　1番大変だったのは、ある被験者が紙に希望や質問を書いて出したにも関わらず、3日間それに対して何の回答も無かった時で、被験者がパニックを起こした。彼女は「何かが起きたに違いない」、あるいはフォン・ホルストの場合と同じように［356］「戦争が勃発した」と思った。例外的であったが幻覚もあった。ある被験者は実験が終了した時、技術助手に訊ねた。部屋で弾いていた曲が、私のお気に入りであることをどこで知ったのかと。もちろん音楽は演奏されてい無かった。天井照明の下にあるプラッチック板が蛍光管の熱で引き伸ばされた時に発するかすかな雑音が、そのように聞こえたのだろう。別の被験者は、隣の部屋で誰かがタイプライターを打っている音を聞いたと言った。もちろんそこには誰も居ないし、タイプライターも置いてない［389］。

　Vp1から始まったエーリング地下壕の印象的な一連の実験は、大きな中断もなく25年以上、1989年12月21日まで続いた。最初は外界から完全に隔離されて4週間、体温を持続的に測定するために直腸に温度センターを入れたまま過ごすことに、どのくらいの人が興味を示すか分からなかった。その代償として食事と飲み物、自分で料理しなければならない食事、そして1日5DMの報酬（1970年代では高価であった）を得る。しかし、被験者待機リストが増え始めるまでに長い時間はかからなかった。だたちにドイツ中から地下壕に入りたいとの希望が多くの人から寄せられた。公に被験者を募集はしなかった。リス

図7-7 ヴェーファー：新しい被検者を地下壕実験室に案内する(上)、実験室での(下)最初の時間評価

トは個人的な接触や口伝えで埋まっていった。新聞に地下壕に関する記事が繰り返し載った時には、申し込みは多かった。最初アショフは、どの新聞社にせよ新聞記事に関してはかなり慎重であった。ユルゲン・ツライ（Jürgen Zully）が経験したことだが、アショフは初めての記者に、「腕を差し出すか、それとも外に放り出すか」[389]。

　被験者になりたいと申し込むのは、しばしば難しい試験の準備をするつもり、あるいは論文を書きたいという若い人々であった。しかし老人も参加した。ブルンヒルデ・ハッカー（Brunhilde Hacker）は3回も実験に加わり、75歳、76歳、80歳の時それぞれ4週間以上滞在した。アショフとヴェーファーによって公表され、また講演された一連の実験が有名になるにつれて、外国からも申し込みが来るようになった。ハーバードの有名な神経

生理学者であるジョン・バロー（John Barlow）はテレビでアショフを見て強い刺激を受け、地下壕でサバティカルを過ごすことにした。彼には謝金を払う必要があるか」[390]。

　25年間で393名が実験に参加し、複数回（最大で4回）くり返した人を含め被験者の延人数は447名となった。彼らは総て合わせて11,139日間地下壕に滞在し、被験者1名あたりの平均滞在日数は25日間であった。447名の被験者のうち20名（4％）が途中で実験を放棄したが、その平均滞在日数は1週間（2日〜17日）であった。2つの地下壕室は25年間の60％が被験者で埋まっていた。特定の実験施設がこれほど長い期間、これほど集中的に使われることは希である。

　時々、2人の被験者が1つの部屋で共同生活する実験が行われ、相互同調の有無が調べられた。ある実験では2回、4人の被験者がグループで生活した。その際2つの居間の間のドアを開け、4人の被験者が何時でも接触できるようにした。最初のグループ実験は1965年の年末、エルンスト・ペッペルにより実施された。エルンスト自身はすでに1度被験者として1週間地下壕に入ったが、今度は別の被験者で心理学的データーを取り、地下壕実験の後にそれを使おうと思った。彼は隔離されたグループで個々人の概日リズムが相互同調するかどうかを確認したいと述べて、アショフの承認を得た。彼はその実験を1966年1月13日から2月4日まで行った。実験は照度の影響を調べるためのものでもあった。地下壕の部屋の天井には照度を変えることができる照明装置が付いていた。22日間の実験で、3人の被験者は約20回寝たり起きたりしたが、彼らは何時もほぼ同調していて、実験の前半（1400ルックスの照度）では26.2時間のリズム周期を示したが、実験の後半（100ルックス）では多少長く27.2時間であった。4人目の被験者は実験の前半は他の被験者と同調していたが、後半はより短いリズム周期（24.1時間）を示した。実験前半の概日リズムは他の被験者と同調していたが、彼のリズム位相は常に180度逆転していた。

　エルンストはその実験を論文にまとめ、ペッペルとアショフの連名でZ. Pflügers Archiv に投稿したいと思った[391]。彼が投稿の前にアショフに伝えたところ、アショフは断固として自分の名前を論文から削除した。彼はペッペルのみがその仕事に関して功績があると考えていた。「それはアショフの失敗であった」、エルンストは後でそう思った。「単名では誰もその論文を読まない。私はまったく無名で、単なる学生にしか過ぎない。アショフの名前がそこにあることで、各段に良いものになっただろう」[358]。その研究は人が完全に隔離された状態で、単に睡眠覚醒行動だけでなく生理的リズムもまた相互に同調することを初めて証明したものであった。

　ペッペルはその時まだ研修生であり、学位研究はしていなかった。しかし彼が能力のあることを実証したので、アショフはさらに一緒に研究する気はないかとたずねた。それで彼はエーリングに来て、より長い時を過ごした。彼は地下壕で集められた時間推測の解析に関わった。彼は実験計画を自由に決める事ができた。アショフは人の時間感覚に関する

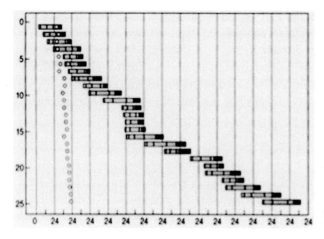

図7-8 内的脱同調を起こした被験者の記録。実験日を上から下へ記載。左から右は1日の時刻。黒：睡眠時間帯、灰色：覚醒時間帯、朝食、昼食、夕食が縦線で表示。丸印は深部体温の最高値位相

学位研究のため、インスブルグの心理学者イボ・コーラーに頼みエルンストの学位指導者になってもらった。後年ペッペルがドイツで高名な科学者になり、大きなユリウス研究センターの所長として招聘された時も、彼のグループ実験を読んだ者はほとんどいなかった。オランダのテレビプロデューサーのジョン・ドゥ・モール（John de Mol）がある日彼に電話をかけてきた。彼はエルンストに、隔離状態にある集団の行動について計画している「BIG BROTHER」番組に、彼の知識を使わせて欲しいと頼んだ。

内的脱同調

前述のグループ実験のデーターから、エルンスト・ペッペルは、4人の被験者はすべていわゆる「内的脱同調」を示したと推定した。この現象はアショフによって初めて観察され、1965年のScienceに載った古典的研究に記載されている［357］。内的脱同調では、1人の被験者で2つの生体リズムが異なるリズム周期を同時に示す現象である。それはScienceの論文でもそうであるが、多くの場合体温リズムの周期とは異なる睡眠覚醒リズムについて言われる。

図7-8に内的脱同調を起こした被験者の記録を示す。体温の最高値はリズムが内的に同調している場合にはおよそ睡眠の開始時刻にあるが、脱同調下では次第に左側にずれて行く。体温リズムは24時間から25時間の間の周期を示すが、睡眠覚醒リズムは非常に長く、33時間に近い。そしてよくばらつく。睡眠覚醒リズムが体温リズムよりも高い振動数を示し、周期が20時間よりも短くなる場合もある。

内的脱同調は最初からアショフの心を捉えた。1965年、アショフは日本での講演でこの現象をよく主題にした。内的脱同調を確実に示す例が多くあった。50人の実験被験者のうち14人が睡眠覚醒リズムと体温リズムに内的脱同調を示した［392］。それは、体温の変

動が、これまでしばしば想定されていたように睡眠覚醒の行動に起因するものではなく、睡眠とは関係のない他の振動体により生じていることを意味した。

1960年代から1970年代にかけて、世界中の研究者たちは同じ様な人の隔離実験を始めた。多くはアショフの実験成績に触発されて、またしばしばそれとは関係なく。多くの場合、自然の洞窟の恒常的な気象環境が利用された。フランスでは1962年、23歳の洞窟学者ミッシェル・シフレ（Michel Siffre）がカルスト地区マルグアレイスにある深い鍾乳洞、ゴーフレ・ドゥ・スカラソンに単身で入った。彼は暗くて寒く湿度の高い洞窟の中でどのくらい長いこと1人で生活できるか、その為ためには何が必要かを知りたいと思った。62日後彼は救助隊によって引き上げられたが、その時人工照明を使って洞窟内で読んだ地質学と洞窟学の全書籍と日記も回収された。日記は後に「時間の外へ」の題名で出版された[393]。彼はその後別の洞窟で2倍ほど長い期間、とりわけテキサスのミッドナイトケーブで、同じ様な条件で生活した。またシフレは別の洞窟学者を伴って、非常に長い期間（6カ月間）の実験を行った。その時、極端な内的脱同調が繰り返し起き、約50時間に1度の割合でしか寝なかった[394]。シフレはフランス洞窟学研究所の主任となった。彼は後年文筆家のヨシュア・フォエール（Joshua Foer）との会話で述べた様に、彼の実験によって人の体内時計が発見されたと考えていた。「それと認識することなく、私は人の時間生物学分野を創造した … 私の実験は人も他の下等動物と同じように体内時計を持っていることを示した」[395]。地質学者である彼は残念ながら時間生物学分野の適切な文献を知らなかった。

エーリングの地下壕を手本として、世界の他のどこでも明暗サイクルや自然の気温変化、外界の社会的刺激の無い条件下で長期間人を研究できる隔離実験施設を造ることができる。マンチェスター（英国）では腎臓生理学者のミルス（J. N. Mills）が、ゲインズビル（フロリダ）では睡眠研究者のベルニー・ウエブ（Bernie Webb）が隔離実験を始めた。ミルスはすぐに内的脱同調と同じ現象を観察した［396］。後にニューヨーク・ブロンクスにあるモンテフィオーレ病院のエリオット・ワイツマン（Elliot Weitzman）らのグループによって内的脱同調が確認された［397］。睡眠や覚醒の変化が体温リズムの原因でないことの証拠はいくつも積み重ねられた。体温は常に約24時間のリズムで変動するが、睡眠と覚醒のリズム周期は基本的に非常に長いが、短くなることもある。アショフは人の睡眠覚醒リズムが24時間からかけ離れた50時間もの周期を示すので、果たしてこれを概日リズムと呼んでいいのかどうか自問した［392］。

アショフの実験だけでなくシフレやミルスの実験でも、被験者は内的脱同調に気づいていない。彼らは通常の覚醒睡眠時間で過ごしていると思っている。被験者は24時間全く中断することなく覚醒し、続いて10時間ぐっすりと眠ったことを後から聞いて驚く。現実と感覚がそれほど大きく乖離することはめったにない。内的脱同調はアショフが高齢に

なるまで関わっていた問題である。

アショフとヴェーファー

　リュートガー・ヴェーファーはハイデルベルグからエーリングに来た。血液の比重を測定するラインの熱流動と温熱調節の仕事は終わった。その両方ともユルゲン・アショフの研究テーマでもあった。エーリングで、ヴェーファーはアショフの新しい恋人、人の体内時計に興味を示した。アショフはヴェーファーの解析における数理学的貢献と実験結果のモデル化を評価していた。ヴェーファーは鋭い理解力をもち、振動理論に精通していた。彼は他人との交流は単刀直入だったが、議論ではときどき無愛想になり、多くの場合自分が正しいと確信していた。研究発表の際に、「そうあるはずである」が彼の口癖であった。彼は19歳の時戦争で肩に貫通銃創を受け、そのため左腕を使うのに制限があった。それにも関わらずヴェーファーはスキーが出来たし、山登りや手入れの効いた車を運転した[398]。ヴェーファー夫人が後に強調したように[357]、アショフとヴェーファーは性格は大変異なったが、お互いに補完し合った。2人の間の協働作業は相互の尊敬に基づくもので、親密な友情からではなかった。振る舞いでは距離を置いていた[389]。彼らは親しく付き合うことはなかった。それにも関わらず長い間共同研究がなされた。

　地下壕実験については自然に役割分担が出来上がっていった。アショフは実験研究の課題選択で決定権を持った。ヴェーファーは実験の技術的かつ組織的責任を負った。地下壕にはほとんど何時も、見習い研究者の日常的な世話をする共同研究者やしばしば実験に関する学位論文を書く学位志望者がいた。ウラ・ゲレケは長年にわたって実験計画書の最初の分析を自から行った。彼女はバランスの取れた安定した人物で、何時もアショフの執務室の向かいにある煙草の煙が漂う小部屋にいた。家の魂[389]。

　最初（1964年）指導権は完全にアショフの手にあった。初期の実験で人の体内時計に与える照度の効果が研究され、それは明らかにアショフの課題であった。1965年の夏、ファラディー力が作用している右の地下壕居室で電磁界を発生させたり消滅させたりする実験が同時に行なわれた。そこには物理学者ヴェーファーの真骨頂があった。1972年まで、この部屋は電磁界の研究のために予約されていた。

　左の部屋は電磁界の装置は付いておらず、そこでは1960年代に光の同調に関する古典的な実験プロトコール、明から暗に移行する際の黄昏の効果、同調因子の強さの効果、異なる周期の明暗サイクルの効果が研究された。アショフは、動物実験から導き出されたのと同じ法則が人にも当てはまるかどうか知りたいと思った。そこから人の体内時計もまた、動物で示されたと同じような法則に従う良く知られた光に対する感受性を持つことが示される[399]。ただし、部屋の隅にある照明の同調力はそれほど強くはなかった。それはすべての実験で読書燈を寝台の近くに置いたため、暗は必ずしも完全な闇ではなかった

アショフとヴェーファー　173

図 7-9　ユルゲン・アショフ、ウラ・ブーゼ、ロスビッタ・ハウエンスシルド、リュートガー・ヴェーファー、ウラ・ゲレケ。エーリング・アンデックス研究所の前で朝日に浴びて（写真 1968 年頃）

ことに起因すると思われる。連続暗で 2 人の被験者が相互に同調することも確認され、社会的同調因子が有効であることが示唆された［400］。これらはすべてヴェーファーではなくアショフが立てた研究課題である。アショフもヴェーファーの様に振動体を考えていたが、なによりも人の生理また心理にどのような影響を与えるかを考察した。一方、ヴェーファーは主として数理理論に興味があった。

　アショフは幅広いスペクトルの科学的興味をもっていた。1970 年代、彼は研究以外にも、マックス・プランク研究所内外の多くの課題にも関わっていた。それにも拘わらずヴェーファーの組織的かつ技術的責任によって、地下壕実験は続けられた。実験はいつも検討された。図書室では定期的に「おしゃべり会」と呼ばれる会合が開かれ、研究計画が議論された。それにはアショフだけでなくヴェーファーも参加したが、多くの場合アショフが基本的な決定を下した［389］。

　アショフは自分自身で実験をすることはなかったが、しばしば指導力を発揮した。コロンビア人のヘンドリック・ヘックはミュンヘンで生物学を勉強していたが、1970 年のバラの月曜日（注 28）に、Vp 118 として謝肉祭の酔いを眠って醒ますために地下壕に入り、32 日間リネン（Lynen）教授の難しい生物化学の試験の準備をした。1974 年、彼はセレンゲティでの 3 年間の屋外実験から戻ってきた。アショフは彼にもう 1 度地下壕に入る気はないか尋ねた。アショフはリズムの個々人の特性が 2 回目の実験でも保存されているか知り

たかった。ヘックは地下壕での孤独な生活を気に入っていたので、よろこんで2回目の隔離実験に臨んだ。今回はタンザニアのハイラックス（岩狸）、象の興味深い近隣種に関する学位論文を書くためであった。彼はこの場合も隔離を楽しんだ［383］。アショフは2回目の実験にさらに8人の被験者を見つけ、1980年ヴェーファーと共著でその成果を発表した。それは、概日リズムの特性は個人で保存され、単なる偶然のばらつきを示すものではないことを明らかにした［401］。

　アショフには地下壕をヴェーファー任せたもう1つの理由があった。1971年、最初の電子計算機が研究室に入った。8 Kb のプロセッサーを持つ IBM の大きなコンピューターで、研究所の地下の一室を占領した。計算機は大量の熱を発生するので、外壁に冷房装置を取り付けなければならなかった。計算機はパンチカード式のプログラムを用いていた。その日から地下壕のデーターは、紙による記録からデジタル式記録へ切り替えられた。データーはまず大きな磁気テープに蓄積される。それが無ければアショフ自身では何も始められなかった。1990年代、高齢だった彼は計算尺から小さな手動式の計算機に変えようとしていた。アショフはコンピューターを正しく学ぶことは無かった。ヴェーファーも最初はそうであった。計算機はまずコンピュータープログラム（フォートラン）作成方法を理解していた何人かの若い人たち、とりわけクリストフ・アショフやヘルベルト・ビーバッハ（Herbert Biebach）の助けを借りて使用された。しかしヴェーファーも徐々にそれを学んでいった。

　それにも関わらず、アショフは関心のある特別な課題についての実験結果は自分で解析した。1971年、サン・ジュアン島のフライデー・ハーバー、カナダの国境近くにあるワシントン州（米国）の国立記念施設で、生物リズムに関する集会が開催された。この分野では、コールド・スプリング・ハーバーやフェルダフィングに続く3番目の会議で、マイケル・メナカー（Michael Menaker）によって組織された［402］。アショフは鳥と人における概日行動リズムの幾つかの特性について、総説的な講演をおこなった。その講演にデーターを提供したすべての共同研究者は共同著者として記載された［403］。アショフは恒常条件下にある人とブーフフィンケン（あとりの一種）が、1サイクル中の覚醒の割合とリズム周期（τ）に同じような特徴をもつ負の相関があることを示した。つまり体内時計がゆっくりと時を刻むほど、睡眠がより長くなる。また別の計測値、リズムの精度がτに依存して系統的に変化することも示した。この様な概日機構の詳細な特性に至るまで人と鳥で共通している。それらは体内時計の一般的な基本性質を表しているだろう。アショフは他の多くの研究でも、人のデーターを動物のデーターと同じような方法で比較している。彼は常に一般化できる法則を見つけ出すことに努力した。

　アショフはさらに、これまでのリズム研究では扱われなかった非定型的な課題にも取り組んだ。時計や時刻を示す装置が無いとき、被験者は1時間あるいは1分の経過をどのく

らいの長さと感じているだろうか？　この様な時間評価が地下壕の多くの実験で日常的に行なわれた。被験者は起床したとき1時間の時間経過を評価して特別のボタンを押し、その後事あるごとに同じ課題をくり返した。続いて被験者は短い時間間隔を「作り出す」ことを課せられ、その度10、20、30、60そして120秒の別々のボタンを押した。すべての時間感覚が正確に記録計に記録された。この様にして、時間と分の評価に関する膨大な資料が蓄積された。アショフは信頼する技術助手ウラ・ゲレケの助けを借りて、その結果を解析した。彼はこの膨大な仕事を彼女に与え、1985年短期間しか続かなかった雑誌、Zeitschrift Human Neurobiologyに発表した［404］。その研究によって、1時間の時間感覚は平均して真の1時間（地球の自転時間の1/24）（注29）よりも常に長いことが分かった。重要なことは、「作り出す時間」の1時間は睡眠覚醒リズムの周期と強く相関したことである。リズム周期が内的脱同調により30〜40時間に延長した場合、「作り出す時間」の長さもそれに比例して長くなった。後にアショフはそれを主観的時間の「伸縮性（Dilatability）」と呼んだ［405］。10秒から120秒の間の短時間推定は、経過した時間より短くも長くもなく一定の傾向を示さなかった。またリズム周期にも依存しなかった。短い時間感覚と長い時間感覚の背後にはおそらく異なる機構が存在するであろう。

　地下壕の全稼働期間に、数え切れないほどの論文と一連の学位論文が発表された。それ以外にも、もっぱら地下壕実験について書かれた2冊の単行本がある。1969年、補助金を受けた科学研究について、連邦政府に提出した地下壕実験の最初の5年間の非常に基礎的で完全に総論的な報告がある［406］。ヴェーファーはこれらの報告書を単名で発表した。共同責任や他人の協力については言及しなかった。10年後ヴェーファーは13年間のすべての実験を単行本「The circadian system of man」にまとめたが、これも単著であった［4］。ただ彼はアショフの絶え間ない支援に謝意を表している。ヴェーファーの本は大きな業績であり、論文では部分的かつ断片的にしか述べられていないデーターについての唯一の宝の山である。

　この2つの仕事にユルゲン・アショフが共著者として加わっていないことを不思議に思うのは当然である。今日の世界では、ボスの研究室から発表されるすべての科学論文にボスの名前が付くことが普通になっている。1980年代その傾向は2000年代ほど強くなく、エーリング・アンデックスのアショフ部門ではまだまったく無かった。アショフが自分を共著者に加えるように主張することは基本的に無かった。彼はしばしば共同研究者と共著で論文を書いているが、主導権を握る第1著者として論文を執筆し、他の人を共著者に招いている。アショフの発表論文リストには例外的な2人の著者がいる。彼はこの事も知っていた。1975年、私（S.Daan）はアショフにある大きな論文の共著者になって欲しいと頼んだ。この論文「緯度の研究」［407］は元々アショフが執筆を予定していたもので、彼は私に任せたので共同著者は当然の事であった。しかし、アショフは驚いて次のように書い

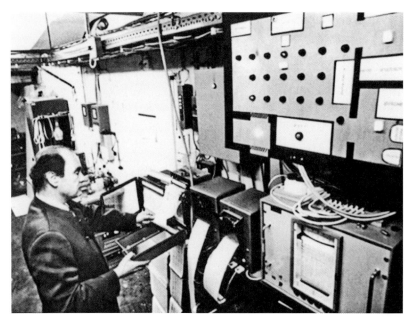

図7-10　リュートガー・ヴェーファー。地下壕実験室の前室で記録の確認

て来た。「… 私はこのグループに属していた事をうれしく思っている。じっくりと考えてみると、この家の共同研究者が私に共著者になって欲しいと頼んだのは初めてである」[408]。しかし、彼はその時エルンスト・ペッペルの件を忘れていた（169頁参照）。

　1979年ヴェーファーの名前で出版された総括的な地下壕実験の本には、単にアショフが研究所の所長であるという理由からだけでなく、他にも幾つかの理由から共著者として記載されなければならなっただろう。地下壕実験の構想を立て、それを可能にし、実験の多くのアイデアを出したのはアショフではなかったか？　地下壕実験の指導権を最初はミュンヘンで、次にエーリング・アンデックスで握っていたのはアショフではないか？　NASAの援助を受けて大きな研究路線を引いたのはアショフではないか？　ヴェーファーが彼に共著者を依頼したかどうかは知らない。アショフはそんな事を頼むような人ではない。彼自身はヴェーファーを共著者として合計37編の論文に載せている。逆の例はたった3編で、何れもハイデルベルグ時代の、まだヘルマン・ラインの温熱流動の研究が行なわれていた時のものである。おそらくヴェーファーはボスに認められたかったのだろう。おそらく彼は自立していることの姿を示そうと試みたのであろう [389]。

　1980年代の始めはまずヴェーファーが、次いでしばらくしてユルゲン・ツライがそれぞれ地下壕の指導権を得た。アショフは学術集会で講演することが好きで、地下壕の時計無しの条件で行なわれた人の行動や生理について、既知のあるいは新しい結果を繰り返し報

告した。彼は人生の最後の時までそれに取り組んでいた（第10章）。アショフの関心事は人間で、一方ヴェーファーの興味は概日現象の背後にある理論にあった。しかし時間生物学において、アショフが「時間の無い空間」の人の研究の指導的先駆者であることに変わりない。

他の人々

　ユルゲン・アショフは重要な決定をした。リュートガー・ヴェーファーは終日実験の監督に携わっていた。彼の妻のレナーテは、地下壕を後年のヴェーファーの6番目の子供と呼んでいた[257]。しかし日々の世話は地下壕の別の研究者の仕事であった。多くの場合、若い学生か卒業論文または総説を書くために来ていた研究者であった。1960年代、エルント・ペッペルの後に精神医学の学生、後にチュービンゲン大学の教授となったヘンナー・ギードケ（Henner Giedke）と心理学者ライマー・ルント（Reimer Lund）が来た。

　ルントはマンハイムの心理学の学生で、1966年の夏、Vp 49の被験者として4週間地下壕で過ごした。彼はエーリングが気に入って、1969年に研修生として戻って来た。内的脱同調が生じる要因としての性格特徴が彼の課題であった。彼はそのために、フライブルグの教授ファーレンベルグ（Fahrenberg）とブレンゲルマン（Brengelmann）が作成し、ペッペルが地下壕実験に導入した心理学質問紙を用いた。ルントはそれにより得られたデーターを解析し、内的脱同調を起こした被験者は平均すると神経症と植物気質の著しく高い点数を示した［409］。翌年、彼はそれに関連した学士論文を提出した。

　ライマー・ルントはカリスマ性のある青年で、研究所では人に、特にそこで働いている若い女性に人気があった。1970年、ヴェーファーは彼に手紙で学位研究を可能にする助手の身分に興味がないか尋ねた。それでルントは1971年に再度研究所に戻って来た。彼は地下壕の被験者の世話を問題なくこなした。彼は被験者から得られた行動記録の未解析データーの整理を任された。自発行動は地下壕居室の絨毯の下にある接触板で得られたもので、被験者が歩き回るごとに測定された。睡眠中の動きは寝台の下に敷かれた圧力計で測定された。明確な行動パターンを得るにはデーターのバラツキが大きいことが判った。それでルントは別の課題を探すことにした。

　彼はエーリングの宿泊施設で生活していて、昼食にはセービーセンの管理棟にある食堂まで車でよく出かけた。ある日このノルトシュトランド生まれの青年が、帰り路でNF、ノルトフリースランドのナンバー・プレートを付けた車が道路わきに駐車しているのを見つけた。彼は興味をそそられた。バイエルンにノルトフリーゼの車、ここで何をしているのだろうか？　ひょっとしたら知り合いではないだろうか？　彼は車を止め、老夫婦に声をかけた。彼らはシルトから来ていた。ルントは自分がノルトシュトランドの近くからバイエルンに来た理由を話した。しばらくして彼はサングラスをかけた老紳士が盲人である

ことに気づいた。ライマー・ルントは盲人を地下壕に留め、その人が概日リズムを示すかどうか、それが明暗サイクルに同調するかどうかを研究する事は科学的に重要であると話した。「よろこんで」とピンゲル（Pingel）氏、盲目の老人は言った。

それで決まった。彼らは住所を交換した。研究所における次の研究討論会で、ルントは自分の実験計画を紹介した。丁度ミュンスターの眼科学教授ホルヴィッヒ（Hollwich）による論文が発表された時で、彼は盲人には健常人にはみられるコルチゾール血中濃度の概日リズムが無いと主張していた［410］。しかしたとえリズムがあっても、それらが異なる位相をもっている場合、あるいは外界と全く同調していない場合は、ホルビィッヒの平均値ではおそらくリズムは見えてこないであろう。ヴェーファーは興味を示さなかったが、アショフはルントを支持した。そこでピンゲル氏は4週間の地下壕実験のためにエーリングに来て、1971年10月7日まで滞在した［398］。次にルントはドイツ中の盲人施設に手紙を書き、被験者候補者をさらに探した。多くの盲人がエーリングに来た。1972年から1973年にかけて、6人の被験者が地下壕での3週間の隔離実験のために集まった。それらをまとめた実験結果を学位論文としてミュンヘン工科大学に提出した［409］。盲人が体温、睡眠覚醒、いくつかの生理的また心理的測定値に概日リズムを示すことが初めて明らかにされた。リズムの位相や周期は視覚正常者よりもばらつきが大きく、それらは被験者によって異なったが、ホルヴィッヒが結論として述べたこととも異なった。リズム周期は視覚正常者より幾分短縮していた。この歴史的な成果は残念なことにヴェーファーの本［4］とアショフが書いた総説論文以外、未発表のままである。

1974年9月に行なわれた学位審査の後、ルントは博士研究員としてカリフォルニアのスタンフォード大学の睡眠研究者、ビル・デメント（Bill Dement）のグループに加わった。1976年の初め彼はドイツに戻り、ミュンヘンにあるマックス・プランク精神医学研究所のデルレフ・プルーク教授の所で、研究グループ「概日リズムとうつ病」のリーダーの職を得た。その当時、睡眠はすでにうつ病研究の重要なテーマになっていた。それはなによりも、フランクフルトの精神科医プルグ（Pflug）が見つけた断眠がうつ病患者に良い気分転換をもたらす事に刺激されたものである。それで後にうつ病患者も地下壕に来た。1983年、ルントは次にミュンヘン大学神経内科のヒピウス（Hippius）教授のところに移った。そこでリューサー（Rüther）博士とともに睡眠研究室を立ち上げ、睡眠障害をもつ患者の検査を行った。いわゆる「睡眠相後退症候群」が多くいた。この疾患では、自発的な睡眠が常に通常よりも数時間遅れた時刻にみられる。そのような患者が何人か地下壕に来た。ルントはさらにガウティングの呼吸器内科に移籍し、睡眠研究と睡眠障害の臨床的助言に献身した。

アンナ・ヴィルツ-ジャスティス（Anna Wirz-Justice）は1981年〜1982年にかけて、共同研究者ではなく客員として夏の数週間研究をした。彼女の生まれはニュージーランド

で、ロンドンの大学で生物化学を学んだ後、バーゼル大学の精神医学病院で研究をしていた。彼女の研究課題の1つに、季節に依存して冬季に再発するうつ病があった。彼女は人の概日システムの年周期変化に興味を持っていた。アンナは人概日リズムの季節変動を調べる目的でアショフとヴェーファーを訪ね、これまで集められた地下壕実験のデーターを使わして欲しいと頼んだ。彼女は歓迎されてエーリングに来た。データーは、それに興味を持つもの誰もが自由に使用できるように整理されていて、それがアショフの方針であった。アンナは15年間のデーターで、春と秋の体温概日リズムのフリーラン周期（平均24.7時間）が夏（25.2時間）よりも半時間ほど短いことを発見した。自発的な睡眠時間の平均は初夏で短く、秋と冬で最も長くなる事も見つけた。彼女はまた睡眠時間が（1年中通して）男性よりも女性で平均して1時間ほど長いことも明らかにした。アンナは内的脱同調が他の何れの季節よりも夏に多いことを発見した。これによって、地下壕研究の結果が人の生理学における年周期リズムの明確な基礎を提供した［411］。

　電気技師のユルゲン・ツライが1974年ミュンヘンにあるマックス・プランク精神医学研究所の睡眠研究者ハルトムート・シュルツ（Hartmut Schulz）博士のもとで心理学研究をしている時に加わった。この時代、睡眠はうつ病研究ではすでに重要な課題であった。シュルツはレム睡眠[56]の相が被験者で々々ずれることに注目した。彼はエーリングの地下壕で睡眠覚醒リズムが概日周期でフリーランすることを思い出した。シュルツはアショフに連絡し、地下壕で睡眠脳波（EEG）を測定したいと申し出た。その着想はまったく新しいものではなかった。ライマー・ルントがすでに1973年にスタンフォードのビル・デメントの所でその研究計画を述べていた。図書室で行なわれる木曜日の研究討論会で、シュルツは自分の考えを説明した。アショフは、一般論として技術的に可能かどうか懐疑的であった。しかし彼はその課題に興味を示して言った。「であるなら、1度やってみてはどうか」。彼の言葉は決定であり、ヴェーファーは提案を完全に受け入れた。ツライが実験をすることになり、彼自身もう1つの地下壕居室で生活し、被験者（Vp 181）の睡眠をマックス・プランク精神医学研究所から持って来た旧式の脳波測定装置で記録した。実験が毎日行なわれる事になった時、アショフは実験者も対照群として直腸温センサーを付けなければならないと考えた。そしてそうなった。

　これら被験者の実験結果は、ツライの学士論文［412］として、1975年4月3日の木曜日に今週の「話題」として報告された。ハルトムート・シュルツはその結果を更なる睡眠実験につなげられないかと熱心に提案した。つまり、5人の被験者をエーリングの地下壕でそれぞれ4週間隔離し、その後4週間精神医学研究所の睡眠実験室で、24時間の明暗サイクルの下で検査する。アショフはまた賛同の意を示した。彼はツライに、自分の部門で3年間奨学金を出すことを約束した［413］。1979年ツライは学位論文を書き上げ、チュービンゲン大学の心理学部で学位取得に成功した［414］。

図7-11　左から、ライマー・ルント、アンナ・ヴィルツ-ジャスティス、ユルゲン・ツライ。「昼休み」にアマ湖でのヨット操行

　1980年代、アショフは地下壕での実験になおも関心を持っていたが、そこから手を引いた。ヴェーファーは人の同調因子としての光の研究に戻った。1980年に米国のルイー（Al Lewy）が、夜に分泌されるホルモン、メラトニンが明るい光で抑制されることを発見した［415］。それがヴェーファーを刺激し、もう1度人の概日システムの明暗サイクルに対する感受性を高照度光を用いて研究することにした。地下壕の居室はそれに合わせてより強い光源が備えられた。多くの実験で読書灯が取り外され、被験者は夜は完全な暗闇となる「絶対的」明暗サイクルに曝露された。次第に長くあるいは短くなる明暗サイクルに被験者を暴すことによって、ヴェーファーはいわゆる同調範囲の限界、人の体内時計が同調できる最短と最長の周期を確かめた。彼はその際2人の科学者、クリスチン・ヴィルドグルバー（Christine Wildgruber）とヤン・ポラセック（Jan Polacek）の協力を相次で得た。彼らは実験の世話をした。

　その間、ユルゲン・ツライは学位研究に引き続きアショフの奨学金を得ていたが、今回は博士研究員であった。マックス・プランク研究所はミュンヘンとエーリングの中間のスタルンベルグ・アム・ゼーに貸家を持っていた。ツライと家族は、「マックス・プランク・ゲットー」と嘲笑的に名付けられた住居を得、1993年までそこに住んだ。子供達のためだけではない楽園と、彼はずいぶん経ってから思い出している［389］。

　ツライはヴェーファーとは関わりなく、彼自身の実験を始めた。彼は最初に決められた被験者に対する指示、規則的な生活を送るようにとか、1日に3度の食事を取るようにとか、出来るだけ昼寝はするなとかの内容に批判的であった。その様な指示は動物実験では

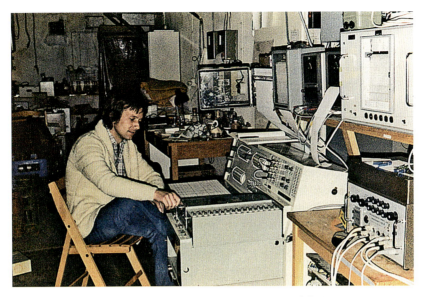

図 7-12　ユルゲン・ツライ、地下壕実験室の前室で脳波装置を前にして

ありえず、ツライは人の行動それ自体がリズムに影響する可能性を考えていた。ある被験者が実験終了後に語ったように、彼も学位論文の1章を書き終えるといつも床に入る経験をしていた[389]。この様な行動の決定や睡眠エピソードが昼寝か夜寝の主観的な区別も、地下壕での自然の睡眠覚醒リズムの間違った解釈につながる可能性があるとツライは考えた。マックス・プランク精神医学研究所で2年間、博士研究員として仕事をしていた米国人のスコット・キャンベル（Scott Campbell）と共に、2つの実験を行った。

いわゆる「時間生物学的カオス（Chronochaos）」実験で、被験者は14日間連続照明の下で、1日の予定を立てる事なく、好きな時に寝たり食べたりして良いとの指示を得て地下壕に滞在した。この条件下では、概日リズム周期は多くの場合アショフやヴァーファーの古典的実験よりも短くなり、おそらく行動が影響したものと思われる［416］。

「非同調（Disentrainment）」実験では、被験者は何の日課も課されないだけでなく、何もしてはいけない、論文を書いても本を読んでも音楽を聞いてもいけない、ただ瓶から注がれる変化のない宇宙栄養だけ。脳波と体温が絶えず測定された。この様な難しい条件が3日間課せられた。新しい被験者は実験条件について前もって正確に知らされている。意味のあるどんな活動も禁止されることは、被験者にとって最悪であった。ある被験者はこの問題の解決方法を見出した。実験終了後、世話人がチェス盤を見つけたが、その上には台所にあるアルミニウムホイルで作られた32個のチェス駒が歯磨き粉で塗り固められていた。この実験から、何の作業も無く、外部からの同調因子もない条件下では、2つの睡眠相、1つは体温リズムの最低値位相と一致する長い睡眠、もう1つは体温リズムの最高値

位相と一致する短い睡眠が現れるという結果を得た［417］。

　ヴェーファーは、睡眠覚醒リズムの解析を疑問視したツライの評価を批判と受け止め、興味を示さなかった。アショフが1983年に引退して部門が公式に閉鎖された時、2人とも残った。地下壕とその従業員はヴェーファーの指導のもとで時間生物学研究グループとして存続したが、ミュンヘンのマックス・プランク精神医学研究所の臨床研究所の組織に組み込まれた。所長のデトレフ・プルーク教授は精神科医、人類学者で霊長類研究者、生物学的行動研究、特にアショフの研究に大きな関心を持っていた。うつ病研究のための時間生物学が意味するところは、彼の研究所と今はアンデックスの外郭施設と呼ばれる地下壕を合併することであった。

　ヴェーファーは相変わらずエーリングに住んでおり、ツライはスタルンベルグで、当初と変わるところはなかった。しばしば精神科の患者が地下壕に入った。患者の世話のために精神科医も来た。彼らはグビナーの指導下で研究していた生物学者と必ずしもそりが合わなかった。ある日1人の精神科医がシェパード犬を連れて来た時、彼らとの関係が一層悪くなった。様々な行動の際の脳温を測定するためウルズーラ・フォン・セント・ポールが電極を苦労して埋め込んだ鶏を、この犬が動物舎で殺してしまった。この事件の後、アショフは臨床研究の指導者である精神科教授フォン・ツェルセン（von Zerssen）と接触することを止めてしまった。ツライは、まだ研究所の執務室にいるアショフと、期限付きで宿泊施設に泊まっていたフォン・ツェルセンとの間を使者として仲介しなければならなかった［389］。

　ヴェーファーは最後まで高照度光を用いた脱同調実験を行い、1988年4月65歳で定年退職した。その間ミュンヘンでは、プルークの後任者としてフロリアン・ホルスボーア（Florian Holsboer）が招聘された。しかしプルークは年末まで残り、その間ユルゲン・ツライを時間生物学研究グループの主任に昇進させるために、常勤研究者の職を手配した。ホルスボーアは、自由に使える職が1つ減ったことで不満を漏らしていた。しかし彼は時間生物学の分野に興味を持っていた。外からの時刻情報のない隔離された人を、ミュンヘンの彼の研究所で直接調べようとした。実際1990年代に、新しい隔離実験室を地下に作ったが、最初のごく短期間使われただけで、それ以上使用されることは無かった。

　ツライは1993年までマックス・プランク精神医学研究所にいた。その後レーゲンスブルグ大学で生物学的心理学の教授になった。それでも彼はライマー・ルントと同じく睡眠研究に積極的であった。2人とも後に（ルント2008年、ツライ2012年）ドイツ睡眠研究と睡眠医学学会の「夢賞」を受賞し、同時に名誉会員になった。

　プルークは1988年の年末に名誉教授となった。ホルスボーアは1989年の秋に職に就いた。彼は監督下にあるアンデックスの地下壕の閉鎖を直ぐに決定した。その理由は言わなくても明らかであった。地下壕での滞在はリスク無しには不可能であった。部屋には特別

他の人々

図7-13 1989年12月21日、最後の被験者が地下壕実験室を去る。右はユルゲン・ツライ

の避難通路が無かった。もし記録装置が置かれている前室で火事が起きたら、換気装置が室内煙突となって大惨事となるだろう。居室は火災に備えて、1990年にはすでに使用禁止となっていたアスベストで保護されていた［406］。この間、データー記録の技術はすべて大幅に変わった。ミュンヘンの病院から物理的に離れていることも、体内時計の臨床研究には効率的でない。それでユルゲン・ツライは1989年12月21日、カール・ハインツ・クラーゼン（Karl-Heinz Clasen）、最後の被験者を地下壕から出した。彼は、Vp 418であった（図7-13）。

アショフと彼の共同研究者は一息つくことができた。ほぼ中断されることなく続いた一連の実験で、25年間事故は全くなかった。最悪だったのは、ある被験者がすでに何日も滞在していた地下壕を立ち去る決意をした時の事である。何時か判らなかったが、外は夜で真っ暗であった。彼は何時もドアが開いているアンデックスの教会に行き、オルガンの前に座り弾き出した。直ぐに多くの家に明かりが点き村中が明るくなった［389］。所長は村会議に何が起きたか説明しなければならなかった。

8章　超有名人（1971-1981）

立ち机の研究

　部門長としての20年間にわたる職務は、アショフの学問を大きく発展させた。彼は、典型的な生理学者で偉大な模範であったヘルマン・ラインが自分自身で実験をするためいつも実験台に向かっていたのとは違っていた。アショフはラインとは異なる様式で、課題設定をし、方法を用いた。動物や人の体内時計の研究では、活動と休息の自発行動がしばしば数週間に渡って測定され、その際どんな障害も実験担当者自身によって回避された。給餌と給水は技術助手や動物飼育者の慣れた手で最も確実に行なわれた。研究者は実験を考案し、技術助手に指示を与え、数週間後に得られた実験結果を解析し、解釈して論文を書き投稿する。それを行うアショフの場所は実験台ではなく立ち机で、彼はよくそこで執筆をした。

　地下壕実験が始まると、アショフは人を対象とした研究を行うための、すぐれた構想に基づく科学的課題を立てた。しかし地下壕実験には制限があり、同時に2人の実験対象者（被験者）からしか結果が得られない。1回の実験は多くの場合4週間かかる。それに応じて新しい成果が得られるまでには、かなりの時間がかかった。動物実験では1つの専用地下室に多数のケージを用意することができる。簡単な方法でかなりの数のマウスやハムスター、ツグミ、その他の動物の行動リズムを同時に測定することができる。

　コールド・スプリング・ハーバー（1959）やフェルダフィング（1965）で生物時計を振動体ととらえる考え方が確立した。概日リズムもまた数理振動理論の基本原理と法則に従う。1960年代、アショフは振動理論による仮説を動物実験で証明し、生物リズム一般に当てはまる理論を構築しようと努力していた。それによってほとんど総ての生物、植物、動物そして人の行動や生理機能が、昼夜との関係で、また地球の自転との関わりで厳密な法則性を有している事が理解されるだろう。小型哺乳類の大部分の様に、多くの動物は夜行性で、一方ほぼ総て鳴禽類の様に昼行性の種もいる。種によっては朝早くから活動を始めるのもいれば、遅くに活動を開始するのもいる。キアオジ（ホオジロ科の小鳥）は早起き鳥で、ホシムクドリは寝坊鳥である［367］。同じ種でも、明暗サイクル下のリズム位相を意味する「位相点」が異なり、それに従って個々の動物は目を覚まし、休息する。この差異についての理論仮説がいわゆる位相法則である。それによると、ある振動体（E、外部、同調因子）と他の振動体（I、内部）が同調しているときは、EとIの間には安定した位相差（ψ）が確立し、それは両者の周期に依存する。Eが周期Tあるいは固有振動数1/Tをもち、Iは同調因子が無い時に周期τ（固有振動数は1/τ）を示すとする。同調因子が存在すると、Iの特定の位相はEとの関係で、τが大きいほど、またはTが小さいほど、Iの

立ち机の研究　185

図 8-1　立ち机のアショフ。
執務室にて

位相は後退する（つまり ψ がより負、小さくなる。より正が少なく、より負が多くなる）
（注30）。アショフはこの位相法則をグラフで表示している（図 8-2）。

　リズム位相を決める効果は、同調因子 E が弱くなるほど、あるいは振動体 I が強くなるほど、大きくなる。体内時計についてのこの仮説を検証するために、アショフは鳴禽類を用いて多くの実験を行った。しばしばそれは多様なアトリ種で、ズアオアトリ、ヤマアトリ、ミドリアトリ、マヒワなどであった。アショフは特にアトリに興味があったわけでなく、これらの鳥は共同研究者達が「城」の庭で容易に捕まえることができ、穀物で飼育でき、かごで問題なく飼えることが数世紀前から判っていたからである。その活動量の測定には、1個のスイッチをかごの2本の止まり木の一方に置くだけでよく、スイッチは記録計につながっていた。

　アショフは、明暗サイクルと活動リズムの位相差（ψ）とフリーラン周期（τ）との関係を確認するためにアトリを使った。10羽のズアオアトリの行動が8カ月間、様々な明暗サイクルのもとで測定された。昼の明るい光と夜の薄明りを24時間周期で繰り返した場合、すべてのアトリが朝の同じ時刻に活動を開始するのではない事が判った。人と同じように、早起きのアトリもいれば、寝坊のアトリもいた。多くの鳥は照明が点く前に活動を

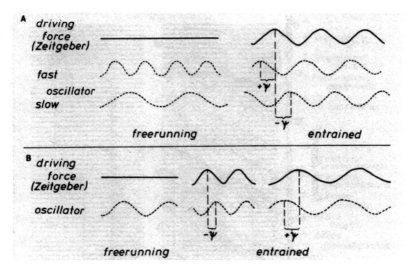

図 8-2　A：早い振動体と遅い振動体（I：左）は共に同じ外部の振動体（E：同調因子）に同調にする（右）。速い振動体は同調状態でEに先行し（+Ψ）、遅い振動体はEに遅れる（-Ψ）。B：振動体Iは短い周期の同調因子に同調する際は少し遅れて（-Ψ）位置し（中央）、長い周期の同調因子の際には少し早くに（+Ψ）位置する。(418) より

開始したが、一部の鳥は照明点灯後に活動を始めた。振動理論から推測すると、この差異は体内時計の周期の相違によるものである。そこでアショフは数週間明るい光のみ、あるいは薄明りのみを連続して与えて、同調因子を除いた。その実験で早起きアトリは24時間より短いリズム周期を示し、寝坊アトリでは体内時計がよりゆっくりと、つまりリズム周期がより長いことが判明した。内因性周期といわゆる位相角差（ψ）には直線的な関係がある。τ が短くなればなるほど、ψ は大きくなる。彼は数理振動理論を動物実験で証明した［419］。この様な実験は1960年代のエーリングで様々な種の動物を用いて行なわれ、常に同じ結果が得られた。人の日々の睡眠のタイミングにみられる個人差の原因について、この実験は間接的ではあるが示唆を与えている。

位相法則は同調因子の周期を変える実験でも証明できる。その実験はエーリング・アンデックスだけでなく、他の研究者によっても行われた。その結果は、アショフと共同研究者のヘルマン・ポールが1978年の総説で示したように（図8-3）、まったく明確であった。

人でも睡眠時間（図8-3の#11と#12）と深部体温リズムは明暗サイクルの周期を変化させたとき、他の脊椎動物と何ら変わることのない変化を示した。その周期性はどんな場合でも、休息と活動、特に睡眠覚醒は光によって直接誘導されているのではなく、明暗サイクルを介した概日振動体の同調によるものである。

理論はさらに複雑な予測をしている。それはすでにヴェーファーによって数理的に定式化された。体内時計が明暗サイクルに同調する際の活動期の位相を推定する「エーリン

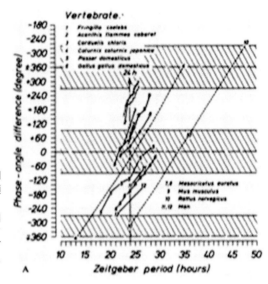

図 8-3 様々の周期の明暗サイクルによる同調下にある内因性リズムの位相。6種の鳥類 (1-6)、3種のげっ歯類動物 (7-10) と人 (11-12) では、内因性時計の位相は全て、同調因子の周期 T が長くなるほど、明暗サイクルに先行して (より大きな Ψ) 位置する。測定されたカーブの半数はアショフ研究室で得られたものである。(420) より

ガーモデル」[421] であるが、それによると、位相はリズム周期のみ依存するのではなく、τ に影響する光照度や、明期や夜明け夕暮れ移行期（薄明薄暮）の長さも関係している。予測は多くの鳥が含まれる昼行性動物だけでなく、夜行性動物（多くの小型哺乳類）にも当てはまる。それは、明るい光と長い昼は昼行性動物の体内時計を加速させ、夜行性動物の体内時計を減速させる効果で、コールド・スプリング・ハーバーでコリン・ピッテンドリックが「アショフの法則」と呼んだものである。それに対応して、活動位相は前者では前進し、後者で後退する（注31）。

アショフは当然、自然界では昼や夜の長さは1年で変化し、地理的緯度に依存していることを考察していた。赤道では昼の長さは1年を通じてほぼ一定しており、薄明薄暮の移行期は何時も非常に短い。極地では昼の長さは1年で極端に変化し、薄明薄暮はしばしば数時間も続く。昼行性動物や夜行性動物の活動が、様々な地理的緯度の自然条件のもとで、1年を通してどの様に変化するかが理論的に予測される。アショフは過去の文献を調べ、活動の開始と終了に関するデーターを探した。自然に生息する鳥の早朝のさえずりを毎日屋外で観察した結果を記載し、発表した熱心な鳥類学者がいた。アショフは、長い総説 [422] でそのデーターを利用して、実験結果とモデルがよく一致することを示している。しかし彼は幾つかのデーターがモデルの予測から外れていることや疑問点を強調し、また新しい課題も指摘した。彼にとって理論よりも事実がより重要であった。今同じ種の動物でしっかりとした目的をもって計測値を集めるためには、同じ方法を用い様々な緯度で測定を行う必要がある。そうして始めて、自然界での体内時計の地球自転への同調が実際に理論通りに行なわれているかどうか明確に知ることができる。

アショフの解析は、特に多くの鳥類学者の大きな関心を呼んだ。なぜなら、彼らはこれまで解釈が難しい観察のみでシステムの理解を行なってきたからである。鳥類学者でないにも関わらず、アショフは1966年「基調講演者」としてオックスフォードで開かれた第4回国際鳥類学会（IOC）に招待され［423］、その後ベルリンで開催された第17回IOC（1978年）でも講演した。1982年、彼はモスクワでの第18回IOCの科学プログラム委員会の座長に選出され、引き続き1986年オタワで開催された第19回IOCで国際鳥類学会永世名誉会員となった。自然界における日々の活動と休息時間の理解に関して、特に鳥類において基本的な貢献をなしたことで、アショフは米国鳥類学連合（1981年）、英国鳥類学連合（1983年）そしてドイツ鳥類学連合（1991年）の名誉会員に指名された。双眼鏡を用いたことがない科学者には驚くべき称賛である。

アショフの興味が特に鳥にあったわけでなく、鳥の自然界における体内時計の一般的なモデルとしての役割にあった。彼は、同調因子の位相変位後の再同調に関して、一連の基礎的実験を行った。それは同じ場所に留まる動物を扱う限り、自然界で行うことはまず不可能であった。多くの時間帯を飛行機で行き来する人では、同調因子の位相変位は現代社会では可能である。長い大西洋横断飛行の後に生じる睡眠覚醒リズムの障害は一般に「時差ぼけ」の概念で知られている。アショフは、動物や人を対象とした様々な実験結果を調べ、この現象を解明すべく2つの包括的な総説を書いた。これには1970年代に得られた同調因子の位相変位後の日周期リズムの再同調データーが含まれている。彼は、東方飛行の場合の同調因子の前方変位と西方飛行の際の後方変位の非対称性を説明した。同調にかかる日数は一般に前方変位の方が後方変位よりも長い［424］。アショフはまた、再同調の過程で様々な生理的リズムが脱同調する可能性を指摘している。総てのリズムが新しい時刻に同じ速度で再同調するわけではない。非常に大きな前方変位の場合、あるリズム（例えば深部体温）は後方へ移動し、他のリズム（睡眠覚醒リズム）は前方へ移動することもある。これを「分離再同調 entrainment by partition」という。アショフは、長距離東西飛行を頻繁に行う際の健康リスクについて警告することを躊躇しなかった［425］。

非重要人物（VUP）のための歓迎会

1970年の9月初旬、私（Serge Daan）は女友達のニンケ・ビエルマ（Nynke Bierma）と南ドイツで短い休暇を過ごした。我々はエーリング・アンデックスのマックス・プランク研究所を訪ねた。私はひどく緊張していた。学位論文の執筆のために読んだので知っていたが、過去10年間に多くの論文がこの部門から出ていた。1月にアムステルダムで開催されたコウモリ学会で、我々はここで研究しているゲルハルト・ヘルドマイアー（Gerhard Heldmaier）博士と知り合になった。彼と夫人のマルグレット（Margret）は心から我々を歓迎し、夕食に招待して一晩泊めてくれた。彼らの家はエーリング村にあり、研究所の直

ぐ下の方にあった。ゲルハルトは我々を研究所に連れて行き、多くの共同研究者に紹介してくれた。私は感激した。私が生物学者として心に留めている研究テーマ、行動の時間的構造の研究がここで行われている。ここには、実験室での研究と屋外研究、生理学から生態学まで、動物研究から人の研究に至るまでの理想的な融合を示す兆候があった。研究所の周囲には、遠くに山々を抱くアルペンフォーランドの魅力的な小村やツークシュピッツ、アンデックスの丘の上のベネディクト修道院の展望など、魔法にかけられたような魅力があった。深く考える事なく、私はゲルハルトにここでポスドク（博士研究者）として研究したいと言った。彼は笑って答えた。「それなら1度、ボスのところに行こうじゃないか」。

アショフの執務室のドアは開いていて、彼は立ち机で何かを書いていた。彼はパイプを脇に置いて、座り心地の良い角椅子を勧めてくれた。彼は、私にこれまで何をしてきたのか聞いた。実験は終わったが論文はまだ書いていないアムステルダムでの学位研究について、今後の科学研究計画について、あらゆる事について質問した。アショフは興味を示したが、その日は多忙だったので明日の午後に話さないかと提案した。彼の友好的な態度と効率性は私の心をそそった。翌日会話は静かに進んだ。私がこの研究所でしたいこと、できること、実施計画について語った。アショフは、計画している「緯度プログラム」に参加しないかと提案した。それは動物の概日リズムが自然界で昼の長さや薄明薄暮の季節変動にどのように反応するか、それを様々な緯度で測定する研究プロジェクトであった。それに加え、どのような援助が可能かを調べなければならなかった。例えば、アレキサンダー・フォン・フンボルト奨学金が話題に上がった。そこで我々は別れた。私の様な初めての外国人に見せたアショフの大らかさと積極的な姿勢が印象的であった。

4カ月後、私はまたアショフの執務室で彼の傍に座った。我々は1971年1月27日に打ち合わせ、文書を準備した。フンボルトへの申請書を書くための研究計画は、30分で意見が一致した。それには2つの研究プロジェクトが含まれていた。アショフが提案した最初のプロジェクトは季節に依存して変化する明暗サイクルの影響に関するもので、緯度が異なる3つの場所で哺乳類と鳥類の活動リズムを測定する。このプロジェクトは北極圏に近いスウェーデンのメッソーレ、エーリング・アンデックス、赤道付近にあるコンゴのブカブで実施されることになる [426]。エーリングからは私が、メッソーレとブカブからは2人の共同研究者が参加する。私が提案した2番目のプロジェクトは光とリズムの関係を同時に見るものである。その研究はエーリングの人工気象室で行ない、照度と薄明薄暮のリズム位相の決定に対する効果を実験的に調べることになる。アショフは秘書のバルトラウド・ベフォルト（Waltraud Befort）に来るように言った。彼は奨学金申請のための全研究計画を3頁にわたって口述筆記させた。その間彼は部屋を歩き回り、パイプをうまそうに吸った。後で知ったのだが、パイプは2日ぶりであった。毎年、1月1日から彼の誕生日の1月25日まで、彼は禁煙した。パイプなしでも出来ることを彼は自から実証した。

彼の話はしばしば電話で中断された。「電話は悪魔の発明品だ」とアショフは思っていた。「皆は悪魔のようにそれを使う」、と私は言い返す余裕が出ていた。しかし、彼の印象は全世界から助言を求められる冷静で開放的な人物であった。この部屋には、ジュネーブ、北極圏のメッソーレ、ニューヨーク、ミュンヘンから出版、会議、講演についての電話が来た。最後に、アショフが最近迷走神経切断術を受けた話が出た。彼はまだ知り会って間もない外国人に、その事を聞かせることをためらわなかった [427]。迷走神経切断術が胃潰瘍の治療のため、胃に分布している副交感神経系の迷走神経枝を切る事であると後で初めて知った。胃潰瘍は多くの場合細菌（ヘリコバクター・ピロリー）で発症することは、その時代まだ知られていなかった。1982年に2人のオーストラリア人[57]が細菌を発見し、2005年にノーベル賞を受賞した。かなり後に、当時アショフが手術によってどれほど助けられたかを読んで知った。私が訪問する少し前に、彼は本間慶蔵に手紙を書いて、迷走神経切断術を受けたあと調子は驚くほど良く、以前の様に仕事をこなす気力が出て、毎日異常なほど仕事に、特に今はドイツ研究協会の仕事に取り組んでいると知らせた [428]。

昼頃私達の計画が整った。私は台所に招かれ、アショフ夫人が昼食を用意してくれた。私は自分の家にいる様な気分になった。午後にはベフォルト嬢が研究計画をタイプで清書した。私はその他の必要な書類を持って来た。夕刻になって我々は申請書に署名した。翌日彼はバード・ゴッテスベルクへ行く事になっていた。私は再度アショフ家で軽い夕食を取り、カール・ミュラー（Karl Müller）から贈られたメッソーレ産のトナカイのハムを楽しんだ。部屋の隅の塔で、当時自宅に1人しか残って居なかった息子のフロリアン（14歳）と一緒に4人でテーブルを囲んだ。しばらくして、アショフは1時間ほど研究所に戻って行った。彼の仕事はまだ終わっていなかった。夫人のヒルデがテーブルに残ったが、彼女はモビー・ディック（Moby Dick）を20回読んだとか、私と同じくファルツ・リースリングのワインが好きだとか、多くの事を話した。夫が研究所から戻ると、彼女は私をだしに、「では取ってこようか」と言った。それから私が宿舎に引き上げるまで、ワイングラスを傾けた。

1月28日、すべてが効率よく順調に進んだこと、またアショフ家で感じたこの上もない温かい対応に感動して、私はミュンヘンからチューリッヒ行きの飛行機に乗った。ニンケと世界旅行を続けている間に、アレキサンダー・フォン・フンボルト財団が申請を認可した。4月末帰宅した時、私に1年間アレキサンダー・フォン・フンボルト奨学金が支給されるとの手紙が届いていた。申請すれば延長も可能。奨学金からの給与は非課税である。手紙には、アムステルダム発ミュンヘン行きの欧州横断特急列車（TEE）の1等席の乗車券も同封されていた。財団はドイツ連邦共和国とその他の国の研究者との交流を促進するために、出来るだけの事をしている。

6月25日、猛スピードでライン川を遡上し、ローレライを通りすぎる欧州横断特急列車

のパノラマ車両で、私は興奮して過ごした。まだ博士でないが、博士研究員（ポスドク）としてその日の午後にエーリングに着いた。私は宿泊施設に居室を得、研究所の屋根裏に仕事部屋をもらった。夕方アショフ家で、ライマー・ルントと共にグラス・ワインに呼ばれ、生涯の友を得た。研究所での生活と研究は最初から大きな喜びであった。夏は暑く、しばしば朝の6時ごろムールバイエルに出かけ水浴びをした。ある日、驚いたことにオランダでクロライチョウの研究をしていたウイーン出身の行動生物学者ヘルガ・ハンケ（Helga Hanke）が突然水中から現れた。彼女はその時グビナーと名乗り、米国でエボと結婚し、彼も直にエーリングに帰って来ると話した。それは楽しみであった。というのは、私は年周期リズムに関するグビナーの研究に大きな関心を持っていたからである。驚いたことに、私が現実に存在する人物としてのイメージを抱く事なく読んでいた論文の著者達が、水面からではないが次々と顔を出した。

　アムステルダムの都市大学に外国人が訪れることはめったにない。バイエルンの小さな村は、メッカに礼拝にくる巡礼者のように外国人を引きつける。マイケル・メナカーがオースチン（テキサス）から、ジム・エンライトがラホヤ（カリフォルニア）から「サバティカル」でやって来た。コリン・ピッテンドリック（スタンフォード、カリフォルニア）もマックス・プランク研究所の潤沢な支援を得て、エーリングでひと夏を過ごすため姿を現した。彼らや他の多くの科学者は、7月26日から30日までミュンヘンで開催される第25回国際生理学会に招待されていた。会長はミュンヘンのクルト・クラマー（Kurt Kramer）教授である。ユルゲン・アショフは現地の組織委員会を指導した。

　アショフはもちろん参加者達を歓迎会に喜んで招待した。それは父親から学んだ事であった。当時、米国のマサチューセッツ工科大学にいたエルンスト・ペッペルが彼を助けて計画を立てた［429］。しかし、会議参加者は大勢で3,000人にもなったので［430］、一部の参加者が重要人物（VIP）としてニンフェンブルグ城の招宴に招かれる夜に、アショフは独自の歓迎会をすることにした。ニンフェンブルグに参加しない人達だけがエーリング城へ招待された。アショフはマサチューセッツ工科大学のペッペルに答えて書いた。「貴方がまさに想像するように、私はともかくその場限りの集まりとして、エーリング・アンデックスで反重要人物歓迎会を計画している。貴殿がそこに来るなら、もちろん共催にしなければならない」［431］。ペッペルは答えて、「親愛なるアショフ殿、あなたの反重要人物のための歓迎会は、非重要人物（VUP、very unimportant person）のための歓迎会とすべきかと思います」［432］。

　そしてその通りになった。私は非重要人物歓迎会の事をよく覚えている。台所では朝早くから準備が行なわれた。屋外では、「城」の前にビールテーブルとバーベキュー台が置かれた。同僚達は夫人と一緒にジャガイモや玉ねぎの皮をむき、サラダをこしらえた。ソーセージの入った箱が開かれ、ワインとビールが冷やされた。もてなしは心づくしのもので、

外からのケータリングはない。夜になると、「城」の回りの庭はランプの灯で飾られた。客はミュンヘンからバスでやって来た。参加者達は、空港の入国ゲートでアショフの娘のウリケとアネッテ・アショフから招待状（VIPかVUP）を受け取った［132］。エーリングには予想もしなかったほど多くの人が集まり、アショフはライマー・ルントに招待者の入場を制限するように頼んだ。ライマーがそれは不可能だと断ると、アショフは自分で制限しようと試みたが、直ぐに諦めた［433］。塔では、管理人のシャセル（Schassel）から男性客にはバイエルン風の容器に入った嗅ぎ煙草が配られ、女性にはバイエルン風のハンカチーフが贈られた［123］。大量の酒が振る舞われた。音楽があり、アショフ自身がアコーディオンを弾き、讃美歌や厨房歌が歌われた。図書館ではダンスがあった。真夜中近く、酔っぱらったスコットランド人の一団が、勝手に選んだ「非重要人物大統領」を称して机の上に立った。大統領の乾杯はすぐに終わった。3度目に、彼は机から転げ落ちた。歓迎会は明け方まで続いた。その後、ニンフェンブルグ城の重要人物達がエーリング城を逃がしたことに不満をもらした。

　数週間後、緯度プログラムがある程度確定的になった。スウェーデンのラップランドの北極圏には、廃墟となった村メッソーレがある。その村は、1957年から1963年まで、スウェーデンの水力発電所では最大級となる高さ100mのダムをスチェラ・ルレルブ川に建築する際に使われた。当時、建築作業者によって使用された小屋が今は生物学研究の基地となっている。カール・ミュラー博士と彼の妻アグネス・ミュラー・ヘッケル（Agnes Müller-Haeckel）は、そこで川に生息している鳥と昆虫の年周期性と日周期性を調査していた。ミュラーは1957年から1965年まで、マックス・プランク研究所の水生生物学施設プレーンの外郭組織、湖沼学ステーション・スリットの所長であった。彼は個人的問題で研究拠点をスウェーデンに移した。マックス・プランク研究所はこの状況の解決策を探していた。ユルゲン・アショフとルント大学の動物学教授であるペル・ブリンク（Per Brinck）の斡旋により、マックス・プランク研究所とスウェーデン自然科学研究評議会は期限付きの協定を結んだ。1968年7月1日協定が発効し、メッソーレのまだ残っているバラックに、行動生理学研究所（アショフ部門）と協働する生態学ステーションが設置された。その間、専任者はスウェーデンでフィスケ・ミュラーとして知られていたカール・ミュラー博士に移った。数年後、ステーションからは注目されるような成果がほとんど出て来ないので、アショフは責任を感じていた。新しい着想を導入する時であった。1971年8月、彼とブリンクはエーリン・アンデックスの数人の生物学者とともに、メッソーレのミュラーと会い、北極圏での将来の研究計画の可能性について話すことになった。研究所のバスで、我々は2日間かけてラップランドに出かけた。クラウス・ホフマン、ヒルデ・アショフ、技術助手のウラ・ゲレケ、鳥類学者のペーター・ベルトホルド（Peter Berthold）とヘルベルト・ビーバッハ、チェコスロバキアから来たポスドクのヤロスラフ・フィガラ（Jaroslav

Figala)、そして私。アショフとブリンケはウメオ空港から参加した。いささか初歩的な実験施設の見学、進行中のプロジェクトの説明、討論があった。私達は屋外で火を囲んで座り、串を使って「コバ」(ソーセージ) を焼き、「メラネル」(中間ビール) を楽しみ、蚊を遠ざけて、白夜を待った。動物がどのようにして極地の極端な昼の長さや夜の長さに適応しているか科学的に理解することに関しての話題が中心であった。帰りに、アショフとブリンクはチャーターした飛行機で北極圏より少し北でノルウェーの国境近くにあるアービスコへ飛んだ。彼らはそこで、メッソーレでの全計画をスウェーデン王立科学アカデミーに属するアービスコの研究施設が引き継ぐことができるかどうか、またカール・ミュラーには負担が重いので、代わりを務める者がそこに居ないかどうか調べた。実際1974年に決着がついた [236]。

リズムと温熱収支

医師であるユルゲン・アショフは生物学の研究所に籍を置き、生物学者達に囲まれていた。この様な環境と、ピッテンドリック、ローレンツ、ティンベルゲン達との交友があるアショフにとって、総ての機能がそうであるように体内時計も進化の過程で活性化され、その選択的価値ゆえに存続し、完成されたことはすでに自明の事であった。ただ、ダーヴィンの「種の起源」はアショフの愛読書ではなかった。彼は、日曜日に教会に行くため、ヘルシングまで車で出かけた。彼は、ノートバイラやフライブルグにいる時も、エヴァンゲリ派のルーテル教会で行われる日曜礼拝に参加した。習慣的な教会通いは、主として家族の伝統に対する彼の義務感から出ている。彼の先祖はエヴァンゲリ派ルーテル教会が盛んなビーレフェルド地方の出で、同時にプロテスタント系であるゲッチンゲンの出身でもあった。アショフの偉大な手本であるルードウィヒ・アショフは、フライブルグ教区の敬虔な信者だった。その教団で、ルードウィヒは1度書いている (1929年)。「ひとは神の安らぎを求めて、気持がより軽く、またより深くなるのを感じる」[32, 426頁]。ユルゲンを教会に駆り立てたものは、義務感、父親との競争心、そして興味深い説教以外にはよく判らない。ヒルデは教会に執着することはほとんどなかった。せいぜい、ユルゲンに付いて教会に行く程度であった。子供たちは洗礼を受け信仰告白したが、教団で積極的に活動することはなかった。信仰告白の後は、彼ら自身で決めることが許された。娘のアネッテは後に語っている。「私達はかって食事の前に長い祈りをした時期があります。しかし、そのうち何時だったか、母が皆静かにしている最中に、胃の調子は良くなったかいとクリストフに尋ねた。それを父はあり得ない事、神を冒涜する事と見なした。しかし母は言った。'だけど、この家には静かな時はありません。今がこの様な質問のできる唯一の機会です' と。その日で食前の祈りは終わりになった」[123]。教会から離れることは、ユルゲンには考えられないことだった。彼は基本的に保守的な人物で、とにかくそのように振る舞った。

図 8-4 所長は日焼け目的で、バルコニーで仕事

アネッテがある日、すでに高齢になっていた父親になぜ今でも教会に通うのか、本当に教会を信じているのか尋ねた。答えは次のようなものだった。「私もはっきりと理解しているわけではないし、誰もそれを理解していないだろう」[123]。

聖書もまた彼の愛読書ではない。創世記にある天地創造を、彼は文字通りまじめに捉えてはいなかった。宗教が彼にとって意味あるのは、それが進化について考えることを禁じていないことである。彼は 1964 年にすでに、内因性日周期リズムの存在価値について見解を述べている [434]。彼はそれについて、生理機能に見られる 24 時間リズムが如何に動物の寿命を延ばしているか、あるいは繁殖力を高めているかについて、一連の例を挙げている。それは予想される子孫の数と集団の中での特徴に関して遺伝的素質が維持される確率を上げている。アショフは、睡眠や覚醒などの様々な行動の周期的な変化が、多くの生理学的過程を相互同調させることで、生物にとって重要な機能となっていることを強調した。それ故、行動が適応する環境の周期的な変化は、選択因子として重要な意味をもつ。この変化には、光、温度、湿度などの非生物的因子だけでなく、例えば捕食の危険性や繁殖の際の異性との同調など生物的な因子もある。

アショフはこの総説の中で、進化生物学者として彼に強い影響を与えた友人、コリン・ピッテンドリックの仕事を何度も引用している。彼は恒常性の概念について重要な洞察で締め括った [306]。恒常性は、定常的な「内なる海」の生理学的な瞬間的状態を記述し、

生理学上の普遍的な基本概念として認められている（118頁参照）。アショフは加えて述べている。「恒常性は変化が予想できない環境において、特別の意味をもつ。内因性リズムは'プログラムされた世界'で意義がある。自律的な概日リズムによって、環境のプログラムが生命体に取り入れられ、それによって、生物が予想される変化に常に対応できるよう準備することができる。生存の確率を高めるこの最も確実な方法を使用しない限り、適応に楽観的な種はその目的を達成できない」[58]［434］。

　アショフは、別の優れた文献的解析で、動物界を横断する多くの種で日々の活動の型が2相性であることを示している。1つは活動期開始直後の高まり、もう1つは活動期終了直前の高まりである。人もまたしばしば昼寝、2つの活動期の中間にある休息を楽しむ。アショフは、そのような行動の型が外界の条件、例えば薄明薄暮の光、湿度または気温に対する反応として生じるのか、あるいは概日リズムにプログラムされたものなのか、という問いを提起した。リズムそのものだけでなく、リズムに含まれる行動変化もまた、内的にプログラムされたものである。アショフは、環境の周期的な変化がおそらく内因性の日周期の進化に作用した「究極」の因子で、個々の動物にみられる行動を型つくる「直接的」な原因ではないと結論した［435］。

　アショフは、研究の2つの主要テーマ、リズムと体温調節をお互いに関連づけた。1944年、彼の手が昼間よりも夜の始めに温かくなることを見つけて以来、人体温の自律的な日周期変動がどのようにして発生するのかとの疑問が彼の頭にあった。行動がその原因であると説明されることが多い。体温は活動と食事で上昇し、休息と睡眠で低下する。それは単純で短絡的な考えであり、アショフはそれに満足できなかった。体温は熱産生と熱放出の結果である。疑問は、熱を産生する物質代謝と熱放出が体温の概日変動にどの様に結びつくかであった。アショフはその問題を解決するため、研究所の2階に人工気象室を作った。それに関連した実験をするため、2人の才気のある医学士研究生が相次いで参加した。アレント・ハイゼ（Arend Heise）とトーマス・シュミット（Thomas Schmidt）である。

　いつもの様に、始めにアショフ自身が手元にある文献の基本的な解析をおこなった。彼は膨大な文献目録から人の物質代謝に関する12の研究を選び出し、そこから熱交換係数（伝導率）Kを導き出した。Kは皮膚を介する熱放散の平均値を導く定数である。Kはしばしば熱放散でなく熱産生で評価される。その場合、Kは物質代謝におけるエネルギー産生量（カロリー/分）で、皮膚表面積 cm^2 あたりの核心部から皮膚への温度勾配（℃）、つまり $Kal/min \cdot cm^2 \cdot ℃$ として表される。Kの最も小さい値が、熱交換が生じる最も低い環境温度における基本的代謝（あるいは基礎代謝）から導かれる。環境温度が低くなるほど、体温を一定に保つための熱産生が高まる。12の研究のうち6つで測定が昼に行なわれ、残りは夜に行なわれている。アショフは計算尺を使ってK値の平均値が昼は $10.2\, Kal/min \cdot cm^2 \cdot ℃$、夜は $14.5\, Kal/min \cdot cm^2 \cdot ℃$ であることを見出した。それは、手を介した熱放散は昼

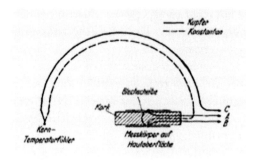

図8-5　アショフのカロリーピルの原理

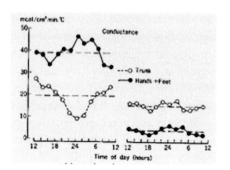

図8-6　室温 32℃（左）と 20℃（右）における熱伝導係数　(5)図116より

よりも夜で大きいとする彼の古いデーターと一致した。末梢血管緊張度の日周期リズムに関する研究で、彼は最大の血管収縮が夜よりも昼で大きいことを予測した。しかし、調査した研究の間で大きな差があることも判った［436］。アショフは、測定を1度は自身の手で正しく行わなければならないと考えた。それは、熱産生から間接的に測定するのではなく、熱放出そのものの測定を意味した。実験は2人の学位研究者によって行われた。

　アレント・ハイゼは小柄で機転の効くミュンヘンの医学生で、東フリーセンの出である。彼は学士論文のために新しい被験者を、おそらく学部の友人の中から見つけ出し、27時間下着だけで人工気象室に横たわることを承諾させた。被験者の熱放散が様々な室温で連続的に測定された。皮膚からの熱放散を測定するために、ハイゼはハイデルベルグでアショフとヴェーファーが発明した「カロリーピル」［437］を使用した。ピル（図8-5）は厚さ1mm、直径7mmの小さなコルク円板から出来ていて、上下に薄いブリキの円板が付いている。ブリキの円板には銅合金からなる熱電対があり、多くの場合舌下に挿入される銅製の核心温度計と合金接続されている。このシステムによって、核心温（舌下）と外殻温（皮膚）の温度差が、増幅器を介して核心部から外殻部への熱放散として測定される。ハイゼはいつも11個のピルを皮膚の異なる部位に付けた。熱放散は当然のことながら身体部位によって異なり、様々な部位で同時に測定しなければならない。通常の室温（20℃）では、血管収縮によって手と足からの熱放散は胴体からの熱放散よりもはるかに少なく、32℃の場合は逆に多くの熱が手や足から放出される。

　この様にしてハイゼは熱放散係数の正確な測定を行い、それが日々自律的に変動し、夜に最も高くなることを示した。彼はこの研究をミュンヘン大学へ学位論文として提出した［438］。その後彼は東フリースラントに戻り、内科医として臨床を始めた。彼は研究成果の公表にはあまり興味を示さず、それをボスに任せた［5］。

　1970年4月、ハイゼの後にトーマス・シュミットがマックス・プランク奨学生としてエーリングに来た。トーマスは東ドイツのステンダール出身で、同じくミュンヘンの医学生で

あった。私が1971年にフンボルト奨学生としてアンデックスに着いた時、トーマスはすでに研究の最中であった。彼は非常に賢く、計画性のある人物だった。彼は、ハイゼと同様の実験をしたが、女性を被験者とした。ハイゼが室温をいろいろ変えて研究したのに対し、彼は深部体温（核心温）が変化する際の熱放散を測定した。トーマスは8人の若い女性をビキニ状態で、性周期の異なる2つの相で28時間測定した。排卵前後での温度差を利用して、彼はK値の日周期変動を測定した。彼はカロリーピルを用いた熱放散の測定だけでなく、同時に熱産生も測定した。その目的で、被験者は頭を空気が送り込まれる合成樹脂製の覆いの中に入れた。空気中の酸素と炭酸ガスの濃度が連続的に測定された。酸素摂取量から熱産生量が計算される。シュミットは研究所の新しいIBMコンピューターを用いて、測定値の正確な数学的解析を行った。1972年の彼の学位論文は印象的なものであった［439］。論文はアショフの疑問に最終的に答えていた。体温の24時間変動は熱放散の変動に起因しており、熱産生の変動より約1.25時間の時間差で先行している。両者が増加する時（昼）は、熱産生が熱放出を上回り、体温は上昇する。両者が低下する時は（夜）は、身体が冷やされる。それは性周期にも当てはまり、排卵後も同じ現象が起こる。排卵後は、良く知られているように体温と熱産生はホルモン、プロゲステロンによる代謝促進により多少増加する。この研究は、手と足の皮膚からの熱放散が体温リズムの形成に主たる役割を果たしているというアショフの初期の結論と一致した。トーマス・シュミットもこの研究をまず学位論文とした。その重要でかつエレガントな実験のさらなる公表は行われなかった。しかしアショフは1973年ノッティンガム大学で行なわれたシンポジウムで彼ら2人を共同研究者として「動物と人の熱放散」としてまとめた［440］。その中でアショフは、研究所で同様に博士号研究をしていた生物学者ヘルベルト・ビーバッハの研究を引用して、鳥類へ適用することの問題点を述べた。シュミットはハノーバーの医科大学で講師の身分を得た。ビーバッハは年金生活を始めるまで、エーリングに滞在した。

　アショフは、エネルギー収支と熱収支への関心を失っていなかった。彼はこの2つの課題について、1971年ガウエル、クラマー、ユングの編集により出版された「人の生理学教科書」の1章［441, 442］に書いている。彼は、人以外の恒温動物、鳥と哺乳類に於ける代謝と熱放出に関する過去の文献を解析した。共同研究者であるヘルマン・ポールと共に、基礎代謝、つまり環境温約25℃、暗黒条件で、食事を抜いた安静状態にある動物のエネルギー消費量は、概日周期の活動期では休息期に比べ約25%高いことを確認した。それは基礎代謝が約100倍異なる10gの鳴鳥から5kgのガチョウまで当てはまる。アショフとポールによって確立された同型異体[59]比較表［443, 444］は、後に動物生態学で鳥の栄養必要量の計算にしばしば用いられた。その後アショフは同様の計算表を、最小熱伝導値を得るために作成して同型異体の体型で推定したが、伝導値は鳥だけでなく哺乳類でも概日リズムの活動期には休息期よりも約50%高かった［445］。恒温動物で、昼夜の変化への適応

として進化した体温日周期リズムに、時間、エネルギー、体重が定量的にどのように関連しているかの疑問に答える一般的な概念が次第に確立していった。アショフは自身の見解をまとめた論文を、1981年に鳥［446］と哺乳類［447］について2編、立て続けに発表している。これらはドイツ語で書かれていたため、残念ながら注目されることはなかった。

1970年代、物質代謝と温度調節に関してアショフの重要な議論相手はゲルハルト・ヘルドマイアーであった。2014年10月、ゲルハルトはフランクフルト空港［448］で以下の話を私にしてくれた。彼はチュービンゲンの動物生理学グループの出身で、形の上ではメーレス教授の指導下にあったが、アショフとは以前から互いに注目し合っていた。他の多くの学位研究者と同様、彼もそこではコウモリの研究をしていた。彼は、次に体内時計の生化学をしたいと思っていた。ゲルハルトはエーリング・アンデックスの研究所を訪れ、自分の研究を紹介した。アショフは大変興味をもち、「直ぐに来ないか」と言った。彼はヘルドマイアーにマックス・プランク奨学金を提供した。1968から1972年にかけて、彼はポスドクとしてエーリングで生活した。ヘルドマイアーは同じチュービンゲン出身のヘルムート・クライン（Helmut Klein）と共に、エーリングに物質代謝研究室を立ち上げた。彼はまず哺乳類の褐色脂肪組織について研究を進めた。褐色脂肪組織は交感神経系の支配下にあって、体内で化学的な熱を産生し、いわゆる「非ふるえ産熱」（Non-shivering Thermogenesis）に関与している。非ふるえ産熱はアドレナリン注射でも起こすことができる。ヘルドマイアーはその実験を様々な哺乳類で行ない、アドレナリン投与の結果生じた物質代謝の亢進は小型哺乳類の方が大型哺乳類よりも大きいことを確認した。彼は熱産生と体重の同型異体関連性を計算し、哺乳類の場合、体重が約1kgを超えると非ふるえ産熱は生じないことを予想した。アショフはこの結果に大いに興味を持った。当時、非ふるえ産熱は若い動物にのみ見られる特徴と一般に信じられていた。成長した実験用ラットでは、幼若期に発達した非ふるえ産熱がただ生涯にわたって存続するだけであると思われていた。成長したラットが非ふるえ産熱を示すことは例外的であるとされていた。ヘルドマイアーは論文を公表することをためらった。なぜなら、彼のデーターと見解はこの確立された考えを疑問視するもので、ほとんど革命的なものであった。アショフは、そこに重要な新しい発見があることを認識していた。彼はヘルドマイアーに、彼の実験結果をZ. Vergleichen Physiologieに投稿するよう促し、その手伝いをした。

しばらく経って、アドレナリンが物質代謝を促進することは、すでにカエルで以前から知られていたとの理由で、その論文は却下された。ヘルドマイアーがその手紙をアショフに見せると、アショフは編集者の無理解に大いに腹を立てた。ヘルドマイアーが褐色脂肪組織そのものの温度上昇を直接測定したことを、編集者は全く注目していない。アショフは電話を取り、編集者であるミュンヘンのハンス・ヨーヘン・オートルム（Hans-Jochen Autrum）教授を呼び出して、この却下の理由は完全に間違っていると伝えた。これは素

晴らしい研究で、オートルムはこの論文を出版に相応しいとして受理すべきだと。それは実現した。その研究は、1971年［449］公表された。「私はアショフに感謝しなければならない。彼はそこに新発見があることを知っていた。私は彼に感激した」。ヘルドマイアーは今日に至ってもそれを強調している［448］。

感激は相方にあった。アショフはヘルドマイアーのキャリアーまで支えた。奨学生を終えた後、彼はオットー・ジモン（Otto Simon）が指導するバード・ナオハイムのマックス・プランク・ケールコッフ研究所に行った。次に彼はギーセン大学でクルツ・ブリュック（Kurt Brück）の共同研究者となったが、そこは講義と組織構築の仕事だけで、研究のための時間はほとんどなかった。そこでは彼はドイツ研究協会（DFG）の奨学金をアショフに世話してもらい、ARC研究所の動物生理学（ケンブリッジ、UK）のローレンス・マウント（Lawrence Mount）の所で、豚を用いて物質代謝の研究をした。アショフは、「ヘルドマイアーの様な人物には、道を切り開いてやらなければならない」を信条として、ドイツ研究協会とさらなる契約を交わした。それでゲルハルトとマーグレットは2人の息子を連れて再度エーリング・アンデックスで3年間（1973-1976）過ごした。今度は、ゲルハルトも日周期リズムに関わった。彼は、鳥を用いて脳の奥深くにあると推定される光受容器を探す研究に従事した。この研究についての彼の見事な成果は残念ながら公表されないで終わった。アショフのところでポスドクをした生物学者ヤロスラフ・フィガラがチェコスロバキアからジャンガリアン・ハムスターを持って来た時、それは直ぐにヘルドマイアーの体温調節研究のための実験動物として、以後長いこと使われた。

1976年、ヘルドマイアーはフランクフルトのJ. W. ゲーテ大学で初めて教授職（物質代謝生理学）を得、1983年にはマールブルグで2度目の職を得た。マールブルグでは、彼はドイツ動物学における指導的な人物に成長した。ヘルドマイアーはドイツ動物学会の会長になり、上院議員となって、動物実験研究のための上院委員会議長などドイツ研究協会の様々な委員会で活躍した。彼は生物学部の学部長となり、後にマールブルグのフィリプス大学の副学長になった。ヘルドマイアーはチュービンゲン時代からの友人であるゲハルト・ノイバイラー（Gerhart Neuweiler）と共に、2004年教科書「比較動物生理学」［450］を出版した。1995年まで、彼はマックス・プランク行動生理学研究所とその後継組織であるマックス・プランク鳥類研究所の顧問を務めた。2014年、ヘルドマイアーは回顧して、ユルゲン・アショフは重要な時期に彼を援助し、手本となる傑出した人格者であったことを強調した。「アショフは科学的データーを評価する偉大なマイスターで優れた科学者であった。彼の理解力は刃のように鋭く、研究の弱点がどこにあるかをすぐに認識した。彼は、生理学者がまだすべてを静的に観察していた時代から抜きん出ていた。彼は生理学が非常に動的であることを認識していた。しかし、私がこれまで理解できなかったことは、アショフが理論的側面であれほどヴェーファーに依存したか、なぜ彼がヴェーファーをそ

れほど自由にさせたかだ。ヴェーファーの理論的見解は生産的ではなかった。研究所が強い理論志向にあって、アメリカ人によって直ぐに受け入れられた体内時計の生化学的、遺伝学的解析に乗り遅れたことを残念に思う。もしアショフがそうしていたら、研究所はその突出した優位性を失うことはなかっただろうし、今も存続していたであろう」[448]。

医学と生活のリズム

　アショフは、日々の生活や病院などにおける人のリズムの意義を明らかにしようとした。彼は、臨床研究はしていないが、その課題を定期的に「Aerztlichen Praxis」[451, 452] や「Klinischen Wochenschrift」[453] 等の一般向け医学雑誌に発表した。彼は医学の様々な特殊領域の分野で活躍した。アショフは鳥類学上の知見、文献上の知識、経験において素人であるにも関わらず、公表されたデーターから一般的な法則を見出したように、彼好みの型に捕らわれない問題設定と説得力のある講演が愛読者や様々な分野の未知の専門家達を引き付けた。ドイツ内科学会は、1973年ヴィスバーデンで開催された年次大会で彼を基調講演者として招聘した。そこで彼は、ほとんどすべての生理学的指標に体内時計によって駆動される日周期変動が見られるだけでなく、外界の刺激に対する反応性も日周期的に変動することを強調した [454]。重要な副腎皮質ホルモン、コルチゾールの代謝物である17-ハイドロキシ・コルチコステロイドの血中濃度は、早朝は就眠直後よりも約4倍高く、尿中濃度は約3時間遅れた日周期変動を示すこと、アルコール（実験で標準量となっている1g/kg）は、午前中は摂取1時間後でも血中にはっきりと残っているが、夕方の実験では残らないことなど。アショフは臨床医学者に日周期変動の実験的臨床研究の意義を理解させた。それは病的変化の早期診断に役立つ可能性がある。彼は、人の時間システムは多数の振動体が相互に関連して成り立っていることを示した。様々な生理的過程が同調して進行し、内的な時間秩序を形成していることが身体や精神にとって重要である。

　おそらくある特定の疾患の背後には内的時間秩序の障害があると思われるが、さらに詳しく調べる必要がある。それに関連しては、特に精神医学の分野で、うつ病の研究からある仮説が立てられた。うつ病と生理的過程にみられる概日リズムの内的脱同調が関連しているとの仮説である [455]。アショフは、いつもの様に最初に行うべきことを行った。文献から生理指標の日周期変動について、公表されているすべてのデーター、特に血中コルチゾールとチロシンの成績をうつ病患者と健常者で探した。彼は日周期変動の平均濃度を％で表して、すべての曲線を計算し直した。彼は、これまで公表された研究結果からは内的脱同調仮説は支持されず、さらなる研究が必要であると、彼の学位研究生であったヘンナー・ギードッケが編集した本に書いた [456]。気分と日周期リズムとの関連性は、特に双極性の躁うつ病に関してしばしば主張される。彼は、様々な感情障害に徐々に作用する光療法の基礎を築いた [457]。

ホルモン分泌の大きな日周期変動に興味をもったアショフは、1970年代にもっぱら「Klinischen Wochenschrift」［453］に自説を公表した。1974年、ユルゲンは単行本「Chronobiological Aspects of Endocrinology」に寄稿した［458］。その本は、フランツ・ハルバーグ（ミネアポリス）とフランシスコ・セレサ（Francesco Ceresa）（トリノ）がナポリのカプリ島で開催した同名の会議への寄稿論文を編集したものである。ユルゲンはヒルデと共にカプリを訪れたが、それには同じ領域のイタリア人研究者達と知り合いになる目的があった。彼自身は、最後にユーモアを含んだテーブルスピーチを行い、その内容も本に載っている［459］。彼は、クロード・ベルナールやアーネスト・スターリング（Ernest Starling）などの、19世紀の内分泌学の先達について語ると共に、時間生物学は古典的医学（ヒポクラテスやアリストテレス）まで遡ることを示した。アショフはカリブで、マンハッタンのマウント・サイナイ医科大学の有名な内分泌学者ドロシー・クリーガー（Dorothy Krieger）と知り合った。クリーガーは、後に彼女が編集する単行本「Endocrine Rhythms」の導入章の執筆をアショフに依頼し［418］、またアショフは共著で編集した参考書「Endcrinology」［460］でも1章を担当した。そのおかげで、アショフは実験室でホルモン測定を全くしなかったにも関わらず、内分泌研究者になった。彼の手腕は、動物や人における多様な個別研究からデーターを集め、研究上の明確な展望を開くことにある。

　日々の生理学的変動の他に、身体的および精神運動能力のリズムが人に関しては重要である。すべての日周期的変動について、それがどの程度体内時計に依存しているのか、睡眠覚醒の直接的影響下にあるのか否かの問いが何時も生じる。アショフのところで学位研究をしたヘンナー・ギードッケと1971年にフンボルト奨学生として研究所で仕事をしていたチェコスロバキアのマリア・ファトランスカ（Maria Fatranská）がこの課題についていくつかの実験を行った。彼らは、握力、反応速度、時間評価（2つのボタンを10秒間隔で押す）、計算速度、タッピング（指でコツコツたたく）速度を測定した。これらの日周期リズムは覚醒期に高い値を示し、睡眠中に低くなることはよく知られていた。なお睡眠中の測定は、短時間睡眠を中断した後に行われた。1日、あるいは2日間完全に断眠してもリズムは持続するが、振幅はある程度低下する。周期性は内因性であり、地下壕で恒常明の条件でも認められる［461］。彼らは興味深い観察をした。被験者の体温は、測定のために睡眠を中断した際に多少上昇する。しかしこの体温上昇は睡眠中断の2時間前から始まっていた［462］。身体は、睡眠中に設定された覚醒時刻を予知していた。この観察は、目覚まし時計が無くても起床時刻を正確に決めることができる多くの人の能力、いわゆる頭時計の存在を示している［463］。

　人の作業能力と時刻に関する研究は、工場労働者や看護職などの交替勤務者が重要な対象者となる労働災害補償機構にとって、直接的な意義がある。アショフは、ヨセフ・ルーテンフランツ（Joseph Rutenfranz）教授に連絡を取った。彼はドルトムントにあるマック

ス・プランク労働生理学研究所の研究主任である。この研究所は1912年にウィルヘルム皇帝研究所として、ベルリンの有名な生理学者マックス・ルブナー（Max Rubner）によって設立された。産業に重要であるという理由から、1929年研究所はルール地方に移された。ルーテンフランツは、研究所の応用研究の一部門をドルトムント大学の新しい研究所に再編成する努力をした。再編成は1971年に実施され、ルーテンフランツは研究所の所長となった。彼は夜勤者や日勤者のために、内因性の時間構造を考慮に入れた交替勤務計画の最適化に興味を持っていた。

1970年、ルーテンフランツはアショフをギーセンで開催されたドイツ労働医学の年次大会に招待した［464］。それがきっかけとなって両者の共同研究が始まり、多くの共著論文が発表された。彼らは特に、労働現場では効率性と安全性に関して重要な因子である反応速度を研究した。夜勤の際に、睡眠の必要性と体温が反応時間にどのような効果をもつのか、実験的に検討された。その研究により、夜は昼よりも常に遅い反応時間を示す日周期リズムは睡眠覚醒の結果ではなく、また体温変動に直接影響されるものでもないことが明らかになった。しかし、直前の睡眠時間が長いほど反応速度は速まることも判った［465, 466］。ルーテンフランツはその共同研究を、アショフの共同研究者であるリュートガー・ヴェーファーとエルンスト・ペッペルの名前をつけて発表した。

アショフ自身、後年交替勤務者についてさらに研究を進めた。彼は様々な機会に［例, 467］、労働時間帯の最適化のためには、概日リズムを考慮することが如何に大切かを説明した。米国では1970年代、労働人口の18%が夜間勤務に就いていた。夜勤がもたらす影響と危険性が徐々に認識されるようになった。1979年9月、サンジェゴにある国立労働安全衛生研究所（NIOSH）は世界中から専門家を集め、5日間にわたって新しい知見を交換した。ユルゲンはもちろん招待された。彼はヒルデ、クリストフ、フロリアンとともに9月4日サンフランシスコに飛んだ。彼らは最初の1週間、パシフィック・グローブのホプキンス海洋研究所から遠くない「隠れ丘」にあるピッテンドリックの別荘でのんびりと過ごした。その後、彼らはまさに休暇旅行に出かけた。一家は、ヨセミテ公園、死の谷、そしてネバダを通ってモニュメント・バレー、メサ・ヴェルデ、グランドキャニオンを観光し、アリゾナのペトリフィード・フォーレストで最高潮に達した。フロリアンは何百枚もの写真を取り、クリストフとヒルデは色の付いた石を集め、苦労して家まで運んだ。アショフは最初この大きな旅行をいささか大げさと考えていたが、そのうちに研究室の訪問だけでない事に満足した［468］。18日に一家はサンジェゴに着き、翌日からNIOSHの会議「24時間労働日」が始まった。アショフは最初に講演を行った。彼は、再度明暗サイクルと睡眠の位相のずれの影響に関する一連の研究を紹介し、地下壕、実験室、病院、そして多くの時間帯を越える東西飛行の実験を交互に話した。彼は、人の概日システムは多くの要素からなっており、通常の条件下ではお互いに連動していることを聴衆に明らかにした。生

理機能にみられるリズムは自然にフリーランして、相互の関係が乱れてしまうことがあり、その結果生体内の時間的秩序が乱される。同じ事が、大西洋横断飛行や交替勤務の際に生じる位相のずれ、位相前進であろうが後退であろうが、位相がずれる際に生じる。その慣性によって、概日システムは内的な同調を再び確立するにはしばしば多くの日数を必要とする。アショフは、睡眠覚醒リズムと概日システムの他の要素との相互作用の解明が、現在研究上の最も重要な課題であると見ていた［469］。

　生物リズム研究は宇宙飛行に特別な意義がある。それは、NASA がアショフの地下壕実験を最初から支援したことからも明らかであった。彼は、NASA から何度も研究成果を講演して欲しいと頼まれた。それで彼は、サン・アントニオ（テキサス、1964 年）［470］、ウィーン（1966 年）［471］、エレバン（アルメニア、1971 年）［472］そしてミュンヘン（1973 年）［473］の国際宇宙飛行会議に出席した。アショフはこの分野の第一人者として、人が地上の同調因子から隔離された時どのようなことが生じるかを明確に示した。有人飛行では、太陽は 90 分周期で出現するが、それは概日リズムにとっての自然の同調因子ではない。有人飛行における同調因子は、正確にスケジュールされた睡眠覚醒によって生みだすことができる。エレバンで、アショフは宇宙飛行の際に得られたデーターを独自に解析し、その結果を発表した。彼は、宇宙飛行士は 24 時間よりわずかに長い睡眠覚醒リズム周期を示すだろうと予想した。人の体内時計は同調因子の無いところでは地球の自転よりも幾分ゆっくりと回るので、身体は内的同調状態を維持し、その時間的秩序が持続的に障害される可能性は少ない。彼が強調した事は、最初は受け入れられなかったようだ。NASA のウエブサイトには、宇宙飛行中、宇宙飛行士は 8 時間の睡眠、16 時時間の覚醒からなる 24 時間日を維持したと記載されてあった［474］。

　長い休暇旅行は、家族と共によく訪れるエンガディンやトトナウベルグの山小屋でのスキー旅行であっても、ユルゲンの生活に大きな影響を与えなかった。しかし、彼は自由時間と休暇に関するテーマについて、繰り返し述べている。雑誌「Arztliche Praxis」に「休暇中の時間」について、ポペンツ風標語「時計を持たない者には時間がある」［475］に従って書いている。彼はしばしば類似の話を編集者や会議主催者から依頼された。アショフは、袖にすることはしなかった。1972 年ミュンヘンで行なわれたドイツ自動車連盟の会議で、アショフは自分の考えを科学的根拠でさらに強固なものとした。「生物時計に従う休暇と葛藤」［476］。彼はその中に体温調節の年周期リズム、自動車ハンドル上での仮眠の日周期リズム、その他多くのことを盛り込んだ。アショフは彼の仕事を亡き文学上の友エルンスト・ペンゾルツと彼の義兄弟であるエルンスト・ハイメランに捧げた。

　ブリュッセルで行なわれた「文明社会における自由時間の形態」に関する国際会議（1973 年）での講演で、アショフは再度自由時間の形態に関する話をし、皮膚の紫外線感受性、副腎機能、自殺と受胎の年周リズムを示して自分の考えを述べた。彼は以下の忠告で話を

締めくくった。「自由時間が多いほど、時間を無駄にしてはならないし、自由時間を偶然(あるいは隣人)に委ねることが無いよう、特定の組織に与えることが無いようにと努めるだろう。時間の流れから完全に解き放たれることは、意味あって拘束され、あるいは時間通りに計画に従っている感覚よりも満足感が少ないことがしばしばある。中国の格言に、人は様々な方法で、また様々の長さの時間を如何に幸福に過ごすか示されている。4つの処方箋の中で最後の方法が、(生物学的)自由時間プログラムと関連していると思われる。

　数時間幸福になるには飲酒
　数日間幸福になるには結婚
　数週間幸福になるには豚の屠殺
　一生幸福になるには庭師になること」[477]

アショフは、自分ではなく、何時も妻が「城」の野菜庭園を世話しているにも関わらず、この格言が好きだった。それはエーリング「城」の台所に掲げられていて、ユルゲンは何度もその格言を使っている。例えば、1981年バーデン・バーデンで開催されたドイツオリンピック委員会のシンポジウムで、余談として彼は中国の格言ではなく、古いシュヴァービンの教訓として紹介した[478]。スポーツは彼にとって何ら科学的課題とはならなかった。彼はスキーや散策を好んだが、競技会や試合は意に介さなかった。オリンピック委員会での彼の講演は次の言葉で締めくくられた。「私が父から学んだことは、スポーツ、とりわけ体操で覚えなければならない最も重要な事は、他人をサポートすることだ」。

所長

開所以来、エーリング・アンデックスのアショフ部門はますます知名度を上げていった。部門は、生物リズムの領域で研究したいと考えている多くの科学者を引きつけた。何時も若者達に、研究への参加を呼びかけていた。1970年代、部門はほとんど予約済みであった。

ユルゲン・アショフは、所長として彼自身の部門のため、また行動生理学研究所全体のために尽力した。加えて、1967年8月14日からは、ラドルフツェルの鳥類部門がアショフ部門と合体し、ハンス・レール(Hans Löhrl)が公式の現場主任であったが、アショフが実質的に指導した。それまではコンラート・ローレンツが鳥類部門の公式の部門長であったが、彼はほとんど関わらなかった[479]。アショフは、鳥類部門を12年間指導した。生物学者であるローレンツに対しアショフは医師であったにも関わらず、ラドルフツェルの仕事のため多くの時間を割いた。彼は1967年すでにその仕事に直接かかわり、鳥類部門での研究計画について、若くて活動的な奨学研究生ペーター・ベルトホルド(その部門の「皇太子」)の面倒をみた。アショフは定期的にエーリングからラドルフツェルに出かけ、

研究者達との打ち合わせに個人的に尽力した。後年、鳥類部門の責任者となったベルトホルドは彼の著書「鳥に捧げた私の人生」で回顧している。「アショフは同僚の研究者を連れてよくメギンゲンにやって来た。彼は領主の城、ボードマンスの周歩廊を歩くのが好きで、しだいに鳥類部門に好意を持つようになった。アショフはアンデックスよりもメギンゲンが気に入っている。彼に何か急ぎの依頼がある時はここまで同行しないといけない。ここでは、彼は何時も上機嫌だから、とねたみ口があった」[479]。アショフは、鳥類部門の何人かの共同研究者を、近くといわず遠くといわず連れて歩いた。後年、行動科学研究所のアショフ部門の閉鎖が避けられなくなり、それに伴い併設の鳥類部門の存続も危うくなりかけたとき、彼はこの部門を1979年4月1日、コンラート・ローレンツの後継者であるウォルフガング・ヴィックラー（Wolfgang Wickler）に委託した。3カ月後、彼はエバーハルト・グビナーを鳥類部門の公式の主任に指名した。アショフは、部門を最適の人物の手に任せた。

エーリングの本家では、ゼービーセンやラドルフツェルと同様、ユルゲン・アショフの指導力が大いに認められた。ゲルハルト・ヘルドマイアーは、ボスの積極的な支援を高く評価して、インタビューに答えてはっきりと述べた。「アショフの人となりが、研究所の雰囲気を素晴らしいものにした特別な要因であった。彼はとても情熱的な人物であるが、また同時に厳しい批評家でもあった。彼が素晴らしいのは、誰かが彼の所に実験結果を書いた用紙を持っていくと、彼はそれを良く見てわずかの図を根拠に、話を作り上げていくことである。私は、得られた結果をどのように解釈するか、実験をどのように計画するか、成果をどのように発表するかなど、多くのことを彼から学んだ」（ヘルドマイアー[480]）。多くの科学者にとって、所長が研究計画やその実施に与える自由や所長の関心度は、研究に対する本質的な喜びとなっている。ヘルベルト・ビーバッハは次のように記述している。私は、ミュンヘン大学生物学科の多くの学生と同じようにコンラート・ローレンツに学び、当時の学生として是非ゼービーセンで研究をしたいと思っていた。しかし、そこには彼の場所はなく、すでに席を得ていた学生は熱心ではなかった。そこで、ビーバッハはエーリング・アンデックスに行き、アショフの2番目の課題、鳥の温熱調節を与えられた。彼は学位論文を書き、研究所に残った。振り返って彼は「素晴らしい労働条件」と「アショフが与えた自由」を称賛した（ビーバッハ[480]）。

ユルゲン・ツライも後に、アショフと共同研究者達との特別な交流について思い出している。「彼の刺激は一般にとてもポジティブであった。アショフは家父長的で支配的な役割をした。共同研究者はすべて彼を尊敬し、また家族に対してとりわけそうであった。技術者であろうが科学者であろうが、彼らはアショフが采配を振るい、指導し、大騒ぎをした70年代から80年代の初めにかけての全期間、熱中した。アショフはいつも、何か問題が起きると、直ぐに自ら解決に取り組んだ。私が学位指導者を探しているときの事をしば

図8-7 研究所の山岳ツアー、1970年頃。左から、不明、クリストフ・アショフ、ヘルムート・クライン（？）、ウラ・ブーゼ（？）、ゲルハルト・ヘルドマイアー、ユルゲン・アショフ

しば例としてあげている。私がアショフに助言を求めた時、彼は直ちに電話をかけて、問題を解決できる知人を呼び出した。それは彼が共同研究者に対して非常に配慮していることの表れである。矛盾しているようだが、彼は議論が好きなのでよく回り道をした。能力のある学位研究者には、彼はそれほど面倒をみず、強く、とても強く当った。彼らはその様な印象を得た。アショフにとってそれは普通の事であった。彼はとても強かったが、意地悪ではなかった。彼は、「そうは行かないだろう」と言って、むしろ知的方法で諭した。

アショフは元来部下との付き合いがおう揚であった。彼は成果を要求したが、形式的に時間を費す事はさせなかった。何時だったかの夏、素晴らしい天気で遠くの山々が望めたとき、ツライがアショフに「明日、山歩きをしたい」と言った。答えは、「そんな遠くはだめだ」。アショフは、「後で遅れを取り返さなければならない」とは言わなかった。共同研究者がしばしば週末も働いていることは当然であった[389]。アショフ自身も、予定が入っていない場合は、しばしば週末に部門をみて歩いた。

アショフは、引き締まったテンポが好きで、1番で峠や峰に着くことが何よりも楽しみであった。ヘルガ・グビナーは思い出して語った。「若い共同研究者達はしばしば、老人を追い抜かないように、彼の気分を害さないように、お互いに速度を落として、彼の後を少し距離を保ってついて行った [481]。1971年9月、私にとって最初の部門遠足の時、このような約束事を知らなかった。その日はフェーンが吹く澄みきった秋の日よりであった。

図8-8 J. アショフ。J. バウアーの素描、1985年

オーストリアのカルベンデルにあるグローセン・アホールンボーデンから山頂に向けて登り、エングアルムとファルケン小屋に到達した。意外なことに、私は運動で鍛えた多くの同僚を追い抜き、最後は所長も抜いてしまった。私は1番で登上した。アショフに気づくような不機嫌さはみられなかった。彼は、平地しか歩かず訓練していない者が張り合った事に驚いているだけであった。我々は岩の上に腰かけ、煙草に火をつけ、景色を楽しんで他の人達を待った。渓谷を通る帰り路では、私は疲れ果てて、他の人と張り合う気力はもうなかった。

ボスのポジティブな評価は科学者だけに限ったことではない。彼らは多くの場合独立して、自分の研究は自分で責任を持った。それに対し、工作室、実験室、動物飼育、科学者を支援する事務室の人達は、多くを所長の指導に依存していた。

ヨゼフ・バウアーは、1971-1980 までアショフ部門の工作室長（マイスター）で、後にボスの見回りについて回顧した［482］。バウアーが彼に仕えたのは、1971年1月マックス・プランク研究所に就職して以来である。アショフの指導力に関する物語は、彼の部下達との交流である。バウアーがそれまで勤めていたパイセンベルグ鉱山が閉鎖されたため、3学期間電気技術の講習を受け、その分野で職を探していた。彼は、ゼービーセンの行動生理学研究所で技術者の求人広告を見た。「私はそこに行ったが、実際アンデックスに行くことになった」、セップ（バイエルンでは、ヨゼフは皆そう呼ばれる）は語った。「私は、そこの部門はゼービーセンの附属施設と思って、アショフ教授の面接を受けた。彼は熱心

図 8-9 アショフ 60 歳の誕生日のパンフレット。S. Daan による素描

で、こう言った。私達は工作室と全車両を管理する有能な人物を必要としている」。前任者の誠実なハイネマン氏は昨年亡くなって、その席が自由に使えた。アショフはバウアー氏に 2〜3 の質問し、特にある季節に限って工作機械や長距離送電線にしばしば障害が出るとしたら、それについて何か思いあたること、又は考えがあるかどうか聞いた。「私は、高圧電流に関する経験に基づいて次のように答えた。私の考えでは、集団で長距離送電線に止まる鳥の群れが関係している可能性がありますと。その通り、それが原因だ、と彼は言い、あなたを採用しよう。何時から来られるか？ と聞いた。その日は金曜日だったので、翌週からと答えた。彼は、私にまず初めに妻と一緒に来て、もし彼女がここでいいと感じたら、始めて欲しいと言った。妻は背が低く、妊娠しており、素直であった。広告はゼービーセンのフーバー部門の職となっていて、アショフ部門の職とは書かれていなかった。それにも関わらず、彼は私を同じように扱ってくれた。月曜日、私は仕事を始めた。私は家族と共に宿泊施設の 1 階にあるハイネマンの素晴らしい借家に引っ越すことを許された」[482]。

バウアーはさらに、鉱山では階級制度は何かとても良くないものと感じていたと語った。学術的階級のすべてがそこでは非常に高度で、単純な技術職員には到達できないものであった。エーリングの行動生理学研究所では、その様な状況は見いだせなかった。「私は、最初はもちろん所長の事を'教授殿'と呼んだ。しかし、直ぐにアショフは言った'なんだと、バウアー。私はお爺で、妻はお婆だ。教授は忘れよう'。その時以来、彼はアショフを

さん付けで呼ぶようになった。彼はヘルムート・クラインやエボ・グビナーなど多くの研究者にはすぐに「Du」で呼んだが、所長に対しては「Sie」のままであった（注32）。その際、アショフは何時も「Du」で呼び返した。2人はそれで満足していた［482］。私はセップに、お爺と私の関係も同じであったと説明した。アショフは私のことを「Du」で呼んだが、私はたとえ30年以来の交友があっても、「Sie」で答えた。アショフは部下に対して、彼らの息災や仕事に責任を感じていた。セップ・バウアーは思い出して言った。お爺が家に居る時は、よく勤務時間を管理していた。日曜日にどこかでお祭りがあった時は、翌日の月曜日にボスは朝の7時に研究所に現れ、部下達が来ているかどうか見回った。工作室の勤務時間は公式には7時から14時までで、ボスは時間厳守を要求した。アショフはそれについては厳格で、朝1番で研究所に行き、夕方は1番遅くまで残っていた。彼はしばしば夕食後もまた執務室に出て来た。バウアーは技術的問題で何度か遅くまで仕事をしなければならなかった時、アショフは自ら超過勤務願いを出した。それで1度、こんなことがあった。ある日、彼の妻アネミーが10時30分ごろ宿舎から出て来て叫んだ。「セップ、もし戻ってこないなら、あなたのベットをこちらに運ぶから、ここで寝たら」。アショフは、おそらくバウアーが家に戻るまで待ってから、作業所に行ってアネミーに言った。「それで、もし皆さんが家に戻らないなら、皆さんもそれぞれのベットをここに運んだらどうですか」。すべてうまく行った［482］。

アショフは定期的に作業室を訪れ、セップ・バウアー、レオポルド・ホフマン（Leopold Hofman）、後にはセップ・ハーベルゼッツァー（Sepp Habersetzer）に会った。彼は、たとえバイエルン方言であっても、すべて順調に行っているかどうか、何か問題はないか、なにか手伝うことはないかを聞いた。「何かあったら、呼びなさい！」と彼はバウアーに言った。作業室に技術的な問題が生じた時には、何時も聞く耳を持った。「何か必要な物があったら、バウアーさん、書き留めておきなさい！」。研究所で年度末の予算にまだ余裕がある時は、欲しかった機器を購入し、緊急の時は、直ぐに買った。技術助手や飼育室担当のベルリン生まれの夫婦ゴルダウにも、ボスは定期的に会いに行った。彼の指導力は年が経につれて、同僚、研究者、その他の人の共同生活、共同作業を風通しの良い、調和のとれたものに仕上げて行った。セップ・バウアーは、部門における職場環境は大きな家族の日常に似ていたことを認めた［483］。彼は、年金生活に入った後、尊敬するボスの肖像を描いた（図8-8）。

共同研究者の側から、彼に対する評価が多くの機会で表明された。1973年1月25日、60歳の誕生日に、「城」の図書室で「概60周年（ラテン造語で約60周期）」のタイトルのもと、祝賀会が催され、その際記念誌（図8-9）が作られた。その中では、多くの同僚がからかわれ、大いに盛り上がった。誕生日の子（誕生日を祝われる人）には、総数で40編の研究論文からなる3冊の本が贈られたが、それは内外の共同研究者からアショフの60歳

の誕生日に捧げられたものであった。加えて、コリン・ピッテンドリックから1編の重要な論文が届いた。「1973年の誕生日に、友人の釣り人からユルゲンへ」[484]。動物飼育係のゲルハルド・ゴルダウはベルリンの友人ウイリーに宛てた手紙を朗読した。それは、研究所の前任者と同僚のことを、ベルリンなまりで機知を効かせて書いたもので、次の文章で始まっていた。「親愛なるウイリー、また君に手紙を書かなければならなくなった。知ってのとおり、私はバイエルンにいて、研究所で仕事をしている。彼らはみな親切にしてくれる。研究している人達を想像できるかい。彼らはみな私のようだ。ここでは動物の世話をしている。その際、所長先生が手伝ってくれる。フリッセのような誰かが、いつも辞書を引いて言葉を探している」(ベルリンに住む誰かに聞かなければ)。この夕べから、ゴルダウのウイリーへの手紙は研究所のお祝いの際に良く用いられた。それは最初から最後までアショフ部門の特徴である緩やかな雰囲気を強調するものだった。

　科学は世界的規模の営みである。外国の研究者との交流は決定的に重要である。アショフはそれを父親のルードウィヒから学んだ。息子も、彼の指導のもとでその研究領域を学びたいと思っている外国人に機会を与える努力をした。私の様に、アレキサンダー・フォン・フンボルト基金の援助で、しばしばそれが実行された。彼の部門は20年間で、少なくとも9人のアレキサンダー・フォン・フンボルト奨学生を1年ないし2年間受け入れた。アイノ・エルキナロ(フィンランド、1964)、ヤロスラフ・フィガラ(チェコスロバキア、1968)、マリア・ファトランスカ(チェコスロバキア、1968)、マイケル・マッカリー(USA、1970)、サージ・ダーン(オランダ、1971)、ジョージ・ベスト(USA、1971)、イワン・スペルバーグ(オランダ、1971)、ジム・ケナジー(USA、1972)、ラス-オベ・エリクソン(スウェーデン、1975)。1975年9月、アショフはこれら初期の奨学生をエーリング・アンデックスに呼んで、お互い、またエーリングの研究者達とこれまでの経験と新しい研究テーマについて意見を交換した。その場合も、私達は再度アレキサンダー・フォン・フンボルト基金の援助を得た。我々は豪華な受け入れを享受し、お互いに刺激し合った。

　アショフの責任は、ゼービーセンの行動生理学研究所の他の部門にも拡大した。ある事から、マックス・プランク研究所ではどの様にして物事が決定されるかを知ることができた。アショフの同僚であるコンラート・ローレンツは1973年70歳を迎え、定年退職した。すでに1971年の秋には、マックス・プランク研究所の生物医学分野の長であり、免疫学者のオットー・ウェストファール (Otto Westphal) (フライブルク) が「ローレンツ部門の将来」という委員会を招集した。その委員会は、ウェストファールを委員長、アショフを副委員長とした10名のマックス・プランク研究所の科学者から成っていた。この問題を討議するために、委員会は1971年11月21日から23日にかけて、8名の外国人専門家をゼービーセンに招聘した。彼らは動物行動学 (ethology) の現状と将来一般についてと特にローレンツの後任についての見解を表明した。5人の科学者が出席した。ゲラルド・ベーレン

ツ（Gerard Baerends）（グローニンゲン、オランダ）、セイモア・ベンザー（Seymour Benzer）[60]（カルテック、米国）、テオドール・バロック（Theodore Bullock）（ラ・ホラ、米国）、ドナルド・マッケイ（Donald Mackay）[61]（キール、英国）そしてペーター・マーラー（Peter Marler）[62]（ロックフェラー大学、米国）。その他、エルンスト・マイヤー（Ernst Mayr）[63]（ハーバード）、マックス・デルブリュック（Max Delbruck）[64]とニコラス・ティンベルゲン（Nikolaas Tinbergen）（オックスフォード）は書面で意見を提出した。彼らは部門を訪問し、最終決定について協議した。バロックは専門家として意見を述べ、報告書を提出した。最後の晩、アショフは委員達を研究所の全科学者と共に、エーリング「城」の図書室に呼んで歓迎の夕食に招待した。彼自身でアコーディオンを弾いた。委員会が誰をマックス・プランク研究所の理事長に推薦したのかは公表されなかった。4半世紀以上にわたり研究所の科学目的を大きく前進させる前途有望な研究者を推薦できるかどうかは、基本的にマックス・プランク研究所の決定にかかっていた。アイデアよりも個人名が問われた。その答えは、高揚したその夕べで聞くことはできなかった。

　私は、夕食の際にゲラルド・ベーレンツと知り合う機会を得た。彼はグローニンゲン大学の動物学の主任教授であった。彼はその職に1946年から就いていて、グローニンゲンの全動物学を行動学の方向に導き、拡大した。ベーレンツは、エソロジー、生態学、生理学、内分泌学、解剖学の研究グループを立ち上げ、あらゆる動物行動を中心的課題とした。もし私が将来オランダで科学者としての職を目指すなら、この様な科学分野だろう。

　会議が終わって数カ月して、ベーレンツにローレンツの後任としてマックス・プランク研究所に来るつもりはないかと誰かが尋ねたとの噂が広まった。実情はいささか複雑であった。バロックは12月14日、5名の外国人専門家の報告書をウエストファールに送った。報告書は世界的に有名なローレンツ部門の継続を支持し、科学に関する教育の重要性を強調していた。そのために研究所では研修コースやサマースクールが以前よりも多く開催された。また、ローレンツ部門ではより多くの実験的研究の展開が推奨された。行動科学研究所の新部門長の候補者名が挙げられた。フランツ・フーバー（Franz Huber）、ウォルフガング・ヴィックラー、クラウス・インメルマン（Klaus Immelmann）[65]、ワルター・ハイリゲンベルグ（Walter Heiligenberg）、マーク・コニシ（Mark Konish）、ジュアン・デリウス（Juan Delius）、ジェルグ・ペーター・エヴァート（Jorg-Peter Ewert）。委員会はこれらの候補者を検討したうえ、理事長に対しフーバー、ヴィックラー、ベーレンツのために研究所に3つの部門を設置するように提案した。マックス・プランク研究所の理事長であるライマー・リュスト（Reimer Lüst）はその提案を受け入れ、1年後の1972年11月29日にフーバーとヴィックラーを科学委員に選出した。フーバーは行動神経生理学の新しい部門を得、ヴィックラーはローレンツ部門の社会生物学を担当した。ベーレンツはローレンツ部門の長となった。彼には動機付け解析を量的に展開すること、また、ローレ

図8-10　コンラート・ローレンツ(上)とニコー・ティンベルゲン。(2)より

ンツが以前に質的に発展させた研究分野の深化が期待された。アショフは、この分野の発展を可能な限り支援した。フランクフルト・アルゲマイネ新聞に「コンラート・ローレンツの後任を分割することは誤り」として、「行動学研究に未来はない」のタイトルでマックス・プランク研究所が侮辱された時［485］、アショフは次版の紙上で独自の強い見解を述べ、「行動学研究には未来がある」とその選択を擁護した［486］。

　1972年7月27日、リュストは自分の意図をベーレンツに伝え、協議に招いた［487］。ベーレンツにとって、それは単に大きな栄誉ある要請以上のものであった。その時代、ヨーロッパの大学では大改革が行なわれていた。改革は、教授会の支配的権力に向けられた1968年の学生革命に対する回答であった。「礼服の下には千年来のかびがある」とシュプレヒコールが鳴り響いた。それに呼応して多くの大学で行なわれた「民主化」により、学生と科学者でない職員の影響力が増大した。しかしながら、それはまた深刻な官僚主義を生みだすことになった。ベーレンツは、他の多数の科学者と同様、多くの会議や委員会などの管理運営に時間を消費したので、余儀なく研究にブレーキかけた。マックス・プランク研究所は、ベーレンツに特別の研究グループと予算を提供すると約束し、彼が望む最大限の潤沢な解決策「56と共に」を、彼に提示した。1972年秋、グローニンゲン大学は全生

物学分野の偉大な牽引者であるベーレンツを失うことを気遣った。大学は王立科学アカデミーとオランダ教育科学省に掛け合い、両者は共同して一個人である教授のところに対案を携えて現れ、ベーレンツに独自の研究グループと予算の提供を約束した。それらは野心的なプロジェクトのための労働力と施設、事務的な「赤紐」（注33）なしで十分足りる資金であった［488］。それは抵抗しがたい提案であった。ゼービーセンとグローニンゲンの長い交渉の末に、1973年3月、ベーレンツはゼービーセンからの招聘を断った［489］。

　ある特殊な事態が、来たるべきローレンツの後継者を舞台の前面に押し出した。1972年の1月、行動科学研究所ではローレンツとティンベルゲンがノーベル賞を受賞するのではないかとの噂があった［490］。実際は、彼らがノミネートされたようだとの事で、誰かが予測しただけのことだった。ノミネートは、ストックホルムでの選考から50年経った時に、つまり2022年に初めて明らかにされる。私は、1973年10月初めてロッキー山脈に旅をした。9月にエーリング・アンデックスでのポスドクを終え、引き続きアムステルダムで学位試験を受けた。10月1日、私はスタンフォード大学のコリン・ピッテンドリックのところでNATO奨学生として研究するために、アムステルダムからモンタナのビリングに飛んだ。コリンと彼の妻のマイキーはまだワイオミングの小屋で秋の休暇を楽しんでいた。そこはイエローストーン国立公園近くのクラーク・フォルク、イエローストーン川の副流にあった。そこは、建国間もない米国で、太平洋に進出した有名なウィリアム・クラークの最初の探検（「ルイスとクラーク」1804-1806）にちなんで名づけられた。この川で、コリンはマスを釣っていた。私達が川にいない時は、「生物時計、生物による周期測定と環境時間の利用」という本を書いていたが、出版されることはなかった。

　マイキーは、静寂な自然の中で世界の出来事との接触を保つため、雑音がひどいトランジスタラジオをいつも持って出かけた。止むことのない宣伝文句の間に、たった2つの局の報道しかない。10月11日の朝、2人のオーストリア人と1人のオランダ人がその年のノーベル医学生理学賞を受賞したと、ほとんど聞き取れないニュースを受信した。我々は緊張し、すぐに電話が使える薬局まで車を走らせた。アショフは電話で興奮しながら、カール・フォン・フリッシュ（ミュンヘン）、コンラート・ローレンツ（ゼービーセン）とニコー・ティンベルゲン（オックスフォード）が受賞したと叫んだ［491］。本当は、2人のドイツ人と1人の英国人と言うべきであろう。ローレンツだけでなく、ティンベルゲンも外部科学委員として行動生理学研究所に属していた（8-10章）。アショフはすでに数年前からこの2人の業績を認めさせる努力していて、ピッテンドリックもまたその事に貢献した。受賞は、研究所と我々の科学部門、行動生理学にとって大きな月桂冠であった。我々は静かなイエローストーンで熱狂し、感激した。

　11月30日、彼らがストックホルムでノーベル賞を受賞する10日前、ローレンツは現役生活を終えた。彼は、妻のマーガレットとともに両親の家に移った。それは彼の父親が建

てたウィーンの近くのドナウ川沿いにあるビラ・アルテンベルグにあった。オーストリア政府は有名になった彼の息子を称え、アルテンベルグとアルム渓谷のグリュナウでのローレンツのさらなる研究を援助した。そこには、彼が研究していた灰色雁が渡って来る。その研究所は、後にオーストリア科学アカデミーにより行動学研究のコンラート・ローレンツ研究所に組み入れられた。ゼービーセンの行動科学研究所では、コンラートの学生で共同研究者でもあるウォルフガンク・ヴィックラーが、最初は臨時で、後に恒久的にローレンツ部門の主任となった。その部門には他にも、イレノウス・アイブル・アイベスフェルド博士が指導する人間エソロジーの研究グループも属した。彼もローレンツの学生で、ガラパゴス島のチャールス・ダーヴィン研究施設の創始者である。このグループは1970年からスタルンベルグのペルカで活動していて、1975年11月にマックス・プランク研究所の独立した施設となり、1978年4月にゼービーセンの研究敷地に移った。ヴィックラーは、その間主として英国と米国で始まり発展した近代進化論的社会生物学との連携を試みた。アイブル・アイベスフェルドは巨大なフィルム・アーカイブの作成に携わり、そこには、まだ石器時代の様に生活している多数の民族の自然の行動が捉えられている。2人は、その研究が師の方向性や構想とは必ずしも直接的には関係しなかったが、行動学研究に重要な貢献をした［492］。アショフは、これらの研究の発展を出来る範囲で支援した。

マックス・プランク革命

ドイツの大学民主化は1968年の学生運動の勃発によって始まり、根本的な構造改革をもたらした。教授達はしばしば部門における独占的な支配力を失い、学生は共同決定権を要求してそれを得た。そして、学生らに続いて大学職員も運動に加わった。学生革命後の数年間に、マックス・プランク研究所でも機構や研究所の科学者から共同決定権を要求する声が大きくなった。研究所は、国家予算で運営されている民間団体で、基本的に純粋な階級的組織である。マックス・プランク研究所の機構本部は、最初理事会の方針で共同決定権の要求に答えることを躊躇していた。理事会は要求されている変革について議論の準備をしなければならなかった。アショフはそこで大きな役割を演じた。彼は議論のための直接的かつ弾力性のある方法を知っていた。彼はいつも十分に準備して発言し、自分の考えを簡潔に表現した。他人が会議で発言するときは良く聞き、ユーモアを交えて的確にまとめた。アショフがしばしば唱える型にはまらない考えと新しい視点、そして科学委員会で自ら示した主導的役割によって、彼はマックス・プランク研究所で理事会の員外理事になった。彼は1970年3月、研究所の科学者評議会（すべての科学者の集合体）、それは最初非公式に「インターセック」と呼ばれたセクション間の垣根を除いた委員会の委員になった。セクション連合は評議会の3つのセクション、物理化学、生物医学そして人文科学の代表者からなっていた。彼は「マックス・プランク研究所の一般的かつ重要な問題に関す

るセクションと科学者評議会の責任ある関与」[236] に貢献した。1970 年 6 月、セクション連合は具体的に「マックス・プランク研究所の存続を確実にすべき原則の確立」を委託されたので、改革に関する議論の出口を明確に定式化して提出した。しかしセクション連合は共同決定権の問題を深く議論するためには充分な組織ではなく、理事長のアドルフ・ブーテナント（Adolf Butenandt）はすでに 1969 年に「研究所問題に関する機構委員会」を招集し、期待される改革案を提案するよう要請した。しかし、そこからはほとんど何も出てこなかった。1970 年夏、ザールブリュッケンで開催されたマックス・プランク研究所の年次総会の終了後、ブーテナントは評議会の提案として機構委員会を改組し、新しい委員と構成員である科学者の代表の参加を決めた。アショフは再度委員会の委員に任命された。アショフは、多数の共同研究者が自主的、あるいは共同決定を享受している研究所の指導者として、また改革に対する彼の明確な態度から、ブーテナントはアショフが委員会にとって必要な人物であると考えた。委員会の取りまとめは、フランクフルトの欧州人権史に関するマックス・プランク研究所の所長であるヘルムート・コイン（Helmut Coing）教授が行なった。16 名の委員からなる委員会は、1970 年 9 月から 1971 年の春まで 7 回開催された。12 月中旬、討議内容のリストとともに、委員会活動が報告された。アショフはその中の 1 つに関係していたが、それは「調停方法」の問題であった。ベルリンで 1971 年 6 月に開催される年次総会の前に、分厚い中間報告書が提出され、そこには様々な課題が記載されていたが、具体的な改革案はまだ提示されていなかった。

　1971 年 6 月 1-2 日、マックス・プランク研究所の科学者代表がアーノルドスハイム（ヘッセン）に集まった。彼らは、機構改革として 14 の課題を定式化し、ベルリンで行なわれた記者会見で公表した。そこでは、「地方分権的な職種、経歴利益」の代わりに、研究所の要望に沿った研究政策、研究グループに属する全員の共同決定権、理事長職候補者の資質に関する公開討論、その他多数が要求された。機構問題に関する委員会は、必要な改革を十分に成しえない非民主主義的体質を非難された。ベルリンで行なわれた第 22 回総会の際の理事長の年次演説で、ブーテンナントは自身の立場を擁護して述べた。「… 我々の研究所の多くの科学者は、アーノルドスハイムの課題とその根拠となるものからはっきりと距離を置き、マックス・プランク研究所で活動している科学者の過半数による正当な代理人の会議が期待していることに対して異議を唱えている」[493]。それに対して、正当性の欠如が指摘された。新聞は、「研究者が立ちあがった」[494]、そして「マックス・プランク研究所の危機」と報道した [495]。アショフは、委員会資料の綴じ込みに「マックス・プランク革命」と書き込んだ。彼は、近づきつつある改革の問題で多忙であったにもかかわらず、1971 年 6 月 23 日のベルリン会議で、公開特別講演「生物時計としての組織」を行なっている。

　1972 年 2 月、機構委員会は 2 回目の報告書、今回は提案を含めた報告書を提出して、そ

図8-11 1972年7月ブレーメン会議。左から、コンラート・ローレンツ、アムルフ・シュリーター、ユルゲン・アショフ（MPG月刊報告、写真MPG記録保存所）

の任務を修了した。個々の少数意見もそこに記載されていた。つまり、委員会は重要な改革である共同決定権に関しては全会一致ではなかった。委員会が提案したのは、個々の研究所の科学委員はセクションごとに3年間の任期で2人あるいは3人を多数決で選出し、科学者評議会に代表者として出席することであった。アショフは委員会でその件について検討したが、大勢に反する意見を述べることはなかった。他の大多数の議案についても、彼は賛成した。例えば、すべての研究所で部門別会議を設置すること、外部から職の提供があった場合は職務に時間的な制限を付けること、退職した科学者のための制度の設計、そして意見の対立があったときの仲裁手続きの確立など。

　マックス・プランク研究所の理事会は提案を受け入れた。1972年4月末、ブーテナント理事長は科学者評議会を特別会議としてフランクフルトに召集し、討議すべき提案を提出した。彼らは最終的にはさほど重要でない提案（例えば、研究所ごとに科学委員の代表を選出すること）を受け入れた。1972年6月22日、歴史あるブレーメン市庁舎の祝宴場で行なわれたマックス・プランク研究所の年次総会で、科学者評議会は再度改革案の全リストを提出した。マスコミは「大規模な改革」と報道したが、組織が個人の素質によらず、集団の代表から選ばれるのであれば、党派政治に陥らないように気を付けるべきだと警告した［496］。会議は混乱した。会議の前夜に左派的なブレーメン大学が討論会を組織し、研究所の業務に民主主義的な共同決定権と科学目的に関し期待される方向性を書き込むべきであると書いた赤いプラカードを町中に立てた。そこでは、マックス・プランク研究所の自由な研究原則が攻撃された。演壇には、ユルゲン・アショフ、アルフレッド・ギーラー

（Alfred Gierer）そしてアルヌフ・シルター（Arnulf Schluter）が研究所の代表として座っていた。彼らは研究所の要求に沿った研究テーマの指導に反対し、先端的な研究の知的自由を擁護した。議論は続いたが、結論は出なかった。翌朝の科学者評議会では次々と規定変更が行われ、3分2の多数決原理が受け入れられた。それらは総じて、多くの極端な改革の方向性を単に助けるにすぎなかった。しかし、現実的でよく考えられた留保があった。1972年の改革の後、マックス・プランク研究所の規定は数十年間ほとんど変更されることはなかった。

ブレーメンでの会議の最中、アドルフ・ブーテナントは12年間務めたマックス・プランク研究所の理事長を辞任し、後任のライマー・リュストに業務を引き渡した。生物医学セクションはユルゲン・アショフをオット・ベストファールス（Otto Westphals）の後任として4年任期の議長に選出した。彼の任期は直ぐに始まり、同時にマックス・プランク研究所の理事会の員外理事にも就任した。彼は前任者から、多くの委員会の最中に書かれて保存されていた愉快な「率直な意見表出の花束」を渡された［497］。

マックス・プランク研究所の今後の重要な機能に係る付加的な仕事でアショフに負担がかかり、研究所に出て来ることが少なくなった。1972年7月、ある暖かい夏の夕べに、彼が行動生理学研究所から15人の科学者を「城」の広間に連れて来た時のことを覚えている。その目的は、研究計画の一般的な目的の定式化であった。我々は夢想を拡大し、冷えたファルツ・リースリングで喉を潤し、興味深い会話を繰り広げた。その後アショフは、以下の12の目的をリストにまとめた書類を送って来た。思考と学識の根源として、人間性の存続、生きがいのある人生、苦悩と不確実性の克服、楽観的な研究所と支配構造の勝利、地球外知性との接触、生物学的産業の存続、文化的題材としての科学［498］。アショフはその定式化で、組織や職業志向の科学政策に対し、基礎研究の意義の認識を強調した。

その夜、アショフからマックス・プランク研究所が提示した具体的な課題が我々に示された。言語研究、言語学の意義に関してである。この新しい研究の方向性は国際的に大きく発展しているが、マックス・プランク研究所とドイツの大学はほとんど貢献していなかった。セクションは、この領域に新しい研究所を設置することに努力すべきであろうか？その場合、誰が、どこに？　オランダには、アムステルダム、ニーメンゲン、グローニンゲンなど様々な大学で新しい試みが行なわれている。私はオランダ人だが、その事を良く知っているだろうか？　私は、言語学については総じて無知である。4年後の1976年6月、アショフはシュツットガルトで開催された年次総会で彼の考えをさらに進め、ニーメンゲンのレーベルト（W. J. M Levelt）の指導で作られた「言語研究のためのマックス・プランク研究所・プロジェクト集団」を5年間（1977-81）試行的に始めた。集団は、生物医学と同時に人文科学のセクションに属した。それは成果をあげ、1979年に生物医学セクションのマックス・プランク心理言語学研究所となった。レーベルトはマックス・プラン

ク研究所の科学委員に選出された。1913年ウィルヘルム皇帝機構がローマに図書館を設立し、1940年代にマックス・プランク研究所に移管されて以来、初めて外国にマックス・プランク研究所が設置されたが、それはアショフの最初の提案の1つであった。

経済的沈滞の時代にセクションを運営するのが容易な事ではないのは明らかであった。1975年1月、アショフは書いている。「残念ながら、私はセクションの仕事で息がつまりそうである。昨日も今日も、電話騒動が勃発している。その理由の1つは、マックス・プランク研究所も経済的、人的に脆弱な状態で、当然増加する委員会業務がどんな結果をもたらすかをしっかりと議論することである。私は満足してはいない…」[499]。すべてがそうであった訳ではない。セクション議長として職務についていた1972年～1976年、その傍らアショフは27編の科学論文を発表している。1976年6月シュットットガルトで開かれた年次総会で、彼の後任であるフリードリッヒ・クラマー（Friedrich Cramer）（ゲッチンゲンの実験医学研究所）はユルゲンを重い課題から解き放った。彼は、その後もなお他の多くの委員会で座長を務めた。例えば、ドイツ研究協会への奨学金申請の評価委員会。彼の評価開始の文章が有名だった。「誰かこの申請書を読んだか？」[358]。

招待、表彰

天賦の才に恵まれた演者、鼓舞する講師としてのユルゲン・アショフの名声は世界中に知れ渡り、多くの招聘、特にアメリカ合衆国からの招聘を受けた。1972年春、ヒルデとともに2カ月間、動物学のアレキサンダー・アガシー客員教授としてハーバード大学（ケンブリッジ、マサチューセッツ州、米国）に招かれた。彼を招待したのは有名な代謝・運動生理学者のリチャード・テイラー（C. Richard Taylor）である。1974年、ユルゲンはユタ州ローガンにあるユタ州立大学の客員教授に招聘された。1977年夏、コリン・ピッテンドリックはホプキンス海洋研究所（パシフィック・グローブ、カリフォルニア州、米国）で夏季学校、「生物時計」に関する最初のサマースクールを企画した。その後、これを習った多くの夏季学校が開かれた。コリンのサマースクールはこの分野に関心をもつ学位研究者を対象とした5週間にわたる内容の濃いコースで、実用的な課題プロジェクトと多くの有名な研究者の講演からなっていた。ユルゲンとヒルデはこの機会に3週間ピッテンドリックの客となった。引き続き、ユルゲンは再度招聘されてユタ州ローガンに行き、一連の講義をした。1978年、「トラシー・ルース・ストラー講義」（カリフォルニア大学、デイビス、USA）のためカリフォルニアに出かけた。1980年冬、彼は「ジェシー・ジョーン・ダンツ講演者」としてシアトルのワシントン大学に赴いた。欧州では、1974年4月、カプリで行なわれた「内分泌学の時間生物学的側面」と題するシンポジウムにヒルデとともに招かれ、1978年5月には、ライデン（オランダ）で行なわれた「生物時計」ベルハーブ・コースに、1979年3月には、イタリアのラクイラで開かれた時間生物学に関するハルバーグの学術集

図8-12 ユルゲン・アショフ、ライデンのベルハーブ・コースの最中

会に、1981年4月には、ブリストルで行なわれたコルストン年次講演を行い、そこではブライアン・フォレー（Brian Follett）が彼を「季節性生殖周期における生物時計」に関するシンポジウムに招待した。

　最後の10年間は、ユルゲン・アショフの科学者としての、活発な仕事に対して特別な顕彰が次々と絶えることなく続いた。1976年9月、彼はイタリア実験生物学機構の名誉会員になり、1977年10月スウェーデンのウメオ大学で名誉学位を贈与され、1978年ハレでドイツ自然科学アカデミー「レオポルディーナ」の名誉会員になり、1982年ギーセンのユストゥス・リービッヒ大学から名誉医学博士号を贈与された。1983年10月20日、彼はブリストルでフェルドベルク財団から英独科学者共同研究に貢献したとしてフェルドベルグ賞を授与された。退職後も、さらに旅行と受賞が続いた。

友人

　鍵が掛かったことのない玄関を通ってエーリング「城」に入り、玄関広間を右に曲がって台所に出ると、そこが社交の中心である。台所では、ヒルデ（お婆）が昼時に焼き肉、ミートボールあるいはアマ湖のマスを料理している。彼女は予定の有無にかかわらず、お客をいつも喜んで迎える。家族の友人を挙げれば、興味深い人物の長いリストができるだろう。ウラ・ゲレケはアショフがいるときは一緒に、そうでない時はしばしば1人で研究

所から現れた。ウラはお婆とはゲッチンゲン時代からの気の合った話し相手で、2人とも煙草を吸った。ヘルガー・グヴィナーやライマー・ルントなども定期的に研究所から顔を出した。ティル・レネベルグ（Till Roenneberg）は何時もそこに居た。彼は、スタルンベルグ高校の生徒のとき、同級生のアネッテ・アショフに夢中になっていた。そんな訳で、彼は1970年17歳のとき初めてエーリングに来た。「私は彼女よりも5歳年下でした。なので、何も起こらなかった」[500]。しかし、ティルは1971年の生理学会や非重要人物のための歓迎会の際には研究所に張り付けになっていた。彼は台所に、そして家族にすぐに受け入れられた。「自分を7番目の子供と思っていた。しかし、家族の7番目の子供と思っていた人は他にも9人はいただろう。例えば、ヘンドリック・ヘックもその1人だ」、ティルは後にそう語った [500]。

ヴィルツブルグ時代からのアショフ家の古い友人であるヘルマンとロロ・ホーエの2人の娘は、週末にしばしばミュンヘンからやって来た。エヴァとルートは相次いでミュンヘンで学び、ヘルマンが2人の娘のためにシュバービングのトルコ通にある住居を思い切って買った。エヴァは1970年代の終わりにイタリア語を学び、児童精神医学の研究をした。ルートは文化史の研究に方向転換した。2人はその勉学を早いうちに中断して、両親の研究に変更し、ヴィルツブルグ、フランクフルト、ギーセンで医学を学んだ。お婆はどんな訪問客にも喜んで、そして興味をもって語りあった。

友人の多くは1970年代に子供達によって、台所にそして家族のところへ連れて行かれた。ザビーネはすでに両親の家にはほとんど居なかった。彼女は、西ベルリンで医学教育を修了し、1970年幼馴染のアクセル・ネッツアー（Axel Netzer）と結婚した。2人はそこで医学士の称号を得、バイエリッシェン・バルトのデッゲンドルフで一般内科の診療所を開設した。ウリケはスタルンベルグの高校で総ての科目で良い成績をあげ大学入試資格を取得した後、フライブルグで1学期日本語を学んだ。その後、彼女はミュンヘンに移り、中国学の勉強を始めた。当時は単にデモとビラまきにすぎなかった1968年の学生革命に影響されたものだった。勉強ばかりしていた学生は苛められた。彼女の同級生で、中国学を同じ学期から始めたティルマン・スペングラー（Tilman Spengler）とともに、彼女は日本と中国を旅することに決めた [189]。この様な訳で、我々がティムと呼んでいたティルマンはアショフの家に入った。彼が今日のデモでどのようにしてトマトを投げたかを語った時、お婆は静かに応じた。「食べ物を投げてはいけません」。トマト問題はあったが、ティムは静かなユーモアと幅広い学識、そして社会への関心で、歓迎される台所の客となった。ティムは後に議会外野党（APO）に参加し、講師として「職業禁止」の指導をした。しかし、彼はスタルンベルグにあるマックス・プランク研究所のユルゲン・ハーバーマス（Jürgen Habermas）のところで、科学技術的世界における生活条件の研究で博士研究員の身分を得た。後にティムは小説「レーニンの脳」（1991）で作家として、また「世界文学の

古典」シリーズ（バイエルン・ラジオ放送、2009-2011）のテレビ司会者として有名になった。ウリケは、中国旅行の前に勉学を中断することにしたが、それを両親は良く思っていなかった。その後、彼女はハイデルベルグ時代からの幼なじみであり、ゲッチンゲン時代のアショフの友人の息子であるディートリッヒ・バロン・フォン・エンゲルハルトと付き合うようになった。ウリケは1年間ハイデルベルグの老人ホームで働き、その後ディートリッヒ、別名お婆が付けたナペルとノートバイラで結婚した［189］。

　ヒルデ・アショフの特別な友人に、プーデルと云うあだ名の物理学の学生、マンフレッド・フォン・ヘラーマン（Manfred von Hellermann）がいた。後年彼は、英国オックスフォードの近くのアビングトンにある欧州トーラスの核物理学者および主任（？）として有名になった。欧州トーラスは欧州連合の研究中心で、そこでは理論的にはほとんど無尽蔵の、そして核分裂とは異なり清潔なエネルギー源としての核融合を、人類のために使いこなす努力を長年行ってきた。マンフレッドは、1944年2月25日クラニン（後ボンメルン地方）で生まれ、終戦の直前ロシア戦線から母親、妹、そして乳母とともに馬車で逃げてきた。彼らは様々な地方を回って、終戦の年にゼーセン／ゴスラー（ハルツ）に住んだが、最終的にボーデン湖のコンスタンツにたどり着いた。マンフレッドの母親グドルン（Gudrun）は、1936年18歳のとき3カ月間グラスゴーに滞在したことがある。そこで彼女は、スコットランド人の病理学者アイビー・マッケンジー（Ivy McKenzie）博士の招待を受けた。彼はドレスデンで医院を開業していた彼女の父親コンスタンチン・フォン・キーゲルゲン（Konstantin von Kügelgen）の同僚として面識があった。マッケンジーは、以前（1911年まで）フライブルグのルードウィヒ・アショフのもとで病理学者として修業していた。後に彼は、脱ナチ化運動に際してユルゲン・アショフのために援護の手紙を書いた。グラスゴー時代の経験で、グドルン・フォン・キーゲルゲンは、自分は英語を流暢に話したと、後に何度も語っていた。彼女はドレスデンで通訳の試験を受け、戦後はゴスラーで通訳として英国機関のために働いた。プーデルが言うところによれば、彼の母親は「英国は私達の友人です」とか「スコットランドの友人は生涯の友人です」［501］と小さな子供だった私達を何時も言い含めて、後の人生に重要な影響を与えた。彼女の兄であるアルクマー・フォン・キーゲルゲン（Alkmar von Kügelgen）（1911年生まれ）はマッケンジーと同様、ルードウィヒ・アショフの所で病理学者兼解剖学者として学んだ。1967年2月の謝肉祭に、プーデルが初めてエーリングに来た時には、すでにアショフ家とは様々なつながりがあった。「私の姉がどこかに私を連れていった。私は、すでに最初の晩からアショフ夫人と良く話した。1時間もしないうちに、私がトリストラム・シャンディーを読んだこと、アルクマー・フォン・キーゲルゲンの甥であることなどが多かれ少なかれ明らかになった（おそらく大量のワインのため）。アルクマーはお婆のお気に入りであったが、それは怪しい関係と云う訳ではなく、優しさのこもった親密な関係だった。2人は私の叔父が住んで

いたフライブルグで知り合った。私は3日間滞在したが、実際はその謝肉祭の後3年間、週末にはエーリングに来ていた」[501]。

　ウイーンで生物学を学んだアンドレアス・アショフはアショフ家に音楽を持ち込んだ。彼は、後に有名になったアルバンベルク弦楽四重奏団のバイオリニストの1人であるギュンター・ピクラー（Günther Pichler）と交友があった。ある晩、彼は四重奏の演奏会の後、若いオーストリア人のレオノール・プリッツル（Leonore Pritzl）と知り合いになった。彼女はアルバンベルク四重奏団のチェリストであるヴァレンチン・エルベン（Valentin Erben）にチェロの指導を受けていた。アンドレアスはウイーン大学の生物学に満足せず、ザルツブルグに移った。彼はストップシー（レオノールの別名）にザツルブルグで住まいの便宜が図れないかどうか聞いた。ストップシーの母親は実際ザルツブルグに空いている家を持ち、他人に貸したいと思っていた。アンドレアスは、2人の同級生、パトリック・チャン（パティー）（Patrick Chang）とペーター・シュバルツ（Peter Schwarz）と共に移り住んだ［502］。

　パティーも折に触れて台所に表われる友人の1人となった。1970年代の初め、私達、クリストフ、アンドレアス、パティーはしばしば夜にブリッジをして遊んだ。1973年9月、嬉しいことにその3人が、私の博士号祝いにフリースランドのモラにある実家に来て、ゲームはオランダでも続いた。ストップシーは、1973年にミュンヘンの「グラウンケ・シンホニー・オーケストラ」のチェロ奏者としての身分を得たが、後に「ミュンヘン・シンホニカー」に移った。彼女のミュンヘンの音楽仲間には、ディートマー・フォルスター（Dietmer Forster）やクラウス・ワーレンドルフ（Klaus Wallendorf）がいる［503］。ディートマーはブンドシューのあだ名でよく知られているが、ザルツブルグ以来ストップシーの学友であった［502］。彼はミュンヘンのフィルハモニケルンでバオリンを弾いていたが、最初グラウンケでもしばしば手伝いをしていた。クラウスは国立劇場のオペラでホルンを吹いていた。1974年の謝肉祭の時に、彼らはシンフォニー・オーケストラで演奏したが、ブンドシューによれば［504］それはかなり退屈であった。そこで、ストップシーはアンドレアスに、彼らをエーリング・アンデックスに招待してはどうかと提案した。彼らは楽器と伴にやって来て、いつものようにゼービーセンで催されていた祭りを盛り上げた。すごい人達がそこにいることに感激し、ブンドシューは土曜日に来て、まず灰の水曜日（注34）に戻った［504］。そこから彼らは四重奏団として頻繁にエーリングに来たが、グラウンケでオーボエを吹いていた英国人のリチャード・オコーネル（Richard O'Connor）も一緒だった。彼らは、居室で、図書室で、演奏が可能な屋外で音楽を奏で、大いに楽しんだ。アショフ家の人々は新しい知人とハイドン、ビーバー、スタミッツ、「スタミッツ派」、その他多くの作曲家による音楽を喜んだ。音楽家たちはエーリングが好きで、機会があるときはノートバイラの別荘にも出かけた。ストップシーは思い出して述べている。「アショフの家で

図8-13　ユルゲン・アショフ謝肉祭を祝う。右：ヒルデと共に。

はいつも歓迎され、何時も開放的であった。お婆は、私が知っている限り、何の遠慮もいらない最も心の広い人でした。世界に開かれ、人に開かれていた。誰でも直ぐに受け入れ、そして抱きしめたくなるような人でした。それは素晴らしいことです」（そしてお爺は？）「実際お爺は印象深い人物でした。なんでも知っていて泰然自若とし、あれこれ抑制することない人でした。彼はいつも人々が興味をもつこと、人々がすることに関心がありました。彼は音楽家達にその人生について何時も問いかけていました。そして何時もおおらかでした。私も彼らと多くを語りました。お婆はいつもそこに居ました。偉大な母親でした。私が知っている限り、もっとも形式にとらわれない家族でした」[502]。ストップシーとクラウスはアショフ家の真の友人となった。ストップシーとブンドシューはそのあだ名を何年も使い、クラウスとリチャードは本名で通したが、それは台所では例外的であった。壮大な謝肉祭が年ごとに巡り、しばしば「城」で行なわれた。特別のテーマが付けられた。1975年、「ファビアン・シュッペの秘書」の招待状がクリストフの女友達であるハイデの家族の家「造形美術のためのアマゼー教会」から友人たちに配られた。

　若い子供達も友人を連れてきて、家族の常連客となった。パトリック・ズースキント（Patrick Süskind）[66]はアネッテの旧友で、何回も現れた。フロリアンのションドルフ学校時代の相棒であるザウティア（Sautier）兄弟とオーストリア人のマーチン・プリンツホルン（Martin Prinzhorn）ことアリアスも同様に、徐々に「拡大家族」に加わっていった。「そこで全員と知り合いになるのに何年もかかった」とブンドシューはため息をついた。

　古い時代からの友人達については、アショフ家との付き合いはいささか疎になっていた。ユルゲンが1945年ブラネンブルグ・アム・インに居た時一緒だったユップ（Jupp）（注35）とドロテア・ピコッカはしばらく当地に留まり、1950年ごろフライブルグに越して来て、東ベルリンのフンボルト大学附属病院に勤めた。1961年8月13日、ユップがエーリング・

アンデックスから来た一行と山歩きをしていた時、ベルリンに壁が造られたことを聞き、その場所と身分から離れて、ベルリンには戻らなかった [257]。その後彼はボン大学で主任教授職を得たが、アショフ家は彼との連絡を失った。ダニエル・バルゲトン（Daniel Bargeton）は、1947年ゲッチンゲンの生理学研究所の客員研究員であった。彼はそこでアショフと友達になり、後にパリの医学部で人体生理学者そして科学アカデミーの会員に就任し、妻のジャニーとともに定期的にエーリング・アンデックスを訪れた。逆にアショフは、1973年アショフの60歳の誕生日の1週間前にパリを訪れ、バルゲトン部門で講演をした。バルゲトンは1980年6月に逝去した [505]。

ヘルマンとロロ・ホーエはヴィルツブルグ時代のアショフの学生で、定期的に連絡を取り合っていた。彼らは1956年シュペサルトのシェルクリッペンでロロの父親から広大な地方医院を受け継いだ。彼らには4人の子供がいたが、その中で最も若かったイネスは6歳で死亡した。両親とも献身的な医師であった。ロロは才能豊かな人物であったが、しばしば抑うつ状態になった。彼らは村の真ん中に住み、絵の様に美しい庭が付いた大家族が住む家で工芸品と書籍に囲まれて過ごした。2つの家族は折に触れお互いに訪問した。ザビーネとウリケ・アショフは14-15歳の時オペア（住み込みの保母）としてひと夏ホーエの子供達の面倒をみた。交友はユルゲンの姉のエヴァ・アショフにも及んだ。彼女は1960年代に1度シェルクリッペンを訪問している。伝統にもとづいて、彼女はカール・シャイドの小さな陶器を用意し、袋に入れて、「人生には何かを必要とする瞬間がある。今がその時だ」と述べた。ヘルマンとロロは幼いイネスの死に因み、日本の芭蕉にならって独自に作った俳句を色紙に書いて彼女に贈る事で責務を果たした。「あきつしま　求めて遠く去りにけり」[506][67]。

1976年、この年にヘルマン・ホーエと彼の多くの学友が50歳になり、ホーエ家はついでに買った古い礼拝堂で、「50歳症候群の解明のために」というテーマのシンポジウムを開いた。客はこのテーマで、それぞれの職業的あるいは愛好家的見解を明らかにするよう求められた。気が置けない講演は吹奏楽団の古典音楽を合図に順番に行なわれた。合図としてアモバセンシス（ローマ神話のエロス）の音楽が奏でられた。マーチン・エルゼ（Martin Elze）[68]ことネロ、ハイデルベルグ時代からのヒルデ・アショフの友人が、神学者として参加した。彼はシンポジウムで、「精神、自由、そして記念祭より取るに足らないものは決して存在しない」ことを論証した [507]。ユルゲン・ガイスラーはホーエと同様、アショフがヴィルツブルグにいた時からの友人で、この間ハノーバーで小児科医をしていたが、彼は聖書を使わず、「ニーダーザクセン選挙侯の同郷人」としてゴットフリード・ベン（Gottfried Benn）とアルノ・シュミット（Arno Schmidt）を引用した。彼は、半世紀の歳月を感動的な賛美で話を締めくくった。「50歳代であることの幸運は、多くの面で他のすべての年齢層を凌駕している。子供であることの幸運は記憶の中でしか意識されない。青

年は欲求と誤った道を覆い隠す。自立した成年は過大な起業と企てを積み重ねる。老年は衰退におびえる。50歳代の幸運はこれらの欠点を知らない。身体はまだくたびれていないし、精神は新しい頂きを征服することができ、魂は天国と地上の調和のうちに揺れている。現実から発生するすべてのこと、転落と栄達のすべてを経験し、生き延びた。9月的な物悲しい魂を、愛らしい控えめメリケ風を、そしてまたしばしば優雅な傲慢を笑う。それはすでに存在を越えており、日々の生活で気付かれることはない」[508]。

ユルゲン・アショフは、大多数の参加者よりも10歳ほど年上であったが、「澄んだ60歳から見る困った不正直者」について講演した。アショフの文献の選択は、もちろんゲーテ（終に彼はここに到達した）、その他にジャン・ポール（Jean Paul）であった。「人生という砂時計の砂が落ちる度に、透けたガラスを通してもっとはっきりと見通すことができる」、「貴君が自分の不正直さを判断できるようになる前に、60歳にならなければならないことは、透明ガラスのように明らかである」[509]。シンポジウムが笑いの中で進行するうちに、ロンドンから来たグループ、ホーエの陶器仲間のカール（Karl）とウルスーラ・シード（Ursula Schied）、ベアーテ・クーン（Beate Kuhn）、マーガレッテ・スコット（Margarethe Schott）の大きな出店物が皆を驚かせ、一部は売りに出された。続いて吹奏楽団の音楽、そして庭でグラスメッヘル（Grassmächer）氏の花火を楽しんだ。フランケンワインが気品ある独特のワインボトルから春の宵深く流れ出て行った。アショフ家の人達は家に戻ると、旅先のお祭りについて、そしてホーエ家のあらゆる棚、あらゆる階段に積み上げられた山のような書籍について、我々に語った。

後年、ホーエの娘であるエヴァとルートはミュンヘンで勉学し、交流を深めた。ロロが情緒不安定になってアショフ家に電話をかけ、延々と続く独白をしたとき、台所で受話器が次々と手渡された。かなり後に、最初にロロが（1987年）そして次にホーエが（1993年）亡くなったとき、お婆は1度、ロロは私の唯一真の友人であったと述べた。しかし彼女には多くの友達がいた。年老いたものは徐々に若い人に取って代わられる。

再びリーダーとして：リングベルグとハンドブック

1960年のコールド・スプリング・ハーバー、1964年のフェルダフィング、1969年フライデー・ハーバーの後、1970年の中頃のリズム研究者は再度結集することを心まちにしていた。その間、生物リズムに関するシンポジウムや学術集会がすでに定期的に行なわれていたが、その多くは交代勤務、睡眠、光周性、ホルモンリズム、その他の派生的分野のテーマについてであった。1937年、スウェーデンで設立された生物リズム研究の国際的学会は長いこと脆弱であったが、フランツ・ハルバーグの存在で息を吹き返し、1971年に国際時間生物学会（ISC）として名を広めた。ISCは成果を上げた。学会は2年ごとにかなりの参加者を集めて学術会議を開催し、すでに2冊の独自の学会誌を発行していた。1973年か

ら、「International Journal of Chronobiology」が刊行され、1974年からはイタリアの雑誌「Chronobiologia」が出版された。加えて、1984年には現在もまだ続いている「Chronobiology International」が現れた。3つの雑誌はすべて、編集委員としてフランツ・ハルバーグが名を連ねていた。国際時間生物学会は医学志向が強く、生物学的な演題は少なかった。ハルバーグは学会を支配したが、今ではユルゲン・アショフもその1人に数えられている生物学者は、ハルバーグに対し学術的にも人間的にも近親観をもっていなかった。1972年のある日、アショフが私の部屋に来てうめき声をあげた。「フランツじいさんが今日ミュンヘンで講演をする。残念だが行かなければならない。私が居なければ、じいさんを侮辱することになるだろう。私と一緒に行ってくれないか?」。我々は、テオドール・ヘルブリッジ（Theodor Hellbrügge）教授の社会小児学研究所に出かけ、じいさんの話を聞いた。ハルバーグの発表は、長すぎる難解なスライドの連続で、それらはすべて数限りないデーターで埋め尽くされていた。すべてについて、明確な問題設定もなく、明瞭な解釈の時間もなく、独自の結論もなかった。「がらくたの山だな」、エーリングへの帰り道、BMVの車の中でお爺は喘いだ。ピッテンドリックもハルバーグを疑問視していた。

　1974年、アショフなどの「年老いた軍馬」が［510］、6人の仲間に呼びかけた。彼らは皆、1960年のコールド・スプリング・ハーバー以来、生物時計の研究を続け、その基礎に関する正真正銘のシンポジウムを再度開催する時が来たことを認識していた。その中の1人であるハーバードのヘイスティングス（ウッディー）はその提案を受け、マサチューセッツ州のウッズ・ホールにある海洋生物研究所でサマースクールの開催に努力した。彼の計画は、1977年NATOの支援を得て実行された。そこからは何も得られなかったことは、おそらくピッテンドリックが1977年6月突然、彼の新しい赴任地であるカリフォルニア州パシフィック・グローブのホプキンス海洋研究所で企画した大きなサマースクールと関係があるだろう。しかしいつもの学術集会はなかった。サマースクールは5週間行われ、実演も含んでいた。学生以外では、長く滞在する者はごくわずかであった。科学者達は来ては帰り、全員が参加できる集会はなかった。シンポジウム抄録集もなかった。しかし多くの若い研究者は生物時計の研究に対して当然のことながら感激した。

　4回目の正真の学術会議を開催する考えはアショフの頭から離れなかった。解決策はすぐそばにあった。1973年、オーストリア・ハンガリー帝国エリザベス女帝（シシー）の甥でバイエルンのルイトポルト・エマニュエル（Luitpold Emanuel）公爵（1890年生まれ）が亡くなった。彼には子供が無く、ミュンヘンの南、アルペンの裾野にあるリングベルグ城を、その維持と未完の残り部分の増築のために残した少なからぬ遺産とともに、マックス・プランク研究所に贈与した。22歳のみなし児が公爵を継いだ時、彼の夢はテーゲルン湖を展望する城をリングベルグに作ることであった。戦争中に中断されたが、青年時代からの友人で画家のフリードリッヒ・アッテンフーバー（Friedrich Attenhuber）と共に、死

ぬまで建築を続けた。マックス・プランク研究所が遺産を引き継いだ時、それはいささか見栄えのしない奇怪な城で、20世紀にあってもなお荒削りのままで整然としていなかった。本体部分はすでに使用可能であり、機構本部はそこに会議場を造ることに決めた。1976年、アショフがマックス・プランク研究所の理事とセクション議長としての最終年を終えたすぐ後、その城が会議場に向いているかどうかを確かめる機会を得た。彼は7月31日の週末、マックス・プランク研究所の同僚達のために、リングベルグ城の南ドイツの広間で「歌祭り」を開催した。招待状には次のように書いてあった。「…バイエルンのルイトポルト公爵がマックス・プランク研究所に遺贈した大層な形見であるリングベルグ城が、その使命を全うできるかどうか試してみようではないか。参加者は皆、祭りを成功させるために合唱と同等の出し物で盛り上げて欲しい。楽器を持ち寄って、オーベルバイエルンやオーストリアの親しみある音楽を…。それで紳士淑女の諸君が、様々な会議や夕べの一時に小さな楽団で音楽を提供することが可能かどうか推測できるだろう。夜に踊りが可能かどうか確かめ、会場は宮殿衣装（任意のポーカースタイル）で埋まることになるだろう。この余分なプログラムはマックス・プランク研究所の委員によって拒否されるかもしれないが。お祭り委員会の指示による　ファビアンI、エーリング伯爵より」。約120名の参加があり、その中にはマックス・プランク研究所理事長のライマー・リュストとその家族も含まれていた。2日間、音楽があり歌があり、食事がありアルコールがあった。食事の準備は指名された研究所の「乙女」達と友達仲間、そしてアショフの家族であった。ウラ・ゲレケは「名誉乙女」であった。皆が集まりを大いに楽しんだ。特にお客たちが城の前の温泉池に浸かったとき、とりわけエルンスト・ペッペルが体験したことに大喜びであった。濡れたにせよ乾いたままにせよ、皆集会に感激した。

　この歌祭りで、会議のための設備が不足していることが明らかになった。マックス・プランク研究所は建物の大々的な改装と未完成部分の建築を実施し、数年のうちに城は新しい機能を持つようになった。1980年3月1日のカール・シャイドの催事まで、使用が許可された。アショフはこの可能性を利用できた最初の1人であった。1981年1月に，彼は68歳で退職する。1979年秋、退職はすでに1年後にせまっていたが、彼は城を訪れて参加者リストを作成した。最初、アショフは多くのメモに「退職シンポジウム」と書いた。彼は、ライデンのゲラルド・グロース（Gerard Groos）と私に計画を立てる際に手伝ってくれないかと頼んだ。実際、彼は我々を必要としていたのではなく、計画の相談相手として、プログラムや招待客を協議したかったのである。彼は参加者の旅費支援として25,300 DMをドイツ研究協会に申請した。マックス・プランク研究所は同じ金額を付け加えた。後にアショフはヘキスト社から追加的な寄附をもらった。1980年9月29日月曜日から10月4日まで、国際カンファレンス「哺乳類の概日系．構造と機能」が開催された。

　約60名の参加者がカンファレンスに出席した。多くは夫婦同伴であった。17名のみが

図 8-14　リングベルグ城での歌唱祭、1976 年 7 月 31 日。エーリング・アンデックスの合唱隊、城の階段。左から、アコーディオンを抱えるユルゲン・アショフ、旗手：左はイングリッド・ベンジンガー助手、右：ラルス・オーヴェ・エリクソン、AvH 奨学金給付生

城に泊まることができた。残りはクロイトのホテル・ライネラルペに泊まった。朝食、昼食、夕食が宿の主人夫婦ヴァイヒンガーの台所で用意された。

　ヒルデ・アショフは 2 人の若い友人、クリスチアーナ・フォン・ゲッツ（Christiana von Goetz）とルート・ホーエ（Ruth Hohe）と共に、「間に合わせの厨房」を作った。彼女らは、後日報告書に書かれたように、広い寝室を掃除し、寝具を用意し、「リネン交換に必要な、また食事をお盆ごと台所から離れた客席に運ぶために必要な馬車馬のような仕事による体重減少」を耐えた［511］。食事の後、多くの参加者は自動食器洗浄機のところで手伝った。その間、アメリカ人が「洗浄」と名付けた森やテーゲルン湖への散歩があった。休憩時間にも尽きない議論があり、また城の多くの部屋やいささか仰々しいアッテンフーバーの絵画を見学した。ハイライトは概日をテーマにした工芸作品の競技会で、客には招待の時に提案があり、自宅で作成し持参した。火曜日の夜、アショフ室内楽の音楽仲間による四重奏が行われた。温かいもてなしの雰囲気に、客たちは全く特別な体験をしたと感じた。

　雰囲気は申し分なく、講演は刺激的であった。アショフの文献的選択により、解剖学者と生理学者が交互に講演した。この 10 年間で、体内時計の推進力として機能している構造が多くの動物種で特定された。これらは内因性振動を作り出し、日々の明暗変化と協働して、概日振動を昼と夜に同調させている。哺乳類では、それは大脳の底面にあり、左右の視神経が交叉する視交叉の直上にある 1 対の神経核、視交叉上核（SCN）である。わずか 8 年前に、視交叉上核の概日性の役割に関する 2 編の論文［512, 513］が公表されたとき、アショフはそれを受け入れるのにまだ躊躇していた。思い出すが、彼は 1972 年ステファンとザッカー［513］の論文が載った PNAS の最新号を私に見せて尋ねた、「ここにもまた出ている。これをどう思うか？」。多くの鳥類では、松果腺あるいは松果体が振動源として同様の役割を持っていた。シンポジウムで行なわれた 26 題の講演のほとんどが、視交叉上核、松果体、眼球を取り上げていた。それらは例外なく、興味深い新しい結果と

図 8-15　リングベルグ城。マックス・プランク・研究所の会議場

　その研究の立脚点について論じていた。講演は 30 分間、引き続き 15 分間で事実と意義について活発な議論が交わされた。

　その例として、幾つかの講演を挙げることができる。アショフが招待した 3 人の日本人客の 1 人である川村浩（注 36）は、東京の研究室でラットの脳の様々な部位で神経の電気活動を測定した。彼は、尾状核など視交叉上核から離れた大脳辺縁系（注 37）では、神経活動は夜に高く昼に低い事を示した。視交叉上核周囲の視床下部を他の脳部位から切り離しても、人工的な「島」の中ではリズムは維持されるが、それ以外の脳部位ではリズムが消失した。これは、概日リズムが視交叉上核の中あるいは近くで発生していることのさらなる証拠である。フレッド・ステファン（Fred Stephan）（タラハシー、フロリダ）は、アショフが 8 年前彼の論文を懐疑的に読んでいたにも関わらず招待した研究者で、新しい発見を報告した。左右の視交叉上核を破壊されたラットは、1972 年の論文ですでに示されたように、恒常暗で行動の概日リズムが消失していた。しかし、T 時間（T は実験間隔 21〜33 時間の間で選択される）のうち 2 時間のみ食事を与えると、リズムが再び現れた。視交叉上核は体内時計を形成しているという最初の演者が提出した証拠の後に、ステファンは視交叉上核が無くても未知の概日振動が活動にリズムを生みだすことを証明した。ベンジャミン・ルザック（Benjamin Rusak）（ハリファックス、カナダ）は視覚に関係する講演をした。彼は盲目にしたハムスターの視交叉上核を電気的に刺激して、目を介した光によるのと同じく、リズム位相に変化が生じることを示した。その結果から、視交叉上核の概日振動体は網膜との直接的な結合により、脳の他の振動体を相互にそして昼夜変化に同調させる機能を持つという理論を立てた。松果腺（松果体）は脳にある唯一の対になっていない臓器で、両側の大脳半球の中心に存在する。それは、デカルトが以前想像していた [514] 魂の座ではなく、夜にメラトニンというホルモンを放出する内分泌腺である。

ジョー・タカハシ（Joe Takahashi）（ユージン、オレゴン、米国）は、雛から取り出され、身体に依存せずに機能している松果体が光に同調することを初めて示した［515］。ブライアン・フォレー（ブリストル、英国）は、春に日が長くなると生殖腺が刺激される機序をウズラで研究している。彼は、日の長さが 12 時間から 20 時間に延長したその最初の夜に、生殖腺を成長させるホルモン、黄体化ホルモン（LH）が下垂体から大量に分泌されるという驚くべき結果を示した［516］。ピッテンドリックは、木曜日の夕食後の講演「生物学的測時の進化（Evolution of Biological Timing）」のために、他の演者よりも多くの時間を与えられた。彼が聴衆に判り易く話すことはあまり無いとしても、皆はいつもの終わりのない彼の話しを聞いた。彼の講演後の討論も終了した頃、ピッテンドリックはアショフに会議主宰のお礼として、古い素晴らしい時計を贈った。

　私は、個人的に全く特別な体験した。チューリッヒのアレキサンダー・ボベリー（Alexander A. Borbély）を参加させることで、アショフは、それまでリズム研究者の会合に出ることがほとんど無かった睡眠研究者への橋を作った。ボベリーは、睡眠には深さがあり、それは何時も同じではないことを明確に示した。睡眠の強さは、頭蓋骨に固定された電極から導出される脳波（EEG）によって測定される。EEG の徐波（0.5-2 Hz）は入眠直後に強く、睡眠中に減少する。ボベリーによると断眠後この波の強さは増加する。ボベリーは、睡眠の必要性は覚醒期に高まり、睡眠中に低下するモデルを示した。覚醒と入眠のタイミングは体内時計によって決められている。つまりシーソーのような振動である。私は感激した。そのモデルは少し変更することで、アショフが報告し、まだ解明されていない人の睡眠覚醒リズムと体温リズムの内的脱同調を簡単に説明できるかもしれない。内的脱同調は 2 つの振動機構が存在することの証拠とされてきたが、振動体は視交叉上核の 1 つしか明らかになっていない。おそらく、体温リズムを発生させる視交叉上核の振動機構のみでよく、それに加えてボベリーの睡眠要求性をめぐるシーソー的振動で充分説明がつくであろう。昼食時、私はアレキサンダー・ボベリーとアンナ・ヴィルツ-ジャスティスと同席した。2 人を知って素晴らしかった。私はアレックスに、睡眠覚醒系を単純な概日性の正弦波的振動と組み合わせれば内的脱同調がほぼ自発的に生じることを示した。ユルゲン・ツライがアレックスの直ぐ後で内的脱同調の講演をした。彼は、地下壕で測定した睡眠の長さは体温リズム位相に応じて変化することを述べた。そこでは、睡眠開始位相の頻度には 2 つ山があり、1 つは体温最低値位相の約 7 時間前に、他の 1 つは最低位相の 1 時間前であった。最初の山では約 10 時間の自発的な睡眠があり、第 2 の山では約 7 時間の睡眠があった。その詳細もまたシーソーモデルで直ちに説明できる。それはまるで、モザイクの石が突然正しい場所にはまったようであった。我々 3 人は熱中して、会議の残りの時間を、討論、計算、図を書いて過ごした。それは 30 年以上続いた共同研究と友情の始まりであった［517］。

最後の夜は文芸作品のために費やされた。詩人達が自分で作った詩を朗読した。ヘレナ・イルネローバ（Helena Illnerová）（プラハ）は叙事詩「昔、身体があった」を持って来た。フレッド・ステファン（米国）は詩「概日クリスマス」を読んだ。ベンジャミン・ルザック（カナダ）は「テーゲルン湖のバラード」を作詞し、皆で歌った。同様に、ジム・エンライトが「リズム野郎の歌」を歌った。マジョーレン・ブランテス（Marjolein Brantjes）は大きな絨毯に行動図を縫い付け、またハムスターを縫い込み、水彩画などを貼った。ヒルデ・アショフ、コリン・ピッテンドリック、ヘレナ・イルネローバとジャーコモ・モレー（Jacques Mouret）からなる審査員は文芸賞を選考した。最後に、革新的講演へ賞が授けられた。2人の法王アショフとピッテンドリックから牛の首に付ける大きな鈴が、川村浩に贈られた。大きな高揚に続いて、ファルツのバイスワインを流し込み、食事、踊り、そして至る所で科学が語られた。いわゆる戯れの恋があった。フレッド・チュレック（Fred Turek）は1人のお手伝娘、彼女がアショフの最年少の娘であることを知らず、夢中になった。私は、間に合わせの厨房にいた別のお手伝娘、ルート・ホーエが気に入り、2年後に結婚した。ピッテンドリックは余興の出し物をしてみせた。彼はウイスキーの入ったグラスを頭に乗せてカリプソを踊り、我々が何時しか彼を最も高貴な寝室の壇上にある公爵の寝床に運び込むまで続けた。

10月4日土曜日は、盛大なお別れであった。参加者の何人かは、その後数日間エーリング・アンデックスに招待された。そこでもまた研究について語られた。私の頭はまだ新しい睡眠モデルで一杯であった。私はアショフに頼んで、セミナーをやらせてもらった。その日の午後直ぐに、図書室でセミナーが行なわれた（図8-16）。2人の法王の他に、ベン・ルザック、アンナ・ヴィルツ-ジャスティス、チャーマン・イーストマン（Charmane Eastman）、アンドレアス・アショフ、ゲラルド・グロース、リュートガー・ヴェーファーとあと何人かがいた。内的脱同調の新しい解釈への異議は無かった。私はそれを論文にした［518］。

リングベルグ会議が終わったその週に、多くの礼状がアショフの机の上にあった。小さな花束も。「実にすばらしい週で見事なシンポジウムだった。私は今まで何をしてきたのか、何を為すべきなのか、そして何が為されるのかのアイデアで満ち満ちて帰宅した」。（ブラインアン・フォレー、ブリストル）。「素晴らしい会合だった」（ジェフ・エリオット（Jeff Elliott）、サンジェゴ）。「会議はとても良く組織され、多くの興味深い発表があった」。（出口武夫（注38）、東京）。「非常に興味深い講演と議論が、私の科学研究に多くの新しい示唆を与えてくれた。…シンポジウムのすべての日がまるで自宅に居るように感じられ、内容の豊富なシンポジウムが爽快にかつ成功裏に終えたことをうれしく思う」（マンフレッド・ユック（Manfred Ueck）、ギーセン）。「それは実際偉大なシンポジウムで、私が参加を許されたこの分野では圧倒的に凌駕していた。何よりも、会議における貴君の指導的な組織、

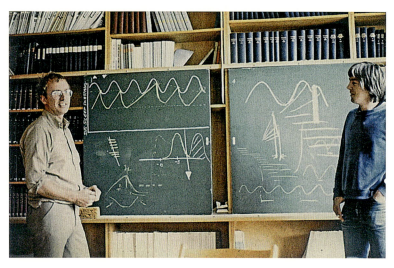

図 8-16　S. ダーンと G. A. グロース。新しい睡眠モデルの紹介。1980 年 10 月 4 日、エーリング・アンデックスにて（写真、A. ヴィルツ-ジャスティス）

　参加者の選択、話された議論、非常に直接的だが友交的でかつユーモアも感じられた。最後になったが、決して軽んずべきではないことは、アショフ夫人やアンドレアスとともに、この奇怪な城で我々の満足感を高めることに、また故郷を思い出させるような心つくしの雰囲気に感謝したい。私は、私達すべてが豊かになって自分の研究に戻るだろう」（イワン・アッセンマッハー（Ivan Assemacher）、モンペリエ）、「かつて出席した中で最上級の会議の 1 つと言わざるを得ない」（ジャーコモ・モレー、リヨン）。「素晴らしい時だった。集会、そしてそれに関するすべてが、驚異的であった。ただ、早く終わりすぎた。アメリカ式か？」（コリン・ピッテンドリック、スタンフォード）。「完璧すぎるシンポジウムだった。楽しんだし、とても刺激された。」（高橋清久（注 39）、東京）。「リングベルグの会議に出席できて幸運だった。霊感を感じた」（チャーマン・イーストマン、シカゴ）。「リングベルグは素晴しかった！… この 1 週間で、古くからのそして新しい同僚達との議論で計り知れないほどの刺激を受けた。ありがとう」（ジム・ケナジー（Jim Kenagy）、シアトル）。「これは科学的側面でも社会的側面でも、以前参加した中で、疑いも無く最高の会議だった。この会議は概日生物学の新しい時代の始まりを示していると感じた」（フレド・チュレック、シカゴ）。

　リングベルグでの「お別れシンポジウム」が終わった後には、シンポジウム報告書を発刊するという苦労の多い仕事があった。会議の発表者の大多数にはその課題を通知していた。スプリンガー社がその本を出版することになっていて、予定の論文を実際に編集者から受け取るために、原稿締め切りは厳格でなければならなかった。1981 年 6 月末、アショ

再びリーダーとして：リングベルグとハンドブック　233

図 8-17　リングベルグ後のある日、アショフの台所での朝食。左から、ユルゲン・アショフ、（後方）アンドレアス・アショフ、コリン・ピッテンドリック、チャーマン・イーストマン、（後方）ゲラルド・グロース、ガイル・エスケス（写真、A. ヴィルツ-ジャスティス）

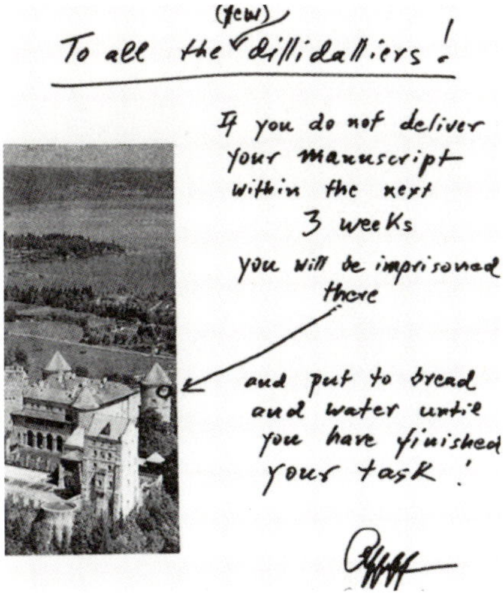

図 8-18　リングベルグ本の著者に宛てたアショフの督促状

フは最後通告を送った。「すべての勤勉者へ。あなたの論文を3週間以内に送ってこない場合は、課題を成し遂げるまでここに（ファイル、図 8-18）パンと水にみで閉じ込めておきます」。冗談に効果があることをアショフは知っていた。1982 年の中ごろ、「脊椎動物の概日系。構造と機能」が発刊された［519］。

　その間、1981 年にアショフの手になるもう 1 冊の本が刊行された。それはニューヨークのプレナム出版による「行動神経学ハンドブック、第 4 巻、生物リズム」である。すでに 1973 年末に、この 10 巻からなるハンドブックの総編集者であるフレデリック・キング（Frederick King）がアショフにこの巻を監修して欲しいと申し出ていた。彼への手紙に、キングは今から 10 カ月後を締切期限と見込んでいた［520］。それは名誉あるプロジェクトで、ハンドブックは行動神経科学の「基準となる仕事」であった。だから、なにがしかの時間が必要であった。まず、本の構成を決めなければならない。次に著者を選び依頼しなければならない。その間、同僚との議論により内容の変更が度々あった。各章の構想についての最初の期限は 1977 年 9 月 1 日、原稿の期限は 1978 年 7 月 31 日に決められた。1979 年 1 月、アショフは残りの 6 名の著者にもう 1 度警告の最後通告を出した。1979 年 3 月 31 日まで原稿が届かない場合は、あなたをハンドブックの著者から外します。かつてウィルヘルム・ブッシュ（Wilhelm Bush）が上着なしでレストランに入り、店の主人に追い出されたように（図 8-19）。1 年後の 1980 年 2 月、プレナム出版はその本を印刷に回した。1981 年 5 月、監修者の手になる 4 巻目の本として、それは市場に現れた［521］。この全 8 年間、アショフは 27 の章と 20 人の第 1 著者に対して常に強い責任を果した。手紙に直接答え、何度も改定された原稿の 1 つ 1 つを読み、訂正し、変更を提案した。それは

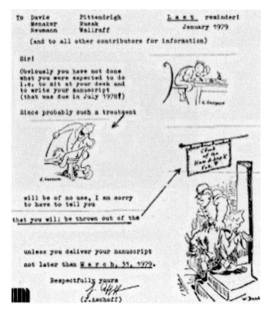

図 8-19　ハンドブック著者達へのアショフの脅し文句

研究所とマックス・プランク研究所の医学生物学セクションの指導の合間に行われた時間のかかる副業であった。成果は大きかった。その巻は非常に好評であった。サイエンスはすぐに祝辞を贈った[522]。1984 年、その本は第 2 版を出し、モスクワの MIR 出版からロシア語の翻訳本も出された。その後 20 年間、ハンドブックは生物リズムの最もよくまとまった指導的な標準本であり続けた。遺伝学的解析で時間生物学が大きく花開いた 1990 年代になると、新版に対する要求が高まり、新しい巻「生物時計」が 2000 年同じシリーズの第 12 巻目の本としてジョー・タカハシ、フレッド・チュレック、ロバート・ムアー（R. Y. Moore）によって刊行された。アショフの最後の論文 [523] が死後その中に盛り込まれた。

定年退職

　リングベルグのすぐ後、遂にそれが来た。1981 年 1 月 31 日、アショフは定年退職した。すでに 4 年前から、マックス・プランク研究所の理事長が、新しい地位を望むにふさわしい研究領域についてのアンケートを部門で行った。また、その為に考慮される科学者は誰かが問われた。1977 年 7 月 14 日、集会で意見の一致が試みられた。事務管理所長のヴィックラー博士の提案で、動機付け研究の部門が提示され、その中にはリズム研究も含まれていた。しかし、意見の一致には至らなかった [524]。

　1977 年 11 月 22 日から 24 日にかけて、研究所の顧問がゼービーセンに集まった。新しい構成員として、コリン・ピッテンドリックも出席した。アショフの後継者について問わ

図 8-20　ゼービーセン集会場での送別式、1981 年 1 月 31 日。左から、リュートガー・ヴェーファー、サージ・ダーン、ヒルデ・アショフ、ユルゲン・アショフ（後方左ウラ・ゲレケ、中央レナーテ・ヴェーファー、右フレッド・チュレック）

れると、リズム研究は今や生物時計の基礎研究として、世界は神経生理学や内分泌学の方向に動いていると彼は自身の考えを述べた。この新しい分野には、アショフの後継者に相応しい飛び抜けた候補者はドイツにはいないと思われた。容易な解決策は、他の部門の科学者を招聘することであった。その中で、最も有望なのがエボ・グビナーで、鳥類観測所の長として、研究を発展させていた。ピッテンドリックの考えは［525］、顧問の報告書の中で重きをなしていた。たとえそれが 1 年で変更になったとしても。所長はなおも動機付け研究を新しい課題として提案し、オックスフォードのエソロジストであるデービット・マックファーランド（David McFarland）を、アショフの望ましい後継者に指名した［526］。その間、マックス・プランク研究所理事長であるレイマー・リュストは「アショフの後継者」委員会を立ち上げた。この委員会は 1978 年 1 月エーリング・アンデックスで最初の会合を開いた。委員会は、ハイデルベルグの栄養生理学者であるベノー・ヘス（Benno Hess）によって指導され、彼自身 1 年後にマックス・プランク研究所の医学生物学セクションの委員長を引き継いだ。

　1978 年の 11 月末、エボ・グビナーがエーリング・アンデックスで私に語ったところによると、アショフ部門の継続は真面目な話あぶない。私はそのことをすぐにピッテンドリックに報告し、強力な論告者が研究所をまだ救援できるはずだと彼に確信させる努力をした［527］。彼は長い手紙を事務管理所長であるフランツ・フーバーに送り、エボ・グビナーをアショフの後継者として招聘する事をはっきりと根拠づけた推薦書を送った。その手紙は、ベノー・ヘスと部門顧問の委員長であるコペンハーゲンのアクセル・ミケルセン（Axel

Michelsen) にも送られた。1979年1月、コリンの努力は無駄だったことが明らかになった。行動科学研究所の所長が、ローレンツとフォン・ホルストの以前の弟子であるオルター・ハイリゲンベルグ（Walter Heiligenberg）を動機付け分析の新しい部門の長として提案した [528]。しかし、ハイリゲンベルグはサンジェゴのカリフォルニア大学の地位に大変満足していて、バイエルンに戻る事を断った [529]。マックス・プランク研究所の本部は次に、アショフの定年退職とともに部門を閉鎖することを決めた。おそらく、アショフ自身もそれに関しては完全に潔白ではないだろう。彼はこの問題ではいつも大変控えめで、マックス・プランク研究所に彼の研究領域を継続するようにと圧力をかけたことはなかった。アショフは、この様な決定は新しい世代に任せるべきだと考えていた。彼の控えめな態度はコンラート・ローレンツのそれとは対照的であった。ローレンツは退職前に同僚のノルベルト・ビショッフ（Norbert Bischof）とウォルフガング・ヴィックラーを有力な後継者として指名していた [530]。その甲斐あって、ヴィックラーがなった。アショフはどのような決定が下されるのか、見守るだけであった。

　定年は1981年1月31日の金曜日、正式にやってきた。送別会がゼービーセンの集会場で行われた（図8-20）。理事長のライマー・リュストがマックス・プランク研究所を代表して、フランツ・フーバーが事務管理所長として、そしてアショフの部門から3人の共同研究者、リュートガー・ヴェーファー、クラウス・ホフマン、エボ・グビナーが話をした。アショフに対する賛辞が、全世界から集まった同僚の手紙で補強された。彼はランプの光に立つことは嫌いではなかったが、多くの称賛はむしろばつの悪い思いをさせた。それを見越して準備良く、彼はいつだったか同僚が指摘した彼の欠点を書き留めておいた。性急な一般化、視差のある眼差し、測定値に対する長すぎるこだわり、数学への恐怖、早朝から立ち机への拘泥、困難の前の降参、いやと言えない性格、さらにいくつか [531]。彼の返答のなかには、称賛の辞を緩和するための弾薬は充分に含まれていた。アショフはさらに2年間、実験助手と24,000 DMの年間予算の付いた名誉教授の称号を得た。夕方にはエーリング城で祝賀会が開かれ、コリン・ピッテンドリックがカリフォルニアから駆け付けた。ユルゲンは、7歳の子供の時念頭にあった [6]「超有名人」として、その現役人生を終えた。

9章　2人の法王 ── 友情と競争（1958-1996）

コリン・ステフェンソン・ピッテンドリック

　科学のパイオニアとしてのユルゲン・アショフとコリン・ピッテンドリックの間に見られた友情はまったく珍しく、注目に値する。2人は同時期にお互い競争相手であり、また同時に崇拝者でもあった。彼らは多くの点で異なる人物で、家族背景や家柄などは対照的である。彼らの社会的価値観は異なる伝統に根ざしていた。ユルゲンは確立された学術的伝統社会の出身であり、コリンは社会主義的な労働者階級の出である。彼らは科学的方法や人生一般に対する捉え方が異なっていた。欧州が第2次世界大戦前に息を凝らしていた頃、コリンは従軍を回避しようとしていたが、アショフは自由意思でポーランド侵攻に運転手として参加した。彼らが20年後最初に出会った時、すぐにお互いを引き付ける力のひらめきを感じた。親密な友人関係がすぐに結ばれた。彼らは実際、コールド・スプリング・ハーバーで生物リズム研究を科学の一分野として確立した。彼らは自分の研究に憑りつかれた。彼らは2人とも強い自尊心をもっていた。彼らは野心的で、スポットライトの当たる場所に立つことを好んだ。彼らは、賢く振る舞うことが好きで、ユーモアを好み、女性を愛した。彼らはまさに法王と呼ばれるようになった。リズム研究における法王である。それは彼らが敬虔で無垢だからではなく、崇拝され愛されたからである。

　彼らの注目すべき、また意義深い交流を理解するために、本題からは外れるがその過去に遡る必要がある。読者は、ユルゲン・アショフについてはすでに知っているが、コリン・ピッテンドリックについてより詳しく知ってもらいたい。ピッテンドリックの名前は、英国のノーザンハンバーランドに由来している。それは元々「ドリアリー農場」、荒涼としたあるいは荒野の農場を意味し、アショフの名前の起源となった「トネリコ農場」よりも輝きには劣っていたが、それがコリンに影響することは無かった。彼は1918年10月13日、ワイリーベイ、東海岸の小都市で生まれた。そこはタイン川が北海に注ぐところで、ニューキャッスル・アポン・タインからそれほど離れておらず、スコットランド国境から南に100 kmほどのところにある。彼の父親は労働組合の指導者で、コリンがまだ学校に通っている時に亡くなった。母親は3人の子供、コリン、アンとロッドを1人で健しく育てた[532]。学術的修業は当然のことであり、財政的にも容易であったユルゲン・アショフと異なり、コリンの場合は単純ではなかった。

　コリンは、その後の経緯について彼自身で書いている[533]。15歳のとき、ある日彼はフットボールをワイリーベイ市役所の大きな窓ガラスに打ち込んでしまった。新しい窓ガラスの13シリングを払うために、コリンは野性植物から良いハーブを作る大会に参加した。彼は賞を取っただけでなく、その仕事で植物に対する好奇心が生まれ、またダーヴィ

ンの「種の起源」に出会い、進化についても情熱を持つようになった。熱意と研ぎ澄まされた知性を持つ彼は、高校卒業後「キッチェナー卿国立記念奨学金」を得てダーハム大学へ進学した。後に私に話してくれたが、オックスフォードやケンブリッヂなどのエリート大学に対抗して、いわゆる「赤レンガ大学」の公立大学での修学に彼は大きな誇りを持っていた。「赤レンガ」の称号はダーハムだけでなく公立大学全体に付けられたもので、英国では3番目に古く、むしろ伝統大学であることを示す。しかしコリンはニューキャッスルのキングス校で学び、1937年、予定していた医学と自然科学の勉学を同時にダーハム大学で始めた。1940年、彼は植物生物学の学士号を第1級の栄誉、ほぼ最優等で取得した。キングス校は1963年、ニューキャッスル・アポン・タインの独立した大学として再度ダーハム大学から分離した。後に（1988年）、コリンはダーハムではなくニューキャッスル大学の著明な同窓生として、名誉学位を贈呈されている。

　長引く戦時中の事について、コリンが後日しばしば語ったところによると、彼は「良心的兵役拒否者」として従軍義務を回避した [534]。彼は、意図的に兵役義務から逃れるグループに属していた。第2次世界大戦中、英国の大学には「徴兵委員会」があって、技術系と自然科学系の学部から、また大学管理局の労働部門から代表が出ていた。この委員会は学生達にさらなる教練を課し、それにより後に軍隊で役立つように教育した。第1次世界大戦の時のように、男子学生の数があまり減少しないように気を使わねばならなかった [535]。委員会は、学生が特に興味を示す個人別の学術渡航や計画を提案した。コリン・ピッテンドリックは1942年委員会に参加登録し、植民地局で生物学者として外国任務に着くよう指示された。彼は、西インドの英国植民地であるトリニダート島で、北アフリカの英国戦闘部隊が用いる食用植物を栽培するために、自分の植物学的、遺伝学的知識を役立てようとした。しかし、それは直ぐに実現不可能な課題であることが判明したが、一度トリニダート島に上陸して、彼はバナナの遺伝学的問題に関わった。ピッテンドリックがその問題を解決したとき、島の海兵隊と空軍にとって重大な健康問題であるマラリアとの戦いに呼び出された [533]。彼は人に疾病を伝染させる *Anopheles* 種の蚊の生態を調べるように言われた。彼は、トリニダート植民地司令部のある部署に加わり、ロックフェラー財団の財政的援助を得た。

　ピッテンドリックは、まず蚊の活動パターンを努力して確認した。トリニダート島には2種類の *Anopheles* がいて、そのうち主として *A. bellator* がマラリアの伝染に関与していた。2種とも、木の至る所、高い所にまで生っているブロメリア（パイナップル）にできる小さな水たまりで繁殖した。コリンは、好みのブロメリアと蚊を調べるため、終日森の中で過ごした。彼は、同僚達と共に木の上に様々な高さの梯子の台座を作った。そこで彼は、わざとむき出しにした腕と足の血のえさに止まる蚊を採取した。30分ごとに採取した蚊の数は、涼しく湿りっ気のある夕方に最も多かった。1日の活動曲線は湿度の変動と一

図 9-1　コリン・ピッテンドリック、1942 年頃、トリニダートにて

致していた。*Anopheles homunculus* 種の場合、最大値は森の湿度が最高になる時間帯にあり、*A. bellator* の場合は少し遅れて乾いた木の梢に群がった。コリンは、蚊の活動は乾いた日でも湿った日でも時間的には変わらないことに気付いた。それで彼は、蚊の活動は空気中の湿度に適応しているが、誘導されているのではないと推測した。それはおそらく内部的に制御されているとの考えが初めて彼を捉えた。この認識が、後年ピッテンドリックが体内時計に向かったきっかけである［533］。ゲッチンゲンのアショフが彼の手を冷水に漬けていたとほぼ同じ年（1943 年）に、トリニダート島のピッテンドリックは彼の手の蚊を数えていた。彼らの観察は生物リズムに対する生涯にわたる情熱を引き出した。

　ピッテンドリックの研究成果は、蚊との戦いの明確な指針となった。島の内部にある拡張されたカカオ栽培園では、硫酸銅をブロメリアに散布することは禁止されていなかった。散布によって蚊のふ化場は少なくなり、住民のマラリア感染が抑制されるはずである［536］。1943 年、コリンは必要な噴霧器を貸し出してその実験をするため、この提案を依頼人であるロックフェラー財団に提出しようとニューヨークに出かけた。2 週間後、彼は噴霧器を携えて戻り、その他にもニューヨークで知り合い、恋に落ちて 1943 年 5 月 2 日に結婚したばかりのかわいらしい新妻を連れてきた［534］。彼女は、マーガレット（マイキー）・アイテルバッハ（Margaret Eitelbach）といい、ニュージャージのクリフサイドパークの出である。翌年の 1944 年 8 月 16 日、彼らは最初の子供、ロビン・アン・ピッテンドリック（Robin Ann Pittendrigh）を得た。

　マラリア蚊の撲滅を目指したピッテンドリックの散布実験は成果を上げた。彼は次に米国医学協会と共に、アメリカ軍の基地でマラリア駆除のためさらに働いた。トリニダート

島の王立熱帯農業大学は、彼にとって2度目となる学位を授与した。コリンはまたブラジル保健省からマラリア撲滅の助言者として、サンタ・カタリナ島に招聘された。後に彼はブロメリア・アノフェレス蚊・マラリア複合体の生態学的研究のすべてを雑誌「進化(Evolution)」にまとめた [537-539]。

1945年、戦争が終わると、ピッテンドリックの若い家族はニューヨークに戻った。コリンはそこでコロンビア大学の教授、テオドシウス・ドブザンスキー（Theodosius Dobzhansky）と面談し、彼のもとで博士研究をすることになった。ドブザンスキーはウクライナ生まれの帰化米国人で、当時ひろく名の知れた進化生物学者であり遺伝学者であった。コリンは、彼の研究室でショウジョウバエを使った遺伝学的実験の精緻を学んだ。彼は1946年、実験室の研究をカリフォルニア・ヨセミテ国立公園での野外研究と組み合わせた。そこで彼は2種類のショウジョウバエ（*Drosophila pseudoobscura* と *D. persimilis*）で、トリニダート島のアノフェレス蚊と同様の日周期行動リズムを確認した。また、ここでもショウジョウバエの飛翔行動は湿度に依存していたが、乾燥した日でも湿った日でも、活動パターンは同じであった [533]。1948年、ピッテンドリックはすでに博士号のための学位研究を終えていた。

ドブザンスキーによって、コリンの生物現象に対するダーヴィニズム的考察への情熱がさらに強化された。「進化の光に当てる以外、生物学に意味のあるものはない」[540] はドブザンスキーの有名な言葉である。ピッテンドリックの名前は直ぐに米国中に知れ渡った。1947/48年に、彼はイェール、ハーバード、プリンストンなどのアイビーリーグに加入している7つの有名な大学から招聘された。彼はプリンストン大学を選んだ。彼は助教として（1949年には早くもテニア、終身雇用身分の付いた准教授に昇進）、生物学における時間の研究に向かった。ショウジョウバエの羽化リズムは彼の最も重要な研究分野となり、長いことそれに携わった。コリンは、ショウジョウバエが単に遺伝的に決定された素質のモデルだけでなく、生物に共通した基本的特性としての生物時計のモデル動物になると考えていた。この予見通り、彼は新しいリズム研究を通して、単細胞のミドリムシで、内因性概日周期の温度補償性を証明し [326]、赤パンカビが24時間ごとに発芽することを発見した [541]。

1950年、ピッテンドリックは米国の市民権を得た。研究室では彼はピッツと呼ばれた。このあだ名は、彼の学生や多くの友人達に使われた。彼自身もそのあだ名を気に入っていた。1950年代、彼は科学者としての輝ける経歴の基礎を築いた。1957年、彼はプリンストン大学生物学の正教授となった。同じ年、米国科学アカデミー、米国で最も古く（1780年創立）有名な学術組織はピッテンドリックを会員に選出した。同じころ、彼の教科書「LIFE」が有名な進化生物学者のジョージ・ガイロード・シンプソン（George Gaylord Simpson）とルイス・ティファニー（Lewis Tiffany）との共著で出版された [542]。この本

は、長いことアメリカの大学で若い生物学世代を育成するための基礎となり、後の版（その間 10 版を数えた [543]）は増補を続けた。

友情と競争

アショフとピッテンドリックが 1958 年プリンストンで初めて会った時、たちどころにお互いに敬意、脅威、友情が生まれた。この 2 人は性格が異なっていたが、多くの共通点もあった。彼らを結びつけたものは、なによりも生きる喜びと原動力であった。科学、教育、執筆と素描、自然、女性、祭り、ジョークの感性、人生の楽しみに喜びを感じた。2 人とも精力的で、決断力に富んでいた。2 人とも権威的で、気位の高い人物で、集団の中心に居ることが好きであった。一時的ではあるが、しばしば 2 人の仲を裂いたのは彼らの自尊心である。コリンは、崇高なカリスマ性をもつ運動選手ではなかったが、強靭な体格をしていた。彼は強い信念と説得力をもって、明快な言葉で語った。歴史家でスタンフォード大学の総長リチャード・ライマン（Richard Lyman）がコリンを表現したように [544]、彼は「チャーチル風」な何かを持っていた。彼の科学者としての評判は急速に広がり、アショフが多くの委員会で嘱望された構成員だったように、彼はアメリカ国立科学財団（NSF）、NASA、国立精神衛生研究所（NIMH）、その他の機構の委員となった。米国科学アカデミー（NAS）は彼を海洋学委員会（1957）や宇宙科学局（1960）に迎えた。1963 年、ピッテンドリックは NAS の終身会員に任命された。

アショフがプリンストンを初めて訪問し、1959 年ピッテンドリックがグーゲンハイム・フェローとしてサバティカルでドイツを訪れた後、彼らの友情は生涯にわたって続き、2 人が参加した多くの会議や、大西洋を渡る相互の訪問でさらに強まった。生物リズムに関する特別な会議（コールド・スプリング・ハーバー、1960；フェルダフィング、1964；フライデー・ハーバー、1969）以外にも、1963 年ワシントンで開かれた第 16 回国際動物学会で、コリンが生物時計に関するシンポジウムを組織したように、この間彼らの研究テーマはしばしば大きな会議のプログラムに組み込まれた。1960 年代、宇宙飛行研究の領域で一連の会議が開かれ、そのプログラムにもリズムが加えられた。1964 年 11 月、コリンとユルゲンはサンアントニオで開催された第 3 回国際生物学的飛行士と宇宙飛行シンポジウムに参加した。1966 年、ユルゲン、ヒルデ、そしてコリンは共にエーリング・アンデックスからウイーンに向かい、「宇宙研究委員会」（COSPAR）の同様の会議に参加した。

1969 年 5 月、宇宙研究委員会はプラハでの年次集会の会期中に、再びコリン・ピッテンドリックを座長とする日周期リズムに関するシンポジウムを組織した。アショフは、コリンの欧州旅行を利用して、彼のために一連の講演会をミュンヘン、チュービンゲン、ケルンそしてゼービーセンの研究施設で企画した。会議の直前の 4 月 30 日に、エーリング「城」にコリンが来られなくなったとの電報がプリンストンから入った。丁度学生運動の時期

で、米国では欧州より1年遅れて学生運動が広がる波に様に大学を襲った。米国では特に、長引くベトナム戦争への学生の反発が大きかった。ハーバード大学では、学生が大学管理棟の広間を占拠した。プリンストン大学では、学長がピッテンドリックに大学院の院長としての機能を果たすため、その身分に留まるよう依頼した。彼は学生に対抗する原則主義的行動に参加せざるを得なかった［545］。アショフはコリンの代わりにプラハでシンポジウムの座長を務めた。彼は会議終了後直ちにコリンに経緯について報告した。物質代謝の分子振動を講演した人のよさそうなロシア人研究者エフゲニ・セルコフ（Evgeni Selkov）やアショフ自身がすでに14年前に述べた［311］内因性年周期リズムを哺乳類で初めて確認した米国のエリック・ペンゲリー（Eric Pengelley）［543］を除いて、あまり感動しなかったと正直に書いた。

　1968年秋、コリンはカリフォルニアのスタンフォード大学から教授職の申し出があった。彼は迷うことなく引き受けた。当時彼は管理部門の職の他に、学部長としての重要な役も負っていて、その学期も務めなければならなかった。その役割は、1969年7月13日「卒業式」と引き続く祝賀会で終わりを告げた。同じ日の夜、コリンとマイキーは娘がいるデンバーに飛び、彼女とともに初めてワイオミングの山小屋に向かった。しばらくして、8月に、ユルゲン・アショフが最年少の娘と伴にやって来た。アネッテ21歳はちょうどスタルンベルグ高校で大学進学試験を終え、世界中を見物したいと思っていた。ニューヨークで一晩過ごした後、彼らはモンタナのビリングに飛んで、そこでコリンと落ち合った。アネッテはしばらく山小屋に留まって、若い灰色の毛の長い犬を拾った。犬は「ワイオミング」と名付けられ、ピッテンドリック家族のもとで生涯を過ごした。ユルゲンは短期間滞在した後、さらにカリフォルニアに飛び、まず米国NASAのエイムズ（Ames）センターで、次いでパサデナのカルテック（カリフォルニア工科大学）でセミナーに参加し、スタンフォードではピッテンドリックの新しい家（1835クーパー通、パロ・アルト）に客として滞在した。アネッテは、ピッテンドリックの娘のロビンに車を返すことを引き受け、1人でマイキーの大きなブュイックに乗ってデンバー（コロラド）まで運転した。彼女は、「ワイオミング」を後部座席に乗せて、ロッキー山脈を通り抜けるドライブを楽しみ、まるで映画俳優のような気分であった。彼女はコリンの研究室で1年間実験助手として働いた［123］。

　ユルゲンとコリンは、1969年共にピュージェット湾（ワシントン）のサンファン島にあるフライデー・ハーバーを訪れた。そこでは、コールド・スプリング・ハーバーとフェルダフィングに続く生物リズム研究の第3番目の会議が開かれた。今回の会議は米国科学アカデミーの主催で、ピッテンドリックの以前の学生であったマイケル・メナカーによって組織された。アショフは大きな講演をし、その中で交互に現れる睡眠と覚醒の関係を地下壕の被験者と恒常条件下の鳥で示した［403］。ピッテンドリックは光周性、日の長さへの

反応における概日系の役割についての研究を概説した。それは動物の繁殖に見られる年周期リズムの調節に関するもので、長年の共同研究者であるドリー・ミニス（Dolly Minis）と共に行なったものである。研究は綿花皮膜虫を用いて行なわれたが、期待に反して、概日時計が重要な役割を果たしているとの仮説を支持する確実な証拠は得られなかった[547]。それにも拘わらず、ピッテンドリックは昆虫における日の長さを計測する機構をさらに研究するために、この蛾にはとびきり優れた調節系があると期待した。しかし、カリフォルニア州政府は綿花栽培における主要な害虫である綿花皮膜虫を、スタンフォードの新しい研究室で飼うことを法律上の制約で認めなかったのは残念であった。

書簡と書籍

2人の法王が何度も会っているその合間は、活発で絶え間ない手紙の交換で埋められた。1958年からコリンが亡くなる1996年までの38年間に、123通の手紙がコリンからアショフ家に、165通の手紙がアショフからピッテンドリック家に送られた。彼らはしばしば旅行計画、目前の会議、誰が招待されているのか、誰を招待すべきかを話題にした。また、研究テーマや双方の家族についてもしばしば話題になった。ピッテンドリックの手紙は手書きで何枚にもわたり、黄色い「法定便箋」をしばしば何面にも渡った。彼は、今研究している科学上の課題について、実施している実験について、特に実験から導かれた新しい考え方について書いた。彼はよく世界の政治的情勢に怒りを爆発させた。激動の年1968年に、彼は書き送っている。「明らかにこの国は危機的状況にある。直面している全ての大きな問題をどう取り扱うかについて、分裂、怒り、欲求不満、困惑がある。アメリカには特別な弱さがある一方、特別の強さもあるが、「文明国」と言われる他の国々が直ぐに同じような一連の問題、同じような苦悩に確実にぶつかると思う。ともかく、これらの問題はとてつもなく巨大で、自制心のない人々、富、情報から発生している。情報の洪水にまだ溺れていないより小さな世界では、人間の欠点を適切に克服してきた組織機構が今では単純に不適切になっている。今は大衆化の世紀で、急速に増大する人や物質の力が、歴史のなかで人々を適応させてきた装置を凌駕してしまった…。我々の指導者の言葉は、私が見ている現実の世界や国家権力とさえも関係しない無意味な戯言である。もしLBJ[69]（米国大統領）が政治的競争から身を引かなければ、この夏には市民戦争に近い何かかが勃発するだろう。その戦争はケネディーとキングの暗殺で今にでも始まるだろう。もしニクソンが勝つなら、私はこの国のために恐れ身震いする。私は黒人たちがそれを受け入れるとは信じられない。そして過激な学生もそうだろう…。我々は展望、目的、何を為すべきかの確信を欠いている。そしてその欠落に気付いている次の世代が、彼ら自身どんなことにも参加できないと思っている。しかし、お説教はもう沢山だ。私は実に不愉快な牧師である」[548]。アショフは、彼の友人とは対照的に、政治に関しては控えめであった。

9章　2人の法王 — 友情と競争（1958-1996）

　2人の友人が共同で本を出版することが何度も計画された。彼らは、本を共同で書くことの具体的な案を立てた。1969年12月22日、ピッテンドリックは、NASAがアショフと共同で宇宙飛行における概日リズムの意義についての見解を述べて欲しいと依頼して来たことを報告している。「それは2人にとって引き受ける価値があると思う。それによって、宇宙計画における概日リズムの意義について、我々の間にあるかもしれないわずかな相違も解消することができる。そうしながら、NASAが入手できるどんな原稿よりも素晴らしいものを共同で作りあげないか。ピッテンドリックの何時ものつつましさで聞くが、そうしたいとは思わないか？」[549]。アショフは1970年5月、十二指腸手術後の休養の後に、本の内容に関する提案をピッテンドリックに送り、またNASAが締め切りを7月1日に設定していることを忠告した[550]。1970年の夏の間、彼は本文と補足を定期的に送った。アショフは秋には担当部分をほぼ書き上げ、本が次第に出来あがって行った[551]。その間、スプリンガー社が編集に興味を示した。ピッテンドリックは1月に、すべての原稿の最初の完全な草案を送った。ただ、彼の担当部分についてはさらなる考察を必要とした。「しかしながら、全体として原稿には充分満足しているし、もしあなたがベルモントに行く前の数日間、ここに滞在してくれれば、全論文を最終的に磨き上げた形で仕上げることができるだろう」[552]。宇宙飛行は国際的プロジェクトで、ロシア側からも宇宙飛行におけるリズムの意義についての論文が発表されていた。1971年2月、ピッツは書いている。「NASAのジョージ・ヤコブス（George Jacobs）を介して、ロシアの論文が役に立つかどうか、そこに書かれている情報を我々の論文に入れ込む必要があるかどうかについてコメントして欲しいと国際委員会から頼まれている。率直に言って、あれはすべて馬鹿げている。第3次世界大戦を始める良い材料だ」[553]。アショフは答えて、「ロシアの論文を読み通すだけの時間余裕はまだないが、私の第一印象は屑だ」[430]。ピッテンドリック一家が欧州に滞在した1971年の夏も過ぎて、ピッツは書いた。「私は2つの事を伝えるために手紙を書いた。1つは素晴らしい夏へのお礼、もう1つはマックス・プランク研究所による温かい資金的援助への感謝。あなたがしてくれたことに対して、私に少しでもその価値があっただろうか。もちろん、最後の数日の議論を楽しんだし、有益でもあった。しかしもっと良かったのは、夏に再度「城」に滞在できたこと、研究所の人達と話せたこと、ワインを痛飲したこと、ダンスそしてあなたの素晴らしい子供達にまた会えたこと。アショフ一家は私が体験する生活の一部である。私は皆さんを愛するだけでなく、皆さんは私に良くしてくれた。もちろん、あなたはこれらをすべて知っている。2人がどれだけこの夏によって活力を回復したかを、私以上に知っている。ただし、素直な気持ちで（実は私は大変奥ゆかしい人間であることを知らなかっただろうが）私は次のことを言いたい。山に行く時は（土曜の夜）半日は休み、半日は釣りをする。そしてアショフとピッテンドリックの讃美歌の私の部分を書き直す！…」[554]。コリンは彼がこよなく愛するロッキー山

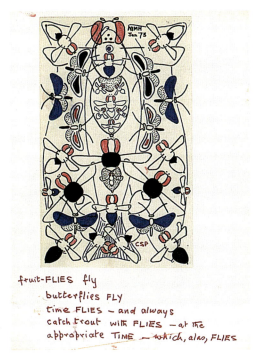

図 9-2　NIMH 会議に際に、コリン・ピッテンドリックが書いたいたずら書き

脈に戻った。釣りの次に好きな事、実験成果を論文にするために。

　1972 年 1 月、ピッテンドリックは追想して書いた。「なぜユルゲンがアショフ・ピッテンドリックの本の私の改訂（わずかな）版をまだ受け取っていないか、努力して説明しなければならない。あるいはこの「豹」（著者）は決してその斑点を変えないことを、単純に認めるべきであろうか。ユルゲン、私はこの初冬にワイオミングで多くの研究論文（7 編）を書くため、私の「自由」を使うことに熱中した。その結果、共同出版への私の改訂は無視されてしまった。しかし、私はすぐにそこへ戻るだろう。1 日もあれば十分なのだから」[555]。半年後、ピッテンドリックはその本をシュプリンガーではなくウィリアム・カウフマン（William Kaufmann）に編集させたいと提案した。カウフマンは「ミスター釣り社会」[70]の釣り友達で、今ちょうどサンフランシスコで彼自身の科学出版社を立ち上げたばかりであった [556]。しかし、この間ピッツはまだ自分の担当部分を書きあげていなかった。アショフはすぐにカウフマン出版に同意したが、カウフマンとシュプリンガーから比較見積書だけでも貰いたいと思った [557]。

　2 人の友人はこの数年間、健康上の問題と同様、管理運営上の問題でも悩んでいた。アショフはマックス・プランク研究所理事とセクション委員長の職務を担っていた。ピッテンドリックは、1972 年ある委員会の委員長として、ショクレイ事件の件で大学院長に助言するという難問を抱えていた。ウイリアム・ショクレイ（William Shockley）は 1956 年ト

図9-3 マスを手にするコリン・ピッテンドリック、ロッキー山脈で

ランジスターの開発でノーベル物理学賞を授与し、1963年にスタンフォード大学の教授に就任した人物である。彼は優生学と品種改良の科目を担当することになっていたが、学生と講師の強い抵抗にぶつかった。数知れない苦労の多い会議の末、委員会の結論は分かれた。多数意見（3票）は学問上の自由を擁護し、少数意見（2票、含む委員長ピッテンドリックの票）は遺伝学に関してこの物理学者には専門的知識がないと判断した。院長のリンカン・モゼス（Lincoln Moses）は少数意見を受け入れた。ショクレイはその科目を担当してもよいが、学生には単位を与えず、この科目は大学院のカリキュラムには載せないことを決定した［558］。コリンはその年に初めて喘息を患い、アショフは胃を病んでいた。

共同出版のピッテンドリックの担当部分は1973年の冬になってもまだ出来ていなかった。ピッツからの手紙にそのことが書かれていた。彼は、ロッキー山脈の秋がいかに素晴らしいか、世界の政治状況が如何に不愉快かを書いていた。1973年1月、ピッツはアショフの60歳の誕生日のお祝いにドイツに来た。彼は、アショフに捧げる厚い原稿を持参して来たが、それは1年後『*Neurosciences IIIrd Study Program*』に掲載された［484］。彼はそれに加えて、会議の最中に描いたいたずら書き（図9-2）、今回はワシントンで開催されたNIMH会議で書いた書類入れを送った。

エーリング・アンデックスの数週間は2人にとって最も満ち足りた、そして実りの多い時間であった。コリンは書いている。「それは古くからの友達付き合いで、そのことに大きな価値を見出している。私が'年を取ったら'（つまり60歳）、彼に訪ねて来て欲しい、出来ればワイオミングに」。彼は付け加えて、「私は帰りの飛行機の中でとても勤勉であった。

私は研究室の基礎的資金の提供先に送る報告書をざっと書き上げた。私はその報告書（50頁）のために、戻って以来ずっと忙しかった。それと、委員会、予算、学生。もっと早くに書き上げるべきであったが、この報告書をホワイトホール財団に提出することはとてつもなく重要なことなので時間がかかった。民間の研究費はこの先数年後には非常に大切になる。あなたも聞いたはずだが、私が（エーリングに滞在中に）恐れていた最も悪いこと、学生のための連邦資金が無くなることが現実になったからだ。スタンフォードの最初の数日は、ニクソンが決定したことに対する驚愕で完全に費やされた。博士号取得前、あるいは取得後の奨学金がまったく無くなった。どのようにして学生を支援したら良いのだろうか。などなど… もう沢山だ。私は必要以上の物を持っている。違うか？ おそらくそれは違うだろうが、わかって頂きたい。望むらくは」[559]。

1973年4月、コリンは再度手紙を書いて、マイキーと自分がロッキーでの長い夏を過ごすこと、それは多くの論文を、まずは共同出版の彼の担当部分、彼の「最大の優先事項」を8月までに完成させるためであること、またアショフ一家がワイオミングに来るのを期待していることを伝えた。「これらの日々の何時か、あなた方2人は一緒に我々の楽園に来るべきで、最も美しい季節である9月中か10月の始めに来るのが望ましい」[560]。その前に、彼は1週間ほどケネディー基地に行かなければならなかった。1973年7月28日、そこで宇宙飛行士のアラン・ビーン（Alan Bean）、オーウエン・ガリオット（Owen Garriott）そしてジャック・ルスマ（Jack Lousma）が乗り込むNASAのスカイラボ3号が打ち上げられる。地球外の世界でショウジョウバエとマウスの概日リズムを測定することが、予定された計画の1つである。NASAはこの実験の準備のため、ピッテンドリックの研究室に予算を付け、技術的な支援を行った。「そこでの10日間はなんとも惨めなものであった。暑くて、湿気が多く、エアーコンディション付きのモーテル（私が大嫌いな）での生活。実験（ショウジョウバエとポケットマウス）の開始は万全であった。我々は打ち上げを見て興奮し、すべてが順調に行くと思った。しかし、数時間後に操縦室で説明不可能な力が働いて、我々の実験のすべての電気系統を破壊してしまった。それらは、今となっては地上のゴミくずだ。8年間の歳月と私が考え得る以上の資金」。

「7月29日と30日パロ・アルトに戻り、ほとんど医学的検査に集中する。クリニックに'住むかもしれない'と言うが、心臓はO.K. その他もろもろも。単に私は多くのことをしようとしている老人に過ぎない。自分は怠け者だと思っていたが、ユルゲン、お前はどうだ。私は7月30日ここに戻り、何日も休んだり寝たりで私にとっては奇蹟のようだ、山の中にいることも。今は、何日も机に向かって仕事ができ、したい事ができるので気分も良くなった。まず、最初にやりたい事は我々の小さな本に向かうことで、何時間もかけて第1章の新しい完全な概要を書いた。明日の朝から（もし無視されるなら、責任は取らない）その概要に肉付けを始める。この'改訂'の初稿はおそらく長すぎるだろうが、見てみよう。必

要なら短縮できる。重要なことは、私が実際に始めたことだ」。

「お父さん、危険人物ニクソンが如何に問題だったかと私が言うとき、あなたはそれを過大表現（何時ものように）だと思うか。誰かが最近言ったことだが、ウォーターゲートのドアに貼られた２本のテープが（目撃者の注意を駆り立てる）政治的状況から我々を救っているように思える（少なくとも一時的に）…」[561]。

この間コリンは、アショフの共同研究者であるエボ・グビナーと、２冊目の本を計画していた。エボはスタンフォードのコリンのもとで１年間研究し、そこでオーストリアの生物学者、ヘルガ・ハンケと結婚した。1973年の夏、この研究プロジェクトは終了した。「昨日、エボから素晴らしい手紙が届いた（それには直ぐに返事をした）。手紙には、私と構想を練った'本'の製作は止めたいと書いてあった。私はその配慮、常識、目的の固さ、決断を称えた。この何年間、精力を実験と研究所の仕事に向けるという彼の決断は正しい。正当な、心のこもった手紙であった」。

「言うまでも無いが、ある意味でそれは私にとっては残念である。しかし、エボにも言ったが、それはまた奇妙な安堵でもあった。私はいろいろとやりすぎる。過去の経験'LIFE'から長い本を書くことはゾッとするような仕事である。実験室はまた忙しくなり、私の時間をこれまで以上に多く必要とする。例えば、ラット肝細胞の化学的研究は非常にうまくいっている。だから、長い、長編の本の事を考えるのは、少なくとも何年間は忘れることにした」。

「代わりにその事は、我々の共同出版の私の分担分の精緻化が如何に進展していないかの問題を解く助けとなる。私はそのために頑張っているが、その章に向かったとき何が起きたか言おう。'第１章'を書くのはかなり難しいので（正解）、これを無視しようと思うようになった。第２章'フリーランニングリズム'では多くの進展があったが、ただ第１章で書かれることを知らないで進めることはできないと判った。それで第２章を書くのを止め、第１章から始めることにした」。

「それは今のところ（原稿、手書き）30頁までで、まだ終わっていない。実際のところ、私はそれに大変満足しており、いま全速力で進む'気分'にある。しかし、伝えておかなければならないのは、私がこの仕事をどこまで進めたか、また私の計画で残されているものは何かである」[562]。

コリンは手紙の中でアショフとの共同出版に関する更なる計画について、２頁にわたって説明している。しかしそれはすでに、３カ月後にこの本から完全に手を引くとの決断の序曲であった。1973年の12月、彼は勇気を出して書いた。「私は実際まだ手を付けていない、あるいは終了していない事項の長いリストに再度落胆し、動揺している。そして、何かをするために生活を単純化しようと深刻に考えている。だから、エボがそうしたように、私もあなたに提案するが、共同出版から私を解放してくれないだろうか。手紙に書いたよ

うに、この夏の初めには執筆しようと努力したが、それが出来ないことが判った。私はこれまで（また今もなお）同じ文章の瓦礫を山ほど書いて、とにかく瓦礫とは異なる'概日機構の生物学'の一般的で新しい文章の包括的な枠組みを見出すことが全般的に出来なくなっている。手紙に書いたように、私が必要と感じることは、まず座って、テーマについて私が書かなければならないことを、その量や、読者、あなたが担当している'人'の章との整合性に囚われることなく、単純に書き出す事であった。実際そうしたし、その結果はワイオミングを去る前には約60頁に達していた。これらの頁は、私が望んでいるようなレベルの詳細さと専門性をもっているが、これはエボが一緒に書くはずだった大きな本の最初の1章と半章分に過ぎないことが判明した。そして今、さらに一歩進んで、集中した執筆のための時間、できれば2月の後半に確保できたらすぐにでも終わらせたい」。

「しかし、今その仕事自体が多くの時間、1年あるいはそれ以上かかるという問題に直面している。その場合、ユルゲンの章はどうだろうか。瓦礫ではない、あなたの章と比較しうる様な判り易くて短い文章を書くための形式、気分、アイディア（なんであれ）を私は今だに（努力はしたが）見出すことができない。そして、それ故に、この仕事から解放してくれないかとお願いしている。私があなたに長々と両手を挙げている事が私の心配と緊張感の根源であり、この問題をこれ以上引き伸ばすことはできないし、してはならないと思っている」。

「ユルゲン、いずれにせよあなたは、その章を私よりも容易に書き上げてしまっただろう。それでさらに、私の奇妙な文章の代わりに、同じ様に洗練されたスタイルで、人に関する章と密接な関係を持たせて私の章を書くつもりはないか。そうしてもらえるとありがたい」［563］。

しばらくしてアショフは返事を書いた。ピッテンドリックが本の執筆から手を引くことを理解し、もちろん受け入れた。そしてコリンが提案したように、彼自身が導入部を書いて、論文をすべて「Annual Reviews」に投稿したいと伝えた［564］。知る限りでは、その論文は投稿されず、すべての論文はそれ以後忘れ去られたままだった。中断を含めて、彼らはその仕事に4年間関わった。

ピッテンドリックがLIFE［542］に寄稿した以外は、2人とも本を書いたことは無い。アショフはすでに編集者としていくつかの本の編集をしている［例、372、565、566］。ピッテンドリックについては、LIFE以後書籍プロジェクトで他の研究者と共同作業を成功させたことはない。ただ彼は成功させたいと思っていた。エボ・グビナーやユルゲン・アショフとの共著で計画された本は、1973年秋、まさに私がスタンフォードにいた時に始まり、そして断念された。しばらくして、また新しい計画が持ち上がった。我々がワイオミングのデラマー川で一緒にマスを釣り、ノーベル賞がローレンスとティンベルゲンに授与された時に、10月のある朝、マイキー、ピッツそれに私がスタンフォードに向かうトラックを

図 9-4　マイキー・ピッテンドリック、1973 年ワイオミングのキャビンにて

ピックアップして乗り込んだ。ハイウェイ 80 をワイオミング、ユタ、ネバダ、カリフォルニアの広い景色を見ながらの爽快なドライブであった。ストックホルムからの報告とピッツ研究室での仕事の見通しが付いたので、気分は最高だった。スタンフォードでは、赤い甍屋根が並ぶ緑のキャンパスで、私は何故法王達の本が完成しなかったかを次第に理解していった。

　実験室はヘリン講堂の地下にあった。エーリング「城」のように意図的に作られてはいないが、明暗サイクルや他の同調因子を排除した実験に最適化してあった。ピッテンドリックは私を彼の研究に引き込んだところで、温度や光が調節でき、マウスや他の小型げっ歯類用の回転輪付の飼育箱で一杯になった実験室を渡してくれた。彼は、エボ・グビナーと共同で始めたいわゆる「真実の本」の研究を私にさせた。それは、動物と植物界の時間構造に関する事実と未解決課題の長いリストであった。我々は、最初から研究成果を共同で出版する計画を練った。私は、自分の実験の他に、コリンのプリンストン以来の古いデーターの解析もしなければならなかった。ゲイリー・ドミンゴス（Gary Domingos）、非常に優秀なピッツの技術助手がすべての点で私を支えてくれた。実験が始まるやいなや、我々は論文を書き始めた。まず、哺乳類の体内時計に関する本を作らなければならない。私がデーターを評価し、図表として表示した。コリンは本文の下書きをした。彼は早起きで、朝の 5 時にモーニングガウンを着て、ミルクの入った大きなグラスティー、「アルビオンの国民飲料」をよく勉強机の上に置いていた。9 時か 10 時頃、彼は実験室に現れ、同時に早朝の成果を持って私の部屋に来た。鉛筆でびっしりと書き込まれた黄色い紙の束。彼は顔を輝かせ、ほくそ笑んだ。「1 日 1 枚で医者はいらない」。しかし、コリンは翌朝には同じ

ページを引き裂いて、しばしばすべてをやり直した。文章に対する彼の要求が如何に高いかが、次第に明らかになって来た。この本の記述もまたゆっくりと進行した。

ピッツは時々遅い午後に、自宅で一緒に飲もうと誘ってくれた。そこはパロ・アルト「高い木」、大木にちなんで名付けられた場所で、1891年レーランド・スタンフォード (Leland Stanfords) が大学の基礎を作った時にすでにそこに立っていたセコイアの木で、今もある。私達はクーパー通にある自宅の庭のカーキ色の木の下で、夕暮れ時一緒に座った。私達はスコッチかバーボンを飲み、コリンは季節ごとに変わる好みに従った。我々は尽きることなく体内時計、事実とモデルについて語り、マイキーが夕ご飯に呼んでくれるまで続けた。彼女はたぐいまれなる料理人で、お客に対して気前が良かった（図9-4）。彼女は待っている間にしばしばうたた寝をした。その夜は忘れ難いものであった。

ピッテンドリック・グビナー、ピッテンドリック・アショフの出版計画の後に、ピッテンドリック・ダーンの本は失敗が運命づけられている第3番目の計画であった。1974年、「行動神経学ハンドブック」（プレナム出版、ニューヨーク/ロンドン）の編集者であるフレデリック・キングの要請を受けて、アショフはこの本の生物リズムに関する新しい巻を多くの著者とともに制作した。彼はそれに完全に集中した。

本は出版されなかったが、ピッテンドリックと私の個々の研究は、例えば老化促進を伴うげっ歯類の体内時計の加速について Science [567] に、テストステロンホルモンの影響下にある加速について PNAS [568] に発表された。その間、私はアショフとの緯度に関する大きな研究を書き終えなければならなかった [407]。コリントとの本に関しては、まだ書いていなかった。私はそれが2年間で終らないことを恐れた。最初の1年が過ぎて、私はコリンに出版計画を中止するように求めた。それで、一部はプリンストンで、一部はスタンフォードで行なわれた哺乳類の共同実験は本ではなく、5つの論文にまとめて1つの雑誌に掲載した。

我々には助太刀がいた。スタンフォードでの最初の年に、教室には博士研究員であったロン・コノプカ (Ron Konopka) がいた。ロンはカルテックのセイモアー・ベンザーの研究室でキイロ・ショウジョウバエ概日リズムの発現の鍵となる重要な役割をもつ遺伝子 (*Per*) を最初に見つけた人物である [569]。後に、その遺伝子は他の多くの動物や人間でも発現していることが判った。我々はロンを見かけることはめったになかった。彼は、10年後に「夜型クロノタイプ」と名付けられたタイプの人物であった。彼は夜通し実験室にいて、最初の同僚が出て来るまで研究した。1974年、彼はテキサスのオースチンにあったマイク・メナカーの研究室からテリー・ペイジ (Terry Page) の所に移り、研究領域を広げた。テリーはゴキブリの概日時計の研究をピッツの研究室で発展させ、重要な成果を上げた。彼の妻のダイアナはピッテンドリックの技術助手として雇われていて、彼の哺乳類の研究を支えていた。スタンフォードでの2年目 (1974/1975) の年に、チャールス・バー

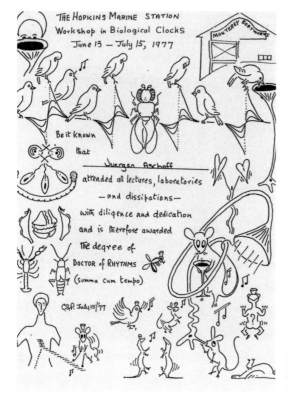

図 9-5　1977 年パシフィック・グローブの生物時計に関するワークショップの際に、ユルゲン・アショフが作成した参加証明書

ド（Charles Berde）がやって来た。彼は聡明な学部学生であった。私は、彼と共にコンピュータープログラムを作成し、ピッツの仮説である M（morning）と E（evening）と名付けた 2 つの異なる振動体の存在を、そのコンピューターで模倣した。純粋に仮定として、E 振動体は夜行性げっ歯類の活動開始を駆動して夕方の光に同調し、M 振動体は活動終了を駆動して朝の光に同調する。フォートランのプログラム言語を穿孔紙にタイプして、カードが充満した箱を計算機センターの棚の上に置いておくと、次の日結果が印刷されたプリントを受け取ることができた。それは驚くほどの速さであった。5 年後、アップルが最初のパーソナルコンピューターを発売した。

　私は、コリンがすでに出来上がった文章をまったく新しいものに書き変えようとするのを、定期的に制止しなければならなかった。それはしばしば成功したが、5 編の計画された論文は、私が 1975 年 4 月スタンフォードを去る前に丁度タイミング良く完成した。これらの論文は我々の精魂込めた共同研究であり、コリンの先見の明による洞察とゲリー、ダイアナ、チャールスそしてフレド・デイビス（Fred Davis）の支援のおかげであった。4 月 5 日、送別会が開かれた。翌日、私の友人でオランダのキースドラッグ出身のニンケと共に、緑色の古い自動車、カットラス・コンバーティブルに乗って出発し、米国を横断し

図9-6 ピッテンドリックが突然現れた ポセイドン・アショフを歓迎、1978年10月13日、ホプキンス海洋研究所にて

た。すべての研究を終えて安堵し、終に休息の時が来た。ただゲイリー・ドミンゴスだけは違った。彼は親切にも送別会にトルテを持って来てくれたが、大量のカナビス（大麻）を所有していたことを参加者は誰も注意しなかった。ピッテンドリックは激怒し、ゲイリーは翌朝直ちに解雇された。残念ではあったが、賢明な共同研究者は研究室のすべてに強い責任を持っていた。

　1年後の1976年、5編の「ピッテンドリック・ダーン論文」が「夜行性げっ歯類概日振動体の機能的解析I-V」のタイトルで出版された。査読者は厳格なクラウス・ホフマンだったが、個別変更もなく、それらをまとめて出版することを推奨した。論文は「Journal of Comparative Physiology」の1巻すべてを埋めた。ペンタチューコス「モーゼ5書」と後にアル・ルイがその一連の論文を呼んだ。これらの論文は数十年にわたって多くのリズム研究室で学生の必読本としての役割を果たし、科学論文として何度も引用された[71]。

　同じ年、ピッテンドリック一家はモントレイ近くのパシフィック・グローブに移転した。そこは小都会で、ノーベル文学賞受賞者であるジョン・スタインベックの小説「缶詰横丁」（Cannery Row）で有名になった。コリンはそこでスタンフォードの南、モントレイ湾にあるスタンフォード大学ホプキンス海洋研究所の所長となった。そばにある大きな造船所、モントレイ・ボートワークスが買収され、改築された。1977年の夏、ここでコリンは生物時計に関する最初のサマースクールを開催した（図9-5）。52人の博士課程の学生が

登録し、4週間フルに受講した。40名の講師の中で、そこに長くとどまったものはほとんどおらず、多くはせいぜい1週間程度であった。アショフ一家は3週間、モントレイの南の丘にある拡張された新しい住宅街「隠れ丘」のピッテンドリックの家に滞在した。ザルツブルグで生物学を学んでいる息子のアンドレアス・アショフもサマースクールに参加した。ピッテンドリックは彼を1年前正式に「管理人」としての役割を与え、アンドレアスは海につながる小さな管理人小屋に住んだ。彼は私を4週間お客として親切に受け入れた。我々は朝早くボートワークスで講義が始まるまで、冷たいモントレイ湾でかわうそやあざらしに交じって泳いだ。講義以外にも、午後からは小さなグループに分かれた実演があり、そこでは位相反応曲線の図が示され、体内時計の様々な数理モデルが紹介された。実験室では、ウミウシの眼球、ショウジョウバエの羽化リズム、小型哺乳類、赤パンカビの発芽の供覧があった。参加者達の大いに集中した交流があった。この会合は、後に1990年代までに欧州、米国そしてアジアで定期的に行なわれた生物時計に関するサマースクールに着想を与えるものとなった。ピッテンドリックとアショフはそれに関して、高齢になるまで指導的な役割を演じた。

　1978年10月13日、ホプキンス海洋研究所で所長の60歳の誕生祝が開かれた。ハーバードからはウッディー・ヘイステイングスが、テキサスからはマイク・メナカーが、その他大勢の共同研究者達が米国各地から駆けつけた。歓迎の挨拶の後、客達は誕生日の主役と浜に出た。遠くの洋上に小さな船が現れた。船の上には、青いナイトガウンを着た海の神ポセイドンが誕生日の贈り物である旗を高く掲げていた。船が近づくと、コリンはそれが親友のユルゲン・アショフであることを認め、喜びのあまり水の中に入って彼を歓迎した。ユルゲンは上陸して、コリンに旗を渡した（図9-6）。ヘルガ・グビナーがこの機会に旗を作り、「お爺」にカリフォルニアへの秘密旅行に持参してもらった。

　旗には3穿斧を持って海から出て来るポセイドンに似せたピッツが書かれていた。その下には次の文章が読めた。「CSP＋ポセイドンにはリズムがある」[72]。火が灯された。最後にアショフが彼の友人に、儀式ぶって6篇の論文を渡した。それはコリンの60歳の誕生日を祝福するもので、Journal of Comparative Physiology（編127-3）の次号に発表される予定であった。コリンは感動した。彼は後に書いている。「あなた方2人の思慮深さと、愛情のすべてが私にとってどれほど重要な事か知っているだろうか。そして、わざとらしい印象を与えることなく、努力して'ありがとう'と言うことがいかに難しいことか。過去20年にわたる我々の友情が、私の人生で真に意義あるものの1つであり続けた」[570]。

　法王たちの出会は益々頻繁になった。1979年の秋、アショフ一家は再び隠れ丘にいた。この時は、クリストフとフロリアンが一緒であった。その間、ピッテンドリックは行動生理学研究所の顧問を務めており、1980年3月顧問会議にやって来た。引き続き、アショフと彼は2人してブリストルに赴き、ブライアン・フォレーの「季節性繁殖周期における生

図 9-7　川村浩博士がユルゲン・アショフ(中央)とコリン・ピッテンドリックに鈴を掛けてもらう。1980 年 10 月 2 日、リングベルグにて

図 9-8　コリン・ピッテンドリックがワイン・ボトル飲みをするヒルデ・アショフを手伝う。1984 年、エンガディン、スイスにて

物時計」に関するコルストン・シンポジウムに参加した。その本［571］の中で、コリンはすべての講演を友人のユルゲン・アショフの貢献に捧げた。「彼の 68 歳の誕生日とマックス・プランク研究所からの退職に際して一言。アショフ教授とエーリング・アンデックスの彼の研究所は、約 25 年間にわたってサーカディアン生理学の発展に指導性を発揮し、影響を与えてきた」［572］。アショフはこの時、年ごとに行われるコルストン講演を行った。それは連続した伝統的な講演で、この時は 1980 年「4 月バカ」の日の夕食後に行われた。いつものように、彼は講演の中でその地方の人物を努めて引用した。今回は、トーマス・チャタートン（Thomas Chatterton）が取り上げられた。彼はブリストル出身の詩人で、その詩と残念ながら 17 歳の若さで自殺したことで有名になった。アショフはチャタートンのいくつかの韻文を引用して、「我々すべてが知っているコリン・ピッテンドリックの真実を、彼は予言して書いた：若きコリンは器量がよかった。積極的な上品さという武器を持っていた。すべてで完全だった。そして見よ、彼の足が 3 拍子で動いているとき、なんと彼は舞踏の司祭。神よ、なんと人間的な美が輝いているではないか」［573］。

1980 年の秋、ピッテンドリックはリングベルグの集会に出席するため、もう 1 度欧州を訪れた。リングベルグ城で、2 人の友人は祝宴の舞台をともに進行させ、日本から来た川村浩の独創的な講演にクーグロック（牛の首にかける鈴）を贈呈した（図 9-7）。1981 年 1 月、コリンはアショフの退職式にも参加した。

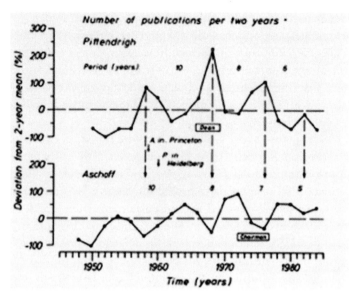

図 9-9　アショフとピッテンドリックの 2 年ごとの科学論文数、ユルゲン・アショフによる解析、1984 年

　1984 年、ピッツは退職した。その前年の春に、彼は欧州を旅行し講演している。彼はまずアショフ家を訪ねた。彼らはフェクスタール（エンガディン、図 9-8）で休暇を楽しみ、その後ピッツと一緒にエーリング・アンデックスに戻った。ピッツは、チューリッヒ、ミュンヘン、アンデックス、ハイデルベルグ、チュービンゲン、フランクフルト、アムステルダム、グローニンゲンで講演し、帰りにフィラデルフィアで米国哲学学会でも話した。最後は、マイキーとともに娘のロビンの結婚式に出席した。
　ホプキンスの海洋研究所に別れを告げるとき、もちろん科学者を辞めたわけではないが、アーノルド・エスキン（Arnold Eskin）、マイケル・メナカー、ジーン・ブロック（Gene Block）[74]、テリー・ページとその他の共同研究者達が、1984 年 7 月 18 日から 21 日にかけて、オレゴン州にある見事な休火山、フード山の斜面に建つ政府キャンプのティンバリン・ロッジで祝賀会を開催した。50 人が参加し、ほぼ半数が講演をした。コリン自身は、「特別講演」として「時間、ハエ、そしてそのすべて」を話した。アショフは当然ながら祝賀の講演を行った。彼はコリンの科学業績と自身の業績を苦労して分析した。しかし、アショフは最後までそれをどこで話すか、そして演題をどうするか決めていなかった。「演題なしの講演」。講演で、アショフはロビン・ピッテンドリックから入手したコリンの若い時代からの一連の写真を紹介した。そして、長年にわたる業績の解析結果について、論文の数（2 年ごと）が 5 年から 10 年の周期で変動していることを示し、それはコリンの場合も彼自身の場合も同じであった。しかし、ピッツの業績が頂点にある時はユルゲンの業績

は常に底で、逆も真であった（図9-9）。アショフは次のように結論した。「常に調和し、決して同調しない」。それは25年間続いた法王たちの友情の1つのモットーであった。

　彼が退職した以後の年月に、生物リズム研究は自立した学問分野としてさらに確立され、そのための組織が作られ、定期的に集会が開催された。アショフとピッテンドリックはそれを最初は気に入っていなかった。彼らは研究の方向性が生理学の王道に向かって進むよう、また独自のドグマで凝り固まらないよう、努めて参加した。この分野の発展にはもはや決してブレーキはかからないだろう。フランツ・ハルバーグのグループは、1978年時間生物学において初めてのゴードン・リサーチ・カンファレンス（GRC）を開催し、それ以来2年ごとにカンファレンスが企画された。最初は、ニューハンプシャーの夏休みの時期に手ごろな値段で提供された大学講堂で行われたが、後には4年に1度欧州でも開催された。短期間のうちに、このカンファレンスの指導権が生物学者に移り、21世紀になっても続いている。1983年、ピッテンドリックは参加登録し、アショフも登録して、6月にコルビー・ソーヤ大学に来た（574）。それ以来、2人は2年ごとゴードン・リサーチ・カンファレンスの招待客となった。

　1980年代の半ば、ギルフォード出版社が主導権を発揮して、新しい雑誌「生物リズム雑誌（JBR）」を刊行した。JBRはベンジャミン・ルザック（ダルハウジー大学、ハリファックス、カナダ）の指導で当初年に4冊発行された。その後まもなく、生物リズム研究会（SRBR）が設立され、フレッド・チュレックが最初の会長となった。1988年サウスカロライナ（USA）のワイルド・デューンズで最初の会議が開催されて以来、学会は2年に1度、米国で行われ、参加者数は常に増加していった。SRBRは1988年JBRを機関紙とし、1995年までセイジ出版によって刊行された。ユルゲン・アショフとコリン・ピッテンドリックは最初から雑誌の顧問であった。雑誌の発展に関する障害はなくなった。

遍歴の遊牧民

　1984年のティンバリン・ロッジで行われた送別会の直前に、コリン・ピッテンドリックとマイキーは新しい住まいを探していた。彼らは息子のサンディーとその家族が住む家の近くのモンタナ州、ボーズマン、大好きなロッキー山脈にそれを見つけた。送別会のあと、彼らはワゴンボス通8434番の家に引っ越すために、まっすぐそこに向かった。コリンは地下室にすべてのデーターを収録できるコンピューターが備わった新しい実験室を作った。彼はそこでショウジョウバエの羽化と活動リズムを測定したが、それは日本の異なる緯度で生息する種であった。その研究は、アショフと私が同じ種に属する動物をさまざまな緯度の光条件で比較する緯度研究で計画したもの［407］と対照的であった。コリンの場合もまた、正確な意味での引退ではなかった。彼はすぐにボーズマンのモンタナ州立大学で正式な身分を得て、すなわち「卓越特任教授」となった。国立科学財団（NSF）は彼に

258　9章　2人の法王 — 友情と競争（1958-1996）

図9-10　ノートバイラのアショフ家のバルコニーにて。左より、C. S. ピッテンドリック、S. ダーン、J. アショフ。1987年7月5日（写真、A. ヴィルツ-ジャスティス）

研究奨学金の延長を申し出た。その資金で、コリンは日本の共同研究者高村継彦（注40）をパシフィック・グローブから連れて来て、強力な研究計画を作ることができた。1984年9月、ボーズマンの地下室で最初の実験が始まった［575］。

　1985年の春、コリンは生まれ故郷のニューキャッスルを訪れ、科学の守護神（Alma Mater）の名誉学位を受けた。この機会に、彼は高く評価していたフィンランドの同僚、ルメ（Lumme）とランキネン（Lankinen）を訪ねた。彼らは、コリンと同じ課題の研究を別種のショウジョウバエで行っていた。5月、帰り道で彼はさらにオランダまで足を延ばし、私を訪ねた。また、アショフとヒルデも出て来てコリンと会い、彼の名誉学位を祝った。「この2週間はすばらしかった。極め付きはパーテルスウォルデで、そこであなた方2人と一緒になるとは驚きだった、と同時に大きな喜びでもあった。あなた方が遠くから太った年寄りに会いに来てくれたことに深く感動している」、後にピッツはアショフ家に書き送った［576］。

　そうこうするうちに、ピッテンドリックの健康状態が次第に変化していった。マイキーと彼は、喘息発作とアレルギー反応が軽減すると思われるより良い住居を頻回に探すようになった。1986年の暮れ、マイキーと彼は数メートルの雪に覆われた冬のモンタナを去って、南に向かった。彼らは「アレルギー」を懸念して、より良い気候を探し、アリゾナのメキシコ国境まで足を延ばした。小都市パタゴニアで冬を過ごす家を買うため、一時的に近くの借家に身を寄せた。1987年2月、彼らはソノイタ付近の砂漠に家を見つけた。そこはまったく寂しい所で、郵便配達がなく、郵便を村の郵便箱57番に取りに行かなければならなかった［577］。彼らの考えは、冬はそこで過ごし、夏の数カ月はモンタナで生活することであった。

その間、ユルゲン・アショフとエボ・グビナーは、ドイツで半年前に制定されたアレキサンダー・フォン・フンボルト賞をコリンが受賞できるように取り計らった。1987年、ニューハンプシャーのプリマス州立大学で開催されたゴードン・カンファレンスの後、7月3日、私とマイキー、そしてコリンはボストンからフランクフルトに飛んだ。そこには私の妻のルースが朝の7時頃2人の子供と一緒に我々を迎えに来ていて、そのままノートバイラにあるアショフ家の別荘に向かった（図9-10）。翌日、そこで非公式のワークショップが開かれ、アンナ・ヴィルツ-ジャスティス（バーゼル）、本間研一とさと（札幌）そしてジム・ウォーターハウス（Jim Waterhouse）とデビット・ミノー（David Minor）（2人ともマンチェスター）が参加して、人の光位相反応曲線の測定についての計画が練られた。その最初の実験は、同じ年に札幌とマンチェスターで行われた。その結果、ヒトの体内時計の光感受性は他の動物と本質的に変わらないことが明らかになった。最初の成果が翌年発表された［578, 579］。それは、人の行動の時間的組織化や地球の自転への同調機序に関する研究の本質的な進展であった。

　2週間後に、アショフとピッテンドリックはグローニンゲンの我々を訪れるためにオランダに来て、ノールトウェイケルハウトで行われた第18回国際時間生物学会に参加した。そこで、我々3人は講演した。引き続き、コリンとマイキーはエーリング・アンデックスに向かい、フンボルト滞在助成金を受け取った。コリンには生物時計に関する包括的な本を執筆する大きな計画があり、特にショウジョウバエに関する単行本の構想があった。エボ・グビナーがマイキーと彼のためにフェルダフィングに住居を用意した。しかし、欧州での彼らの滞在はわずか3カ月で、最初アレキサンダー・フォン・フンボルト財団に約束した6カ月ではなかった。残った時間は、後にもう一度使うことが許されている。1988年1月、ピッテンドリック夫妻は短期間ではあったがミュンヘンで行われた会議に出席するため再度ドイツを訪れた。その際、彼の同僚達がユルゲン・アショフの75歳の誕生日をニンフェンブルグ城のジーメンスハウスで祝福した［580］。

　1988年の乾燥した夏、イエローストーン公園で人を寄せつけない巨大な森林火災が発生し、煤と煙が混じった空気によって周囲の環境が広範に汚染された。その後1年間、公園は火災から次第に回復していった。喘息持ちのピッテンドリックにとって、それはマイキーとともに再び逃避するきっかけとなり、最初は北のカナダへ、後にアリゾナのソノイタにある新しい家に移った。1988年から89年の冬、彼らは賢明にもそこに引っ越し、その後多くの改築がなされた。床にはきれいなメキシコ風の石のタイルが敷かれた。石のタイルはコリンが再度重い喘息発作に襲われた場合に、防腐剤で密閉されなければならなかった。救急車が、夜にも関わらず主幹道路から3マイルも離れたところにいる彼を見つけ、60 km離れたメキシコとの国境にあるノガレスに緊急入院させた。彼らは危機を脱し、マイキーと彼は自然と孤独を楽しんだ。コリンの希望により、アショフはジョン・ヒルデ

ブラント (John G. Hildebrand) (ツーソン大学) に手紙を書き、非常勤教授に推薦して欲しいと頼んだ。コリンは、ソノイタから約45分離れた大学で、週に1回セミナーに参加することを望んでいた。しかしソノイタ (高度1,600 m) で彼の呼吸障害が再発し、酸素吸入でやっと寝ることができた。そのため、1989年の夏にコリンとマイキーは最終的にアリゾナに戻った。オレゴン大学は彼がひと時過ごす場所として、大西岸にあるクース湾にある海洋研究所を提供した。モンタナの家と同様、今はアリゾナの家も売りに出された。

コリンは、ピッテンドリック夫妻の休みない放浪の旅を「記録の無い手紙」として再び多くの友人に書き送った [581]。クース湾でコリンの気管支炎と喘息を誘発したのは毎日発生する大洋霧であった。その時期に、ピッテンドリック夫妻はさらに内陸にある小都市ベントに引っ越した。そこの気候条件はより好都合であった。1989年の秋、ヴァージニアとワシントンでの講演のためにオースティンにいたピッツは、持続する腹痛に悩まされた。NIH で腹部大動脈の動脈瘤と診断された。動脈瘤は8cmの大きさで血液が溜まり、腹部大動脈破裂の危険性があった。コリンはスタンフォード医学校の専門家の受診を勧められた。その様な学校は無かった。その間スタンフォードでは、スタンフォード大学の学長であったつり友達のドン・ケネディーの家に泊まった。学長の家でコリンは1人きりになったが、翌日の10月17日午後17時4分、カリフォルニア州で史上最大の地震が起きた。「ロマ・プリータ地震」。後日、コリンは彼の友人たちに元気な手紙を書き送った。「地震が起きた時、地下一階の客間にいた私は床に伏せた。私とマイキーは軽い「カリフォルニア」地震は何度も経験していたが、今回のようなものは初めてであった。ケネディーの補強されたマンションはジェロの山のように揺れた。信じられないだろうが、私は恐怖を覚え、客間から急いで廊下出たが、大きな (5フィートの高さ) 真鍮の燭台が付いたシャンゼリアが私から2フィート離れたところに落ちてきた。絵画、ランプ、花瓶が床に落ちて壊れた。ケネディー家だけで、1.4百万ドルの被害を受けた。多くの商業学校が倒壊し、もっと多くの被害もあった。スタンフォードが受けた被害の総額は164百万ドルにのぼると推定された。被害には、学長 (ケネディー) のバー (とても大きい) と酒類が含まれる。ワイン、ウイスキー、ソーダなどが流れ出し、床に小さな川を作った」[582]。この5頁にわたる長い手紙に、彼はさらに8時間に及んだ手術について書いている。地震の2日後に動脈瘤が切除されたこと、麻酔から覚醒した際に見られたカフカ的幻覚、そしてスタンフォード大学病院に3週間入院した後に起きたこと。再度の新しい住所。パロ・アルトの借家。彼はその後、12月には再びモントレーの家に戻った。そこから、コリンはアショフ家に電話をかけ、手術について報告した。

受賞候補指名と受賞

1990年4月、ピッテンドリック夫妻は健康もある程度回復して、再度フロリダのアメリ

アアイランドに飛んだ。そこでは生物リズム研究会の2年ごとの集会が開かれることになっていた。十分な時間が取れるよう、彼らは会議の2日前にヒルデとユルゲン・アショフに会った。アショフは「気分と活動」について特別講演を行い、ピッテンドリックが座長を務めた。アショフは、演壇に上がってまず15分間導入部で、若い頃の多くの写真を見せた。爆笑。2人の法王はもう一度ご愛嬌のキャバレーショウをして見せた。翌年、彼らは何とか再会の計画を絞り出すが、しばしば約束は反故になる。コリンは呼吸障害を抱え、飛行機による旅行を控えている。しかし、アショフと彼は1991年4月シャルロッツビルで会い、2人で旧弁務官トーマス・ジェファーソンのモンティチェロを訪れた。5カ月後、コリンはバイエルンのイルゼーで行われたゴードン・カンファレンス時間生物学には残念ながら参加しなかった。その時ユルゲンは、年ごとに順送りする生物リズム研究の新しい賞「アショフ・ルーラー（定規）」の最初の贈呈を行った。ティル・レネベルグがその賞を用意し、最初の受賞者、インドのマロリー・チャンドラシェカラン（Maroli K. Chandrashekaran）（マドレー）に渡した。それ以来、賞は毎年SRBR集会とゴードン・カンファレンスの折に、前年の受賞者によって選ばれた次の受賞者へと渡された。2016年までの間に26人が受賞したが、その名前はアショフ定規の裏側に彫り込まれている。表には、アショフの古い使い込まれた定規が貼り付けられている。1992年5月、2人の法王は再びアメリアアイランドで会い、5月8日コリンの特別講演がユルゲンの司会で行われた。

　1993年3月、ピッテンドリック夫妻は遂にソノイタの家を売る決心した。その主な理由はコリンのアレルギーにある。モンタナのボーズマンの家はすでに売却していた。今はフェアウェイ・ドライブ2309番に新しい家を見つけている。そこでも彼の健康問題は消えなかった。ボーズマンの医師はコリンに肺高血圧症（心臓疾患）の診断を付け、長距離の飛行機旅行を頻回にしてはいけないと言った[583]。その間、アレキサンダー・フォン・フンボルト財団が彼の賞を3カ月間延期することを約束していたが、健康問題から2度目のドイツ滞在は実現される可能性はほとんどなくなっていた。

　しかし、長い休養を取った後、コリンとマイキーは1994年2月17日エーリング・アンデックスに向けて旅立つ決心し、フンボルト賞の2度目の滞在を実現した。彼らの友人エボ・グビナーはその間行動生理学研究所の部門長に指名されて、2人は彼のところに客として滞在した。コリンはたくさんの執筆活動を携えてきた。4月末、彼はマイキー、ヒルデ、ユルゲンと共に、汽車でプラハに出かけ、そこでチェコ科学アカデミーから2人の科学者にその業績をたたえるグレゴー・メンデルメダルを受ける事になっていた。コリンは最後の瞬間に健康上の理由からこの旅行を断念せざるを得なかった。アショフはプラハでアカデミー会長のルドルフ・ザラドニーク（Rudolph Zahradnik）の手からメダルを受け取った。コリンはメダルの見本を副会長のヘレナ・イルネローバから渡された。彼女はその為にエーリング・アンデックスまで余分な旅をした。

ユルゲン・アショフとコリン・ピッテンドリックの科学業績に対して特別な賞を授与する別の試みがあった。彼らは単独もしくは共同で、繰り返しノーベル医学生理学賞の受賞者に推薦された。その事実は少なくとも 50 年後、2030 年までにストックホルム・カロリンスカ研究所のノーベル財団によって明らかにされるだろう。それまでは、不完全で当てにならない推測だけが可能である。残念なことにどの推薦[73]も、ノーベル委員会にその領域での新しい知見の意義を確信させるまでには至らなかった。

年	被推薦者	推薦者	出典
1985	CSP	JA	JA
1986	JA	MS	SD
1992	JA、CSP	MM、MS？MC？TH？	MM、SD
1994	JA、CSP	EG	EG、SD
1994	JA、CSP	JAx	？
1995	JA、CSP	DS	EG、SD
1996	JA、CSP	EG、DS？DP？	EG、SD

コリンの晩年

　メンデル賞の授与があって間もなく、1994 年 5 月ピッテンドリック夫妻はボーズマンに戻った。コリンは、まだ科学に寄与できる論文の執筆を準備していたが、それは多すぎた。それに加え、ボストンのハーバード・ブリガム医学センター（BMC）との戦いが新たに始まった。人の概日系の測定に光を利用する 3 つの特許がチャールス・ツァイスラー（Charles Czeisler）の名前で登録された。コリンは怒った。彼は 6 頁の手紙を、12 頁の記録を付けてブリガム医学センターに送り、コピーを Science の編集者、国立科学アカデミーの会長、世界中の専門家に送付した。コリンは個々の草案についてアショフの助言を受けたのち、1994 年 9 月 19 日手紙をテリー（W. D. Terry）博士（BMC）に送った［584］。特許は 2 人の被験者で光による同調を確かめたとするツァイスラーの研究に基づくものであったが［585］、事実は違っていた。この研究での光同調の確認は実験に基づくものではなく［586］、その証明は 1989 年に出されたリュートガー・ヴェファーの論文が最初である［587］（注 41）。ブリガム医学センターはまず、特許が人の概日系に対する光の効果を他の研究者が研究することを妨げるものと誤解されているとした。しかし、スコット・キャンベル（コーネル大学）などの研究者はブリガム医学センターと契約を結び、そこでは、実験結果を公表しないことと、その結果をブリガム医学センターが 10 日以内に自由に使用できることを条件に、人の研究で「高照度光」を利用することが許可されている。それはピッテンドリックだけでなく、人の概日系を研究している世界中の研究者の怒りを買った。

ピッテンドリックの抗議は鋭く理論武装されていて、余すとこなく記載され、効果的であった。「コリンへ。すばらしい。これで釣りに行けると老婆はいっている。ユルゲン」[588]。その結果、ブリガム医学センターのテリー上級副学長は、このツァイスラーの特許は学術的な研究や患者治療のためのいかなる方法も制限するために使用されることは決してないと、公開された書簡で明示することを余儀なくされた[589]。欧州では特許は承認されなかった（注42）。リズム研究の世界は一息ついた。そうこうする間、ピッテンドリックだけでなくアショフも[590]、ジェイ・ダンロップ（Jay Dunlap）が編集し、ツァイスラーも著者の1人になっている本への寄稿を取りやめた。「よくない本と運命づけられている。この分野に貢献するよりも害をもたらすだろう」、そして「私はツァイスラーとは一切関わりたくないと思っている」とコリンは友人のアショフに書いている[591]。

　この重苦しい事件の後、コリンはショウジョウバエの概日系についての包括的な単行本の執筆に集中した。しかし、時間はもう無かった。1994年12月、ボーツマンの釣り仲間ドグ・アルボード（Doug Alvord）博士が彼を診察した。彼はコリンの膵臓が肥大しており、悪性腫瘍に侵されていると診断した。治療法はなく、終末は早い。コリンは疾患のことは誰にも言わないで、待ち通した。ただユルゲンだけには膵臓のことを報告したが、癌については深刻に考えていなかった[592]。1995年5月、コリンは、トスカーナのバルガで行われる次の時間生物学ゴードン・カンファレンスに出席することをまだ楽しみにしていた[593]。しかし、すぐに彼の参加はまたもや中止せざるを得なくなった。癌の進行は心配したほど速くはなく、コリンの気分は上々であった。7月、彼はアショフ夫妻にカンバーランド（英国）の古い墓石に書かれていた文章をファックスで送ってきた。「ユルゲンとヒルデへ、これは面白いと思うよ。

　この世の不思議は、
　美と力、形と色、光と影
　私はそれを見た。
　生きている限り、見続けよう。

痛みは引き続き無い。医者でさえ、12月の診断に懐疑的であった（その可能性は除外できないが）。もし診断通りなら、今頃私は天国に行っていただろうが、未だに面倒と楽しみの両方を続けている。執筆、計算、少しだけ釣り、庭いじり。お会いしたい。アショフ家の皆さんすべてに愛を」[594]。1995年5月付のアショフへの最後の手紙は、「今年、何時でも良いのでボーズマンでお会いできることを期待しています」で終わっていた。それ以来手紙は無かった。8月に、12月の診断を書いたコリンの手紙が30名以上の友人に配られた。「どうか心配しないで欲しい。私は釣りをしたり、書き物をしたり、何年もご無沙汰

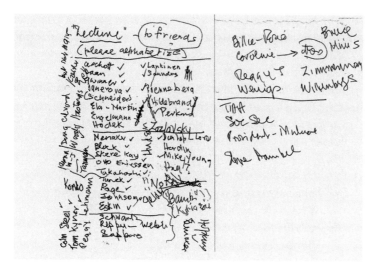

図 9-11 コリンの遺言となる最後の手紙の送付先研究者リスト

していた音楽を聴いてすこぶる幸福だし、元気だ」[595]。

　コリンはその時も著作に専念していた。1994 年 1 月、光周性に関する彼の考えを包括的な「ワーキングペーパー」として投稿し [596]、世界中の同僚達に注釈を送っている。1 年後、時間があまり残されていない事を知ったとき、彼には本を完成させようとする野心がまだあった。本の題名は「ショウジョウバエの概日プログラム」と付けられ、かれの生涯に渡る研究の基礎だけでなく、「時」の生理学への新たな展望を示すものであった。1995 年通して、期待された彼の本は皆の関心の的であった。8 月 23 日、コリンはユルゲンと他の友人に手紙を書いた。「ショウジョウバエの物語は順調に進んでいることを報告したい。しかし、予想した以上に仕事量が多いことが判った。多くの課題で関連するデーターの解析がまだ多数残っている。幾つかのうれしい驚きや新しい解決困難な問題など。しかし、本当の問題は私がどれだけこれに喜びを感じるか、クリスマスまでに読むに堪えうる原稿を用意できる事をどれだけ確信しているかである。12 月に 'ブラック・スポット（ピリオド）' を打っていなければ、私が今書いている所よりも進んでいないだろう」[595]。

　コリンはさらに勤勉に本に集中した。しかし、彼はコンピューターとの付き合いに限界を感じ、所々テープに吹き込んだ文章をデジタル化するために、助手のリタの助けを借りた。10 月、彼は私に手紙を書いて、この間肺とリンパ腺に転移のある胃癌と診断され、更なる助けが必要であることを知らせてくれた [597]。我々はボーズマンを訪問すると約束した。私は 11 月 9 日シカゴとソルトレイク市に飛び、ボーズマンに 1 週間滞在して、マイキーとコリンを助け、書かれたものをすべて完全な文章にするために順番を揃えた。我々は昼となく夜となく仕事に励み、私が帰るまでに、計画された 5 章のうち最初の 4 章を完成させた。目次に以下のものが含まれる：

1．羽化行動の概日ゲート
2．ゲーティング・システムの振動体とその同調
3．ゲーティング・システムの第2（従属）の振動体
4．光周性時間計測：振動体とプログラム
5．概日プログラミングの進化

　私がピッテンドリックの所を去った時は、最後の章を書き上げるのみであり、すべての図表には正しく番号が付けられ、署名されるだけであった。私は、苦労して大体の順番を付け終えたが、時間が無かった。最後の章は結局完成しなかった。コリンはますます衰弱していった。彼はまだアショフ夫妻にクリスマスカードを書くことができ、1月後にはユルゲンに83歳の誕生日カードを贈った。

　コリンは、「友人への講義」と題するテープに吹き込まれた文章とそれに加えておぼつか無い手書きのリストを残した（図9-11）。そのリストには53人の同僚の名前が書かれていて、アショフの名は一番上にあった。これは講義録の送り先であったが、2名には送らないようにとの指示があり、1名には疑問符が付いていた。

　手紙は「親愛なるサージとジーン」で始まっていた。ジーン・ブロックはそれをタイプライターで写し取り、1996年の夏にコリンのリストに載っていた研究者に送った。手紙は公開されていない。14頁の終わりに、ピッテンドリックが書いている。「私は、"生物時計"という言葉が、プログラムの中にある共役（coupling）の解析を過小評価している、我々の注意を逸らしているという意味で、この言葉（生物時計）が機能しなくなったことを非常に強く感じている。あなた方の何人かは、それを老い先短い老人の戯言と思うだろう。あなた方と議論したい、激しい議論をしたい。それは戯言ではない。素晴らしい疑問である。それらは我々の注意が**時計**の枠組みか、**プログラム**の枠組みかによって分かれる問題である」。

　コリンは1996年3月19日に死亡した。5日後、ユルゲンはコリンの娘ロビンに手紙を書いた。「コリンはいつも私の前を歩いていた。今度の彼の死も。長く続いた友情のなかでいろいろな方法で示したように…。私は親友を亡くして涙をぬぐいはしない。彼もそれを嫌うだろう。アルキポエタ（注43）を口ずさみながら、彼がジンを飲んでいる時の事を思い出すのが好きだ。

カップの中はワイン
魂の松明に火をつける
ワインに浸かる魂は
天国の門に飛び去る」［598］。

10章　帰郷 — フライブルグの引退生活（1981-1997）

なおも進む研究

　1981年1月31日、ユルゲン・アショフは退職して、マックス・プランク行動生理学研究所の所長の役目を終えた。アショフ部門は公式に廃止されたが、多くの同僚がとりあえずそのまま残った。アショフ自身は妻と共に引き続きエーリング「城」に住むことを許され、彼自身の研究も名誉教授の枠組みで進められた。マックス・プランク研究所の理事長であるレイマー・リュスト教授は、その他に2年間の期限付で研究所の執務室、技術助手、年間の研究助成金として2万ドイツマルクを約束した［599］。しばらくはこれまでとほとんど変わることはなかった。ユルゲンはいつものように勤勉であった。この2年間に、彼の編集になる2冊の本、「行動神経学ハンドブック第4巻、生物リズム」［521］と、1980年のリングベルグ・シンポジウムの講演集［519］「脊椎動物の概日系」、加えて総数で23編の彼の手になる論文が出版された。彼は助手のクリスチアーナ・フォン・ゲッツとともに、一連の新しい動物実験を行った。1982年8月、ユルゲンはモスクワで開催された第18回国際鳥類学会に科学プログラム委員会の座長として参加した。この機会に、彼は3日間同僚のエフゲニー・セルコフをノボシビスクに訪ねた。彼は西側にいるアショフと連絡を取る約束をした。

　1983年の春、アショフ夫妻は終に住み慣れたエーリング「城」から去らなければならなかった。彼らはインニッヒ・アム・アマゼーに小さな庭の付いた借家（ツー・デン・アイヘン2）を見つけ、4月5日に引っ越した。家と家の間が数メートルの高さの生け垣で囲まれて、門には名札が付いていなかった。それはご老人達には不幸な時期であった。彼らの家具、衣類、その他の持ち物の多くは残して行かなければならなかった。それで3日後、「城」とのお別れに際し、研究所に属している人や昔からの友人のために、アショフ夫妻によってお祭りのような、ワインの流し台のようなフリーマーケットが開かれた（図10-1）。最上の掘り出し物がやる気満々のオークション親方、義理の息子ジーン-フランコス・ラボレー（Jean-Francois Laborey）によって値が吊り上げられた。その時、20年経た「エーリングの伯爵」（図6-4）も競売にかけられた。ティル・レネベルグと私でゆっくりと競り合った末、伯爵はオランダに行くことになり、33年経った今も我が庭のブナの木の下にある。エーリングと同じく、多くの年月のうちにツグミが高貴な頭で雛を孵した。

　引っ越しの騒乱が収まったとき、ユルゲンは1983年5月8日、ニューヨーク科学アカデミー主催の「時間計測と時間感覚」の会議のために米国に出かけ、そこで「概日時間計測」についての「特別講演」を行った。引き続き（6月13日から17日）、コルビー・ソーヤ大学（ニューロンドン、NH）で開催された時間生物学ゴードン会議に参加した。

図10-1　エーリング「城」からアショフ一家が転出する際のフリーマーケットの広告

　帰国するとすぐに、ドイツ研究協会（DFG）がアショフの研究をさらに2年間（1983年7月1日〜1985年6月30日）資金的に援助すると伝えてきた。彼は次いでドイツ研究協会の「科学顧問」に任命され、ルードイッヒ・マックシミリアン・ミュンヘン大学に属する研究グループ「認知の心理学」に属することになった。それは、以前彼の学生であったエルンスト・ペッペル教授が指導しており、医学心理学研究所にあった。この援助により、彼は72歳まで研究を続けることができた。この2年間に、さらに10篇の論文が彼の手で発表された。重要なのは、この時期彼は医学心理学研究所でティル・レネベルグ博士の近くにいたことである。彼はアショフ家の友人であり、ペッペルの共同研究者であった。ティルはドイツ研究協会の研究費で、アショフが疑問を持っていた課題［600］をさらに研究することが可能となった。彼は、世界各国の出生数の年間変動を緯度との関係において徹底的に調べあげた。この共同研究は、1990年地理的緯度が出生数の年周リズムに及ぼす影響についての非常に基礎的な2編の論文として一般雑誌に発表された［601，602］。

　ヒルデ、しばしば「セデリネ」あるいは「お婆」と呼ばれていたが、大きな自動車事故のため負傷し、それ以来再び完全に健康になることはなく、インニングの狭い家から通りを眺める生活が続き、孤独を感じていた。1986年12月12日、終に離れるときが来た。ユルゲンは今やミュンヘン付近ではもう責任ある仕事はしていなかった。フライブルグの生家はこの間ルードウィヒ・アショフ・プラッツと改名された広場に面してあったが、ベレ・エタージュの大きな住居として利用できるようになっていた。まず「ご老人」は上の階の改築が済むまで簡素な地下階に住んだ。直に改築が終了し、アショフ夫婦は広い階に移った。それで1987年から生活が快適になった。

図 10-2　ノートバイラ。アショフの別荘の秋

　ファルツのノートバイラにあるお気に入りの別荘（図 10-2）はフライブルグから 150 km しか離れておらず、そこでの短い休暇はシンプルだが豊かである。ユルゲンは時折ノートバイラでいわゆる国際的なミニ学術会議をひらいた。1981 年、彼はすでにスイスからアレック・ボーベリ、アンナ・ヴィルツ-ジャスティス、オランダからドミネン・ビールスマ（Domien Beersma）と私をノートバイラに招待し、「ワークショップ」形式で、人の睡眠に関する我々の新しいモデルについて議論した。それは楽しみでもあり、刺激でもあった。1987 年 6 月、すでに述べたが、米国からコリン・ピッテンドリックとアル・ルイそして英国や日本から数人の研究者が参加し、そこで人の光位相反応曲線の作成が計画された（第 9 章、259 頁参照）。この様な目的をもって集まることは、いつもユルゲンの指導で行われ、他では味わえない興奮と効果を与えた。それらはご老人の支えなくしてはありえなかった。

　この間、アショフの学術的貢献に対して国際的顕彰が続いた。彼はバイエルンの科学アカデミー会員に選出された（1984）ほか、アメリカ鳥類学連合（1981）、英国鳥類学連合（1983）、ドイツ生理学会（1985）、欧州時間生物学会（1986）、ドイツ鳥類学連合（1991）の名誉会員に推薦された。1990 年、彼はケルンのフーフェランド財団から同名の賞を受賞した。その機会に、彼は「体内時計に基づく生活」の題名で講演を行った。

行動科学研究所の終焉

　1980年代の終わり、研究所に大きな変化が起きることが明らかになった。アショフは理事長のリュスト（1984-1987）の要請で、マックス・プランク研究所の医学生物学部門の調停補佐役に任命されていたが、名誉教授として研究所の発展に影響を与えることはまったくなかった。彼は、個別に会った人達に一般的な可能性について述べるのみであった。アイブル・アイベスフェルドの同僚であるウルフ・シーフェンヘェーベル（Wulf Schiefenhövel）はこのことに関して彼の体験を書いている［603］。「アショフは私の人生経歴において中心的役割を演じた。彼は1987年に私の所に来て、数年前にベルリンに学術的な教育機関が出来たようだと教えてくれた。彼は私がその教育機関に適していると考え、9カ月間そこに行く気はあるかどうか知りたがった。私はまったく「唖然」としてしまった。これまであまり付き合いのなかったゼービーセンの部門長が、私のためにそのように取り計らってくれた。おそらくその頃、ごく短期間に予告されたパプア・ニューギニアの首相（マイケル・ソマーレ）の初めての訪問で、私が学術プログラムと仲間の幼い娘達によるルネッサンス様式の舞踏披露を企画したことに、彼は印象付けられたのだと思う。また彼は、おそらく私が知らないうちに、ニューギニアでの私の研究に関心を持ったのだろう。どうであれ、私は1988年から1989年にかけて、アショフの紹介で有名なベルリン学術教育機関のフェローになった。この期間は、私の記憶に強く残っている。当時の親密な友情が今日まで続いた。たとえば、ベルリンのマックス・プランク研究所の科学史部門長であるユルゲン・レン（Jürgen Renn）。クリスチャン・フォーゲル（Christian Vogel）と緊密に連絡を取り、彼が死ぬ前に我々は進化学的鳥類学の3巻の本を編集した。またハンス・クーマー（Hans Kummer）とその同僚たちとも連絡を取り合った。その様な指導者の仲間として認められることは重要なことで、私の経歴に決定的に関係した。加えて、ワロット通りでの我々の交流が終わった直後に、ベルリンの壁が崩れた。我々は何度も、東ベルリンの同僚のところで、その科学と進化生物学の相互乗り入れを検討していたが、間もなくドイツ民主共和国が崩壊することは全く予想できなかった。話は長いが、意味する事は短い。つまり、ユルゲン・アショフは予期せず私の人生における触媒だったことだ。アショフが彼の古い「城」を訪れ、20代の青年の様に弓型の階段を降りて1階に現れた時、私は彼にこの事を何度も話して、感謝した。実に印象深い人物である。彼がノーベル賞を取らなかったのは悔しい」［603］。

　その間、1985年6月13日、ノーベル賞受賞者のハンス・クレブス卿の息子で著名な行動学研究者、オックスフォードのジョン・リチャード・クレブスは、自身も後年ジョン卿としてワイタム男爵、王室永世メンバーとなり、行動生理学研究所の外部委員に任命されたが、マックス・プランク行動生理学研究所の解体は徐々に進んだ。リュートガー・ヴェー

ファーはミュンヘンのマックス・プランク精神医学研究所に移動し、1988年3月25日に退職した。イレノウス・アイブル・アイベスフェルドの人間エソロジーは、1987年1月1日研究所から分離し、独立した研究部門として、部門長が退職する1996年6月30日までの期間エーリング「城」を引き継いだ。1991年3月8日、マックス・プランク研究所はさらに3つの行動生理学部門の閉鎖を決定した。シュナイダー部門、それは1986年1月1日から最終的に1991年に閉鎖されるまで、カイスリング（K. E. Kaissling）の委員会の指導下にあった。ミッテルステット部門（1991年4月30日）、そして1993年11月30日のフーバーの退職に合わせてフーバー部門が閉鎖された。さしあたり、ヴィックラーとグビナーの部門のみが研究部門として、将来性を維持していた。グビナーはマックス・プランク研究所の科学会員になって、自立した部門「生物リズムと行動」の長としてエーリング・アンデックスの行動生理学研究所に招聘された。同時に彼はルドルフツェルの鳥類観察所の長でもあった。マックス・プランク研究所の理事長であるフーベルト・マークル（Hubert Markl）教授は、彼自身生物学者であったが、1996年10月17日に行動生物学に関するすべての研究所を公式に閉鎖する決定をした。ただし、鳥類学の部門は例外であった。グビナーとベルトホルド（ルドルフツェル）の部門は公式に行動生理学研究所から切り離され、鳥類学の研究施設として1つにまとめられ（1998年4月15日）、そこにジョン・クレブスも再配置された（1998年11月20日）。以前東ドイツ領であった新しい連邦領土にマックス・プランク研究所を拡大する計画のため、西側にあった全部で4つの研究所を閉鎖する必要があった。

かつて道標となりかつ指導的役割は果たした研究所の徐々ではあるが憂鬱な解体が進行するなか、ユルゲン・アショフは科学者として驚異的な活躍を維持した。研究所からまだ発表されていないデーターを、彼は苦労して手計算で解析した。彼の妻には気の毒ではあったが、ユルゲンは多くの時間を書斎で過ごした。彼は1987年から1998年にかけて、総数で57編の原著論文を書き、その中で2編は死後に発表された。アショフはなおも多くの先導的会議に招待され、出席した。時間生物学ゴードン会議（1987、1989プリマス州立大学、NH、USA；1991年イルゼー、ドイツ；1993年コルビー・ソーヤ大学、NH、USA；1995年イルショコ、バルガ、イタリア）そして同様に2年に1度フロリダで開催されるSRBRの学術集会。どの会議でも、彼はヒトや動物の時間的機構についての新しい解析と見解を示した。アショフは高齢になるまで講演者としての評判を保ち、独創的な方法で繰り返し学術会議に貢献した。

同じ頃、数年かけて徐々ではあるが、明らかに自信のない言動がユルゲンに見られるようになった。講演の最中ではなく、その前の講演テーマの選択で、彼は一般論として再度触れなければならない問題かどうかの判断に躊躇するようになった。1990年代、彼はしばしばティル・レネベルグや私に助言を求めてきた。我々2人は定期的にエーリングに、後

にはフライブルグに顔を出した。その合間に、ノートバイラにも何度も足を運び、ほとんど毎年秋にはルートと私はオランダから出て来て、彼が名付けた「どぶろくワインの休暇」（注44）を取った。さらに電話、FAX あるいは手紙のやり取りが続いた。ユルゲンは自信を失ったり、文献を指摘して欲しいとき、また原稿を読んで聞かせるときは、決まって我々2人に電話をかけてきた。多くは郵便で行われた。アショフと私の間で取り交わされた手紙の総数が222通で（1971年～1998年）、そのうち53通は90年代のものである。その多くは、相互の訪問、旅行計画あるいは計画している共通の出版に関するものであった。1972年以来の10編の共著論文のうち、4編が1995年以後のものである。そのうちの2編はアショフの死後発表された［523，604］。

行動生理学研究所の閉鎖は公式にはアショフの死後、今世紀が終わる直前の1999年11月30日であった。その日に、ウォルフガング・ヴィックラーは代理部長の職を終えた。しかし、彼はさらに4年間委任を受けた指導者にとどまり、2003年11月30日の行動生理学研究所の最終的な解散まで務めた。ヴィックラーは名誉教授として、2006年末までゼービーセンに残っていた行動科学研究所の同僚達の面倒をみた。研究所の他の2つの部門、ヴィックラー（ゼービーセン）とグビナー（エーリング）は徐々に新しいマックス・プランク鳥類研究所（MPIO）に衣替えしていった。

エボ・グビナーはそこで重要な役割を演じたが、鳥類研究所そのものは短命であった。2004年8月ウィスラー（ブリティシュコロンビア、カナダ）で行われた2年ごとの生物リズム研究学会（SRBR）の会議終了後、彼は釣り竿をもって1週間，1人で自然の中に入った。彼はそれが好きでしばしば行っていた。彼が再びミュンヘン空港に降りると、妻のヘルガによって直ぐに病院へ運び込まれた。病院でエボは、数日後の9月7日急性腎臓がんで死亡した。鳥類研究所はまだ正式に始まる前にその中心人物を失った。エボの2人の博士研究員、ソフィア・エンゲル（Sophia Engel）［605］とカローラ・シュミット-ベーレンブルグ（Carola Schmidt-Wellenburg）［606］はグローニンゲンで、私の指導のもと研究を完成させた。

1991年の9月末、ご老人達は汽車でポーランドのクラクフに出かけた。1番下の娘、アネッテ・ラボリー・ネ・アショフ、がそこで「欧州知的交流支援財団」（FEIE、欧州の知的交流のための支援財団）の厳粛な会議を取り仕切った。支援財団は1966年に設立された。財団の創始者であり、パリに拠点をもつコンスタンティー（Kot）・ジェレンスキー（Konstanty Jelenski）の提案で、1974年アネッテが事務局長に抜擢された。支援財団は、鉄のカーテンに隠れている反体制的な人たちとの交流を促進する目的を持って、特に知識階級と文化人との交流を対象としていた。財団はほとんど世間に公開されていないが、東側の多くの国々で交流のための大きな地下組織網を作っていた。財団は、個人的な知り合いに本や雑誌を配り、しばしばアンドレアス・アショフの助けを借りて，中古の印刷機や

コピー機をハンガリー、ポーランドやルーマニアに送り、多数の人が西ヨーロッパや米国へ長期間訪問することを可能にした。2013年、アリエー・ネーヤー（Aryeh Neyer）は、アネッテ・ラボリー '1989年の事件（注45）の隠れた英雄' が、1974年から1989年にかけて、約3,000人の自立的知識人を東ヨーロッパから西側の大学にしばらくの間滞在することを可能にしたことを高く評価した［607］。最初、支援団体は世界でも有数の博愛主義的財団の1つであるニューヨークのフォード財団の支援を受けていた。その財政的な援助は1980年代の初頭になると次第に少なくなり、支援財団は破産しそうになった。1981年アネッテは、ハンガリー生まれで強い博愛主義者のジョージ・ソロス（George Soros）に出会い、財政状況を説明した。ソロスは彼女に「いくら必要なのか」と訊ねた。彼女は「10,000ドルあれば大変助かります」と答えた。ソロスは応じて言った。「アネッテ、もっと大きな額を考えなければだめだ」［608］。ソロスによる財団への気前の良い支援が始まり、後に巨大になった彼の財産を長いこと自由に使うことができた。

　1989年、ベルリンの壁が倒れ、続いてソビエト連邦が崩壊した後、共産主義国における財団の任務は終了した。クラクフの会議は、支援財団の解散と、おそらく東ブロック国家の転換を祝福するために開催された。以前支援財団の援助を受けた反体制派の人々の多くが、今は公然と参加した。財団の支援者も来た。ユルゲンとヒルデ・アショフはワルシャワ駅で作家のマリオン・デンホフ（Marion Dönhoff）こと '赤いグリフィン' と出会った。彼女は、支援財団とアネッテにずいぶん以前から助言をしていた。アネッテの父親は、駅のプラットホームで感動と尊敬の気持ちから彼女の前に膝をつき、手に口づけをした。そして彼らは共にクラクフへとさらに旅を続けた。会議のすべての参加者に、駅で物がいっぱい詰まったピクニックかごがさらなる旅のために支援財団から渡された。会議と支援財団は1991年10月1日に終了したが、その際、リネク・グロワニー、町の中心広場にある有名なスマコウィキ、クラクフの織物会館でダンスが催された。アショフは、この組織では未知の人物としてそこに立ち、勤勉に通訳してくれたご婦人達のために乾杯の音頭をとった。彼は、「私はアネッテ・ラボレーをたまたまよく知っていたので…」の挨拶で始めた。

　支援財団の閉鎖の後、アネッテは 'ウォカの中心地' で仕事を続けた。パリの事務所は維持され、1992年に「開かれた社会財団（OSF）のパリ事務所」に衣替えした。彼女は事務所の所長となり、後にジョージ・ソロスによって設立され、財政支援を受けた財団の副理事長に就任した。パリ事務所は、民主主義と知的独立をより大きな世界的規模で挑戦することを目的に掲げた。そのため、アネッテは東ヨーロッパに戻ることになったが、モンゴリア、カザフスタン、アフガニスタン、キルギスタン、ウズベキスタンやその他の多くの全体主義的な国々にも定期的に訪れた［609］。間もなく彼女は父親と同じように様々な世界を見ることになった。サラエボでは、崩壊の直後、金銭を伴う最初のバックファブリッ

クがソロスの資金で行われた。ロシアでは、ソロスは民主的反対派を支援し、人権派を組織して、2015年に彼の「開かれた社会財団」が禁止されるまで、活動を続けた。

日本との関係

1965年の日本への長い最初の旅行以来（154-155頁参照）、ユルゲンの頭には再度訪問する考えがあった。彼は、父親が1920年代日本から多くの研究者をフライブルグに受け入れて以来、日本との結びつきを復活させたいと望んでいた。1959年、本間慶蔵がハイデルベルグのアショフの研究室を突然去った後、ユルゲンは彼と定期的に連絡を取っていた。彼らの長い交友は、日本の時間生物学の分野に大きな影響を与えた。2014年のある夏の午後に、慶蔵の息子である研一と私は花園病院の最上階にあるアショフ・ホンマ記念財団の会議室に座っていた。研一はその関係の歴史について語った［610］。

慶蔵の祖父は40歳の時に、日本の北の島、北海道に渡ってきた。それは明治時代のことで、その帝政は1921年に終末を迎えた。彼は商売で財を成し、旭川地方の土地を購入して、深川で旅館業を営んだ。深川は当時小さな町で現在は札幌の北、車で90分程の所にある市である。彼の長男、徳蔵は教師になった。孫の本間慶蔵は1915年8月北海道の当別で生まれ、札幌にある北海道帝国大学で医学を学んだ。慶蔵は結核を患い、当時は抗生剤が一般には使用されていなかったので、学業を2年間中断しなければならなかった。彼は学生時代に両親を亡くしている。そのため、弟や妹の面倒をみるのに収入が必要であった。このような家庭的負担はあったものの、慶蔵は苦労して医学を修めた。彼は病気のために、日本を巻き込んだ第2次世界大戦で徴兵を免除された。学士号を取得した後、慶蔵は生理学を志望した。終戦後、彼は診療所に勤めながら、北海道大学獣医学部の生理学教室に身分を得た。彼は黒澤節子と結婚した。節子の実家は札幌に広大な土地を持っており、急速に発展する都市では価値ある資産であった。1952年、慶蔵は新しい病院の建築と経営を始めた。近代的な精神医療がそこで展開された。親しみやすい名前の花園病院は民間の病院で、現在の日本では公務員が病院を経営することは考えられないことである。病院は札幌市の西南にあり、藻岩山の山裾の南15条西15丁目のほぼ全ブロックを占めている。札幌市は新しい街で、1890年頃米国の技師グループによって、南北と東西の通りをもつ米国風正方形の街路区画で整備されている。今日、札幌市の人口は190万人である。

慶蔵は北大の獣医学部教授になった。彼は体温調節と発熱の研究を専門にしていた。この研究が彼をユルゲン・アショフのもと、ハイデルベルグに向かわせ、そこで生涯の友を得た。「母は」と研一は語っている、「その時4人の子供がいて、1番下の妹が生まれたばかりでしたので、1958年に父がドイツに行くことを喜んではいませんでした」。しかし、慶蔵の研究者としての情熱が家族よりも強かった。研一は妹、久美子の面倒を見なければならなかった。1959年の突然の帰国の後、慶蔵の研究室では動物を用いた体温調節の研究

10 章　帰郷 ― フライブルグの引退生活（1981-1997）

図 10-3　エーリング・アンデックス「城」を背後に本間家とアショフ家。左から、本間研一、本間節子、本間あや、ヒルデ・アショフ、ユルゲン・アショフ、本間慶蔵。撮影は本間さと（1979 年）

が進められた。彼は獣医学部門に属していたが、人の研究を始めた。彼は医学に動機づけられていた。彼は人体計測のため、人用の人工気象室を獣医学部に持ち込んだ。

　しかし、この活動的で機転が利く人物に運命ともいうべき転機がやって来た。1964 年、慶蔵は肝炎を患い、4 年間自分の病院や自宅で静養しなければならなかった。4 年後、彼は大学の職を辞した。1970 年、長い闘病生活からやっと抜け出した慶蔵には、何よりもしなければならない事があった。彼は、北大医学部を卒業した後、中国に戻らざるを得なかった学生時代の親友、中国人のウー（呉）博士にもう一度会いたいと思っていた。第 2 次世界大戦後から 1975 年まで、貿易以外で中国と日本の間に国交は全くなかった。慶蔵は交流手段として、「国際貿易会社」の設立認可を得た。これにより彼は中国に行くことができ、旧友を見つけた。ウー博士は、以前は中国保健行政の高官であったが、おそらく毛沢東の「文化大革命」時代に失脚した。しかし、慶蔵はなんとか旧友を上海で見つけ出すことに成功した。ウーとの友情は彼に多くの中国企業との交流をもたらした。慶蔵は好機を見出し、絹織物、絨毯、その他多くの中国製品を輸入した。彼はこれらの輸入品を日本の市場に持ち込んだ。この時代、日本には仲介業者がほとんどおらず、安価な泉から水をくみ上げた。慶蔵は財を成した。次に、彼は舵を欧州に向けた。彼の成長しつつある帝国は、後に 3 つの事業を展開した。国際貿易、不動産業、病院経営。経営者としての新しい人生で成功したにも関わらず、慶蔵は以前の科学の世界に思いを寄せていた。研一は、1965 年アショフ夫妻が札幌の両親の家を最初に訪れた時のことを思い出して語っている（154 頁参

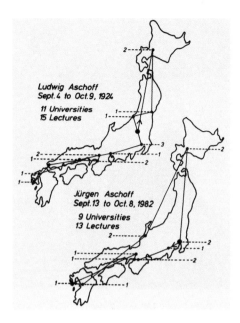

図10-4　父ルードウィッヒ（1924年）と息子ユルゲン・アショフ（1982年）の日本講演旅行、息子による比較

照）。慶蔵は彼らとドイツ語で話した。ユルゲンは、慶蔵の息子、当時大学に入ったばかりの研一に将来の研究について語り、生理学を考えてみるように言った。アショフは北海道大学医学部の講堂で、ドイツ語で講義をした。当時、本間家は花園町（南15条西15丁目）の大きな家に住んでいた。慶蔵はお客を日本海の美しい海岸に面した石狩の休暇村に連れていった。

　10年後、医学部を卒業し大学院に進学した研一は、インドで行われた国際生理学会に参加し、この機会を利用してさらにドイツのエーリング・アンデックスを訪問した。ユルゲンは彼をノートバイラに連れていき、そこでアショフ家のほぼすべてのメンバーと会わせた。この訪問は札幌から来た若い医学研究者に強い印象を与えた。札幌に戻り、学位論文を仕上げたあと、研一はさらなる発展を期してドイツに向かった。彼はアショフのマックス・プランク研究所で仕事をしたいと考えていたが、アショフには当時空席がなく、残念ながら研一の申し出を断らざるを得なかった。アショフはその代わりに、札幌での学位研究でラットの体温調節をテーマにしていた研一に、この分野で大きな業績を上げているバード・ナウハイムのケールコッフ研究所を推薦した。最終的に、1978年若い本間はゲッチンゲンの神経内分泌学者ウォルフガング・ウッケ（Wolfgang Wuttke）の研究室で、博士研究員として仕事をすることになった。研一はそこで1年半の研究プロジェクト、思春期発来の機序を1年で終わらせた。彼はホルモン測定のために多くの血液や脳試料を採取したが、その測定を彼自身で行うことは許されなかった。それは実験助手の仕事であった。

　測定結果を待つ代わりに、研一は残りの6カ月間をエーリング・アンデックスで過ごす

図 10-5　本間慶蔵とユルゲン・アショフ、札幌の藻岩山での散策（1982年）

ことにした。妻のさとと娘のあやは札幌に戻ったが、彼はラットで周期的な制限給餌が概日リズムを同調させるかどうか調べた。この訪問は、2人の本間が時間生物学にさらに深く入り込む上で決定的な効果を与えた。彼らは、日本におけるこの分野で指導的で影響力のある研究者となった。研一にとっては、数カ月間アショフの研究所に滞在したことで、気持ちに余裕ができた。慶蔵はユルゲンに、息子の受け入れを感謝した [611]。

　1982年9月、ユルゲン・アショフは、子供達がすべて家から巣立った後、日本への2度目の旅に出かけた。大きな講演旅行で、日本科学振興財団（JSPS）の招待であった。計画によれば、9の都市で13の講演をすることになっていた。彼の人生は、常に父親との比較であった。彼は今回、1924年の父親の飛び抜けた業績(15講演)を超えることはできなかった。彼は札幌にも行き、本間慶蔵を訪問した。慶蔵はユルゲンに財政的支援、退職後の家の購入を申し出た。彼らはまた、生物リズム研究を促進するために、たとえば傑出した若い研究者を顕彰する賞の制定などに、慶蔵の資産を使うことを相談した。

　彼らが会ってから数カ月後の1983年1月、慶蔵は彼の考えを進めた。彼はアショフに5万米ドルという相当な額を、新しい家への寄附と父親のルードウィヒ・アショフが1924年の長い日本旅行の際に持って帰った日本の骨董品と交換ということで提供した。彼はさらに本間生命科学財団を設立することを提案した [612]。1983年9月、慶蔵は再度アショフに会うためにドイツに行き、彼と財団の具体的計画、賞、日本の骨董品について話を進めた。彼は、賞はアショフと彼自身にちなんで名前を付けることを提案したが、アショフは、それは単に「本間賞」にすべきだと主張した。慶蔵は帰国の途上、商売上の新しい展

図10-6 1924年、ルードウィヒ・アショフが日本から持ち帰った七宝焼花瓶。1986年ユルゲン・アショフによって返却され、現在は札幌のアショフ・ホンマ記念財団会議室に展示

望を見出すために、中国に2週間滞在した。彼は、中国で100万個以上のフォアグラが動物繁殖用として利用されていることを見聞きした。それは欧州に輸出することが出来るだろう。さらなる貿易の可能性はあるか？　彼はまた中国の羽根布団を安く買い、ユルゲン・アショフと彼の息子のアンドレアスを介してドイツに輸出する機会の有無を問い合わせた。

その間慶蔵の息子研一は、最初の「生物リズムに関する札幌シンポジウム」の準備を始めた。それは1984年8月札幌の財団の補助を受けて企画された［613］。シンポジウムは札幌市で2年ごとに行われる予定の長期に渡る一連の学術集会の第1回目で、その際、生物リズム研究に関する本間賞の受賞者を選考するため、最初の選考委員会が招集され、今後の方針が討議された。委員会の委員は（ユルゲン・アショフ委員長、廣重力（注46）、ブライアン・フォレー、マイケル・メナカー、コリン・ピッテンドリック）はピッテンドリックを除いてすべて出席し、将来のために目的と規定を定めた。ユルゲンとヒルデ・アショフはともに刺激を受け、楽しんだ。この会議以外にも、1週間南北海道を巡る旅をして、洞爺湖の湖岸にある本間慶蔵の美しい別荘に泊まり、気分を新たにした［614］。

1984年の最初の実りのある集まりの最中に、本間賞の選考委員会は「選考委員会の構成と規定」を最終的に財団理事会に提出した［615］。この規定が制定されてから間もなく、ジョセフ・タカハシ博士（ユージン、オレゴン、UAS）、マイケル・メナカーの以前の学生が最初の受賞者として委員会で選出された［616］。彼は1986年度の賞と副賞百万円を第2回「生物リズムに関する札幌シンポジウム」の機会に贈呈された。その時以来、本間賞と札幌シンポジウムが2年ごと繰り返し定期的に行われる催事となり、賞はシンポジウム

図10-7　アショフの名誉学位授与記念碑（1993年）。札幌市北海道大学キャンパス内

の会期中に授与された。1986年、ユルゲンとヒルデ・アショフ、そして私はそのシンポジウムに出席するため札幌を訪れた。それは、私にとって慶蔵と節子夫人をアショフとともに訪ねた唯一の機会であった。慶蔵は心優しい教養ある小柄な人物で、いつも黒いサングラスをかけていた。私たちが訪ねたのは彼の古い家で、そこで子供たちは成長した。今、その場所は色とりどりの花が咲く庭園となっている。その後まもなく、彼は精神病治療のための病院を拡張し、新しい建物を建てた。その5階、最上階は別の目的で作られた。本間夫婦は将来そこに引っ越す計画であった。全フロアーを占める広々とした「ペントハウス」には2つの大きなバルコニーがあり、外から見えない屋上庭園、暖炉、多くの快適な部屋、そして2機のエレベーター。1つは裏庭からの私的な出入口、もう1つは病院の4階とつながっていて、慶蔵と妻の節子がいつでも直接医療を受けることができた。

　1986年札幌への旅行の後、アショフと私は一緒に奈良に行き、アショフの以前の博士研究員であった奈良女子大学の登倉尋実（注47）教授が企画した学術集会に参加した。昔、日本の都であった奈良で、我々は荘厳な古い社寺をいくつか訪れた。その集会は、紀伊半島の山の中にある伝統的な日本旅館で行われた。我々は、4人連れで一緒に「温泉」、家の中にある心地よい熱い泉に浸かった。温泉に入った後、我々は「浴衣」、木綿でできた軽いマントを着て、あしの枝で編んだ「たたみ」の床に座り、大きなテーブルクロスを敷いた机で夕食を取った。学生や教員はアショフや私の背後から、2人の外国人客に敬意を示すために絶えることなく酒杯に酒を注いだ。その会合は、感動的な伝統体験であった。

　5年後の1991年8月、アショフと私は、アショフの娘のウリケ・フォン・エンゲルハルトと共に、第4回札幌シンポジウムに参加し、そこで彼は「時間隔離における気分と活動」を話した［617］。奈良滞在中に、我々は2度目の大安寺と、日独交流のために設置され、

図 10-8 本間さと、研一博士、東京、2006 年

非常に古くに作られたが今なお印象的な河野清晃住職の展示室を訪問した。

その間、私は 1990 年、コリン・ピッテンドリックが抜けた後、本間賞選考委員会の委員となった。ユルゲン・アショフ自身は 1995 年に委員を辞め、エバーハルト・グビナーと交代し、マイケル・メナカーが委員長となった。1993 年の第 5 回札幌シンポジウムに合わせて、ユルゲン・アショフに北海道大学から名誉学位が授与された（図 10-7）。彼はこの栄誉に答えて、「概日系の加齢」の講演を行った [618]。この機会に、彼は北海道大学のキャンパス内にある医学部の敷地に、ドイツから持ってきた菩提樹を植えた（注 48）。

本間賞と札幌シンポジウムの伝統は、北海道大学の本間グループの科学的評価で強化されていった。研一は卓越した若手研究者のグループを作り上げたが、その背後には優秀な彼の妻本間さと（注 49）博士の存在があった。さとは著名な癌医学者で札幌医科大学の学長であった和田武雄（1914 年～1999 年）[619] の娘である。研一とさと夫妻、ともに教授であるが、年余に渡って生理学的生物リズムの重要なブレークスルーに関与した。彼らは、動物だけでなく人についても、生物リズムの生理学の知識に多くの新しい洞察をもたらした。彼らはこの分野に多くの若い研究者を輩出させ、北海道大学医学部を時間生物学の新しい発見、展開の中心とした。両本間は 600 人を超える会員をもつ日本時間生物学会の共同創始者で、時間生物学会世界連合（WFSC）で重要な役を果たしている。

本間慶蔵は 1995 年、最愛の妻が死んだ 3 年後、80 歳で亡くなった。生物リズムに関する札幌シンポジウムは 20 年間にわたって隔年開催の実り多い伝統を築いた。私は幸運にもこのシンポジウムに 4 回参加することができた。1998 年アショフが死亡した後、これら

の活動を行ってきた本間生命科学財団はアショフ・ホンマ記念財団（注50）に変わり、2年ごとに授与される賞はアショフ・ホンマ生物リズム賞に名称を変えた。それは今日に至るまで生物リズム研究における憧れの賞として存在している。本間家は時間生物学の研究領域に持続的な影響力を示してきた。なお、本間研一とさとの娘で以前から耳鼻咽喉科医として活躍している本間あや博士が、最近本間家の第3世代としてこの研究領域に姿を現し、その伝統を豊かにしていることをあえて述べたい。

ヒルデの死

「お婆、あなたは母親だけでなく、全てだった」。フライブルグ・ヘルデン墓地にある1つの墓標に刻まれた簡素な文章に、アショフ家におけるヒルデの役割が余すとこなく示されている。彼女は最初から、アショフ家で生起したことの中心にいた。エーリング「城」の台所は彼女の領土であった。台所は、家族が、子供たちが集う所であり、友人や同僚が集まる場所で、会話が飛び交い、仕事が整理されるサロンであった。

話題は科学、文学、音楽、芸術、研究所、庭、人物に及んだ。彼女は、後年しばしば夫の講演を聞きに行ったが、科学に関しては夫に譲った。しかし、客は彼女の客であった。彼女の友人とそのつれあい、夫婦の子供達、同僚、研究所の客、音楽家、内外の無数の客、後年には多くの孫たち。豪勢な食事、そしていつも満杯の「城」の地下室から運ばれるファルツの白ワインとアンデックス・ビール以外にも、彼女はなおも多くのものを皆に与えた。上機嫌で、独創的で、そしてユーモアを交えて、また抜群の記憶力を示しながら、彼女は生活感に溢れた出来事を語った。彼女はいつもお客をもてなし、客と親せき、とくに子供たちのために献身した。

ティル・レネベルグはかなり経ってから、アショフの大家族と知り合った経緯（第8章参照）、また見てきた両親の生きざまを語った［500］。「お婆は、理論的でなく、観念的にしか描くことができない。お婆を知るようになったのは、彼女が53歳の頃だと思う。当時、彼女は身体的にはまだとても機敏であった。後年、彼女は少しばかりよろけるようになったが。彼女は会話の天才で、例えば、感情を会話に変換させることができた。彼女は言葉で遊戯的な付き合いができ、我々は皆そこに大きな親しみを感じた。私がまだ覚えているのは、彼女は、私が知っている他の母親と異なり、幸福で優しい母親の見事なまでの調和である。お婆は、本質的にとても思慮深かった。彼女を失ったが、何はともあれ、彼女の子供たちと共に、お婆の愛情はすばらしかったと褒めたい」。

頻繁な訪問のうちに、ヒルデの最も近くにいた友人はマンフレド・フォン・ヘラーマンことプーデルであった。1963年から3年間、彼は物理学と天文学の学士を得るまでキールで学び、次いで1966年にミュンヘン大学に移った。彼の姉のシルビア・マリオン（Sylvia Marion）はまたの名をシェクシェンといい、彼より先にアショフ家と親しくなって、彼を

図 10-9 ヒルデ・アショフ、1994 年頃（写真、フロリアン・アショフ）

エーリングのアショフ家に導いた。そこで、すぐにお婆と長いこと話し込んだ。それは終わりを知らない知的交流であった。「私は 1967 年春からアショフの家族に受け入れられた。私が来たとき、レアスは全寮制学校ションドルフにおり、ヒッキー（ウリケ）はミュンヘンで中国学を学び始めたところだった。私は週末は頻繁にエーリングに通った。私はヒッキーに大変好意を抱いており、ヒッキーも両親ととても親密だった。私はまったく特別な役割を演じ、よそ者であったが、彼らの 5 人の子供よりもわずかに年上だった。おそらくそれで私がお婆の特別な話し相手となったのだろう。それに加えて、私たち 2 人はとても気楽で、1 日に 2 本から 3 本のワイン瓶を空けることができた。それは 2 人にとっては、それほどのことでは無かった。週末には居間でお婆と話し、話し、話し続けた。本当は自分の事についてより正確に話さなければならなかったのだが、聞いて、聞いて、聞いて、いつでも私は聞き役となり、お婆の話を全てを受け入れ、吸収した。それは何年も続いた。彼女は非凡な人物であった。彼女は、一方では世界文学を読み尽くしており、他方では彼女はカオス的印象を与えた。しかし、彼女は全く明晰な人物である。私にとって、

お婆の思い出は終わりのない会話の断片であり、そしてその中のいくつが、夢か、おとぎ話か、あるいは現実か私が判らなくなることがしばしばあった。お婆は、まったく異なった考え方をし、議論をすることによって、私にとって絶対的に素晴らしい人物であった。今の人は、観念連合のねじれ思考と言うかもしれない。それは異なる世界であり、文学であり芸術などなどであった。彼女は数秒で、まったく素早く、あるテーマから別のテーマへと話を変えることができた。彼女が複雑で長い課題を正確に捉え、理解していたことを私は少しも疑っていない。この輝けるカオスは彼女の理解とは関係ない。彼女は単に卓越した技術でそれを描写しただけだ。何がそれに関わる現象か、あるいは例となるのか。彼女は気味が悪いほど頼りになる。彼女は約束の時はいつも分単位で正確であった。彼女には単純な優先順位があった。彼女はおそらく支離滅裂に、輝ける混乱を語ったが、この混乱の背後には知性が挿入されていた。彼女は簡単に多次元思考ができ、今風に言うと、平列した物を処理することができた、平列処理。

アショフ家に有名な逸話がある。アネッテが台所にいるお婆に近づいて、訪ねた。'人生で本当に重要なことは何だと思う'、お婆は'お爺に聞いたら。お爺は哲学を知り尽くしているよ'、'だめ、私、お母さんに聞きたいの'、'わかった。朝まだ床に横になっている時、神様よ、今日私はプラムを摘む必要があるかどうか考える。次に1番古いジーンズをはいて、プラムを摘みに行く。次に、大きな深鍋を持ってきて、かまどの上でその中にプラムを入れ、プラム・マーマレードをつくる。そして、プラムことはすっかり忘れてしまい、すべてを焦がして、台所はひどい臭いがする。次に、ヘルシングまで車を飛ばし、そこからSバーンに乗ってミュンヘンに行き、ラッズピーラー（注51）にあったら素敵な洋服を買う。それが人生で重要なこと'。

1970年、ヘルシングのペッペルのところで大きな夏祭りがあった。そこに私はアショフ家の皆と一緒に出掛けた。それは私の人生で、記念すべきまた多くの点で重要な1日であった。お爺は、早くに家に帰るつもりだったので、WMBの鍵を私の手に押し付けて、車でお婆を家まで送り届けて欲しいと頼んだ。アショフは私にとって尊敬できる人物だったので、この依頼を大変光栄に思った。私は夜遅くにお婆を忠実に送り届け、献身的な騎士の義務を果たし、彼の車でまたヘルシングに向かい、夏祭りに戻った。

この祭りの最中、ドロシーと知り合うことができた。彼女はペッペル夫人の親戚で（第2級の従妹）、この祭りに招待されていた。クリスチアーネ・ペッペル（Christiane Pöppel）はブローム生まれであった。彼女の一家はベネズエラでコーヒーを栽培していた。ロマンスが生まれ、私はドロシーのためにミュンヘンで生活することにし、ハンブルグのドイツ電子シンクロトロンの身分を再度放棄した。もう少し正確に言うと、私がその身分を捨てたのは、お爺が私のためにガルシングのマックス・プランク研究所の職を紹介してくれたからで、そこで核融合の学位研究をすることができた。

フライブルグの病院にお婆を見舞いに行ったとき、私は思った。我々は彼女をどうにか理解したいと。フライブルグの病床で彼女を見舞った時の唯一の印象は、彼女が止まることなく話していたこと、まるで映画の上映にように彼女の全人生を語るかのように聞こえた。私が明確に理解できた唯一の言葉はカーライルであった。彼女の母、ウラルテは別のカーライルで翻訳をしていた。お婆は、多次元で考えることができる人物であった。頭の中が混乱している。しかし、彼女は思考においては正しく、清明であった。私は、絶えず私の'細い糸'を彼女につなげていた。まったく緊密な結びつきであった。

　お婆と私の秘密の会話にはもう1つ思い出がある。多くの場合、朝に私が1番に台所に降りて行き、お茶を入れた。お婆は、私と同じように英国風朝食用のとても強いブラックのお茶が好きだった。倹約家のお爺には隠して、何杯のお茶を飲んだだろうか。お茶が終わってから、またお茶の葉の半分をお茶濾しから取り出して使った。お爺は常にたいそう倹約していた。しかし、彼は家族の会話には喜んで参加した。寛容は権利に勝る」[501]。

　1983年、エーリング「城」で大きなガラクタ市と、引き続く気に入らないインニングでの2年の生活の後、ヒルデの領土はノートバイラとフライブルに置かれた。ノートバイラでは、お婆はすべの住人を知っていて、村中を回って、元気にやっているか、家族とはうまくいっているか聞いて訪ねた。1993年、彼女は年老いた村長のアルベルト（Albert）を訪問した。「最後に来て、そして、ただ流れる液体を茶さじで飲んで、そしてあなたに言うだろう'ヒルデ、もうすぐあなたの番です'。誰れも生まれた時からそこに居ることを知らない」[620]。彼女はいつも寛大であり、子供に対しては特に大きな心をもっていた。彼女は子供たちにアイスを食べさせるために、村に連れていった。彼女は、まったく予想外のことを好んだ。雨が降って、子供たちがどこで遊んだらいいか判らない時には、彼女は土砂降りの中を、砂を台所に運び込み、子供たちはそこが砂場のように遊ぶことができた。エーリングでは、お婆は小さな子供たちがタンポンをネズミに見立てて遊ぶのが好きなことに気が付いていた。それである日彼女は予備用のタンポンを大量に買った。それで子供達はいつも遊ぶものを手に入れた。ある日、ユルゲンが同僚を家に連れてきて、階段のすべてが小さな白いネズミで占領されているのを見た。1994年8月、我々家族がウイーンに行き、ホフブルグで行われた第21回国際鳥類学会でアショフらに会ったとき、ツェデリーネ（＝ヒルデ＝フィリピーネ）とルートは我々の子供をプラターに連れていった。子供達がちょっと疲れた時、お婆は公園を走りまわっていた観光用の辻馬車をつかまえた。そして彼女は馬車を町の中を走らせ、「ハンガリーの王」、彼女とお爺が予約していた2階続きの居間と寝室の付いたホテルに着けさせた。ルートとお婆は昼寝をした。子供たちはその間、居間で遊ぶことを許された。

　お婆にとって、「教授夫人」とは別の役割を演じることにも喜びを感じていた。1987年8月、大きな第18回国際時間生物学会がデン・ハーグで開催されたとき、そこから私の妻

図 10-10　ヒルデとユルゲン・アショフ。ノートバイラ、散策道を家路へ、1990 年頃

　の見知らぬ客たちがグローニンゲンにやって来て、家でお近づきの食事を含む形張らない会合を持った。お婆は、この機会に台所に入り込み、青と白の格子縞のテーブル掛けを前掛けとして巻き付け、給仕娘のようにお客たちの使った皿を下げ、私がアショフ教授夫人と紹介するまで続けた。科学者たちは驚くとともに面白がった。彼女もそれを楽しんだ。彼女は形式ばらないことは何でも好んだ。1度、アネッテがお婆に異なる色の3足の靴を贈った（赤、青、緑）。それは左と右を別々に履くことが出来た。お婆は、しばしば左足に赤の靴、右足に緑の靴を履いて現れた。

　1997年、ユルゲンもヒルデと同じように次第に健康を損ねていった。1996年のクリスマスの直前、ユルゲンは皮膚がんの疑いで、簡単な手術を受けにフライブルグの病院に入院した。検査報告でこの疑いが覆ったので、ユルゲンは家族と共にノートバイラでクリスマスを祝った。新年にフライブルグに戻り、彼は再度病院でいつものように治療を受けた。今回は激しいめまい発作であった。医師達は苦痛を伴うこの病状の原因を見つけることが出来ず、数日後にお爺は帰宅した［621］。6月に症状が再発し、彼は6月28日もう一度、今度はファルツのダーンにある病院の救急治療病棟に入院した。そこで、穿孔性十二指腸潰瘍と診断され、彼は治療を受けなければならなかった［622］。

　アショフは、この年の時間生物学ゴードン・カンファレンス（9-16日、8月、1997年）の座長であったジーン・ブロックと、会議に参加してピッテンドリックの追悼講演をする約束をしていた。5月、彼の妻の健康状態が悪く、一緒に旅行できることが不可能になっていた。お爺は代わりに私に同伴してくれないかと頼んだ。それは彼女が出した条件で、さもなければ彼を行かせなかっただろう。私は同意するしかなかった。それはチューリッ

ヒまで行き、アショフと一緒にスイスからボストンにビジネスクラスで飛ぶことを意味していた。私は喜んで了解したが、結局1人で行くことになった。というのは、お爺自身が健康状態を理由に断らざるを得なかったからである。私は、アショフが作成したピッテンドリックについてのポスターを持っていき、ポスターセッションでそれを説明した。ジーン・ブロックはその間生物リズム研究会（SRBR）の会長となり、後にユルゲンにもう一度、1998年5月のフロリダ、アメリアアイランドで行われる学会でピッテンドリック講演をして欲しいと頼んだ[623]。アショフはまたしてもこの招待を断わらざるを得なかった。「6月／7月に体調を崩して、少しは良くなったが、まだ十分に回復しておらず、'馬力'が出ない。たとえ今の速度（ゆっくりとしたもの）で回復したとしても、来年の5月に米国を訪れることが可能かどうか、はなはだ疑わしい。現時点では、講演に関するいかなる義務も負うことはできない」[624]。この時も、私は彼の任務を引き受けた[625]。

　1997年10月の始め、アショフ夫妻はノートバイラの別荘に戻り、そこでキイチゴを摘み、栗を拾って、秋を楽しんだ。9月、ヒルデはそこでアネッテの50歳の誕生日を楽しく祝った。そのあと、ヒルデは原因不明の痛みを覚え、28日に急きょフライブルグに戻り、再び病院に入院した。医師たちは、大動脈の動脈瘤を疑い[626]、直ぐに手術をした。患者は手術をよく耐えたように見え、話しかけに答えられるようになった後、次第に混乱して、絶え間なく話し始めた。医師たちは、「通過症候群」だと言った。子供や友人が交代でフライブルグの病院に来て、お婆の寝台のそばに座り、昼夜を問わず見守った。1月後、彼女の状態は目に見えて悪くなり、肺炎を併発し、腎は機能しなくなった。彼女は人為的に無意識の状態におかれ、救急治療室で気管切開を受けた。11月9日、クリストフの妻、アンジェラが我々に電話をかけ、ルートとエヴァにフライブルグに来てほしいと言った。ルートは、フライブルグに1週間滞在後、オランダに帰る長距離列車の中でお婆に宛てた最後の手紙でその印象を書いている。「お婆が救急治療室に入ってから、私たちはあなたの事を心配しただけでなく、あなたのどの臓器を心配しなくてはならないか話した。1つは腎臓で、次は肺で、3つ目は腹部で、4つ目が胃。直ぐにあなたの事だけを心配すればよくなることを願っています。なぜなら、誰かがあなたを怒らせるから。すべての愛を。口づけを。あなたのルート」[627]。

　患者の傍で多くの人達が温かく見守っていたが、結局命を救うことは出来なかった。予想された悲しい最後は12月2日に来た。1997年12月6日の土曜日、輝くばかりの空の下で、葬儀が行なわれた。ノートバイラの村の小さな教会でのお葬式で、棺の中にはお婆と伴にさらなる旅に持っていく捧げ物、彼女が好きだったトリストラム・シャンディー、リースリングワイン、リースリングカールとその他の物が入れられた。家族の音楽仲間、ストプシー（セロ）、ブンドシュー（バイオリン）、クラウス（ホルン）そしてリチャード（オーボエ）が葬送曲を弾いた。彼女の19人の孫のうち6人、エドリアン、ロビン、ニコラス、

> **Hilde Wilhelmine Aschoff**
> geb. Jung
> *18. 7. 1918 † 2. 12. 1997
> Die Alte – Sie war ganz doch nicht zu sehr Mutter
>
> Jürgen Walter Ludwig Aschoff
> Sabine Netzer, geb. Aschoff, und Axel Netzer
> Christoff Bernhard Aschoff und Anjella Aschoff, geb. Scheibler
> Ulrike von Engelhardt, geb. Aschoff, und Dietrich von Engelhardt
> Andreas Parasol Aschoff und Anna Petri
> Annette Laborey, geb. Aschoff, und Jean-Francois Laborey
> Florian Ludwig Benjamin Aschoff
> Neunzehn Enkelkinder und eine Urenkelin

図 10-11　ヒルデ・アショフの死亡通知

ヴァレンチン、ヤコブ、ベンジャミンが墓地まで棺を担いだ。墓地で埋葬の際、祖父のベンジャミンの頭蓋骨と骨と、彼の妻の「ウラルテ」の骨つぼが見つかった。凍えるような寒さの中（− 8 ℃）、我々は最愛の母親に「母親だけでなく、全てだった。」（図10-11）と、フライブル・ヘルデルン墓地に立つ墓石に合わせて、別れを告げた。

11章　ノートバイラの墓標（1997-1998）

悲嘆と悔恨

　そしてお爺はどうだった、私はティル・レネベルグに訊ねた。返事はすぐ来た。「彼がまともに老いるまでは、肩越しに子供達を見ていた。運動は全く駄目だったが、早くから芸術を志していたフロリアンがまさにそうであったように、アショフはしばしばとても辛くあたった。お爺がお婆によって擁護されたのは、彼のプロイセン風の原理主義的方法であったと思う。彼女は人間性について、おそらくかなり早くからそれとなく彼に諭していた。ユルゲンは人間の在り方について夢中で彼女から学び、盲目的に信頼していたとの印象がある。彼はクリスチアーナとの間に何かあったのではとの噂が絶えずあった。お爺は女性に甘かったことは確かだ。しかし、私はこの2人のご老人のように互いに依存しあった夫婦は知らない。それは、彼女が死んだときに気が付いた。お婆が死んでは、お爺はもはやこれ以上生き永らえることはできないだろうと思った」[500]。

　彼がなお生き延びたのは、わずか10カ月間であった。たとえ短期間であっても、それは彼にとって楽な時間ではなかった。妻の死は彼に深い衝撃を与えた。彼はしばしば突然涙を流した。私はそれをもっと早い時期にみた。1997年3月、ハレで欧州生物リズム学会の集会の後、何人かの友人と居酒屋に行った時の事である。そこでアショフは何らはっきりとした理由もなく泣き出し、慰めることもできなかった。彼は感傷的な人物である。アショフは結婚生活の多くの日々、たとえ過去のことであっても、必ずしも妻に誠実ではなかった事の記憶に苛まれた。それは決して長く続くものではなく束の間の恋の戯れ、それをヒルデにはかろうじて隠しておき、夫婦は本質的にお互いに追い詰めないものと理解していた。「ホルモンがまた跳ね回っている」、彼女はしばしば何か嘲笑的に話した。今、ユルゲンは自分の不誠実さを悔やんでいる。ユルゲンは若いころから女性にもてた。彼の学生時代の友人であるギュンター・レーメン（Günter Lemmen）は、1942年にケーニッヒスブルグの国防軍兵舎から6頁に渡る手紙を出して、ユルゲンの婚約報告を「… 2重の意見でぐらつかせた。1）2人の魂の調和が人生の進行といつも同じリズムである事の喜び、2）しかし誠実に言えば、少なくともこの分野では、君よりもはるかに抜きんでて勝つことを密かに願っている。とりわけ重大なのは、時とともに薄れゆく思い出の中で、君は多くの点で秀でた二枚目で、数多くの恋愛経験では私より優れている … 」[628]。お婆の死後、ユルゲンは止む事の無い罪の意識に打ちのめされていた。ヒルデは、ハイデルベルグ時代から彼の脱線に苦しんできた。この時期、アネッテ（1947）とフロリアン、最後の子供（1956）との間に3回の流産があった。「お爺は閨事のためだけに私を必要とした。そして、私は何回も妊娠した」、と彼女はルート・ホーエに一度打ち明けた[506]。後に、ヒルデはむし

図 11-1　ノートバイラ。野イチゴを摘みに出かけるユルゲン・アショフ

ろ哲学的になり、もはや嘆くことはなかった［123］。研究所でどう対処したか、プーデルが説明した。「研究所に特別かわいい助手が来て、何かが起こっていると気付いた時、お婆はその女性を毎日台所に招待した。およそ10日後には、お爺は、彼女は退屈だ、神経に触ると、興味や好奇心は薄れて、問題は解消した」［501］。

　お爺の脱線は、ヒルデに対する敬愛の念が消失したことを意味しない。マンフレド・フォン・ヘラーマン（別名プーデル）はいつだったかお爺に、貴方は米国で「人生の中で最も賢い女性と知り合った」と言った。それに対しお爺の答えは、「それはない。世界で1番賢い女性はお婆だ」。プーデルは述べる、「お婆はいつも狂人が見せる様な鋭い直感で、まずその人の資質を、次いで人格をみる。私の考えでは、彼女は単に虚勢を張っている人と、実質的な何かもっている人をいつも区別している。私の眼には、彼女が直接判断を下すことが重要なのだと映る。私はそれを体験した。お爺は、地域奨学生の世話人として、ドイツ国民の奨学金に責任があった。それを受け持っている間、彼は住居を拡張し、多くの新しい奨学金希望者をエーリングに招待した。学生達はそこで夜だけでなく、週末も過ごした。その際の主たるねらいは、お爺が奨学生達を彼の妻に紹介し、彼女は後であれは'良い'、あれは'良くない'と品定めすることであった。それはもちろん極めて要領を得ていないように思える。しかし主たるポイントは、お爺は彼の妻を完全に信頼していたと云う

事だ。彼女は、他人の評価でみせたように、人の心を把握することに長けていたことは明白であり、それ故彼女はユルゲンにとってあらゆる物の尺度であった。彼は妻に何時も全幅の信頼を置いていた。この様に、お爺は奇妙な混合物であった。一方では権威ある科学者であり、他方では盲目的な愛を、例えばボーイスカウトに示した。それでお婆はいつも繰り返し、お爺がいわゆる'馬鹿げたこと'を大げさに言い触らす事や、青年運動の気質を曲りなりにも支持していた事を嘲笑していた。彼は、村のそして地方の楽団や似た様な物をも偏愛した。研究所に急ぐために、彼がしばしばいかに軽い足取りで台所から出てきたかを思い出す。その時、お婆は愛情を込めて言った。「お父さん、今日もまた大切な事があるのですか」。お爺は静かに、私はノーベル賞受賞者を周りに集めることに一役かったと述べたことだけを付け加えよう。お婆は、その総てに感心しなかった。彼女は、ユルゲンの足が地に付いているかいつも心配していた。彼は偉そうな顔をすることはしなかったし、そうすることは許されなかった。お婆は見栄を張った人は嫌いであった」[501]。

　ヒルデが死んだとき、ユルゲンに多くの時間が残されていない事は明らかであった。彼は、過去に浸り、家族の記録と思い出を子供達のためにまとめて、それを必要に応じてタイプし、すべてを6部コピーして、子供たちに1部ずつ残した。1997年のジルベスター（大晦日）に彼は最初の4冊の束を仕上げた。＃1．ヒルデ・ウィルヘルム・ユング（エリー・ユングの記録）、＃2．ユルゲンへの日記、彼の母親クララが書いたもの（1914年5月～1923年1月）、＃3．生まれたばかりの娘、ザビーネ宛の父親からの手紙（1943年7月15日）、＃4．ヒルデ・ユングとユルゲン・アショフの間で交わされた全ての書簡（1941年4月3日から12月27日；後に1942年まで追加された）。引き続き、彼はまだ少ない収集物を1998年に71束まで広げた。加えて彼は、ひと月の間ほとんど毎日、フライブルグの大きな事務机の前、本が詰まった本棚と書類綴じの間に座っていた。ユルゲンが子供達のためにまとめた記録の遺品が彼の伝記を書くための豊富な資料となった。収集物は様々な分野の記録を含んでいた。例えば、ポーランドの戦場にいた時の両親との往復書簡（1939年；＃30）、ブラネンブルグにいた時（1945年；＃63）とヴィルツブルグにいた時（1947/1949年；＃64）のヒルデとの往復書簡、ゲッチンゲン大学新聞への寄稿文（1945-1949年；＃18-21）。ゲッチンゲンやハイデルベルグでの子供達の思い出、両親や姉達の思い出（＃06、07）、身分証明書、各種証明書、評価書など（＃66）。毎年新しく作成され、しばしば多国語が書き込まれたアショフ家の新年の挨拶状（＃08、図11-2）、そしてその他多くの物。彼は、ヒルデと彼が好んで読んだ本をまとめた長いリストを作った。ユルゲンが収集物に加えなかったものに、1930年代の恋文が入った大きな段ボール箱、その時代にちやほやされた若い娘達が彼に宛てて書いた手書きの書簡。

　アショフは晩年を過去に深く浸って生きた。この年は、伝統的な家族の新年の挨拶状はなかった。彼には書く気持ちが失われていた。1998年1月25日彼の85歳の誕生日の後、

図 11-2 アショフの新年の挨拶状、1965 年

彼はしなかった伝統を取り戻した。彼は友人達に、1942年4月の花嫁のヒルデにあてた彼の初期の手紙 [144] から抜き出した「統一ヨーロッパの予想」を送った。その中で彼は、当時のゲッチンゲンの学生に述べたある式辞を引用している。「益々強く団結しつつある民族がさらに前進するためには，組織的連携が必要であることは云うまでもない。1866年は多くのオーストリア人にとって「ドイツ国家」の概念が憎しみから最も憎むべきものに変ったかも知れない。新しい国家がどの様にして自然とまとまってくるか、短期間で気づくことはほとんどない。この国家にとっての条件は、苦労して時には強制的に小国家群から北ドイツ関税同盟を凌ぐほどに成長することであった。正に、ヨーロッパ関税同盟が成立し、そしてそこからさらに統一的な組織体が現れるだろう。今日、急行列車が走ることにより、昔は小国家の国境ごとに関税を支払っていた事がいかに馬鹿げていたかが判る。正に同じ様に、我々世代の多くが、ヨーロッパ内で国境が無くなることを想像できなかった事を、孫達は嘲笑するだろう。ルードウィヒ・アショフが2000年の週末にクレタ島に飛んだとき、歴史的な地域の国境を気にするだろうか」[629]。

　5月、生物リズム研究会の第6回学術集会で「コリン・ピテンドリック講演」をして欲しいとの米国からの招待を、アショフは健康上の理由で断らざるを得なかった。私は、この講演をアショフに代わってすることを頼み、1998年5月9日フロリダのアメリアアイランドで「コリン・ピッテンドリック、ユルゲン・アショフ、そして概日系の自然界における同調」を話した [625]。1998年、ユルゲンはなおフライブルグとノートバイラの別荘を

行き来していた。7月1日、彼はノートバイラで左半球の脳梗塞に襲われた。彼は伯父のヤコブによってダーンの聖ヨセフ病院に運ばれ、そこで医師達は右腕、右顔面を含む重篤な半身麻痺と診断した。彼は半球性の失語症となったが、まだ一言二言は話すことができた。症状が改善する気配が無いので、彼は7月17日退院し、フライブルグの家に戻り家族の看病を受けた。そこでも彼の状態はほとんど変化しなかった。25日、私は家族と共に休暇旅行でエッシェンホフを短時間訪問した。アショフは、居間の患者用寝台に言葉も動きもなく寝ており、彼の顔にはしわがなかった。彼はテレビでフットボールを見ていた。ザビーネが父親に点滴をしていた。我々はもはや彼と会話する事はできなかった。ただ、我々が部屋を出ようとしたとき、彼は1番年下の娘ハナに「ではまた」と一言言った。生きている彼を見たのはそれが最後であった。

8月2日、アショフはフライブルグ大学病院の神経科クリニックに入院した。しかし、何ら改善はなかった。主治医であるリッキング（C. H. Lücking）教授の退院報告書には、患者は顕著になった神経学的欠陥で抑うつ的になり、非協力的であったと記載されていた［630］。それで、アショフは8月14日に退院し、エッシェンホフに戻った。彼の半身は麻痺したままであったが、子供達の、特に3人の娘と1人の専門的な介護者による献身的な看病があった。ルート・ホーエ・ダーンも10月3日フライブルに来て、4日間介護に参加した。11日、アショフは新しい脳梗塞に襲われた。翌日、父親のルードウィヒが書斎として使っていた部屋の寝台の上で、ユルゲンは息子のフロリアン（42歳）と介護者が見守るなか目を閉じた。その日は、今年度のノーベル医学生理学賞の受賞者に賞が渡される日であった。アショフは何度も推薦されたが、白羽の矢を立てられることは無かった。

葬送の行進

ユルゲン・アショフは85歳で亡くなり、6人の子供、19人の孫、1人のひ孫を残した。娘のアネッテは10月12日、我々に直接電話して父親の死を伝えた。4日後、我々はノートバイラに向かい、途中子供達と落ち合った。そこには、葬式に参列する家族、友人、同僚がおり、我々は深夜近くに到着した。10月17日土曜日の朝、国内外の客、エーリングの研究所の職員から、日本から来た義理堅い本間研一とさとまで、小さなノートバイラの教会に集った。我々の多くが村の友人の中に割って入った。村の若い牧師は前に進み出て、なすべきことを成した。彼は、アショフが人間にも体内時計があることを発見し、「単に、光と闇に反応する動物とは異なって」（生物学者は苦笑い）と語った。ブンドシューがバイオリンを感動的に弾いた。秋の太陽が輝いていた。墓地につながる道を、アンドレアスが3人の音楽家を先導し、バンジョ、サクソフォン、クラリネットが我々の前を行進した。彼らは歩きながら、ルイス・アームストロングの葬送行進曲の悲哀を込めた最初の部分を、墓地に着くまで何回も繰り返し演奏した。曲は多くの参列者の涙をそそった。息子のアン

図11-3　ユング家、アショフ家の墓石、ノートバイラ墓地

ドレアスが棺を乗せた荷車を押し、その中に納まっている父親を山の斜面にある小さな墓地まで運んだ。棺が家族の墓に下され、土、花、涙がその上を覆ったとき、我々は村に引き返した。帰りは葬送行進曲の快活な第2部の伴奏で、村に着くまで口ずさんだ。「When the saints, go marching in」。それは秋の気配がする国境近くの小村での悲しい体験であった。その後、集団は徒歩でフランス国境を越えてギンフェルホフに向かい、そこでグーラッシュを食べ、リースリングカールを飲んだ。家族の墓の上に、若いアショフは後に大きな標石を記念碑として建てた（図11-3）。

遺産と評価

ユルゲン・アショフの死後、彼を彷彿とさせる遺産と機会があった。フライブルグの家はユルゲンの長男であるクリストフに譲られたが、最年少のフロリアンが住居として使うことと老齢年金として利用する条件が付けられていた。だが、フロリンアンは長く生きなかった。彼は2000年6月5日、イエナの病院で死亡した。ノートバイラの別荘はアショフの娘のウリケ・フォン・エンゲルハルトに贈られ、今日まで維持され、両親のすべての子孫が別荘として使用する事になった。クリストフとアンドレアスは、私が時間生物学の遺産、本、別刷り、書簡を得ることを承諾した。それらを使って、私が何時かこの本を書くことができるようにと。

葬儀が終わった日、本間研一とさとはノートバイラに泊まった。彼らは、翌年札幌でアショフ追悼シンポジウムを開催することを計画し、アンドレアス・アショフ、ティル・レ

ネベルグそして私を講演者として招待した。第8回生物リズムに関する札幌シンポジウムは1999年8月10日から12日まで開催された。そこでは、時間生物学分野の構築におけるユルゲン・アショフの貢献と役割が、彼の発表論文リスト［8］や日本との多くの交流の概要［631］、行動生理学研究所アショフ部門の初期の思い出［350］ともども紹介された。会議の期間中、第7回本間賞がスティーブ・ケイ博士（Steve Kay）（スクリプス研究所、ラ・ホヤ、カリフォルニア、米国）に授与された。彼への祝辞の中で、研一は2001年の札幌シンポジウムから、この賞を「アショフ・ホンマ生物リズム賞」と名付けることを予告した。この賞はその後何年も続いている。札幌シンポジウムを2年ごとに主催し、この賞を贈呈する本間生命科学財団も、「アショフ・ホンマ記念財団」と名称を変えた。

ユルゲン・アショフの追悼文が、Nature［632］、バイエルン科学アカデミー年報1998年［633］、マックス・プランク研究所年報 1999年［634］、Current Science［635］、Chronobiology International［636］、J. für Ornithologie［637］、The Ibis［638］そしておそらく他の雑誌にも掲載された。このすべてが、アショフがなした新しい科学分野、時間生物学の発展に於る重要な役割を強調していた。彼自身は、この分野を境界がはっきりした、独立した原理をもつ科学とは見ておらず、回転する天体上に進化した周期的な時間構造（日、月齢、年）への適応として、生命の時間的組織化に関係する研究課題の領域と考えていた。この課題は、生理学、解剖学、遺伝学、分子生物学、生態学、進化研究、その他の従来の研究領域を横断するものである。コリン・ピッテンドリック、エルビン・ビューニングと共に、ユルゲン・アショフは生命の時間的組織化の研究における基本的概念と解析方法の確立に献身した。彼はそれらによって、また知性とユーモアによって、同僚に対する友情的支援によって、その闊達な人格によって、新しい研究世代にこの研究テーマに没頭することを鼓舞した。

彼の生涯を振り返ってみると、ユルゲン・アショフは晩年に、自分の科学的業績は父親の影に隠れていたとよく述べた。父親は息子にとって常に基準である。ルードウィヒは1917年から1936年にかけて、ノーベル医学生理学賞に9回推薦されている［639］。受賞候補者は50年後に初めて明らかにされるので、ユルゲンに関してはまだ公開されていない。彼が少なくとも6回はその賞の受賞者に推薦された事が（262頁参照）、2050年頃に明らかになるだろう。この観点からすれば、1920年に7歳の子供が「だから僕も超有名人になるんだ」（32頁参照）と決心したように、息子は有名な父親の背後に隠れたとは言えない。名声は消え去る。残るのはユルゲン・アショフが他の人と共に基礎を作り、今や世界中の多くの研究者をして新しい発見へと駆り立てている生物学的リズム研究という、急速に発展している新しい学問分野である。残るのは、一家の後継世代と同じように、拡大家族の後継科学者達の人生を惜しみなく豊かにさせた2人の「ご老人」、類稀なる夫婦の思い出である。

補　足

ユルゲン・アショフの栄誉

1958	マックス・プランク研究所：科学委員
1972	ハーバード大学、米国：アレキサンダー・アガシー動物学客員教授
1972-1976	マックス・プランク研究所：生物医学セクション座長
1976	米国鳥類学連合：研究員（Corresponding Fellow）
1976	イタリア実験生物学会：名誉会員
1977	ウメオ大学、スウェーデン：名誉学位
1978	ドイツ自然科学アカデミー 'レオポルディーナ' ホール：会員
1978	カリフォルニア大学、デービス、米国：トラシー＆ルース・ストラー講演者
1980	ワシントン大学、シアトル、米国：ジェシー＆ジョーン・ダンツ講演者
1980	ブリストル大学、英国：コルストン講演者
1981	米国鳥類学連合：名誉研究員
1982	ユストゥス・リービッヒ大学、ギーセン：名誉学位、人類医学
1983	英国鳥類学連合：名誉会員
1984	バイエルン科学アカデミー：会員
1985	ドイツ生理学会：名誉会員
1986	欧州時間生物学会：名誉会員
1991	ドイツ鳥類学連合：名誉会員
1994	チェコスロバキア科学アカデミー、プラハ：グレゴール・メンデルメダル
1994	北海道大学、札幌、日本：名誉学位、医学

アショフ・ホンマ賞（受賞者一覧）

1986	Joseph S. Takahashi (Howard Hughes Medical Institute, USA)
1988	Terry L. Page (Vanderbilt University, USA)
1990	Jay C. Dunlap (Dartmouth College, USA)
1993	Till M. A. Roenneberg (Universität München, Deutschland)
1995	Takao Kondo (Nagoya University, Japan)
1997	Russel G. Foster (Imperial College, School of Medicine, UK)
1999	Steve A. Kay (University of California, USA)
2001	Hajime Tei (University of Tokyo, Japan)
2003	Paul E. Hardin (Texas A&M University, USA)
2005	Charlotte Helfrich-Förster (Universität Regensburg, Germany)
2007 HP	Yoshihiko Chiba (Yamaguchi University, Japan)
2007 HP	Hiroshi Kawamura (Mitsubishi-Kasei Inst. Life Science, Japan)
2009 HP	Tsutomu Hiroshige (Hokkaido University, Sapporo Japan)
2009 HP	Michael Menaker (University of Virginia, Charlottesville, USA)
2012	Ueli Schibler (University of Geneva, Schweiz)
2014	Carl H. Johnson (Vanderbilt University, Nashville Tn, USA)
2016	Johanna H. Meijer (Leiden University, The Netherlands)
2016 HP	Serge Daan (Groningen University, The Netherlands)

アショフ・ルーラー（受賞者一覧）

(GRC＝時間生物学ゴードン・リサーチ・カンファレンス：SRBR＝生物リズム研究学会)

1991 GRC	Iress, Germany	Maroli K. Chandrashekaran (Madurai, India)
1992 SRBR	Amelia Island, FI, USA	Jeffrey C. Hall (Cambridge, USA)
1993 GRC	New London, NH, USA	Johanna H. Meijer (Leiden, Netherlands)
1994 SRBR	Amelia Island, FI, USA	Stephan Michel (Frankfurt, Germany)
1995 GRC	Barga, Italy	Takao Kondo (Nagoya, Japan)
1996 SRBR	Amelia Island, FI, USA	Jennifer J. Loros (Dartmouth, USA)
1997 GRC	New London, NH, USA	Charalambos Kyriacou (Leicester, UK)
1998 SRBR	Amelia Island, FI, USA	Till Roenneberg (Munich, Germany)
1999 GRC	Barga, Italy	Michael Menaker (Charlottesville, USA)
2000 SRBR	Amelia Island, FI, USA	Sato Honma (Sapporo, Japan)
2001 GRC	Newport, RI, USA	Charles A. Czeisler (Cambridge, USA)
2002 SRBR	Amelia Island, USA	Serge Daan (Groningen, Netherlands)
2003 GRC	Barga, Italy	Charlottes Helfrich-Förster (Regensburg, Germany)
2004 SRBR	Whistler, Canada	Martha Merrow (Groningen, Netherland)
2005 GRC	Newport, RI, USA	Martin Zatz (Bethesda, USA)
2006 SRBR	Sandestin FI, USA	Anna Wirz-Justice (Basel, Swizerland)
2007 GRC	Aussois, France	Michael Hastings (Cambridge, UK)
2008 SRBR	Sandestin FI, USA	Michael Rosbash (Boston, USA)
2009 GRC	Newport, RI, USA	Hitoshi Okamura (Kyoto, Japan)
2010 SRBR	Sandestin FI, USA	Louis Ptacek (San Francisco, USA)
2011 GRC	Barga, Italy	Elisabeth Maywood (Cambridge, USA)
2012 SRBR	Sandestin FI, USA	Amita Seghal (Philadelphia, USA)
2013 GRC	Newport, RI, USA	Ueli Schibler (Geneva, Switzerland)
2014 SRBR	Big Sky, Mo, USA	Susan Golden (San Diego, USA)
2015 GRC	Caldes de Malavella, Spain	Andrew Millar (Edinburgh, UK)
2016 SRBR	Palm Harbor Fl, USA	Kaitja A. Lamia (La Jolla, USA)
2017 GRC	Stowe, Vt, USA	Luis F. Larrondo (Santiago, Chile)

SRBR 学術集会におけるピッテンドリック・アショフ講演

1998-05	Amelia Island, FI, USA: Serge Daan (Groningen, NL): Colin Pittendrigh, Jürgen Aschoff and the natural entrainment of circadian systems. JBR 15-3: 195 (2000)
2000-05-13	Amelia Island, FI, USA: J. Woodland Hastings (Harvard, USA): Fifty years of fun. JBR 16-1: 5
2002-05	Amelia Island, FI, USA
2004-06-25	Whistler, B.C., Canada: David Klein (NIH, USA): Theory of the origin of the pineal gland - A tale of conflict and resolution. JBR 19-4: 264
2006-05-25	Sandestin, FI, USA: Michael Young (Rockefeller Univ. USA): New roles for old proteins in the Drosophila circadian clock. JBR 22-4: 283
2008-05-21	Sandestin, FI, USA: Ueli Schibler (Geneva, Switzerland): Peripheral phase coordination in the mammalian circadian timing system. JBR 24-1: 3
2010-05-26	Sandestin, FI, USA: Michael Rosbash (Brandeis, USA)
2012-05-23	Sandestin, FI, USA: Joseph S. Takahashi (Univ. Texas, USA)
2014-06-18	Big Sky. Mo. USA: William R. Schwartz (Univ. Mass., USA): Interlocked clocks
2016-05-25	Palm Harbor, FI, USA: Susan Golden (Univ. California San Diego, USA): The time of our (Cyanobacterial) lives: elucidating the Kai oscillator.

謝辞

　この伝記の記述と準備は、ユルゲン・アショフの遺産の中から数多くの文書類を存命の4人の子供達、クリストフ・アショフ博士（ミュンヘン）、アンドレアス・アショフ博士（イエナ）、ウリケ・フォン・エンゲルハルト（カールスルーエ）、そしてアネッテ・ラボレイ（セーヌ・ポート、フランス）からの寛大な委託で可能となった。それには、科学文献と20世紀全般にわたる家族記録としての証明書類を含んでいる。4人全員の了解を得たのち、これらの文書類をベルリンにあるマックス・プランク研究所のアーカイブに委ねたいと思っている。

　加えて、以下の方々（面談した時間順）から、デジタル化した個人インタビューを得、伝記に不可欠なものとなった：アンドレアス・アショフ博士（イエナ 2012-07-03、ノートバイラ 2013-10-20）、クリストフ・アショフ博士（ミュンヘン 2012-11-15）、エルンスト・ペッペル博士（ミュンヘン 2013-05-04）、ハンス・ライン博士（ラーデンブルク 2013-05-06）、レナーテ・ヴェーファー（エーリング・アンデックス 2013-08-23）、ヘルガ・グビナー、ヘルベルト＆ブリギッテ・ビーバッハ博士（ヴィーダーベルグ 2013-08-23）、ライマー・ルント博士（ミュンヘン 2013-08-24、パーテルスボルデ 2014-12-07）、ディートリッヒ・フォン・ホルスト博士（電話、ベイルート 2014-02-26）、本間研一博士（札幌 2014-08-01）、フレッド・チュレーク博士（タリン 2014-09-19）、ゲラルド・フェルドマイアー博士（フランクフルト 2014-10-14）、ウリケ・フォン・エンゲルハルト（カールスルーエ 2014-10-15）、ユルゲン＆ウラ・クリーベル博士（ウルム 2014-10-18）、ヘンドリック・ヘック博士（クロイツリンゲン 2014-10-19）、ユルゲン・ツライ博士（スカイプ、レーゲンスブルグ 2014-12-03）、ティル・レネベルグ博士（プリエール 2015-02-01）、ヨゼフ＆アネミー・バウエル（パイゼンベルグ 2015-02-03）、ウルフ・シーフェンヘーベル博士（パーテルスボルデ 2015-02-19）、カール・H・ジョンソン博士（ナッシュビル 2015-05-25）、テリー・A・ページ博士（ナッシュビル 2015-05-25）、アネッテ・ラボレイ（セーヌ・ポート 2015-06-11）、レオノーレ・カンドラー（オベルビベルグ 2015-09-11）、ディートマー・ホルスター（オベルビベルグ 2015-09-11）、ティルマン・スペングラー（ベルリン 2016-03-17）、マンフレッド・フォン・ヘラーマン博士（パーテルスボルデ 2017-01-03）。両'ご老人'に関した思い出を分かち合うため私に話してくれたこと、それらを私が何度も引用できたこと対して、すべての方に心からお礼を申し上げる。

　また多くの友人が個々の章を丁寧に読み、訂正を提案してくれたことにさらなる感謝の意を表したい。特に、この謝意は次の方々に捧げられる：ウリケ・フォン・エンゲルハルト、ドロシー・フォン・ヘラーマン、エヴァ・ボルチャット、ルート・ホーエ・ダーン、キース・ゾルグドラッガー、ベルテ・ダーン、アネッテ・ラボレイ、モリッツ・ダーン、ハナ・ダーン。

注釈

1. ラウエンブルグはホルシュタインの南方にある伯爵領である。
2. しばしば祖父母の本（32）から引用される。それは主として正確な日付の入った書簡とクララの韻文、毎年多くの場合クリスマスまでのルードウィヒ・アショフによる年報を含む。
3. その学長公館はバーデンから保護領主フリードリッヒ2世大公に、純粋に形式的に引き渡された。学長代理は本来学長と同じである。
4. 私はアショフと共にこの寺と彼を教え諭した河野住職を1986年と1991年に訪れているが、2回目はアショフの娘であるウリケ・フォン・エンゲルハルトが同伴した。
5. オーガスト・ライヒェンスペルガー（1878-1962）、生物学者、1928-1949年の間ボンで動物学の正教授であった。
6. ハインリッヒ・マチアス・コーネン（1874-1948）、物理学者、1929年と1931年にボン大学の学長であり、1934年国家社会主義に対する反対者として退職に追い込まれた。
7. ポール・ファイファー（1875-1951）、化学者、1922年以来ボンの化学主任教授。
8. 小堡塁―ライン河岸―は学生組合アルマニアの家。
9. ウィルヘルム・ツェーレン（1883-1964）病理学者、1925年以来ボンの病理学正教授。自由主義者で、国家社会主義ドイツ労働者党（NSDAP）の党員ではない。1933年学部長となる。1年後にNSDAPに反対して辞職する。
10. フィリップ・ステール（1894-1979）、解剖学者、1927年以来ボンの私的主任教授で1935年まで解剖学研究所の正教授かつ所長であった。NS-講師連盟の会員であったがNSDAP党員ではない。
11. ジュリアス・ウルリッヒ・エベック（1883-1960）、1924年以来ボンの生理学正教授。国会社会主義の追従者ではなく、その党に投票したことはない。
12. きつね仲間、同じ学期に学生組合で活動家になった仲間。
13. この事件で、ヒットラーは突撃隊（SA）隊長エルンスト・レームと約90名の彼の政治側近を、暴動を計画し、帝国軍隊をSAの支配下に置こうとしたとの口実で、粛清した。
14. アウグスト・ウィルヘルム王子、彼はウィルヘルム2世皇帝の4番目の息子で、当時突撃隊の旗頭で、'赤シャツのアウビー'とも呼ばれた。
15. バルドゥール・フォン・シーラッハ（1907-1974）、NSDAPの帝国青年部の指導者。1948年のニュールンベルグで戦争指導者として20年の禁固刑を求刑された。
16. 注釈6参照
17. 注釈9参照
18. フリードリッヒ・ピトルスキー（1893-1971）、ボンの法医学・社会医学研究所の所長。1933-1936年、ボン大学の学長。NSDAPの党員で、1933年3月4日のボン宣言'アドルフ・ヒットラーのために'の共同署名者。
19. 学生組合アレマニア－ボンの標語にある4つの価値。1844年設立。
20. 大多数の国民は、大学職員を含めて、何も為すことが出来ないものとしてナチの政策を受け入れた。真に倫理的勇気のある国民はごく少数であった。比較的率直な批判者はルードウィヒ・アショフ、フライブルグ医学部の最も秀でたメンバーであった。彼の医学における、また外国における傑出した立場によって、ナチは彼のコメントを耐えなければならなかった。彼はその反ユダヤ主義的政策に強く反対し、それを堂々と述べる勇気をもっていた。
21. おそらくルードウィヒと弟のアルベルト。
22. エーベルハルト・シュミットは、1933年11月11日のライプチッヒにおける示威運動の際の弁士。ドイツの大学と高等教育に携わる教授のアドルフ・ヒットラーと国会社会主義国家に対する信仰告白に署名したほか、ハンブルグの大学の同様の書類にも署名。
23. ウイリー・ギーゼ（1902-1973）は、後にミュンスターにあるヴェストファーレン州ウィルヘルム大学の病理学研究所の所長となった。
24. フランツ・ヴォルハルト教授は著名な内科と腎臓科医で、診療所の所長であった。彼は何度もユダヤ人教授の退去を阻止しようとして、1938年10月1日彼自身が強制的に退職させられた

が、1945 年頃所長としての地位を回復した。

25 2 人のカイテル兄弟を混同させないために。1 人は、ウィルヘルム・カイテル将軍、国防軍の上級司令官、第 2 次世界大戦後ニュールンベルグ裁判で死刑の判決を受けた。もう 1 人は、歩兵部隊の将軍ボーデビン・カイテル、1947 年 4 月米国の戦争犯罪人収容施設から釈放された。
26 1920 年、父親のオスカー・ユングはノートバイラに家族のため別荘を建て、そのことについて後日しばしば語っていた。
27 おそらく、フリード・ランペ、ドイツの文筆家、(1899-1945) と思われる。
28 オーストリアの平和主義者、女性文筆家、(1843-1914)、1905 年ノーベル平和賞受賞。
29 後に帝国講師指導者。戦後はバーデン・ウィルテンベルグ脱ナチ裁判所で 5 年間の労働奉仕の判決をうける。
30 クラウス・クルジウス教授 (1903-1960)、ミュンヘン (1936-1947) とチューリッヒ (1947-1963) で物理化学の教授。
31 アーノルド・ゾンマーフェルド教授 (1868-1951)、ミュンヘン大学 (1906-1935) の理論物理学主任教授。近代理論物理学の創始者の 1 人。ノーベル賞に 81 回ノミネートされる。
32 おそらく帝国高周波研究局の支局、ガス波物理の研究所、ランドスベルク／ケック。
33 5 月 27 日の手紙では、JA はその日を 4 月 27 日としている。しかしそれは正しくないと思われる、なぜなら、米国軍のアシャッフェンブルグ攻略は彼が退去した直接の理由であったが、それに関する 4 月 25 日の軍事報告によると、アシャッフェンブルグ陥落は 3 月の最後の週で、ゲッチンゲンの占領は 4 月 8 日であったからである。
34 南ハノーバー-ブラウンシュバイク大管区のハルトマン・ラウターバッハ。
35 トーマス・ゲングラー博士、ゲッチンゲン仲間。
36 ホスバッハ覚書の著者として知られる。1937 年 11 月 5 日以前の統治権の地位がどちらにあるかを巡る裁判。
37 注釈 31 参照
38 注釈 30 参照
39 エドガー・ヴェーリッシュ (1890-1960)、ヴィルツブルグ心理学研究所所長、正教授、1932-1945、1950-1957。
40 BDC 記録　0976,0977
41 ラインは 1937 年、ビルガー教授 (ギーセン) により、また 1938 年、C. ヒラー (シンシナティー) によりノーベル賞候補にノミネートされた。
42 アルベルト・スペール (1905-1981)、建築家、1942 年からヒットラー内閣の武器軍需品帝国大臣。ニュールンベルグ裁判で戦争犯罪人として 20 年の禁固刑の判決を受ける。
43 カール・リッター・フォン・フリッシュ (1886-1982)、動物学教授、ミュンヘン大学、1973 年行動研究における発見によりノーベル賞を受賞する。
44 従って、敏感な人は太陽をみることなく、太陽を感じる。
45 そしてこれは床の中で昼夜の違いを感じることができる多くの病人の、不幸な敏感性と関係があると思われる。
46 ゲッチンゲン植物園の園長。彼にちなんで Linnacus が百日草 (Zinnien) と名付けた。
47 私がその敏感な植物を連続光にさらしても、いつもの様に睡眠と活動を繰り返した。しかし、それぞれの周期は通常よりは少し短くなった。加速が、1 日あたり 1 時間半から 2 時間の様々な足取りで… これら事実から、睡眠と活動の変化は植物固有の周期的な動きに関連していると結論することができると思われる。
48 例外的に頑丈で、永続性のある自動巻き、自己制御の生理的時計。
49 それは連結している歯車からなる時計ではなく、自然にできた一種の生きている時計で、太陽や地球の動きに迅速に同調する。
50 腎臓生理学者、後にベルリンシャリテ病院にて (2007 逝去)。
51 中国の満州。この友人に関しては 10 章で詳述。
52 ミッテルシュテット氏の別称。フォン・ホルストに宛てた手紙でアショフが彼を 'ミッテルへ

53 実際、最も長い（かつ最も重要な、図 6-7 参照）実験は 26 日間であった。
54 アメリカ航空宇宙局。
55 ルート・ホーエが聞いた話。
56 レム睡眠（REM：Rapid Eye Movement）は 1 つの睡眠段階。脳波（EEG）上で大脳皮質の覚醒反応と筋緊張の低下で特徴付けられ、一晩の睡眠中に約 90 分周期で出現する。
57 バリー・マーシャルとロビン・ウォーレン。
58 恒常性は環境における多少とも予測不可能な出来事に対し特別な利点を示す。内因性リズムは'プログラムされた世界'で有用である。自律性概日リズムの発達とは環境にあるプログラムを生物に取り込むことを意味し、その結果生物はいつでも次の出来事に対して'準備'することができる。もし、生物がこのとてつもなく安全な方法を生存の確立を上げるために使わなければ、楽観的な性質の適応ではその目的を達成できなかっただろう。
59 アロメトリーとは、ある生物学的特性と体の大きさとの関係を定量的に記載することで、多くの場合、様々な大きさの動物種での測定に基づいている。
60 セイモア・ベンザー（1921-2007）、米国の秀でた行動遺伝学者、2000 年度国際生物学賞の受賞者。
61 ドナルド・マッククリモン・マッケイ（1922-1987）、英国の物理学かつ情報科学者、大脳の組織化に関する貢献で有名。
62 ペーター・R・マーラ（1928-2014）、もとは英国の生物学者、鳥の鳴声研究で高名。
63 エルンスト・マイヤー（1902-2005）、有名な進化生物学者。傑出しており、1994 年度の国際生物学賞など受賞。
64 マックス・L.H.・デルブリック（1906-1981）、ドイツ・米国の生物物理学者。1969 年のノーベル賞受賞者。
65 クラウス・インメルマン（1935-1987）、ビーレフェルド大学の初代行動生理学主任教授、1973-1987 年。
66 ドイツの文筆家、1949 年ホルツハウゼン（バイエルン）生まれ。小説「香水（Das Parfum）」で有名になる。
67 その写真はパーテルスウォルデ.S.D. の自宅に掛っている。
68 ハンブルグ大学、教会・経典史研究所の教授。
69 LBJ = リンドン・ブレン・ジョンソン、米国大統領、1963-1969 年。
70 熱心な釣り仲間。ウイリアム・カウフマン、ドナルド・ケネディー（後のスタンフォード大学の学長）、コリン・ピッテンドリック、ノルマン・ヴェッセル。
71 2016 年 6 月まで 2775 回の引用。Science の電子サイト。
72 CSP ＋ ポセイドンにはリズムがある。
73 CSP = コリン・S・ピッテンドリック、JA = ユルゲン、アショフ、MS = マウリス・スツッフェル、SD = リージ・ダーン、MM = マイケル・メナカー、MC = マロリー・K. チャンドラシェカラン、TH = ツトム・ヒロシゲ、EG = エバーハルト・グビナー、JAx = ユリウス・アクセルロッド、DS = デートリッヒ・シュナイダー、DP = デトルフ・プルーク。
74 G.D. ブロック博士、ロサンゼルス、カルフォルニア大学の現学長。

引用文献

1. Darwin, C. R. and Darwin, F. : The Power of Movement in Plants. London: John Murray. 592 pp（1880）
2. 作者不詳：Nobelpreis für Physiologie/Medizin verliehen an Karl Ritter von Frisch, Konrad Lorenz, Nikolaas Tinbergen. Mitteilungen Max-Planck-Gesellschaft zur Förderung der Wissenschaften: 299-304（1973）
3. Lemmer, B. : Discoveries of rhythms in human biological functions: A historical review. Chronobiology International **26**: 1019-1068（2009）
4. Wever, R. A. : The Circadian System of Man. Results of Experiments under Temporal Isolation. Berlin: Springer-Verlag. xi, 276 S.（1979）
5. Aschoff, J. and Heise, A. : Thermal Conductance in Man: Its Dependence on Time of Day and on Ambient Temperature. In: Advances in Climate Physiology. Ito, S., Ogata, K. and Yoshimura, H. (Hg.). Tokyo: Igaku Shoin Ltd. 334-348（1972）
6. Aschoff, J.（正書法）（1920）
7. Büchner, F. : Ludwig Aschoff zum Gedenken an seinen 100. Geburtstag（10.1.1866 bis 24.6.1942）. In: Verhandlungen der Deutschen Gesellschaft für Pathologie, 50. Tagung in Heidelberg. Stuttgart: Gustav Fischer. 475-489（1966）
8. Daan, S. : Jürgen Aschoff 1913-1998. A Life of Duty, Wit and Vision. In: Zeitgebers, Entrainment and Masking of the Circadian System. Honma, K. and Honma, S. (Hg.). Sapporo: Hokkaido University Press. 17-47（2001）
9. Bouchard Jr., T. J. and Loehlin, J. C. : Genes, Evolution and Personality. Behavior Genetics **31**: 243-273（2001）
10. 作者不詳：https://de.wikipedia.org/wiki/August_Adolph_von_Hennings（2016）
11. Ritschl, H. W. : August Adolph Friedrich von Hennings 1746-1826. Ein Lebensbild aus Holstein, Kopenhagen und Hamburg in bewegten Zeiten Hamburg: Hans Christians Verlag. 205 S.（1978）
12. Wattenbach, W. : August von Hennings. In: Allgemeine deutsche Biographie 778f（1880）
13. Dieterichs, A.：人生の思い出，活字印刷，U. フォン・エンゲルハルト私蔵，365 頁（1913）
14. Dieterichs, C.：エヴァ・リッシェル宛ての手紙，10 月 20 日（1891）
15. Aschoff, J.：ビーレフェルドでのアショフ家連盟の最初の会議に出席したユルゲン・アショフの旅行報告，（5 月 21/22 日 1929 年），10（1929）
16. Callisen, A. C. P. : Medicinisches Schriftsteller-Lexicon der jetzt lebenden Aerzte, Wundaerzte, Geburtshelfer, Apotheker und Naturforscher aller gebildeten Völker. Bd. 26. Kopenhagen. 515 S.（1838）
17. Pistor, M. : Das Apothekerwesen in Preußen nach deutschem Reichs- und preußischem Landesrecht. Berlin: R. Schoetz. X, 277 S.（1894）
18. Aschoff, L. P., Beissenhirtz, F.-W., Brandes, R., Du Menil, P. und Witting, E. : Grundsätze des Apotheker-Vereins im nördlichen Teutschland. Lemgo: Meyer. VIII, 38 S.（1826）
19. Maoro, E. : Die Aschoffsche Apotheke schließt nach über 350 Jahren ihre Pforten. Lippische Landeszeitung 19. Dezember（1985）
20. Aschoff, E. F. : Bemerkungen vom Director E. F. Aschoff in Herford über kupferhaltiges Bleyweiß und die vom Apotheker Büchner in Mainz beobachtete Erscheinung bei Sublimation der Benzoesäure. Archiv der Pharmazie **11**: 382（1825）
21. Aschoff, E. F. : Carl von Linné, eine Schilderung seines Lebens. Archiv der Pharmazie **24**: 1-10（1828）
22. Aschoff, E. F. : Anweisung zur Prüfung der Arzneymittel auf ihre Güte, Aechtheid und Verfälschung, nebst practischer Anleitung zu einem zweckmäßigen Verfahren bei den Visirationen der Apotheken und einem Verzeichnisse der gebräuchlichsten chemischen

Reagentien, zum Gebrauche für Physici, Aerzte, Apotheker und Droguisten. 2. vermehrte und verbesserte Auflage. Lemgo: Meyersche Hof-Buchhandlung. X, 232 S.（1835）

23. Bley, L. F.：Ernst Friedrich Aschoff. Archiv der Pharmazie **179**: 1-5（1867）
24. Bley, L. F.：Adolph Ludwig Aschoff. Archiv der Pharmazie **179**: 5-7（1867）
25. 作者不詳：http://de.wikipedia.org/wiki/Ludwig_Aschoff（2015）［cited 11. Februar 2016］
26. Horch, A.（Hg.）: Ludwig Aschoff. Ein Gelehrtenleben in Briefen an die Familie. Freiburg im Breisgau: Hans Ferdinand Schulz Verlag. 480 S.（1966）
27. Aschoff, L.：Die Einwirkung des Staphylococcus pyogenes auf entzündete Gewebe. Med. Dissertation, Bonn（1889）
28. Aschoff, L.：Erinnerungen *(immer zu Jahresende aufgeschrieben)*. In: Großelternbuch. Aschoff-Ghyczy, C. et al.（Hg.）. Ulm: Fabri Verlag. 391-473（1915-1941）
29. Tawara, S.：Das Reizleitungssystem des Säugetierherzens. Eine anatomisch-histologische Studie über das Atrioventrikularbündel und die Purkinjeschen Fäden. Jena: Gustav Fischer（1906）
30. Aschoff, L. und Tawara, S.：Die heutige Lehre von den pathologisch-anatomischen Grundlagen der Herzschwäche: kritische Bemerkungen auf Grund eigener Untersuchungen. Jena: Gustav Fischer（1906）
31. Aschoff, L.（Hg.）: Pathologische Anatomie. Ein Lehrbuch für Studierende und Ärzte. Jena: Gustav Fischer（1909）
32. Aschoff-Ghyczy, C., Lüddeckens, H., Von Engelhardt, U., Aschoff, C. und Aschoff, J. C.：Das Großelternbuch. Briefe und Erinnerungen von Clara und Ludwig Aschoff; und über ihre fünf Kinder Anni Horch, Heta Gräff, Eva Aschoff, Volker Aschoff und Jürgen Aschoff. Ulm: Fabri Verlag. 543 S.（2010）
33. Aschoff, L. und Aschoff, C.：末っ子（ユルゲン）の為に書かれた日記（1914年5月～1923年1月）から引用（1923）
34. Aschoff, V.：回顧録，最年少の娘クリスチアネ・アショフ・ギーツィーとの会話，活版印刷．207（1991）
35. Mann, V.：Wir waren Fünf. Bildnis der Familie Mann. Konstanz: Südverlag（1949）
36. Aschoff, C.：アンナ・ディートリクス宛ての手紙，2月12日（1914）
37. Aschoff, C.：アンナ・ディートリクス宛ての手紙，7月19日（1914）
38. Aschoff, C.：アンナ・ディートリクス宛ての手紙，8月25日（1914）
39. Aschoff, C.：アンナ・ディートリクス宛ての手紙，11月30日（1914）
40. Aschoff, C.：アンナ・ディートリクス宛ての手紙，12月23日（1914）
41. Haffner, S.：Geschichte eines Deutschen. Die Erinnerungen 1914-1933. Stuttgart/München: Deutsche Verlags-Anstalt. 240 S.（2000）
42. Aschoff, C.：アンナ・ディートリクス宛ての手紙，11月21日（1918）
43. Aschoff, C.：アンナ・ディートリクス宛ての手紙，5月19日（1920）
44. Aschoff, C.：アンナ・ディートリクス宛ての手紙，9月20日（1920）
45. Aschoff, C.：アンナ・ディートリクス宛ての手紙，12月17日（1920）
46. Engelmann, V.：Eva Aschoff. Einführung in das künstlerische Werk und Hinführung zu den Schriftblättern. In: Philosophische Fakultät, Albert-Ludwigs-Universität: Freiburg i. Br. S. 106+Abbildungsband.（1993）
47. Aschoff, A.：SD（サージ・ダーン）との会話，イエナ，7月3日（2012）
48. Aschoff, C.：SD（サージ・ダーン）との会話，ミュンヘン，11月15日（2012）
49. Aschoff, C.：アンナ・ディートリクス宛ての手紙，8月4日（1923）
50. Aschoff, C.：アンナ・ディートリクス宛ての手紙，6月11日（1924）
51. Aschoff, L.：Das Reticuloendotheliale System. Ergebnisse der Inneren Medizin und Kinderheilkunde **26**: 1-117（1924）
52. Aschoff, C.：アンナ・ディートリクス宛ての手紙，5月21日（1922）

53. Aschoff, C.：アンナ・ディートリクス宛ての手紙，5月16日（1924）
54. Aschoff, C.：アンナ・ディートリクス宛ての手紙，4月2日（1924）
55. Aschoff, J.：クララとルードウィヒ・アショフに宛てた4通の手紙，8月8-20日（1927）
56. Aschoff, C.：ヘタ・グレフとに宛てた手紙，9月20日（1931）
57. Aschoff, J.：クララとルードウィヒ・アショフに宛てた手紙，5月1日（1931）
58. Aschoff, J.：クララとルードウィヒ・アショフに宛てた手紙，12月5日（1932）
59. Aschoff, J.：クララとルードウィヒ・アショフに宛てた手紙，5月13日（1933）
60. Aschoff, J.：クララとルードウィヒ・アショフに宛てた手紙，6月20日（1931）
61. Aschoff, J.：クララとルードウィヒ・アショフに宛てた手紙，11月9日（1931）
62. Aschoff, J.：クララ・アショフに宛てた手紙，12月12日（1932）
63. Aschoff, J.：クララとルードウィヒ・アショフに宛てた手紙，3月6日（1932）
64. Aschoff, J.：クララとルードウィヒ・アショフに宛てた手紙，5月25日（1932）
65. Aschoff, J.：ルードウィヒ・アショフに宛てた手紙，11月15日（1932）
66. Aschoff, J.：クララ・アショフに宛てた手紙，6月8日（1931）
67. Aschoff, L.：ユルゲン・アショフに宛てた手紙，4月26日（1933）
68. Aschoff, J.：ルードウィヒ・アショフに宛てた手紙，5月6日（1933）
69. 作者不詳：（2013）
70. Aschoff, J.：クララとルードウィヒ・アショフに宛てた手紙，1月31日（1932）
71. Aschoff, L.：ユルゲン・アショフに宛てた手紙，2月12日（1933）
72. Krebs, H.：Reminiscences and Reflections. Oxford: Oxford University Press. 298 S.（1981）
73. Aschoff, L.：クララ・アショフに宛てた手紙，1月31日（1937）
74. Hitler, A.：ベルリンの国会議事堂での1937年1月30日の演説．http://www.worldfuture-fund.org/wffmaster/Reading/Hitler Speeches/hitler rede 1937.01.30.htm（1937）
75. Aschoff, C.：ヘラ・グレフに宛てた手紙，11月2日（1940）
76. Aschoff, L.：ユルゲン・アショフに宛てた手紙，6月7日（1933）
77. Aschoff, J.：クララ・アショフに宛てた手紙，7月6日（1934）
78. Aschoff, J.：ルードウィヒ・アショフに宛てた手紙，8月23日（1934）
79. Aschoff, L.：ユルゲン・アショフに宛てた手紙，8月26日（1934）
80. Seitz, Major：二等兵ユルゲン・アショフの評価表，ドナウエッシンゲン，7月23日（1935）
81. Aschoff, J.：Die Blutalkoholkurve bei Gewöhnung. Med. Dissertation, Freiburg im Breisgau. S. 30.（1938）
82. Aschoff, J.：臨床研修年の報告，11月25日（1938）
83. Aschoff, J.：カールスルーエのバーデン州政府に宛てた手紙（1938）
84. Aschoff, J.：Blutalkoholkurve und Gewöhnung. Zeitschrift gesamte experimentelle Medizin **103**: 350-363（1938）
85. http://www.Nobelprize.org/Nobel_Prizes/Medicine/Nomination/:（2012）
86. Rein, F. H.：Über die Notwendigkeit und Möglichkeiten vom Studium der Physiologie des Organismus. Abhandlungen Gesellschaft Wissenschaften Göttingen Math-Phys Kl III **18**: 85-91（1937）
87. Rein, F. H.：Die Thermostromuhr. Ein Verfahren zur fortlaufenden Messung der mittleren absoluten Durchflussmengen in uneröffneten Gefäßen in situ. Zeitschrift für Biologie **87**: 394-403（1928）
88. Beushausen, U., Dahms, H.-J., Koch, T., Massing, A. und Obermann, K.：Medizinische Fakultät. In: Die Universität Göttingen unter dem Nationalsozialismus. Becker, H., Dahms, H.-J. und Wegeler, C.（Hg.）. München: Saur. 183-286（1998）
89. Dahms, H.-J.：Einleitung. In: Die Universität Göttingen unter dem Nationalsozialismus. Becker, H., Dahms, H.-J. und Wegeler, C.（Hg.）. München: Saur. 29-74（1998）
90. Rosenow, U.：Die Göttinger Physik unter dem Nationalsozialismus. In: Die Universität Göttingen unter dem Nationalsozialismus. Becker, H., Dahms, H.-J. und Wegeler, C.（Hg.）.

München: Saur. 552-588（1998）
91. Rein, F. H.：ゲッチンゲン大学理事に宛てた手紙，9月24日（1934）
92. Borschel, C.：Das Physiologische Institut der Universität Göttingen 1840 bis zur Gegenwart. Med. Dissertation, Göttingen. S. 443.（1987）
93. Rein, F. H.：カール・ブランディーに宛てた手紙，3月26日 Staatliche und Universitätsbibliothek Göttingen Cod. Ms.K.Brandi 1（1937）
94. Bretschneider, K.-T.：Friedrich Hermann Rein. Wissenschaftler in Deutschland und Physiologe in Göttingen in den Jahren 1932-1952. Ph.D.thesis, Göttingen. 139 S.（1997）
95. Rein, F. H.：ゲッチンゲン大学理事に宛てた手紙，3月26日1941年，医学部身上書，ゲッチンゲン大学紀要（1941）
96. Overy, R.：1939-Countdown to war. London: Penguin Books（2009）
97. Aschoff, J.：バンズブルグから両親に宛てた手紙，9月4日（1939）
98. Möhle, W.：Polenfeldzug, Aufklärungsabteilung von Loebell, 73ste Division. S. 15.（1939）
99. Aschoff, J.：フライブルグのアショフ家に宛てた手紙，9月26日（1939）
100. Aschoff, J.：ルードウィヒとクララ・アショフに宛てた手紙，10月11日（1939）
101. Aschoff, J.：ゲッチンゲン大学生理学研究所の同僚に宛てた手紙（1939）
102. Rein, F. H.：日記1939-1945（1945）
103. Rein, F. H.：ルードウィヒ・アショフに宛てた手紙，9月13日（1939）
104. Rein, F. H.：ルードウィヒ・アショフに宛てた手紙，9月18日（1939）
105. Rein, F. H.：ルードウィヒ・アショフに宛てた手紙，9月23日（1939）
106. Aschoff, J.：家族に宛てた手紙，10月18日（1939）
107. Aschoff, J.：両親に宛てた手紙，11月10日（1939）
108. Rein, F. H.：ルードウィヒ・アショフに宛てた手紙，11月23日（1939）
109. Aschoff, J.：クララ・アショフに宛てた手紙，11月17日（1939）
110. Baader, G.：Menschenversuche in Konzentrationslagern. Deutsches Aerzteblatt **86**: 861-866（1989）
111. Büchner, F.：Pläne und Fügungen. München/Berlin: Urban und Schwarzenberg（1965）
112. Büchner, F.：Die Medizin im Dritten Reich. In: Von der Größe und Gefährdung der modernen Medizin. Büchner, F. (Hg.). Freiburg: Herder. 135-158（1961）
113. Mitscherlich, A. und Mielke, F.：Das Diktat der Menschenverachtung. Der Nürnberger Ärzteprozess und seine Quellen. Heidelberg: Lambert Schneider. 175 S.（1947）
114. Klee, E.：Personenlexikon zum Dritten Reich. Wer war was vor und nach 1945? Frankfurt: S. Fischer Verlag（2003）
115. 作者不詳：（2013）
116. Aschoff, J.：Über die Kältedilatation der Extremität des Menschen im Eiswasser. Pflügers Arch. ges. Physiol. **248**: 183-196（1944）
117. Himmler, H.：ジグムント・ラッシャー宛ての手紙，10月24日（1942）
118. Rein, E.：ヘルマン・ラインの思い出，日記類，手紙，手稿，論文から（1955）
119. Rein, E.：サージ・ダーンとの会話，5月6日（2013）
120. Jung, E.：ヒルデ・ユングの表彰状，1918-1923年（1923）
121. Aschoff, H. W.：ホーエ・ダーンとの会話（ca. 1995）
122. Linne, K.：Deutschland jenseits des Äquators? Die NS-Kolonialplanungen für Afrika. Berlin: Ch. Links Verlag. 215 S.（2008）
123. Laborey, A.：サージ・ダーンとの会話，セーヌポート，6月11日（2015）
124. Aschoff, J.：3匹の山小屋ナンキンムシの為の詩，4月9日（1941）
125. Jung, H. W.：ユルゲン・アショフ宛ての手紙，5月15日（1941）
126. Aschoff, J.：ヒルデ・ユング宛ての手紙，5月17日（1941）
127. Jung, H. W.：ユルゲン・アショフ宛ての手紙，聖霊降臨祭の日曜日，6月1日（1941）
128. Aschoff, J.：ヒルデ・ユング宛ての手紙，5月29日（1941）

129. Aschoff, J.：ヒルデ・ユング宛ての手紙，6月13日（1941）
130. Aschoff, J.：ヒルデ・ユング宛ての手紙，6月10/11日（1941）
131. Jung, H. W.：最初の出会いから婚約までの時代の記録（1941）
132. Jung, H. W.：ユルゲン・アショフ宛ての手紙，9月27日（1941）
133. Jung, H. W.：ユルゲン・アショフ宛ての手紙，10月19日（1941）
134. Jung, H. W.：ユルゲン・アショフ宛ての手紙，11月8日（1941）
135. Aschoff, J.：ヒルデ・ユング宛ての手紙，11月28/29日（1941）
136. Jung, H. W.：ユルゲン・アショフ宛ての手紙，12月8日（1941）
137. Aschoff, J.：ヒルデ・ユング宛ての手紙，12月27日（1941）
138. Aschoff, J.：ヒルデ・ユング宛ての手紙，1月12日（1942）
139. Jung, H. W.：ユルゲン・アショフ宛ての手紙，3月17日（1942）
140. Jung, H. W.：ユルゲン・アショフ宛ての手紙，5月16日（1942）
141. Aschoff, H. W.：クラッシック車あるいはレトロ車，1942年と1943年の記録，14（1943）
142. Martin, B.：エバンゲリオン教会闘争に対するフライブルグ抵抗派の組織化のために，http://www.maienstrasse2.de/Freiburgerkreis.html（2012）
143. Aschoff, J.：ヒルデ・ユング宛ての手紙，10月8日（1941）
144. Aschoff, J.：ヒルデ・ユング宛ての手紙，4月20日（1942）
145. Aschoff, J.：ベルタ・フォン・シュットナーの結婚式の為に，「武器を捨てよ」，ゲッチンゲン日報，1997年8月11日（1997）
146. Aschoff, J.：Erinnerungen an das Physiologische Institut in Göttingen und an Hermann Rein. In: Friedrich Hermann Rein. Wissenschaftler in Deutschland und Physiologe in Göttingen. Bretschneider, K.-T. (Hg.). Göttingen. 118-121（1997）
147. Aschoff, J.：ヒルデ・ユング宛ての手紙，7月18日（1941）
148. Aschoff, J.：Zur Einstellung der Reichsstudentenführung gegenüber die Naturwissenschaften. München（1941）
149. Clusius, K.：ユルゲン・アショフ博士に関する説明，5月20日（1947）
150. Sommerfeld, A.：ユルゲン・アショフの関する宣誓証言，5月23日（1947）
151. Aschoff, J.：ヒルデ・ユング宛ての手紙，6月29日（1941）
152. Penzoldt, E.：Die Powenzbande. Zoologie einer Familie gemeinverständlich dargestellt. Berlin: Propyläenverlag（1930）
153. Aschoff, J.：ヒルデ・ユング宛ての手紙，5月27日（1941）
154. Aschoff, J., Mundt, E., Schoedel, W. und Schwarz, H.：Fortlaufende Bestimmung der Konzentration von eingeatmetem Wasserstoff in der Ausatmungsluft mit Hilfe von Hitzdrahtdüsen. Pflügers Arch. ges. Physiol. **244**: 87-98（1940）
155. Aschoff, J.：Die direkten Wirkungen der Temperatur auf den Arteriendurchmesser. Pflügers Arch. ges. Physiol. **247**: 132-144（1943）
156. Aschoff, J.：Grundversuche zur Temperaturregulation. Über vergleichende Messwerte zur Beurteilung der Wärmeabgabe an Wasser. Pflügers Arch. ges. Physiol. **247**: 469-479（1943）
157. Aschoff, J.：Grundversuche zur Temperaturregulation. Vergleich unterschiedlicher Wärmedurchgangsbedingungen am Modelkörper und an der Hand. Pflügers Arch. ges. Physiol. **247**: 480-496（1944）
158. Aschoff, J.：Mitteilung zur spontanen und reflektorischen Vasomotorik der Haut. Pflügers Arch. ges. Physiol. **248**: 171-177（1944）
159. Aschoff, J.：Der Anstieg der Rektaltemperatur bei umschriebener Abkühlung der Körperoberfläche. Pflügers Arch. ges. Physiol. **248**: 149-157（1944）
160. Aschoff, J.：Die Vasodilatation einer Extremität bei örtlicher Kälteeinwirkung. Pflügers Arch. ges. Physiol. **248**: 178-182（1944）
161. Aschoff, J.：Über die Interferenz temperaturregulatorischer und kreislaufregulatorischer Vorgänge in den Extremitäten des Menschen. Pflügers Arch. ges. Physiol. **248**: 197-207

162. Aschoff, J.: Kreislauf regulatorische Wirkungen der Kältedilatation einer Extremität als Folge extremer, umschriebener Abkühlung. Pflügers Arch. ges. Physiol. **248**: 436-442 (1944)
163. Aschoff, J.: Grundlagen der physikalischen Temperatur-Regulation, unter besonderer Berücksichtigung der unterschiedlichen Bedeutung einzelner Oberflächengebiete für den Wärmehaushalt des Menschen. Göttingen: Medizinische Fakultät, Georgia Augusta (1944)
164. Aschoff, J. und Kaempfer, F.: Über den Wärmedurchgang durch die Haut und seine Änderung bei Vasokonstriktion. Pflügers Arch. ges. Physiol. **248**: 112-124 (1947)
165. Aschoff, J.: Einige allgemeine Gesetzmäßigkeiten physikalischer Temperaturregulation. Pflügers Arch. ges. Physiol. **248**: 125-136 (1947)
166. Mills, J. N., Minors, D. S. and Waterhouse, J. M.: Adaptation to Abrupt Time Shifts of the Oscillator(s) Controlling Human Circadian Rhythms. Journal of Physiology **285**: 455-470 (1978)
167. Aschoff, J.: An Attempt Toward a 'Constant Routine': 50 Years Ago. Light Treatment and Biological Rhythms **7**: 39 - (1995)
168. Aschoff, J.: Zur Regulationsbreite der physikalischen Temperaturregulation. Pflügers Arch. ges. Physiol. **249**: 137-147 (1947)
169. Aschoff, J.: Die obere Extremität im Dienste der physikalischen Temperaturregulation. Pflügers Arch. ges. Physiol. **249**: 148-166 (1947)
170. Aschoff, J.: 1945年1月から2月中旬までのヒルデとユルゲン・アショフの文通に関するメモ (1998)
171. 作者不明: Technischer Bericht Nr. 5, "Bauliche und messtechnische Erfahrungen mit einem Versuchsstand zu Bündelungsmessungen an Detonationswellen" der Reichsstelle für Hochfrequenzforschung-Hermann-von Helmholtz-Institut, Brannenburg/Inn, zitiert nach http://www.geschichtsspuren.de/forum (1944)
172. 作者不明: http://de.wikipedia.org/wiki/Außenlager_Sudelfeld_Luftwaffe (2010)
173. Aschoff, J.: ヒルデ・アショフへ宛ての手紙，1月24日 (1945)
174. Aschoff, J.: ヒルデ・アショフへ宛ての手紙，1月31日 (1945)
175. Reichsminister für Wissenschaft, Erziehung und Volksbildung: ユルゲン・アショフ宛ての手紙，3月12日，ゲッチンゲン大学紀要，学長室文書 (1945)
176. Aschoff, H. W.: ユルゲン・アショフ宛ての手紙，1月24日 (1945)
177. Aschoff, H. W.: ユルゲン・アショフ宛ての手紙，2月5日 (1945)
178. Aschoff, H. W.: ユルゲン・アショフ宛ての手紙，2月16日 (1945)
179. Aschoff, J.: ヒルデ・アショフ宛ての手紙，1月18日 (1948)
180. Aschoff, J.: クララ・アショフと姉妹宛ての手紙，5月27日 (1945)
181. Hubatsch, W.: Wie Göttingen vor der Zerstörung bewahrt wurde. Die Vorgänge vom 1. bis 8. April 1945. In: Göttingen 1945. Kriegsende und Neubeginn. Brinkmann, J.-U., Rohrbach, R. und Schmeling, H.-G. (Hg.). Göttingen: Städtisches Museum Göttingen. 27-46 (1985)
182. 作者不詳: http://de.wikipedia.org/wiki/Friedrich_Hossbach (2013)
183. Brinkmann, J.-U.: "Das Vorlesungsverzeichnis ist noch unvollständig..." Der Wiederbeginn an der Georgia Augusta. In: Göttingen 1945. Kriegsende und Neubeginn. Brinkmann, J.-U., Rohrbach, R. und Schmeling, H.-G. (Hg.). Göttingen: Städtisches Museum Göttingen. 301-316 (1985)
184. Schneider, U. und Dumke, W.: Die Universität Göttingen zwischen Besetzung und Wiedereröffnung 1945. In: Göttingen 1945. Kriegsende und Neubeginn. Brinkmann, J.-U., Rohrbach, R. und Schmeling, H.-G. (Hg.). Göttingen: Städtisches Museum Göttingen. 291-300 (1985)
185. Aschoff J.: ドイツ軍政府のアンケート，ゲッチンゲン (1946)

186. Aschoff, J.：ゲッチンゲン市役所宛ての手紙，24.11.1944（1944）
187. Mertens, Dr. O.：簡易裁判所員アルント宛ての手紙，ゲッチンゲン住宅課，16.12.1947（1947）
188. Aschoff, J.：伯母カリー（？）宛ての手紙，2月16日（1947）
189. Von Engelhardt, U.：サージ・ダーンとの会話，カールスルーエ，10月15日（2014）
190. Aschoff, U.：ゲッチンゲンとハイデルベルクの思い出（1968）
191. Aschoff, J.：キングスレー少佐宛ての手紙，5月15日（1947）
192. Rein, F. H.："Entnazifizierung" und Wissenschaft. Eine Stellungnahme auf Befragung. Göttinger Universitäts-Zeitung **1**: 6-9 (1945)
193. Aschoff, J.: Studentische Gruppen. Göttinger Universitäts-Zeitung **1**: 3-4 (1945)
194. Aschoff, J.: Index. Göttinger Universitäts-Zeitung **1**: 11 (1945)
195. Goldschmidt, D.：ユルゲン・アショフ宛ての手紙，12月9日（1946）
196. Goldschmidt, D.: Als Redakteur bei der "Göttinger Universitäts-Zeitung". Erinnerungen 1945 bis 1949. Das Argument **37**: 207-222 (1995)
197. Aschoff, J.: Kunst-kein Genuss. Göttinger Universitäts-Zeitung **2**: 11-12 (1947)
198. Jockeli: Substantivitis. Göttinger Universitäts-Zeitung **2**: 6 (1947)
199. Schuppe, F.: Korporationen zeitgemäß? Wesen und Möglichkeiten studentischer Verbindungen. Göttinger Universitäts-Zeitung **3**: 5-7 (1948)
200. Jockeli: Tres faciunt collegium. Von der Vereinsfreudigkeit des Studenten. Göttinger Universitäts-Zeitung **1**: 14 (1946)
201. Jockeli: Scbwindender Vereinsmarkt. Göttinger Universitäts-Zeitung **2**: 11 (1947)
202. Kingsley, R. E.：ユルゲン，ヒルデ・アショフ宛ての手紙，ローテンブルグ，11月30日（1946）
203. Aschoff, J.: Auf den Hund gekommen. Anmerkungen zur Papierkalorie. Göttinger Universitäts Göttinger Universitäts-Zeitung **2**: 2 (1947)
204. Schäffer, H.: Unfaire Kalorienstistik? "Auf den Hund gekommen"-eine schwedische Äußerung. Göttinger Universitäts-Zeitung **2**: 6-7 (1947)
205. Aschoff, J.: Qualitatives Fettminimum. Physiologische Bedenken gegen Butterausfuhr. Neue Molkerei Zeitung **2**: 1 (1947)
206. Aschoff, J.: Rations in Germany. The Lancet: 423 (1948)
207. Aschoff, J.：ゲッチンゲン大学学長，ライザー教授宛ての手紙，6月9日（1949）
208. Aschoff, J.: Warum friert man? Badische Zeitung (1947)
209. Aschoff, J.: Vom Schwitzen. Badische Zeitung (1947)
210. Schuppe, F.: Klima und Umwelt formen den Menschen. Die Neue Zeitung (1951)
211. Schuppe, F.: Rhythmus in der Biologie. Badische Zeitung (1950)
212. Schuppe, F.: Besitzt der Körper eine Uhr? Badische Zeitung (1950)
213. Mackenzie, I.：英国占領司令官宛ての手紙，脱ナチ化パネル，ゲッチンゲン，1月30日（1946）
214. Kingsley, Major R. E.：手紙「関係者各位」，6月16日（1947）
215. Aschoff, J.：キングスレーあての手紙，6月22日（1947）
216. 作者不詳：https://de.wikipedia.org/wiki/Bombenangriff_auf_Würzburg_am_l6._Mär_1945 (2013)
217. Aschoff, J.：バゼット博士教授宛ての手紙，5月1日（1948）
218. Bazett, H. C.：ユルゲン・アショフ宛ての手紙，2月9日（1949）
219. Aschoff, J.：バゼット博士教授宛ての手紙，5月30日（1949）
220. Aschoff, J.: Bericht der Universität Würzburg. Studium Generale **2**: 278-284 (1949)
221. Aschoff, J.：ヒルデ・アショフ宛ての手紙，10月10日（1947）
222. Aschoff, J.：ヒルデ・アショフ宛ての手紙，10月24日（1947）
223. Bauer, R.-I.：ユルゲン・アショフ宛ての手紙，8月18日（1949）
224. Aschoff, J.：バゼット博士教授宛ての手紙，日付不詳（1948）
225. Autrum, H.: Mein Leben: Wie sich Glück und Verdienst verketten. Berlin: Springer Verlag (1995)

226. Aschoff, J. : Zulassung objektiv? Prüfung der Prüfung. Göttinger Universitäts-Zeitung **4-2**: 6-7 (1949)
227. Aschoff, J. : デーニッヒ宛ての手紙，9月10日（1949）
228. Aschoff, J. : ヒルデ・アショフ宛ての手紙，10月5日（1949）
229. 作者不詳：「生活技法の為の高等学校」設立書，ヴィルツブルグ 21.2.1949（1949）
230. Aschoff, J. : ヒルデ・アショフ宛ての手紙，7月11日（1949）
231. Aschoff, J. : キングスレー宛ての手紙，8月24日（1949）
232. Aschoff, J. : XII. Physiologie der Temperaturregulation. In: Naturforschung und Medizin in Deutschland. FIAT Review of German Science. Rein, F. H. (Hg.). Wiesbaden: Dieterich'sche Verlagsbuchhandlung. 77-110 (1948)
233. Aschoff, J. : バゼット教授宛ての手紙，12月18日（1949）
234. Hampel, A. : Erinnerungen an das Physiologische Institut in Göttingen und an Hermann Rein. In: Friedrich Hermann Rein. Wissenschaftler in Deutschland und Physiologe in Göttingen. Brettschneider, K.-T. (Hg.). Göttingen. 110-113 (1997)
235. Rein, F. H. : 日記 1946-1949（1949）
236. Henning, E. und Kazemi, M. : 科学振興のためのウィルヘルム皇帝／マックス・プランク研究所年代史 1911-2011. Daten und Quellen. Berlin: Duncker und Humblot（2011）
237. Rein, F. H. : Wissenschaft und Unmenschlichkeit. Göttinger Universitäts-Zeitung **2**: 3-5 (1947)
238. Driever, R. : http://www.stadtarchiv.goettingen.de/strassennamen/Heeremann-Rein.pdf. (2013) [cited 28. Mai 2013]
239. Rein, F. H. : ゲッチンゲン大学学長宛ての手紙（1951）
240. Hansson, N. and Daan, S. : Politics and Physiology: Hermann Rein and the Nobel Prize 1933-1953. Journal of Physiology **14**: 2911-2914 (2014)
241. Aschoff, J. : Hundert Jahre "Homoiothermie". Naturwissenschaften **35**: 235-238 (1949)
242. Aschoff, J. : Spontane Aktivität. Naturwissenschaftliche Rundschau: 50-53 (1951)
243. Bünning, E. : Zur Kenntnis der endogenen Tagesrhythmik bei Insekten und bei Pflanzen. Berichte deutsche botanische Gesellschaft **53**: 594-623 (1935)
244. Aschoff, J. : Messung der lokomotorische Aktivität von Mäusen mittels mechanischer Gleichrichter. Pflügers Archiv **254**: 262-266 (1951)
245. Aschoff, J. : Die 24-Stunden-Periodik der Maus unter konstanten Umgebungsbedingungen. Naturwissenschaften **38**: 506-507 (1951)
246. Aschoff, J. : Frequenzänderungen der Aktivitätsperiodik bei Mäusen im Dauerlicht und Dauerdunkel. Pflügers Archiv **255**: 197-203 (1952)
247. Aschoff, J. : スイスと北イタリア9月日記（1950）
248. Telschow, E. : Aktennotiz MPG Physiologie, Verhandlung mit Prof. Rein, 16.11.1951, Archiv MPG（1951）
249. Thomas, R. : ヘルマン・ライン宛ての手紙，1月5日（1951）
250. Aschoff, J. : バゼット教授宛ての手紙，6月2日（1950）
251. Aschoff, J. : Aktennotiz Heidelberg MPI, 1952-05-30 (1952)
252. Telschow, E. und Benecke, O. : ユルゲン・アショフ（解約告知）宛ての手紙，12月23日（1953）
253. Hahn, O. : ウェバー教授宛ての手紙，10月12日（1953）
254. Thomas, R. : ユルゲン・アショフ宛ての手紙，12月31日（1953）
255. Aschoff, J. : ハイデルベルク MPI 文書，7月8日（1953）
256. Aschoff, J. : ハイデルベルク MPI 文書，4月22日（1953）
257. Wever, R. : サージ・ダーンとの会話，8月24日（2013）
258. Aschoff, J. : ライン宛ての手紙，4月23日（1953）
259. Aschoff, S. : ゲッチンゲンとハイデルベルクの思い出（1968）
260. Aschoff, A. : ゲッチンゲンとハイデルベルクの思い出（1968）

261. Aschoff, J.：マイヤー宛の手紙，6月9日（1953）
262. Aschoff, J. und Wever, R.：Die Funktionsweise der Diathermie-Thermostromuhr. Pflügers Archiv **262**: 133-151（1956）
263. Seeliger, M. P. G. Verwaltung：ユルゲン・アショフに関する文書覚書，6月30日（1954）
264. Benecke, O.：タウエル宛ての手紙，11月2日（1954）
265. Benecke, O., M. P. G. Verwaltung: Aktennotiz bzgl. J. Aschoff, 23. Februar（1955）
266. Kramer, G.：Eine neue Methode zur Erforschung der Zugorientierung und die bisher damit erzielten Ergebnisse. Proceedings X. International Ornithological Congress, Uppsala. 269-280（1950）
267. Von Frisch, K.：Die Sonne als Kompasz im Leben der Bienen. Experientia **6**: 210-221（1950）
268. Aschoff, J.：Sources of Thoughts. From Temperature Regulation to Rhythms Research. Chronobiology International **7**: 179-186（1990）
269. Fliess, W.：Der Ablauf des Lebens. Leipzig/Wien: Deuticke（1906）
270. De Mairan, M.：Observation botanique. Hist. de l'Acad. royal Sciences, Paris: 1 p（1729）
271. Duhamel Du Monceau, H. L.：La physique des arbres. Bd. 2. Paris: H. L. Guerin et L. F. Delatour（1758）
272. Zinn, J. G.：Von dem Schlafe der Pflanzen. Hamburgisches Magazin **22**: 40-50（1759）
273. De Candolle, A. P.：Physiologie végétale. Bd. II. Paris: Béchet Jeune（1832）
274. Sachs, J.：Die vorübergehende Starre-Zustände periodisch beweglicher und reizbarer Pflanzenorgane. Flora, oder Allgemeine Botanische Zeitung, S. 469（1863）
275. Pfeffer, W.：Die Periodischen Bewegungen der Blattorgane. Leipzig: Verlag Wilhelm Engelmann（1875）
276. Enright, J. T.：Sleep Movements of Leaves: In Defense of Darwin's Interpretation. Oecologia（Berl.）**54**: 253-259（1982）
277. Semon, R.W.：Die Mneme als erhaltendes Prinzip im Wechsel des organischen Geschehens Leipzig: Wilhelm Engelmann（1904）
278. Semon, R.W.：Über die Erblichkeit der Tagesperiode. Biologisches Zentralblatt **15**: 241-252（1905）
279. Pfeffer, W.：Untersuchungen über die Entstehung der Schlafbewegungen der Blattorgane. Abh. Math.-Phys. Kl. der Königl. Sächs. Ges. Wiss. **111**: 259-472（1907）
280. Semon, R. W.：Hat der Rhythmus der Tageszeiten bei Pflanzen erbliche Eindrücke hinterlassen? Biologisches Centralblatt **18**: 225-243（1908）
281. Pfeffer, W.：Beiträge zur Kenntnis der Entstehung der Schlafbewegungen. Abh. math-phys. Klasse Königl. Sächs. Ges. Wiss **34**: 1-154（1915）
282. Schacter, D. L.：Forgotten Ideas, Neglected Pioneers: Richard Semon and the Story of Memory. Philadelphia, PA: Psychology Press. 303 S.（2001）
283. Cremer, H.：Untersuchungen über die periodischen Bewegungen der Laubblätter. Zeitschrift für Botanik **15**: 593-656（1923）
284. Stoppel, R.：Die Schlafbewegungen der Blätter von Phaseolus multiflorus in Island zur Zeit der Mitternachtsonne. Planta **2**: 342-355（1926）
285. Fehse, F.：Einige Beiträge zur Kenntnis der Nyktinastie und Elektronastie der Pflanzen. Planta **3**: 292-324（1927）
286. Kleinhoonte, A.：De door het licht geregelde autonome bewegingen der Canavalia-bladeren. Ph.D. thesis, Utrecht. 142 S.（1928）
287. Kleinhoonte, A.：Ueber die durch das Licht regulierten autonomen Bewegungen der Canavaliablätter. Arch. Neerl. Sci. Exactes IIIb **5**: 1-110（1929）
288. Bünning, E. und Stern, K.：Über die tagesperiodischen Bewegungen der Primärblätter von Phaseolus multiflorus. II. Die Bewegungen bei Thermokonstanz. Ber. deutsche Bot. Ges. **48**: 227-252（1930）

289. Bünning, E. : Zur Kenntnis der erblichen Tagesperiodizität bei den Primärblättern von Phaseolus multiflorus. Jahrb. wiss. Bot. **81**: 411-418 (1935)
290. Hamner, K. C., Finn Jr, J. C., Sirohi, G. S., Hoshizaki, T. and Carpenter, B. H. : The Biological Clock at the South Pole. Nature **195**: 476-480 (1962)
291. Sulzman, F. M., Ellman, D., Fuller, C. A., Moore-Ede, M. C., Czeisler, C. A. and Wassmer, G. : *Neurospora* Circadian Rhythms in Space: A Reexamination of the Endogenous-Exogenous Question. Science **225**: 232-234 (1984)
292. Kiesel, A. : Untersuchungen zur Physiologie des facettierten Auges. Sitzungsber. Akad. Wiss. Wien. S. 97-139 (1894)
293. Simpson, S. and Galbraith, J. J. : IV. Observations on the Normal Temperature of the Monkey and its Diurnal Variation, and on the Effect of Changes in the Dailty Routine on this Variation. Transactions of the Royal Society of Edinburgh **45**: 65-104 (1906)
294. Richter, C. P. : A Behaviouristic Study of the Activity of the Rat. Comparative Psychology Monographs **1**: 1-55 (1922)
295. Johnson, M. S. : Activity and Distribution of Certain Wild Mice in Relation to Biotic Communities. Journal of Mammalogy **7**: 245-277 (1926)
296. Johnson, M. S. : Effect of Continuous Light on Periodic Spontaneous Activity of White-Footed Mice *(Peromyscus)*. Journal of Experimental Zoology **82**: 315-328 (1939)
297. Barden : Activity of the Lizard, *Cnemidophorus sexlineatus*. Ecology **23**: 336-344 (1942)
298. Calhoun, J. B. : Diel Activity Rhythms of the Rodents, Microtus Ochrogaster and Simodon Hispidus Hispidus. Ecology **26**: 251-273 (1945)
299. Aschoff, J. : Aktivitätsperiodik von Mäusen im Dauerdunkel. Pflügers Arch. **255**: 189-196 (1952)
300. Aschoff, J. : Aktivitätsperiodik bei Gimpeln unter natürlichen und künstlichen Belichtungsverhältnissen. Zeitschrift für vergleichende Physiologie **35**: 159-166 (1953)
301. Lichtenberg, G. C. : Hupazoli und Cornaro, oder: Thue es ihnen gleich wer kann. Göttinger Taschenkalender. S. 137-143 (1793)
302. Hufeland, C. W. : Die Kunst das menschliche Leben zu verlängern. Jena: Akademische Buchhandlung (1797)
303. Virey, J. J. : Éphémérides de la vie humane, ou recherches sur la révolution journaliere et la périodicité de ses phénomenes dans la santé et les maladies. Faculté de Médecine de Paris. Paris: Didot Jeune. 39 S. (1814)
304. Reinberg, A. E., Lewy, H. and Smolensky, M. : The Birth of Chonobiology: Julien Joseph Virey 1814. Chronobiology International **18**: 173-186 (2001)
305. Bernard, C. : Introduction a l'Étude de la Médecine expérimentale. Paris: J. B. Baillière et Fils (1865)
306. Cannon, W. B. : Organization for Physiological Homeostasis. Physiological Reviews **9**: 399-431 (1929)
307. Johansson, J. E. : Über die Tagesschwankungen des Stoffwechsels und der Körpertemperatur in nüchternem Zustande und vollständier Muskelruhe. Skandinavisches Archiv der Physiologie **8**: 85-142 (1898)
308. Kalmus, H. : The Foundation Meeting of the International Society for Biological Rhythms. Ronneby, Sweden, August 1937. Chronobiologica **1**: 118-121 (1974)
309. Forsgren, E. : Eröffnungsrede. In: Verhandlungen der zweiten Konferenz der internationalen Gesellschaft für Bioloische Rhythmusforschung am 25. und 26. August Utrecht (Holland). Holmgren, H. (Hg.). Stockholm: A. B. Fahlcrantz Boktryckeri. 23-25 (1940)
310. Jores, A. : Ansprache. In: Verhandlungen der vierten Konferenz der Internationalen Gesellschaft für Biologische Rhythmusforschung.18.-19. September 1953 Basel, Schweiz. Menzel, W., Möllerström, J. und Petrén, T. (Hg.). Stockholm: A. B. Tryckmans (1955)

311. Aschoff, J. : Jahresperiodik der Fortpflanzung bei Warmblütern. Studium Generale **8**: 742-776 (1955)
312. Gwinner, E. : Circannuale Periodik der Mauser und der Zugunruhe bei einem Vogel. Naturwissenschaften **54**: 447-447 (1967)
313. Aschoff, J. : Exogene und endogene Komponente der 24 Stunden-Periodik bei Tier und Mensch. Naturwissenschaften **42**: 569-575 (1955)
314. Aschoff, J. : Zeitgeber der tierischen Tagesperiodik. Naturwissenschaften **41**: 49-56 (1954)
315. Halberg, F., Halberg, E., Barnum, C. P. and Bittner, J. J. : Physiologic 24-Hour Periodicity in Human Beings and Mice, the Lighting Regimen and Daily Routine. In: Photoperiodism and Related Phenomena in Plants and Animals. Withrow, R. B. (Hg.). Washington: A. A. A. S. 803-878 (1959)
316. Aschoff, J. : A Survey on Biological Rhythms. In: Handbook of Behavioural Neurobiology, 4. Biological Rhtyhms. Aschoff, J. (Hg.). NewYork: Plenum Press. 3-10 (1981)
317. Halberg, F. et al. : Chronomics: Transdisciplinary Biospherical Near-Matches of Circadecadal /Circadidecadal/Circaquindecadal Environmental Cycles. In: 2nd International Symposium: Workshop on Chronoastrobiology & Chronotherapy. Tokyo. S. 1-6. (2001)
318. Aschoff, J. und Meyer-Lohmann, J. : Angeborene 24-Stunden-Periodik bei Kücken. Pflügers Arch, ges. Physiol. **260**: 170-176 (1954)
319. Aschoff, J. : Tagesperiodik bei Mäusestämmen unter konstanten Umgebungsbedingungen. Pflügers Arch. **262**: 51-59 (1955)
320. Aschoff, J. und Meyer-Lohmann, J. : Die Aktivitätsperiodik von Nagern im künstlichen 24-Stunden-Tag mit 6-20 Stunden Lichtzeit. Zeitschrift für vergleichende Physiologie **37**: 107-117 (1954)
321. Aschoff, J. und Meyer-Lohmann, J. : Die Aktivität gekäfigter Grünfinken im 24-Stunden-Tag bei unterschiedlich langer Lichtzeit mit und ohne Dämmerung. Zeitschrift für Tierpsychologie **12**: 254-265 (1955)
322. Bünning, E. : Die physiologische Uhr. Berlin: Springer Verlag. 105 S. (1958)
323. Aschoff, J. : エーリッヒ・フォン・ホルスト宛ての手紙，5月20日（1953）
324. Pittendrigh, C. S. : On Temperature Independence in the Clock System Controlling Emergence Time in Drosophila. Proceedings of the National Academy of Sciences **40**: 1018-1029 (1954)
325. Kalmus, H. : Diurnal Rhythms in the Axolotl Larva and in Drosophila. Nature **145**: 72-73 (1940)
326. Bruce, V. G. and Pittendrigh, C. S. : Temperature Independence in a Unicellular "Clock". Proceedings of the National Academy of Sciences **42**: 676-682 (1956)
327. Pittendrigh, C. S. and Bruce, V. G. : An Oscillator Model for Biological Clocks. In: Rhythmic and Synthetic Processes in Growth. Rudnick, D. (Hg.). Princeton: Princeton University Press. 75-109 (1957)
328. Aschoff, J. : コリン・ピッテンドリック宛ての手紙，10月18日（1958）
329. Aschoff, J. : コリン・ピッテンドリックに関するグーゲンハイム財団宛ての手紙，11月22日（1958）
330. Aschoff, J. : Exogenous and Endogenous Components in Circadian Rhythms. Cold Spring Harbor Symposia on Quantitative Biology **25**: 11-28 (1960)
331. Pittendrigh, C. S. : Circadian Systems and the Circadian Organization of Living Systems. Cold Spring Harbor Symposia on Quantitative Biology **25**: 159-184 (1960)
332. Gwinner, E. : Untersuchungen über das Ausdrucks-und Sozialverhalten des Kolkraben (‡ *Corvus c. corax* ‡*L.*). Zeitschrift für Tierpsychologie **21**: 657-748 (1964)
333. Gwinner, E. : Beobachtungen über Nestbau und Brutpflege des Kolraben *(Corvus corax)* in Gefangenschaft. Journal für Ornithologie **106**: 145-178 (1965)

334. Aschoff, J.：エーリッヒ・フォン・ホルスト宛ての手紙，10月15日（1959）
335. Honma, K.：ユルゲン・アショフ宛ての手紙，1月23日（1958）
336. Aschoff, J.：永井寅夫宛ての手紙，12月31日（1958）
337. Aschoff, J. und Honma, K.：Art- und Individualmuster der Tagesperiodik. Zeitschrift für vergleichende Physiologie **42**: 383-392（1959）
338. Honma, K.-I.：サージ・ダーンとの会話，7月14日（2014）
339. Honma, K.：ユルゲン・アショフ宛ての手紙，4月10日頃（1959）
340. Aschoff, J.：Gustav Kramer. Mitteilungen aus der Max-Planck-Gesellschaft **1959**: 267-270（1959）
341. Pittendrigh, C. S.：ユルゲン・アショフ宛ての手紙，6月9日（1959）
342. Kruuk, H.：Niko's Nature. A Life of Niko Tinbergen and His Science of Animal Behaviour. Oxford: Oxford University Press（2003）
343. Aschoff, J.：コンララート・ローレンツ宛ての手紙，5月5日（1959）
344. Aschoff, J.：本間慶蔵宛ての手紙，7月27日（1959）
345. Von Holst, E.：コンララート・ローレンツとユルゲン・アショフ宛ての手紙，7月27日（1960）
346. Aschoff, J.：エーリッヒ・ファン・ホルスト宛ての手紙，7月27日（1959）
347. Von Holst, E.：ユルゲン・アショフ宛ての手紙，10月11日（1959）
348. Aschoff, J.：エーリッヒ・フォン・ホルスト宛ての手紙，10月19日（1959）
349. Aschoff, J.：コリン・ピッテンドリック宛ての手紙，2月20日（1960）
350. Decoursey, P. J.：Early Research Highlights at the Max Planck Institute for Behavioral Physiology, Erling-Andechs and their Influence on Chronobiology. In: Zeitgebers, Entrainment and Masking of the Circadian System. Honma, K. and Honma, S.（Hg.）. Sapporo: Hokkaido University Press（2001）
351. Griffin, D. R.：Dedication to Dr. Gustav Kramer. Sessions on Chronometry in Celestial Orientation. Cold Spring Harbor Symposia on Quantitative Biology **25**: 369（1960）
352. Kleitman, N.：Sleep and Wakefulness. Chicago: University of Chicago Press（1963）
353. Aschoff, J. und Wever, R.：Spontanperiodik des Menschen bei Ausschluss aller Zeitgeber. Naturwissenschaften **49**: 337-342（1962）
354. Decoursey, G. and Decoursey, P. J.：Adaptive Aspects of Activity Rhythms in Bats. Biological Bulletin **126**: 14-27（1964）
355. Aschoff, J. und Von Holst, D.：Schlafplatzflüge der Dohle, *Corvus monedula* L. Proceedings of the XIIth International Ornithological Congress, Helsinki 1958. 55-70（1960）
356. Von Holst, D.：サージ・ダーン宛ての手紙，3月19日（2014）
357. Aschoff, J.：Circadian Rhythms in Man. Science **148**: 1427-1432（1965）
358. Pöppel, E.：サージ・ダーンとの会話，5月4日（2013）
359. Descartes, R.：Les passions de l'âme. Amsterdam: Lodewijk Elsevier（1649）
360. Lorenz, K. und Von Saint Paul, U.：Die Entwicklung des Spießens und Klemmens bei den drei Würgerarten *Lanius collurio, L. senator* und *L. excubitor*. Journal für Ornithologie **109**: 137-156（1968）
361. Von Saint Paul, U. and Aschoff, J.：Longevity Among Blowflies *Phormia terraenovae* R. D. Kept in Non-24-Hour Light-Dark Cycles. Journal of comparative Physiology **127**: 191-195（1978）
362. Aschoff, J., Von Saint Paul, U. und Wever, R.：Die Lebensdauer von Fliegen unter dem Einfluss von Zeit-Verschiebungen. Naturwissenschaften **58**: 574-575（1971）
363. Huxley, A.：The Doors of Perception. London: Chatto & Windus（1954）
364. Jünger, E.：Annäherungen. Drogen und Rausch. Stuttgart: Ernst Klett（1970）
365. Knauer, und Pöppel, E.：メスカリン実験におけるユルゲン・アショフの会話と発言の録音テープ，1966年5月6日（1966）
366. Aschoff, J. and Pittendrigh, C. S.：Bibliography on Circadian Rhythms. S. 1-188（1962）

367. Aschoff, J. und Wever, R.: Beginn und Ende der täglichen Aktivität freilebender Vögel. Journal für Ornithologie **103**: 2-27 (1962)
368. Aschoff, J.: Annual Rhythms in Man. In: Handbook of Behavioral Neurobiology. 4. Biological Rhythms. Aschoff, J. (Hg.). New York: Plenum Press. 475-487 (1981)
369. Marsch, E.: ユルゲン・アショフ宛ての手紙，9月11日（1963）
370. Aschoff, J.: コリン・ピッテンドリック宛ての手紙，1月13日（1964）
371. Aschoff, J.: コリン・ピッテンドリック宛ての手紙，12月30日（1963）
372. Aschoff, J. (Hg.): Circadian Clocks. Proceedings of the Feldafing Summer School 7.-18. September 1964. Amsterdam: North Holland Publishing Cy. xix, 479 S. (1965)
373. Aschoff, J., Klotter, K. and Wever, R.: Circadian Vocabulary/Circadianer Wortschatz. In: Circadian Clocks. Aschoff, J. (Hg.). Amsterdam: North Holland Publishing Cy. x-xix (1965)
374. Pittendrigh, C. S.: ユルゲン・アショフ宛ての手紙，11月9日（1963）
375. Brown Jr., F. A.: A Unified Theory for Biological Rhythms. In: Circadian Clocks. Aschoff, J. (Hg.). Amsterdam: North Holland Publishing Cy. 231-261 (1965)
376. Brown Jr., F. A.: Hypothesis of Environmental Timing of the Clock. In: The Biological Clock. Two Views. Brown, F. A., Hastings, J. W. and Palmer, J. D. (Hg.). New York: Academic Press. 13-59 (1970)
377. Wever, R.: USA 滞在のユルゲン・アショフ宛ての手紙，4月23日（1965）
378. Nishikaze, O.: ユルゲン・アショフ宛ての手紙，5月11日（1965）
379. Honma, K.-I.: サージ・ダーンとの会話，19. August（2011）
380. Aschoff, J., Gerecke, U. and Wever, R.: Desynchronization of Human Circadian Rhythms. Japanese Journal of Physiology **17**: 450-457 (1967)
381. Aschoff, J.: 大野精七宛ての手紙，7月14日（1965）
382. Aschoff, J.: ヘンドリック・ヘック宛ての手紙，3月22日（1992）
383. Hoeck, H.: サージ・ダーンとの会話，10月19日（2014）
384. Krebs, J. R.: サージ・ダーン宛ての手紙，11月2日（2014）
385. Zenker, R.: ユルゲン・アショフの病状についての説明，3月31日（1970）
386. Aschoff, J.: マックス・プランク研究所統合本部宛ての手紙，3月29日（1970）
387. Pittendrigh, C. S.: ロードマン宛ての手紙，NASA，ワシントン，1月4日（1962）
388. Aschoff, J.: ピッテン・ドリック宛ての手紙，8月9日（1962）
389. Zulley, J.: サージ・ダーンとの会話，12月3日（2014）
390. Barlow, J. S.: ユルゲン・アショフ宛ての手紙，1月17日（1975）
391. Pöppel, E.: Desynchronisationen circadianer Rhythmen innerhalb einer isolierten Gruppe. Pflügers Archiv **299**: 364-370 (1968)
392. Aschoff, J., Gerecke, U. and Wever, R.: Desynchronization of Human Circadian Rhythms. Japanese Journal of Physiology **17**: 450-457 (1967)
393. Siffre, M.: Hors du Temps. Paris: Tuillard (1963)
394. Chouvet, G., Mouret, J., Coindet, J., Siffre, M. et Jouvet, M.: Périodicité bicircadienne du cycle veille-sommeil dans des conditions hors du temps. Étude polygraphique. Electroencephalography and Clinical Neurophysiology **37**: 367-380 (1974)
395. Foer, J.: Caveman：ミッシェル・シフレーとの対談，カビネ（2008）
396. Mills, J. N., Minors, D. S. and Waterhouse, J. M.: The Circadian Rhythms of Human Subjects Without Timepieces or Indication of the Alternation of Day and Night. Journal of Physiology **240**: 567-594 (1974)
397. Czeisler, C. A., Weitzman, E. D., Moore-Ede, M. C., Zimmerman, J. C. and Knauer, R. S.: Human Sleep: Its Duration and Organization Depend on its Circadian Phase. Science **210**: 1264-1267 (1980)
398. Lund, R.: サージ・ダーンとの会話，ミュンヘン，8月24日（2013）
399. Aschoff, J., Pöppel, E. und Wever, R.: Circadiane Periodik des Menschen unter dem Einfluss

von Licht-Dunkel-Wechseln unterschiedlicher Periode. Pflügers Archiv **306**: 58-70 (1969)
400. Aschoff, J., Fatranská, M., Giedke, H., Doerr, P., Stamm, D. and Wisser, H.: Human Circadian Rhythms in Continuous Darkness: Entrainment by Social Cues. Science **171**: 213-215 (1971)
401. Aschoff, J. und Wever, R.: Über Reproduzierbarkeit circadianer Rhythmen beim Menschen. Klinische Wochenschrift **58**: 323-335 (1980)
402. Menaker, M. (Hg.): Biochronometry. National Academy of Sciences USA: Washington D.C. (1971)
403. Aschoff, J., Gerecke, U., Kureck, A., Pohl, H., Rieger, P., von Saint Paul, U. and Wever, R.: Interdependent Parameters of Circadian Activity Rhythms in Birds and Man. In: Biochronometry. Menaker, M. (Hg.): Washington D. C.: National Academy of Sciences USA (1971)
404. Aschoff, J.: On the Perception of Time During Prolonged Temporal Isolation. Human Neurobiology **4**: 41-52 (1985)
405. Aschoff, J.: On the Dilatability of Subjective Time. Perspectives Biol. Med. **35**: 276-280 (1992)
406. Wever, R.: Untersuchungen zur circadianen Periodik des Menschen mit besonderer Berücksichtigung des Einflusses schwacher elektrischer Wechselfelder. Bundesministerium für wissenschaftliche Forschung. S. 212. (1969)
407. Daan, S. and Aschoff, J.: Circadian Rhythms of Locomotor Activity in Captive Birds and Mammals: Their Variations With Season and Latitude. Oecologia (Berl.) **18**: 269-316 (1975)
408. Aschoff, J.：サージ・ダーン宛の手紙，2月28日（1975）
409. Lund, R.: Circadiane Periodik physiologischer und psychologischer Variablen bei 7 blinden Versuchspersonen mit und ohne Zeitgeber. Dissertation, München (1974)
410. Hollwich, F. and Dieckhues, B.: Circadian Rhythm in Blind. Journal of Interdisciplinary Cycle Research **2**: 291 ff (1971)
411. Wirz-Justice, A., Wever, R. A. and Aschoff, J.: Seasonality in Freerunning Circadian Rhythms in Man. Naturwissenschaften **71**: 316-319 (1984)
412. Zulley, J.: Ultradiane und Circadiane Periodik unter freilaufenden Bedingungen. Untersuchungen zum Schlaflabor. Diplomarbeit, München (1975)
413. Schulz, H.: Protokoll zur 2. Diskussion über den REM-Phasen-Drift in Erling-Andechs am 3.4.75 (1975)
414. Zulley, J.: Der Einfluss von Zeitgebern auf den Schlaf des Menschen. Dissertation, Tübingen (1979)
415. Lewy, A. J., Wehr, T. A., Goodwin, F. K., Newsome, D. A. and Markey, S. P.: Light Suppresses Melatonin Secretion in Humans. Science **210**: 1267-1269 (1980)
416. Campbell, S. S., Dawson, D. and Zulley, J.: When the Human Circadian System is Caught Napping: Evidence for Endogenous Rhythms Close to 24 hours. Sleep **16**: 638-640 (1993)
417. Zulley, J. and Campbell, S. S.: Ultradian Components of Human Sleep/Wake Patterns During Disentrainment. In: Ultradian Rhythms in Physiology and Behavior. Schulz, H. and Lavie, P. (Hg.). Berlin: Springer Verlag. 234-254 (1985)
418. Aschoff, J.: Circadian Rhythms: General Features and Endocrinological Aspects. In: Endocrine Rhythms. Krieger, D. T. (Hg.). New York: Raven Press. 1-61 (1979)
419. Aschoff, J. and Wever, R.: Circadian Period and Phase-Angle Difference in Chaffinches (*Fringilla coelebs*). Comparative Biochemistry and Physiology **18**: 397-404 (1966)
420. Aschoff, J. and Pohl, H.: Phase Relations Between a Circadian Rhythm and its Zeitgeber Within the Range of Entrainment. Naturwissenschaften **65**: 80-84 (1978)
421. Wever, R.: Ein mathematisches Modell für biologische Schwingungen. Zeitschrift für Tierpsychologie **21**: 359-372 (1964)
422. Aschoff, J.: Phasenlage der Tagesperiodik in Abhängigkeit von Jahreszeit und Breitengrad.

Oecologia (Berl.) **3**: 125-165 (1969)
423. Aschoff, J. : Circadian Rhythms in Birds. Proceedings XIV International Ornithological Congress 1966. Oxford: Blackwell. 81-105 (1967)
424. Aschoff J., Hoffmann, K., Pohl, H. and Wever, R. : Re-Entrainment of Circadian Rhythms After Phase-Shifts of the Zeitgeber. Chronobiologia **2**: 23-78 (1975)
425. Aschoff, J. : Problems of Reentrainment of Circadian Rhythms: Asymmetry Effect, Dissociation and Partition. In: Environmental Endocrinology. Assenmacher, I. and Farner, D. S. (Hg.). Berlin: Springer Verlag. 185-195 (1978)
426. Aschoff, J.：サージ・ダーン宛ての手紙，1月15日（1971）
427. Daan, S.：ダーン家族宛ての手紙，1月27日（1971）
428. Aschoff, J.：本間慶蔵宛ての手紙，1月12日（1971）
429. Pöppel, E.：ユルゲン・アショフ宛ての手紙，5月12日（1971）
430. Aschoff, J.：ピッテンドリック宛ての手紙，3月27日（1971）
431. Aschoff, J.：エルンスト・ペッペル宛ての手紙，5月24日（1971）
432. Pöppel, E.：ユルゲン・アショフ宛ての手紙，6月4日（1971）
433. Lund, R.：サージ・ダーンとの会話，パタースホールデ，12月7日（2014）
434. Aschoff, J. : Survival Value of Diurnal Rhythms. Proceedings Zoological Society London **13**: 79-98 (1964)
435. Aschoff, J. : Circadian Activity Pattern with Two Peaks. Ecology **47**: 657-662 (1966)
436. Aschoff J. : Die minimale Wärmedurchgangszahl des Menschen am Tag und in der Nacht. Pflügers Archiv **295**: 184-196 (1967)
437. Aschoff, J. und Wever, R. : Fortlaufende Bestimmung des Wärmestroms und der Wärmedurchgangszahl am Menschen mit einfacher Methode. Naturwissenschaften **43**: 261-262 (1956)
438. Heise, A. : Der Einfluss der Umgebungstemperatur auf verschiedene temperaturregulatorische Größen beim Menschen mit besonderer Berücksichtigung der Tagesperiodik. Dissertation, München (1969)
439. Schmidt, T. H. : Thermoregulatorische Größen in Abhängigkeit von Tageszeit und Menstruationszyklus. Dissertation, München. S. 56 (1972)
440. Aschoff, J., Biebach, H., Heise, A. and Schmidt, T. H. : Day-Night Variation in Heat Balance. In: Heat Loss from Animals and Men. Monteith, J. L. and Mount, L. F. (Hg.). London: Butterworth. 147-172 (1974)
441. Aschoff, J. : Temperaturregulation. In: Physiologie des Menschen. Gauer, O. H., Kramer, K. und Jung, R. (Hg.). Wien: Urban & Schwarzenberg. 43-116 (1971)
442. Aschoff, J. : Energiestoffwechsel. In: Physiologie des Menschen. Gauer, O. H., Kramer, K. und Jung, R. (Hg.). Wien: Urban & Schwarzenberg. 1-42 (1971)
443. Aschoff, J. und Pohl, H. : Der Ruheumsatz von Vögeln als Funktion der Tageszeit und der Körpergröße. Journal für Ornithologie **111**: 38-47 (1970)
444. Aschoff, J. and Pohl, H. : Rhythmic Variations in Energy Metabolism. Federation Proceedings **29**: 1541-1552 (1970)
445. Aschoff, J. : Thermal Conductance in Mammals and Birds: Its Dependence on Body Size and Circadian Phase. Comparative Biochemistry and Physiology **69A**: 611-619 (1981)
446. Aschoff, J. : Der Tagesgang der Körpertemperatur von Vögeln als Funktion des Körpergewichtes. Journal für Ornithologie **122**: 129-151 (1981)
447. Aschoff, J. : Der Tagesgang der Körpertemperatur und der Sauerstoffaufnahme bei Säugetieren als Funktion des Körpergewichtes. Zeitschrift für Säugetierkunde **46**: 201-216 (1981)
448. Heldmaier, G.：サージ・ダーンとの会話，フランクフルト・アム・マイン，10月14日（2014）
449. Heldmaier, G. : Zitterfreie Wärmebildung und Körpergröße bei Säugetieren. Zeitschrift für

vergleichende Physiologie **73**: 222-248（1971）
450. Heldmaier, G. und Neuweiler, G.: Vergleichende Tierphysiologie. Berlin: Springer Verlag. 830, 506 S.（2004）
451. Aschoff, J.: Physiologie biologischer Rhythmen. Ärztliche Praxis **18**: 1593-1597（1966）
452. Keil, T. U.: Tagesrhythmus wird medizinisch relevant（Gespräch mit J. Aschoff）. Ärztliche Praxis **25**: 3764-3767（1973）
453. Aschoff, J.: Circadiane Rhythmen im endocrinen System. Klinische Wochenschrift **56**: 425-435（1978）
454. Aschoff, J.: Das circadiane System. Grundlagen der Tagesperiodik und ihrer Bedeutung für angewandte Physiologie und Klinik. Verhandlungen der Deutschen Gesellschaft für innere Medizin **79**: 19-32（1973）
455. Papousek, M.: Chronobiologische Aspekte der Zyklothymie. Fortschritte Neurologie und Psychiatrie **43**: 381-440（1975）
456. Aschoff, J.: Wie gestört ist der Tagesrhythmus bei Depressiven? In: Neue Perspektiven in der Depressionsforschung. Heimann, H. und Giedke, H.（Hg.）. Stuttgart: Verlag Hans Huber. 88-99（1980）
457. Wirz-Justice, A., Benedetti, F. and Terman, M.: Chronotherapeutics for Affective Disorders. 2. Auflage. Basel: Karger. 124 S.（2013）
458. Aschoff, J., Ceresa, F. and Halberg, F.（Hg.）: Chronobiological Aspects of Endocrinology. Chronobiologia. Bd. I. Supplement 1. Milano: Il Ponte. 509 S.（1974）
459. Aschoff, J.: Speech after Dinner. In: Chronobiological Aspects of Endocrinology. Aschoff, J., Ceresa, F. and Halberg, F.（Hg.）. Milano: Il Ponte. 481-495（1974）
460. Krieger, D. T. and Aschoff, J.: Endocrine and Other Biological Rhythms. In: Endocrinology. DeGroot, L. J. et al.（Hg.）. New York: Grune & Stratton. 2079-2110（1979）
461. Aschoff, J., Giedke, H., Pöppel, E. and Wever, R.: The Influence of Sleep-Interruption and of Sleep-Deprivation on Circadian Rhythms in Human Performance. In: Aspects of Human Efficiency. Colquhoun, W. P.（Hg.）. London: The English Universities Press. 135-149（1972）
462. Aschoff, J., Fatranská, M., Gerecke, U. and Giedke, H.: Twenty-Four-Hour Rhythms of Rectal Temperature in Humans: Effects of Sleep Interruptions and of Test-Sessions. Pflügers Archiv **346**: 215-222（1974）
463. Clauser, G.: Die Kopfuhr. Das automatische Erwachen. Wunsch- oder vorsatzgemäße Terminleistungen zur ungewohnten Zeit, besonders während des Schlafes. Stuttgart: F. Enke. 108 S.（1954）
464. Aschoff, J.: Eigenschaften der menschlichen Tagesperiodik. In: Aktuelle Probleme der Arbeitsumwelt. Rutenfranz, J.（Hg.）. Stuttgart: A. W. Gentner Verlag. 21-43（1971）
465. Mann, H., Rutenfranz, J. und Aschoff, J.: Untersuchungen zur Tagesperiodik der Reaktionszeit bei Nachtarbeit I. Die Phasenlage des positiven Scheitelwertes und Einflüsse des Schlafs auf die Schwingungsbreite. Intern. Arch. Arbeitsmedizin **29**: 159-174（1972）
466. Rutenfranz, J., Aschoff, J. and Mann, H.: The Effects of a Cumulative Sleep Deficit, Duration of Preceding Sleep Period and Body-Temperarure on Multiple Choice Reaction Time. In: Aspects of Human Efficiency. Colquhoun, W. P.（Hg.）. London: English Universities Press. 217-229（1972）
467. Aschoff, J.: Features of Circadian Rhythms Relevant for the Design of Shift Schedules. Ergonomics **21**: 739-754（1978）
468. Aschoff, J.：コリンとマイキー・ピッテンドリック宛ての手紙，10月15日（1979）
469. Aschoff, J.: Circadian Rhythms: Interference with and Dependence on Work-Rest Schedules. In: Biological Rhythms, Sleep and Shift Work. Advances in Sleep Research, Bd. 7. Johnson, L. C. et al.（Hg.）. New York: Spectrum Publ.（1981）
470. Aschoff, J.: Significance of Circadian Rhythms for Space Flight. In: Proceedings 3rd

International Symposium Bioastronautics and the Exploration of Space (San Antonio 1964). Bedwell, T. C. and Strughold, H. (Hg.). 465-484 (1965)
471. Aschoff, J. : Human Circadian Rhythms in Activity, Body Temperature and Other Functions. In: Life Sciences and Space Research V. Brown, A. H. and Favorite, F. G. (Hg.). Amsterdam: North-Holland. 159-173 (1967)
472. Aschoff, J. : Circadian Rhythms in Space Medicine. In: Man in Space. IV. International Symposium on Basic Problems of Human Life in Space. Gazenko, O. G. and Bjurstedt, H. A. (Hg.). Moskau: Publ. House, Science. 264-284 (1974)
473. Aschoff, J. : Internal Dissociation and Desynchronisation of Circadian Systems (Abstract). In: XX-Ist International Congress Aviation and Space Medicine, München (1973)
474. http://spaceflight.nasa.gov/shuttle/reference/shutref/crew/sleep.html (2002) [cited July 25 2015]
475. Aschoff, J. : Die Zeit im Urlaub. Ärztliche Praxis **22**: 3499-3500 (1970)
476. Aschoff, J. : Urlaub nach der biologischen Uhr-und in Konflikt mit ihr. In: Ärztliche Problematik des Urlaubs. Wachsmuth, W. (Hg.). Berlin: Springer Verlag. 98-112 (1973)
477. Aschoff, J. : Freizeit im Rahmen biologischer Zeitprogramme. In: Die Freizeitgestaltung in der industriellen Gesellschaft. Bruxelles: Fondation van Clé. 137-155 (1974)
478. Aschoff, J. : Sport und Wissenschaft. Marginalien eines Forschers über die Kippe und Schutzgeister. In: Olympische Leistung, Bedingungen, Grenzen. Begegnungen zwischen Sport und Wissenschaft. Vedder, C. (Hg.). Köln: Bundesinstitut für Sportwissenschaft. 23-28 (1981)
479. Berthold, P. : Mein Leben für die Vögel und meine 60 Jahre mit der Vogelwarte. Stuttgart: Kosmos. 214 S. (2016)
480. Wirz-Justice, A. : http://srbr.org/resources/chronohistory/compilation/the-andechs-interviews-2011/
481. Gwinner, H. : サージ・ダーンとの会話，ヴィダースベルグ，8月23日 (2013)
482. Bauer, J. : サージ・ダーンとの会話，パイゼンベルグ，2月3日 (2015)
483. Bauer, J. : サージ・ダーンとの電子メール，11月14日 (2014)
484. Pittendrigh, C. S. : Circadian Oscillation in Cells and the Circdian Organization of Multicellular Systems. In: The Neurosciences: Third Study Program. Schmitt, F. O. and Worden, F. G. (Hg.). Cambridge, Mass. : MIT Press. 437-458 (1974)
485. Flad-Schnorrenberg, B. : Verhaltensforschung ohne Zukunft. Fehlentscheidungen bei der Nachfolge von Konrad Lorenz/Neurophysiologie an Wirbeltieren vernachlässigt. Frankfurter Allgemeine Zeitung, 14. April: 33 (1973)
486. Aschoff, J. : "Verhaltensphysiologie mit Zukunft". Eine Stellungnahme der Max Planck Gesellschaft. Frankfurter Allgemeine Zeitung, 21. April (1973)
487. Lüst, R. : ベーレンツ宛の手紙，7月27日 (1972)
488. Drent, R. H. : Dropping the Pilot: Gerard Baerends 1916-1999. Ardea **88**: 113-118 (2000)
489. Baerends, G. P. : リュスト宛ての手紙，3月30日 (1973)
490. Daan, S. : ダーン家族への手紙，1月22日 (1972)
491. Daan, S. : ダーン家族への手紙，10月13日 (1973)
492. Bischof, N. : Gescheiter als alle die Laffen. Ein Psychogramm von Konrad Lorenz. Hamburg: Rasch und Röhring Verlag. 177 S. (1991)
493. Butenandt, A. : 1971年6月25日ベルリンにおけるマックス・プランク研究所の集会演説 (1971)
494. Grossner, C. : Aufstand der Forscher. Krise in der Max-Planck-Gesellschaft: der Kampf um die Mitbestimmung. Die Zeit, Nr. 25, 18. Juni (1971)
495. Urban, M. : Max-Planck-Gesellschaft in der Krise. Mitbestimmungsforderungen warden mit "Grundsätzen" pariert. Süddeutsche Zeitung, 28. Juni (1971)

496. Gillessen, G.: Maßvolle Reform mit einem Haken. Die Max-Planck-Gesellschaft an einem Wendepunkt. Frankfurter Allgemeine Zeitung, 13. Juni (1972)
497. Redaktion: Blütenstrauß "Darf ich dafür stimmen?". MPG Monatsspiegel **2/72**: 17 (1972)
498. Aschoff, J.：研究目的について同僚達宛ての手紙，7月31日（1972）
499. Aschoff, J.：サージ・ダーン宛ての手紙，1月15日（1975）
500. Roenneberg, T.：サージ・ダーンとの会話，プリール，2月1日（2015）
501. Von Hellermann, M.：サージ・ダーンとの会話，パタースホールド，1月3日（2017）
502. Kandler, L.：サージ・ダーンとの会話，オーベルビベルグ，9月11日（2015）
503. Wallendorf, K.: Immer Ärger mit dem Cello. Liebeserklärung eines irrenden Waldhornisten an die streichenden Kollegen. Berlin: Galiani. 176 S. (2012)
504. Forster, D.：サージ・ダーンとの会話，オーベルビベルグ，9月11日（2015）
505. Roche, J.: Notice Nécrologique sur Daniel Bargeton, Membre de la Section de Biologie Humaine et Sciences Médicales Comptes Rendus. Acad. Sci. Paris **291**: 67-69 (1980)
506. Hohe-Daan, R. D.：サージ・ダーンとの会話，パタースホールド
507. Elze, M.: Theologische Erwägungen zum F. S.-Das Jubeljahr oder Jubileum als Gebot und Angebot in Geschichte und Gegenwart (1976)
508. Geissler, J.: Das Fünfziger Syndrom aus Welfisch-Niedersächsischer Sicht (1976)
509. Aschoff, J.: Das Prinzip Hoffnung-Ein Sechziger-Syndrom? (Falsche Fufz'ger aus der Sicht eines abgeklärten Sechzigers) (1976)
510. Aschoff, J.：ビューニング，エンライト，ヘイスティングス，メナカー，ピッテンドリック，スウィニー宛ての手紙，10月26日（1974）
511. Aschoff, H., Von Goetz, C. und Hohe, R. D.: Internationale Konferenz auf Schloss Ringberg vom 29. 9. -4. 10. Bericht der Putz-Küchen-Kellnerinnen-Kolonne an der MPG Generalverwaltung (1981)
512. Moore, R. Y. and Eichler, V. B.: Loss of a Circadian Adrenal Corticosterone Rhythm Following Suprachiasmatic Lesions in the Rat. Brain Research **42**: 201-206 (1972)
513. Stephan, F. K. and Zucker, I.: Circadian Rhythms in Drinking Behavior and Locomotor Activity of Rats are Eliminated by Hypothalamic Lesions. Proceedings of the National Academy of Sciences USA **69**: 1583-1586 (1972)
514. Descartes, R.: Les passions de l'ame. Amsterdam: Lodewijk Elsevier. S. (1649)
515. Takahashi, J. S.: Circadian Rhythms of the Isolated Chicken Pineal *in vitro*. In: Vertebrate Circadian Systems. Structure and Physiology. Aschoff, J., Daan, S. and Groos, G. A. (Hg.). Berlin: Springer Verlag. 158-163 (1982)
516. Follett, B. K.: Physiology of Photoperiodic Time Measurement. In: Vertebrate Circadian Systems. Structure and Physiology. Aschoff, J. (Hg.). Berlin: Springer Verlag. 268-275 (1982)
517. Daan, S.: The Marriage of Sleep and Rhythm Research. A Personal Reflection on Three Decades of Collaboration Between Zürich and Groningen. NSWO Yearbook **21**: 12-23 (2010)
518. Daan, S., Beersma, D. G. M. and Borbély, A. A.: Timing of Human Sleep: Recovery Process Gated by a Circadian Pacemaker. American Journal of Physiology-Regulatory Integrative and Comparative Physiology **246**: R161-R178 (1984)
519. Aschoff, J., Daan, S. and Groos, G. A. (Hg.): Vertebrate Circadian Systems: Structure and Physiology. Berlin: Springer Verlag. XIII, 363 S. (1982)
520. King, F. A.：ユルゲン・アショフ宛ての手紙，12月6日（1973）
521. Aschoff, J.: Biological Rhythms. In: Handbook of Behavioral Neurobiology. Bd. 4. King, F. A. (Hg.). New York/London: Plenum Press, xix, 563 S. (1981)
522. Block, G. D.: Biological Timekeeping. Science **214**: 1121-1122 (1981)
523. Daan, S. and Aschoff, J.: 1. The Entrainment of Circadian Systems. In: Circadian Clocks. Takahashi, J. S., Turek, F. W. and Moore, R. Y. (Hg.). New York: Kluwer/Plenum. 7-43

(2001)
524. Wickler, W. : Protokoll über die Institutsbesprechung des MPIV Seewiesen am 14.6.77 (1977)
525. Pittendrigh, C. S.：フーバー，ヘス，ミケルセン宛ての手紙，12月19日（1978）
526. Aschoff, J.：ピッテンドリック宛ての手紙，12月5日（1977）
527. Daan, S.：ピッテンドリック宛ての手紙，11月28日（1978）
528. Aschoff, J.：サージ・ダーン宛ての手紙，1月24日（1979）
529. Autrum, H. : Walter Heiligenberg, 31.1.1938 to 8.9.1994. J. Comp. Physiol. A **175**: 675（1994）
530. Lorenz, K.：ヴィックラー博士とビショフ博士への賛辞，1月5日（1971）
531. Aschoff, J.：レプリカ覚書，エーリングの台所，1月29日（1981）
532. Illnerová, H. : In Memory of Colin S. Pittendrigh. Light Treatment and Biological Rhythms **8**: 45-47（1996）
533. Pittendrigh, C. S. : Temporal Organization: Reflections of a Darwinian Clock-Watcher. Annual Reviews of Physiology **55**: 17-54（1993）
534. Johnson, C. H. : Reminiscences from Pittendrigh's last PhD student. Resonance **11**: 22-31（2006）
535. Gosden, P. : Education in the Second World War: A Study in Policy and Education. Routledge. 544 S.（2007）
536. Downs, W. G. and Pittendrigh, C. S. : Bromeliad Malaria in Trinidad, British West Indies. American Journal of Tropical Medicine **26**: 47-66（1946）
537. Pittendrigh, C. S. : The Bromeliad-Anopheles-Malaria Complex in Trinidad. 1. The Bromeliad Flora. Evolution **2**: 58-59（1948）
538. Pittendrigh, C. S. : The Ecoclimatic Divergence of Anopheles-Bellator and A-Homunculus. Evolution **4**: 43-63（1950）
539. Pittendrigh, C. S. : The Ecotopic Specialization of Anopheles Homunculus-and its Relation to Competition with A-Bellator. Evolution **4**: 43-63（1950）
540. Dobzhansky, T. : Nothing in Biology Makes Sense Except in the Light of Evolution. The American Biology Teacher **35**: 125-129（1973）
541. Pittendrigh, C. S., Bruce, V. G., Rosenzweig, N. S. and Rubin, M. L. : A Biological Clock in Neurospora. Nature **184**: 169-171（1959）
542. Simpson, G. G., Pittendrigh, C. S. and Tiffany; L. H. : Life. An Introduction to Biology. New York: Harcourt, Brace and Cy. 845 S.（1957）
543. Sadava, D., Hillis, D. M., Heller, H. C. and Berenbaum, M. R. : Life: The Science of Biology. 10. Auflage. Sinauer Associates. 1263 S.（2014）
544. Kennedy, D., Hastorf, A., Epel, D. and Perkins, D. : Colin S. Pittendrigh 13 October 1918-19 March 1996. Proceedings of the American Philosophical Society **152**: 158-161（2008）
545. Pittendrigh, C. S.：ユルゲン・アショフ宛ての手紙，5月2日（1969）
546. Aschoff, J.：ピッテンドリック宛ての手紙，5月17日（1969）
547. Pittendrigh, C. S. and Minis, D. H. : The Photoperiodic Time Measurement in Pectinophora Gossypiella and its Relation to the Circadian System in that Species. In: Biochronometry. Menaker, M.（Hg.）. Washington D. C. : National Academy of Sciences. 212-250（1971）
548. Pittendrigh, C. S.：ユルゲン・アショフ宛ての手紙，6月18日（1968）
549. Pittendrigh, C. S.：ユルゲン・アショフ宛ての手紙，12月22日（1969）
550. Aschoff, J.：ピッテンドリック宛ての手紙，5月15日（1970）
551. Aschoff, J.：ピッテンドリック宛ての手紙，12月19日（1970）
552. Pittendrigh, C. S.：ユルゲン・アショフ宛ての手紙，1月20日（1971）
553. Pittendrigh, C. S.：ユルゲン・アショフ宛ての手紙，2月26日（1971）
554. Pittendrigh, C. S.：ユルゲンとヒルデ・アショフ宛ての手紙，8月31日（1971）
555. Pittendrigh, C. S.：ユルゲン・アショフ宛ての手紙，1月9日（1972）

556. Pittendrigh, C. S.：ユルゲン・アショフ宛ての手紙，6月23日（1972）
557. Aschoff, J.：ピッテンドリック宛ての手紙，7月5日（1972）
558. Thacher, S.：Shockley Denied Approval for Grad Genetics Course. The Stanford Daily **161**: 1 （1972）
559. Pittendrigh, C. S.：アショフ家宛ての手紙，2月21日（1973）
560. Pittendrigh, C. S.：ユルゲン・アショフ宛ての手紙，4月25日（1973）
561. Pittendrigh, C. S.：ユルゲン・アショフ宛ての手紙，8月9日（1973）
562. Pittendrigh, C. S.：ユルゲン・アショフ宛ての手紙，8月27日（1973）
563. Pittendrigh, C. S.：ユルゲン・アショフ宛ての手紙，12月始め（1973）
564. Aschoff, J.：ピッテンドリック宛ての手紙，12月28日（1973）
565. Aschoff, J.：Biological Rhythms. In: Handbook of Behavioral Neurobiology. Bd. 4. King, F. A. (Hg.). New York: Plenum Press. 563 S.（1981）
566. Aschoff, J., Daan, S. and Groos, G. A. (Hg.): Vertebrate Circadian Systems. Berlin: Springer Verlag. 363 S.（1982）
567. Pittendrigh, C. S. and Daan, S.：Circadan Oscillations in Rodents-A Systematic Increase of their Frequency with Age. Science **186**: 548-550（1974）
568. Daan, S., Damassa, D., Pittendrigh, C. S. and Smith, E. R.：An Effect of Castration and Testosterone Replacement on a Circadian Pacemaker in Mice. Proceedings National Academy of Scienes USA **72**: 3744-3747（1975）
569. Konopka, R. J. and Benzer, S.：Clock Mutants of *Drosophila melanogaster*. Proceedings National Academy of Scienes USA **68**: 2112-2116（1971）
570. Pittendrigh, C. S.：ユルゲンとヒルデ・アショフ宛ての手紙，10月31日（1978）
571. Follett, B. K. and Follett, D. E. (Hg.): Biological Clocks in Seasonal Reproductive Cycles. Proceedings of the Thirty-Second Symposium of the Colston Research Society. Bristol: Scientechnica. xii, 292 S.（1981）
572. Pittendrigh, C. S.：Circadian Organization and the Photoperiodic Phenomena. In: Biological Clocks in Seasonal Reproductive Cycles. Follet, B. K. and Follett, D. E. (Hg.). Bristol: John Wright & Sons. 1-35（1981）
573. Aschoff, J.：Twenty Years On: The Annual Colston Lecture. In: Biological Clocks in Seasonal Reproductive Cycles. Follet, B. K. and Follett, D. E. (Hg.). Bristol: John Wright & Sons. 277-288（1981）
574. Pittendrigh, C. S.：ユルゲン・アショフ宛ての手紙，10月13日（1982）
575. Pittendrigh, C. S.：ユルゲンとヒルデ・アショフ宛ての手紙，9月30日（1984）
576. Pittendrigh, C. S.：ユルゲンとヒルデ・アショフ宛ての手紙，5月22日（1985）
577. Pittendrigh, C. S.：ユルゲン・アショフ宛ての手紙，2月23日（1987）
578. Honma, K.-I. and Honma, S.：A Human Phase Response Curve for Bright Light Pulses. Japanese J. Psychiatry Neurology **42**: 167-168（1988）
579. Minors, D. S., Waterhouse, J. M. and Wirz-Justice, A.：Is There a Human Phase Response Curve (PRC) to Bright Light-Some Preliminary Results. J. Interdiscipl. Cycle Res. **19**: 196（1988）
580. Daan, S. and Gwinner, E. (Hg.): Biological Clocks and Environmental Time. Proceedings of a Symposium in Honor of Prof. Dr. Jürgen Aschoff on the Occasion of his 75 th Birthday. New York/London: Guildford Press. vii, 197 S.（1989）
581. Pittendrigh, C. S.：友人宛ての手紙，7月24日（1989）
582. Pittendrigh, C. S.：友人宛ての手紙，1月21日（1990）
583. Pittendrigh, C. S.：ユルゲン・アショフ宛ての手紙，5月4日（1993）
584. Pittendrigh, C. S.：テリー副学長宛ての手紙，ブリガム医学大学，ボストン，9月19日（1994）
585. Czeisler, C. A., Richardson, G. S., Zimmerman, J. C., Moore-Ede, M. C. and Weitzman, E. D.：Entrainment of Human Circdia Rhythms by Light-Dark Cycles: A Reassessment.

Photochemistry photobiology **34**: 239-247 (1981)
586. Daan, S.: Comment. Bulletin Light Treatment and Biological Rhythms **6**: 54-55 (1994)
587. Wever, R.: Light Effects on Human Circadian Rhythms: A Review of Recent Andechs Experiments. Journal of Biological Rhythms **4**: 161-185 (1989)
588. Aschoff, J.: ピッテンドリックへの Fax，9月19日（1994）
589. Terry, W. D.: Response to the Field from the Brigham. Bulletin Light Treatment and Biological Rhythms **6**: 65-66 (1994)
590. Aschoff, J.: ピッテンドリック宛ての手紙，8月25日（1994）
591. Pittendrigh, C. S.: ユルゲン・アショフ宛ての手紙，8月14日（1994）
592. Pittendrigh, C. S.: ユルゲン・アショフ宛ての手紙，Fax，1月30日（1995）
593. Pittendrigh, C. S.: ユルゲンとヒルデ・アショフ宛ての手紙，Fax，12月20日（1994）
594. Pittendrigh, C. S.: ユルゲンとヒルデ・アショフ宛ての手紙，7月3日（1995）
595. Pittendrigh, C. S.: マーク・トウェインのテーマの変形，30人を越す友人宛の手紙，8月23日（1995）
596. Pittendrigh, C. S.: Photoperiodism in the Phenology of Drosophilids and an "Amplitude Hypothesis" for the Circadian Component in Insect Photoperiodism, 30 (1994)
597. Pittendrigh, C. S.: サージ・ダーン宛ての手紙，10月21日（1995）
598. Aschoff, J.: ロビン・ピッテンドリック宛ての手紙，3月24日（1996）
599. Lüst, R.: ユルゲン・アショフ宛ての手紙，12月4日（1980）
600. Aschoff, J.: Annual Rhythms in Man. In: Handbook of Behavioral Neurobiology. Aschoff, J. (Hg.). New York/London: Plenum Press. 475-487 (1981)
601. Roenneberg, T. and Aschoff, J.: Annual Rhythm of Human Reproduction: I. Biology Sociology or Both? Journal of Biological Rhythms **5**: 195-216 (1990)
602. Roenneberg, T. and Aschoff, J.: Annual Rhythm of Human Reproduction: II. Environmental correlations. Journal of Biological Rhythms **5**: 217-239 (1990)
603. Schiefenhövel, W.: サージ・ダーン宛ての電子メール，10月8日（2014）
604. Aschoff, J. and Daan, S.: On the Estimation of Long Time Intervals: Dependence on the Duration of Wake Time. In: Recent Advances in Physiological Anthropology. Sato, M., Tokura, H. and Watunuki, S. (Hg.). Kyushu University Press. 17-23 (1999)
605. Engel, S.: Racing the Wind. Water Economy and Energy Expenditure in Avian Endurance Flight. University Goningen. 1-165. (2005)
606. Schmidt-Wellenburg, C.: Costs of Migration. Short- and Long-Term Consequences of Avian Endurance Flight. University of Groningen. 1-159 (2007)
607. Feffer, J.: アリエ・ネーヤーとの対談，New York, 24. April (2013), http://www.johnfeffer.com/helping-from-outside/
608. Lewis, M.: The Speculator. The Guardian (London), 21. Januar (1994)
609. Laborey, A.: サージ・ダーンとの会話，パタースホールデ，11月13日（2015）
610. Honma, K.-I.: サージ・ダーンとの会話，札幌，8月1日（2014）
611. Honma, K.: ユルゲン・アショフ宛ての手紙，12月7日（1979）
612. Honma, K.: ユルゲン・アショフ宛ての手紙，1月17日（1983）
613. Honma, K.: ユルゲン・アショフ宛ての手紙，10月10日（1983）
614. Aschoff, J.: 本間慶蔵宛ての手紙，8月3日（1984）
615. Honma, K.: ユルゲン・アショフ宛ての手紙，1月22日（1985）
616. Aschoff, J.: 本間慶蔵宛ての手紙，3月27日（1985）
617. Aschoff, J.: On Mood and Acivity of Humans in Temporal Isolation. In: Circadian Clocks from Cell to Human. Proceedings of the 4th Sapporo Symposium Biological Rhythm, August 21-23, 1991. Hiroshige, T. and Honma, K.-I. (Hg.). Sapporo: Hokkaido University Press. 53-72 (1992)
618. Aschoff, J.: On the Aging of Circadian Systems. In: Evolution of Circadian Clock.

Proceedings of the 5th Sapporo Symposium on Biological Rhythm, August 25-28, 1993. Hiroshige, T. and Honma, K.-I. (Hg.). Sapporo: Hokkaio University Press. 23-44 (1994)
619. Imai, K.: Obituary, Takeo Wada, 1914-1999. Japanese J. Clin. Oncology **29**: 406 (1999)
620. Aschoff, H. W.：ホーエ・ダーン宛ての手紙，3月8日（1993）
621. Aschoff, J.：マイキー・ピッテンドリック宛ての手紙，1月10日（1997）
622. Aschoff, J.：フランツ・ハルバーグ宛ての手紙，10月30日（1997）
623. Block, G. D.：ユルゲン・アショフ宛ての手紙，9月25日（1997）
624. Aschoff, J.：ジーン・ブロック宛ての手紙，10月1日（1997）
625. Daan, S.: The Cohn S. Pittendrigh Lecture: Cohn Pittendrigh, Jürgen Aschoff and the Natural Entrainment of Circadian Systems. Journal of Biological Rhythms **15**: 195-207 (2000)
626. Aschoff, J.：エリザベス・ライン宛ての手紙，10月31日（1997）
627. Hohe-Daan, R. D.：ヒルデ・アショフ宛ての手紙，汽車から，11月15日（1997）
628. Lemmen, G.：ユルゲン・アショフ宛ての手紙，ケーニッヒベルグ，2月16日（1942）
629. Aschoff, J.：遅れた年賀の挨拶と誕生日祝いのお礼，フライブルグ，1月26日（1998）
630. Lücking, C. H. und Kassubek, J.：患者ユルゲン・アショフ医学博士教授に関する報告書，8月14日（1998）
631. Hiroshige, T.: In Memoriam Jürgen Aschoff. In: Zeitgebers, Entrainment and Masking of the Circadian System. Honma, K. and Honma, S. (Hg.). Sapporo: Hokkaido University Press. 49-54 (2001)
632. Daan, S. and Gwinner, E.: Jürgen Aschoff (1913-1998). Pioneer in Biological Rhythms. Nature **396**: 418 (1998)
633. Schneider, D.: Nachruf auf Jürgen Aschoff (25.1.1913-12.10.1998). In: Jahrbuch Bayerische Akademie der Wissenschaften München (1998)
634. Gwinner, E.: Jürgen Aschoff 25.1.1913-12.10.1998. In: Jahrbuch 1999 Max-Planck-Gesellschaft München. 901-903 (1999)
635. Chandrashekaran, M.: Jürgen Aschoff-An obituary. Curr. Sci. **75**: 1420-1421 (1998)
636. Waterhouse, J. M.: Professor Jürgen Aschoff (January 25, 1913 October 12, 1998)-In memoriam. Chronobiology International **16**: 109 (1999)
637. Gwinner, E.: Jürgen Aschoff (1913-1998). Journal für Ornithologie **140**: 384-387 (1999)
638. Gwinner, E.: Jürgen Aschoff (1913-98). Ibis **142**: 181 (2000)
639. 作者不詳：http://www.nobelprize.org/nomination/archive.

訳者注

注1 ブリュツヘル（Gebhard Leberecht von Blücher）：プロイセン王国の陸軍元帥。ワーテルローの戦いでナポレオンを破った。ウェリントン（Wellington）：初代ウェリントン公爵のArthur Wellesleyを指す。イギリス軍人。反仏連合軍を指揮し、ワーテルローの戦いでナポレオンを破った。

注2 緑の狙撃兵（Grünen Jägern）：ナポレオン戦争時代の、プロイセン王国軍ライフル部隊の制服が緑であったことからこう呼ばれた。

注3 大学進学資格試験（Abitur）：ドイツでは、高校を卒業して、アビツールと呼ばれる大学進学資格試験に合格すると、国内の希望する大学に進学できる。

注4 トネリコの館（Eschenhoff）：西洋トネリコの木のある館。この名前がAschoffの由来と言われている。

注5 アレマニア（Alemannia）：ドイツの古称、西南部ドイツとスイスも含む地方を指す。ゲルマンの1部族名に由来するという。

注6 教授資格試験（Habilitation）：ドイツでは、大学で学生に講義する教授は職名ではなく称号で、教授資格試験に合格したのち、大学から講座主任の招聘があって初めて教授と呼ばれる。それまでは講師（Dozent）と呼ばれ、高等教育機関以外の職についた場合はPrivatdozent（私講師）と呼ぶ。

注7 教員資格（Venia legend）：教授資格試験に合格すると教員資格が与えられた。

注8 田原淳（たわら すなお）：1901年東京帝国大学医学部を卒業、2年後マールブルグのルードウィヒ・アショフ教授に師事する。1906年に帰国し、福岡医科大学（現九州大学医学部）病理学教室の助教授を経て、1908年教授に就任。

注9 コンピェニューの森（Wald by Compiègne）：ここで2つの世界大戦の休戦協定が、連合国とドイツ帝国、またナチドイツとフランスの間で結ばれた。

注10 ギムナジウム（Gymnasium）：8年間の中高一貫教育で、小学校を卒業後、大学進学を目指す子弟が入学した。

注11 ジュターリーン体（Sütterlinschrift）：1911年に、ルードウィヒ・ジュターリーン（Ludwig Sütterlin）がプロイセン王国の公文書と学校教育のために考案したドイツ語書体。

注12 ホルストヴェッセルの歌（Horst-Wessel-Lied）：ナチスの党歌「旗を高く掲げよ」の作詞家（Horst Ludwig Wessel）に因んで呼ばれる。

注13 帝国水晶の夜（Reichskristallnacht）：ドイツ各地で発生した反ユダヤ暴動（1938年11月9日-10日）。

注14 ゲオルギア・アウグスタ（Georgia Augusta）：ゲッチンゲン大学のこと。1734年ハノーバー選帝侯ゲオルグ2世・アウグスタが設立した。

注15 奇妙な鳥（schräger Vogel）：怪しげな人間のこと。

注16 ホルヒ（Horch）：ドイツの自動車メーカー。第2次世界大戦後のアウディ社の前身。

注17 静かな弾丸（ruhige Kugel）：のんびり屋のこと。

注18 黒い羊（schwarzes Schaf）：異分子のこと。

注19 アルマ・ジュリア-マキシミリアナ（Alma Julia-Maximiliana）：Alma（アルマ）は母校、ジュリア-マキシミリアナはヴィルツブルグ大学のこと。

注20 本間慶蔵（ほんま けいぞう）：北大医学部卒、北大獣医学部教授。生理学者。1958年、ハイデルベルグのアショフ研究室に留学。アショフ・ホンマ記念財団の基礎を作る。

注21 永井寅夫（ながい とらお）：北大医学部卒、札幌医科大学教授。生理学者。

注22 キューバ危機（Kuba-Krise）：1962年10月、当時のソビエト連邦がキューバにミサイル基地を建築しようとし、それを阻止するため米国がカリブ海に軍を動員して、一触即発の危機になった事件をいう。

注23 国際生物学賞（International Prize for Biology）：1985年、昭和天皇の在位60年を記念する

注24　小林教授：小林庄一（こばやし しょういち）のことと思われる。新潟大学医学部教授。生理学者。
注25　西風　修（にしかぜ おさむ）：北大医学部卒。北大歯学部教授。生化学者。
注26　大野精七（おおの せいしち）：東大医学部卒。北大医学部教授。産婦人科学専攻。札幌医科大学初代学長。
注27　イグナチオ・デ・オヨラ（Ignatius von Loyala）：16世紀の修道士。スペインにある洞窟にこもって瞑想の時を過ごし、そこで啓示を受けたとされている。
注28　バラの月曜日（Rosenmontag）：謝肉祭のハイライトの日。
注29　原著には 1/12 と記載されているが、1/24 の間違いと思われる。
注30　時間生物学では前進を正（＋）で、後退を負（－）で表示する。
注31　原著では前者（昼行性動物）では活動位相が後退し、後者（夜行性動物）では位相が前進すると記載されているが、逆と思われる。
注32　ドイツ語では目上あるいはそれほど親しくない相手には 'Sie'（貴方）を用い、親しい相手には 'Du'（君）を用いる。
注33　赤紐（Red Tap）：煩雑で、非能率的な手続き。書類を束ねる赤い紐は red tape という。
注34　灰の水曜日（Aschermittwoch）：キリスト教でいう四旬節の初日。日本では大斎という。
注35　ユップ（Jupp）：デザガ（Desaga）［80頁］のことか？
注36　川村浩（かわむら ひろし）：東大医学部卒。生理学者。視交叉上核に概日時計があることを初めて立証する。
注37　原文には視床下部（Hypothalamus）とあるが正しくは大脳辺縁系。
注38　出口武夫（でぐち たけお）：京大医学部卒。生化学者。東京都神経科学研究所参与。松果体メラトニン合成酵素活性に関する先駆的研究をおこなう。
注39　高橋清久（たかはし きよひさ）：東大医卒業。精神科医。国立精神神経センター総長。神経内分泌リズムの生後発達で先駆的な研究をおこなう。
注40　高村継彦（たかむら つぐひと）：都立大学卒、国立遺伝学研究所、遺伝学者。
注41　ヒト概日リズムの光同調を最初に報告したのは訳者らである。K. Honma, S. Honma, T. Wada. Entrainment of human circadian rhythms by artificial bright light cycles. Experientia, 43: 572-574 (1987)
注42　この国際特許は日本でも認可されなかった。高照度光を用いたうつ病の治療成果が第1回「生物リズムに関する札幌シンポジウム」（1984年）に発表されていたからである。
注43　アルキポエタ（Archpoet）：12世紀に活躍した氏名不詳の詩人達に付けられた名称。
注44　どぶろく休暇（Federweissenurlaub）：Ferderweiss とは「羽のようにかろやか」の意味だが、秋にとれるワインの醸造していないもので、白く濁っておりどぶろくに似ている。この出来立てのワインを味わうために、ワイナリーは人であふれる。
注45　1989年にベルリンの壁が倒れ、その後ソ連邦が崩壊した事件を指す。
注46　廣重力（ひろしげ つとむ）：北大医卒。生理学者。北大医教授、北大総長。日本における神経内分泌リズム研究の草分け。
注47　登倉尋實（とくら ひろみ）：北大獣医卒。生理学者。奈良女子大教授。フンボルト財団の奨学金でアンデックスのアショフ研究所に留学する。被服生理学に時間生物学を導入する。
注48　ユルゲン・アショフがドイツから持って来た菩提樹は、現在札幌花園病院の庭にそびえている。
注49　本間さと（ほんま さと）：北大医卒。北大教授。生理学者。遺伝子 *Dec* の機能を明らかにする。
注50　一般財団法人アショフ・ホンマ記念財団の設立は 2012 年。理事長は本間研一。https://aschoff-honma.wixsite.com/ahmf
注51　ラッズピーラー（Radspieler）：ミュンヘン市内の衣料品店。

訳者あとがき

　1999年8月の「生物リズムに関する札幌シンポジウム」で、サージ・ダーンは「Jürgen Aschoff 1913-1998: A life of Duty, Wit and Vison」の演題で特別講演を行った。その謝辞に「biography」の言葉があることから、彼にはアショフの死後早いうちから伝記執筆の構想があったと思われる。2014年にダーン夫妻が日本を訪れた時、執筆が進んでいることを知った。その直前、ボランティアで受けた医学検査で腎臓に腫瘍があることが判り、サージは片方の腎臓を摘出した。全治したと思っていたが、2017年にグローニンゲンの彼の家を訪問した時はすでに骨に転移して、彼は杖をついて歩いていた。伝記はほぼ完成したが、出版社が見つからないとこぼしていた。幸い、ドイツのReichert社が引き受けてくれて、アショフ伝記は2017年12月に上梓された。サージ・ダーンは伝記が出版されたのを見届けて、翌2月に亡くなった。生前アショフ伝記が世に出たら、日本語に訳して日本の読者に届けると約束していた。今回その約束を果たすことが出来、ほっとしている。

　私は、1978年にドイツ連邦共和国（当時は西ドイツ）マックス・プランク研究所（ゲッチンゲン）に留学し、またアショフの研究室にも半年間居たので、当初伝記の翻訳はそれほど困難ではないと思っていた。しかしいざ始めてみると、サージ・ダーンが伝記を何故ドイツ語で書いたかその理由が良くわかった。出典となった文献の多くがドイツ語の手紙、詩、論文で、彼はそれらを他国語に翻訳することは「正確さを犠牲にしかねない」と考えたのであろう。アショフ伝記は詳細を極め、サージ・ダーンにしか書けない記録である。正確な日本語に訳せたかどうかの自信はなく、読みやすいかどうかについては全くおぼつかない。伝記は著者による当該人物の理解であり、解釈で、異論が出る余地は随所にある。しかし、アショフの1番弟子で、アショフ家とのつながりが深いサージ・ダーンにとって、客観性を維持することは至難の業であっただろう。なお、本の題名を「人間の内なる時計」とした。直訳は「ヒトの体内時計」であるが、あまりにも生物学的であるとの意見を戴き、伝記であることも踏まえて意訳した。

　翻訳にあたり、人物の名前の表記は一部を除いて初出の際に原語綴りも表示した。またドイツ語独特の表現、日本では馴染みのない事項については（注）で解説を加えた。本書の出版に際しては、日本語への翻訳を快諾してくれたルート・ホーエ・ダーン夫人と3人のご子息・ご息女に感謝したい。また翻訳および編集は、アショフ・ホンマ記念財団の橋本聡子博士と齊藤直子氏に手伝って頂いた。心からお礼申し上げる。また出版に際して、北大出版会の今中智佳子さん、㈱アイワードの馬場康広さんに大変お世話になった。

2019年11月吉日　　　　　　　　　　　　　　　　　　　　　　　　　　本間研一

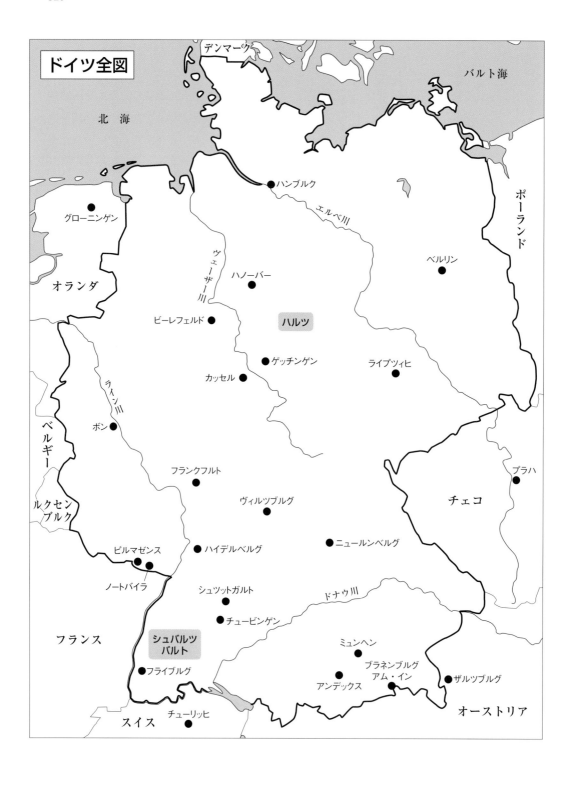

人間の内なる時計
体内時計を発見した男 ユルゲン・アショフの生涯

2019年12月25日　第1刷発行

著　者　サージ・ダーン
訳　者　本　間　研　一
発行者　櫻　井　義　秀

発行所　北海道大学出版会
札幌市北区北9条西8丁目北海道大学構内（〒060-0809）
Tel. 011(747)2308・Fax. 011(736)8605・http://www.hup.gr.jp

印刷　アイワード　製本　石田製本　　　Ⓒ 2019　本間研一

ISBN978-4-8329-8234-5

Endocrine Chronobiology	広重　力 藤本征一郎　編 本間研一	B5変型・236頁 定価10000円	
Circadian Clocks and Ecology	広重　力 本間研一　編	B5変型・228頁 定価9800円	
Circadian Clocks from Cell to Human	広重　力 本間研一　編	B5変型・262頁 定価12000円	
Evolution of Circadian Clock	広重　力 本間研一　編	B5変型・440頁 定価20000円	
Circadian Organization and Oscillatory Coupling	本間研一 本間さと　編	B5変型・212頁 定価12000円	
Circadian Clocks and Entrainment	本間研一 本間さと　編	B5変型・184頁 定価12000円	
Zeitgebers, Entrainment and Masking of the Circadian System	本間研一 本間さと　編	B5変型・316頁 定価18000円	
Circadian Clocks as Multi-Oscillation System	本間研一 本間さと　編	B5変型・264頁 定価12000円	
Biological Rhythms	本間研一 本間さと　編	B5変型・192頁 定価12000円	
Dynamics of Circadian Oscillation in the SCN	本間研一　編著	B5変型・198頁 定価9000円	
Circadian Clocks	本間研一 本間さと　編著	B5変型・268頁 定価10000円	
Biological Clocks 　　—with reference to suprachiasmatic nucleus—	本間研一 本間さと　編	B5変型・216頁 定価10000円	

〈価格は消費税を含まず〉

北海道大学出版会